중국외교연구의 새로운 영역

나남
nanam

나남신서 1349

중국외교연구의 새로운 영역

2008년 11월 5일 발행
2008년 11월 5일 1쇄

저자_ 金泰虎 外
발행자_ 趙相浩
발행처_ (주) 나남
주소_ 413-756 경기도 파주시 교하읍
출판도시 518-4
전화_ (031) 955-4600 (代)
FAX_ (031) 955-4555
등록_ 제 1-71호(79.5.12)
홈페이지_ http://www.nanam.net
전자우편_ post@nanam.net

ISBN 978-89-300-8349-2
ISBN 978-89-300-8001-9 (세트)
책값은 뒤표지에 있습니다.

나남신서 1349

중국외교연구의 새로운 영역

김 태 호 外

나남
nanam

New Areas in the Study of Chinese Foreign Policy

by

Taeho Kim *et al.*

nanam

서 문

금년(2008년)은 중국이 개혁·개방정책을 채택한 지 만 30년이 되는 해이다. 그간 중국은 국내외적으로 상전벽해(桑田碧海)라는 표현이 어울릴 만한 변화를 겪어 왔고, 이는 '중국의 부상'이라는 담론으로 집약된다. 특히, 중국의 부상에 대해 아시아 내외의 국가들이 가장 큰 관심을 갖고 있는 분야는 경제적 측면으로서, 중국은 1980년에서 2005년까지 연평균 9.4%의 높은 성장률을 기록하였고, 2006년과 2007년에는 각각 11.1%, 11.9%씩 성장하였다. 또한, 2007년 말 통계에 의하면 중국은 국내총생산(GDP) 규모 세계 4위(3조 2,500억 달러), 교역규모 세계 3위(약 2조 2천억 달러), 외환보유고 세계 1위(약 1조 5천억 달러)의 경제강국으로 변모하였다. 이와 같은 중국의 경이로운 경제발전은 분명 자국의 외교적 위상 제고 및 안보역량 강화의 재정적 기초가 되고 있다.

현재 중국의 최고지도부는 2020년까지를 "전략적 기회의 시기"로 판단하고, 이른바 "소강사회(小康社會)의 전면적 건설"을 목표로 국내총생산을 2000년의 4배 수준인 약 4조 3천억 달러로 증가시키고,

연평균 경제성장은 7%대로 유지하며, 1인당 GDP를 3천 달러까지 증대한다는 계획을 추진중에 있다. 이와 같은 국내목표를 달성하기 위해 대외적으로 "책임있는 대국"(負責任的大國) 혹은 "이익상관자"(*stakeholder*)의 위상 유지를 기초로 다자/주변외교의 확대와 국제기구 및 역내 안보협력체에의 참여를 추진하고 있고, 최근 중국의 에너지 외교는 전 세계를 대상으로 하고 있다. 특히, 중국은 교역의존도(76%)가 매우 높은 국가로 변모하였기 때문에 세계경제와의 '발전적' 관계가 필요하고, 국제경제 규범(예, WTO)에 배치되는 조치를 취하기 어렵다.

또한, 중국의 부상은 동아시아 및 세계에서의 강대국간 '세력구조' 뿐만 아니라 기존 국제질서를 변화시킬 수 있는 요인으로서, 중국체제의 특수성 및 미래, 기존 질서에 대한 중국의 태도, 그리고 다른 주요국의 대중국 정책·전략과 연계되어 있는 사안이다. 더욱이, 중국의 부상은 탈냉전기 동아시아의 안보환경 변화와 함께 진행되고 있는데, 후자의 예로는 글로벌화, 다자간 경제협력의 확대, 안보상 '이중보험'(*hedging*) 행태의 만연, 미국의 불확실한 역내 개입과 조정을 들 수 있다. 중국의 부상이 동아시아의 안보환경에 미치는 영향은 매우 다양하나, 그 중 대표적인 예로는 ① 군사적 측면, ② 경제적 측면, ③ 소프트파워(*soft power*), ④ 국내적 여파, ⑤ 에너지·환경 문제가 있다. 상기한 이슈·영역은 중국의 부상 및 중국의 대외적 활동범위의 증가로 인해 파생된 새로운 주제로서, 이 책의 기획취지이기도 하다.

특히, 중국의 부상은 한국의 현재, 그리고 미래에 매우 중요한 의미를 갖고 있다. 경제적 측면에서 볼 때, 현재 중국은 한국의 최대 교역국, 최대 수출시장, 최대 교역흑자 대상국, 그리고 최대 해외투자 대상국이다. 외교·안보분야의 경우, 북핵문제의 해결과 같은 현안에서 북한정권의 미래 혹은 한반도의 통일과 같은 중장기적 이슈에 이르기까지 중국은 실제적·잠재적으로 중요한 역할을 수행할 수 있는 국가로 인식되고 있다. '중국 요인'의 중요성은 1992년 8월 한·중 수교 이후 국내 중국연구의 활성화를 초래하였는데, 그간 국내에서는 한·중 관계를 중심으로 중국의 경제 및 외교활동에 대해 많은 연구결과가 생산되었으나, 기존의 문헌은 중국과 남북한 혹은 중국과 미국 간의 관계와 같은 쌍무관계에 중점을 두거나 지역적으로 아시아에서의 중국의 외교활동에 국한되는 경향을 보이고 있다. 다만, 이와 같은 전통적인 연구대상 및 지역으로는 중국의 새로운 외교행태 및 활동을 올바로 이해하기에 미흡하다고 판단된다.

이 연구는 개혁·개방정책의 추진 결과 나타난 새로운 중국의 외교활동, 즉 중국이 당면하고 있는 새로운 외교영역을 다루고 있다. 총 7개 장(章)으로 구성된 이 연구는 제1부에서 중국의 부상에 대한 이론적 평가와 군사·안보적 측면을 검토하고 있다. 제2부는 최근 세인의 주목을 받고 있는 중국의 유엔 외교와 소프트파워 전략을 분석하였다. 제3부에서는 중국의 경제 외교와 에너지·환경 문제를 고찰하고 있다. 이와 같이 다양하고 새로운 주제와 영역을 한 마디로 요약하면, "무엇이 중국외교의 새로운 영역/측면인가?"이다. 각 장의 주요 주장과 연구결과는 아래와 같다.

제1장의 목적은 국제관계 이론이 탈냉전기 중국의 부상을 각각 어떻게 설명하는가를 분석하는 것이다. 구체적으로, 이 글은 각각의 국

제관계 이론이 중국의 부상을 위협적으로 설명하는가 혹은 그렇지 않은가에 분석의 초점을 맞추고 있다. 이를 위해 이 글은 국제정치학의 주요 이론을 현실주의, 자유주의, 구성주의, 그리고 세계체제론으로 구분하고 각 이론들이 어떠한 인과모형을 통해 중국의 부상을 설명하는지를 파악하고 있다. 이에 따르면, 현실주의 시각은 중국의 부상을 위협으로, 자유주의 시각은 상호의존의 심화로, 구성주의 시각은 동화로, 그리고 세계체제론은 종속으로 분석하는 경향이 강하다고 볼 수 있다.

이 글은 중국의 부상에 관한 이러한 이론적 설명들을 과학철학의 '간결성(*simplicity*)'의 기준을 통해 상호 비교 · 평가한다. 즉, 간결성의 원리가 "동일한 상황에서 가장 간결한 설명이 좋다"라고 정의된다면, 중국의 부상에 관한 현실주의 및 세계체제론적 설명이 자유주의 및 구성주의적 설명에 비해 방법론적으로 우월하다고 할 수 있는 것이다.

동 연구주제의 중요성에도 불구하고 기존의 연구가 매우 일천하다는 사실은 이 논문이 갖는 핵심적 차별성이라 할 수 있다. 비록 중국의 부상에 관한 다양한 이론적 연구가 존재하는 것이 사실이나, 그러한 이론적 연구들 간의 '비교 분석'(메타이론 분석)은 극소수라고 평가된다. 이러한 측면에서, 이 글은 중국의 부상이라는 사실관계에 대해 이론적으로 보다 엄밀히 이해할 수 있는 기반을 제공할 것으로 기대한다.

제 2장은 '중국의 부상' 중 군사 · 안보적 측면을 소개하고 있다. 중국 군사분야는 경제나 외교분야에 비해 연구자나 연구결과가 상대적으로 일천할 뿐만 아니라, 한 · 중 관계에서도 다른 분야에 비해 진전

속도가 느린 편이다. 특히 문제가 되는 점은 중국의 군사분야에 대한 국내 연구기반이 매우 취약하고, 또한 동 분야를 주도하고 있는 미국, 그리고 대만/중국의 자료, 방법, 심지어는 시각을 무비판적으로 수용하는 경향이다. 이는 상당히 심각한 문제를 낳고 있는데, 가장 기본적으로 미국 및 대만과 한국은 중국에 대한 관심사와 국가이익이 다르기 때문이다. 중국의 주변국인 우리의 경우는 당연히 한반도 및 서해에 대한 시사점, 그리고 향후 한반도의 안보환경 변화에 초점을 맞출 필요가 있다. 이를 요약하면, 중국의 군사력은 중국의 부상을 가능하게 하는 주요 변수일 뿐만 아니라, 한국의 현재 그리고 미래의 안보환경에 큰 영향을 미칠 수 있는 전략적 요인으로서 외국의 입장이 아닌 한국의 입장에서 지속적이고 체계적으로 분석할 필요가 있다.

이 글은 이와 같은 문제의식을 갖고 최근 중국의 전략 및 전력변화, 그리고 향후 전망을 동아시아 안보환경과 연계하여 분석하고 있다. 특히, 이 연구는 중국의 군현대화 노력 중 우리의 관심사항을 선별적으로 부각시킴으로써, 기존 연구와의 차별화된 분석을 제시하고 있다. 예를 들어, 중국지도부의 인식 및 세계관을 '관찰자'가 아닌 '관찰 대상자'의 입장에서 바라보는 방식, 즉 '순평가'(*net assessment*)를 차용하였고, 중국의 유사사태 대비전략인 '反접근'(*anti-access*) 전략을 통해 한국안보에 시사하는 점을 도출하였다. 결론에서는 중국의 '군사적 부상'에 대한 한국의 대비방향을 단기적 현안과 장기적 과제로 나누어 분석하였다.

제3장은 중국의 대(對) 유엔(UN) 외교로서, 유엔이 중국의 국제적

위상에 갖는 함의와 중국의 새로운 전략을 분석하고 있다. 사실, 중국은 전통적으로 유엔 외교에서 원칙을 강조하고, 수사(*rhetoric*)를 적극적으로 활용해 왔다. 이는 유엔이라는 국제기구가 지니고 있는 상징적 특수성과 중국 외교의 특징이 결합된 결과였다. 그러나, 중국은 1990년대 중반 이후 국제사회에서 책임 있는 대국으로의 부상을 목표로 적극적인 외교공세를 펼치고 있으며, 이러한 시도는 유엔 외교에서도 예외가 아니다. 이에 따라 중국이 유엔 외교에서 공개적으로 제시하고 있는 원칙·수사와 강대국으로의 부상을 실현하기 위해 유엔을 활용하려는 전략적 의도 사이에 괴리가 나타나고 있다.

이 글에서는 중국이 거부권이라는 강력한 특권과 더불어 국제평화와 안전을 보장할 일차적 책임을 동시에 지고 있는 유엔 안전보장이사회(이하 안보리)의 상임이사국이라는 점에 착안하여 최근 논의가 진행되는 안보리의 구조개혁에 대한 중국의 입장, 그리고 평화유지활동(PKO)을 포함한 안보리에서의 표결행태에 대한 분석을 통해 이러한 괴리현상을 밝히고 있다. 중국이 유엔 외교에서 전통적으로 강조했던 대표적인 원칙과 수사, 즉 주권원칙, 개도국 대표로서의 개도국 입장 지지, 국제사회의 대표적인 평화기제로서의 안보리의 역할과 기능 강화라는 원론적 차원의 주장들이 일부는 중국의 이해관계와 상충하기도 하고 또 일부는 원칙이 아닌 이해관계 실현의 도구로 활용되는 현상이 실제 유엔활동과 표결행태에서 나타나고 있다. 이러한 현상은 중국이 적극적 유엔 외교라는 자유주의적 방식을 통해서 국제사회에서 강대국으로서의 지위를 평화적으로 확보하고 승인받으려는 현실주의적 목표를 추구하는 과정에서 야기되는 것으로 중국외교의 새로운 딜레마와 과제를 제시하고 있다.

제 4장의 목적은 후진타오(胡錦濤) 시대 들어 중국이 적극 추진하는 소프트파워 전략을 분석하는 것이다. 이 글은 이론검토 및 사례연구를 통해 중국의 소프트파워 전략을 체계적이고 깊이 있게 분석한다는 특징이 있다. 구체적으로 이 장은 먼저, 중국에서 소프트파워가 논의되고 정책화되는 과정을 분석한다. 다음으로, 화평굴기(和平崛起), 베이징 컨센서스(Beijing Consensus), 중화문명과 유가사상에 대한 사례분석을 통해 중국의 소프트파워 전략을 구체적으로 검토한다. 지난 30년간의 경제성장과 군사력 증강을 통해 지역강대국으로 발전한 중국은 세계강대국으로 발전하기 위해 새로운 국가전략을 추진하고 있다. 여기에는 경제력과 군사력 등 하드파워를 강화하는 전략과 함께 문화, 이념, 정책 등 소프트파워를 강화하는 전략이 포함된다.

중국의 소프트파워 강화는 장쩌민(江澤民) 시기부터 추진되었고, 후진타오 시대에 들어서는 더욱 본격화되고 있다. 화평굴기론과 화평발전론 등의 논의를 통한 정교한 외교전략 수립과 실천, 중국식 발전모델에 대한 새로운 인식과 논의, 공자학원 설립과 문화외교 강화는 이를 잘 보여주는 사례이다. 이처럼 중국은 경제력이나 군사력 강화를 통해 단지 지역강대국이 되는 것에 머물지 않고, 여기에 더해 소프트파워 강화를 통해 이념과 가치 면에서도 아시아의 지도국가, 그리고 세계강대국으로 발전하기 위해 노력하고 있다. 따라서 고도의 경제성장과 군사력 강화에 초점을 맞추어 중국의 부상과 외교전략을 검토했던 기존의 시각에서 탈피하여 새로운 관점에서 중국의 부상과 전략을 이해하려는 노력이 필요하다.

제 5장은 중국의 경제발전을 국가목표뿐만 아니라, 대외적 외교수단으로서의 문제로 다루고 있다. 최근 중국에서 강조되는 중국의 경제통상외교에 대해 두 가지 시각이 제시되고 있는데, 그 하나는 중국 내외의 적지 않은 연구에서 제기되는 것으로 중국의 외교에서 새롭게 나타난 행태라는 것이고, 다른 하나는 중국 경제통상외교의 목적과 추진방법이 단순히 경제적 고려를 넘어선 외교·안보적 고려하에서 추진되고 있다는 것이다. 이 글에서는 이 두 가지 주장과 달리 중국의 경제통상외교는 중국의 대외정책에서 새롭게 나타난 현상도 아니고, 외교·안보적 고려를 우선하는 것도 — 최소한 과거에 비교해 볼 때 — 아니라는 점을 지적하고자 한다.

이 점을 규명하기 위해 이 장에서는 두 가지 방향에서 분석을 시도했다. 하나는 중국의 경제통상외교를 목적, 대상, 수단, 방법의 네 가지 측면으로 나누어 역사적으로 비교함으로써 그 연원을 제시하고자 했다. 분석결과 중국의 대외관계에서 경제통상외교를 시도하지 않은 때는 마오쩌둥(毛澤東)이 집권했던 30여 년에 불과했으며, 나머지 모든 기간(전통시기, 근대화시기, 개혁·개방시기 등)에 다소간 외형적인 차이만 있었을 뿐 지속적으로 추진되었다. 이 논문은 또한 현재 추진되는 두 가지 경제통상외교 의제(즉, FTA와 기업의 '해외진출'〔走出去〕)를 분석함으로써 경제통상외교의 성격을 좀 더 구체적으로 살펴보고자 했다. 결론적으로 중국의 경제통상외교는 시간이 가면 갈수록 경제적 이해관계의 논리에 따라 추진되고 있음을 알 수 있었다. 경제통상외교와 관련한 이상의 논의를 통해 중국은 점점 더 경제·통상적 이해관계에 충실한 외교행태를 강화하고 있다는 점에서 정상국가로 변모하고 있다고 평가된다.

제 6장은 중국외교의 핵심사안이자 국가전략 수립의 최우선 고려사항으로 등장하는 중국 에너지 외교의 배경과 전략, 그리고 성과와 과제 등을 밝히는 데 목적을 두고 있다. 기존의 국내 연구들이 주로 동북아 에너지안보를 다루는 가운데 그것의 일부분으로서 중국의 에너지문제를 고찰하고 있다면, 이 글은 중국 에너지 외교 자체에 보다 심층적으로 집중하고 있다. 아울러 중국의 에너지 외교에 대해 비판적 시각을 견지하는 서구세계의 입장만을 반영하는 것이 아니라 중국의 반론과 주장에 대해서도 주의를 기울이고 있다.

이 장은 중국의 에너지 외교는 경제적인 이유와 국내정치적 요인 그리고 미국의 패권적 영향력 탈피라는 국제정치적 요인을 배경으로 하고 있음을 주장한다. 또한 에너지자원의 안정적 공급이라는 목표를 달성하기 위해 수입선 다변화, 에너지수송로 안전확보, 해외자원 개발정책, 전략석유 비축 등을 시도하고 있음을 밝히고 있다. 아울러 중국 에너지 외교의 구체적 내용을 성과와 특징 그리고 한계 등으로 분류하여 설명하고 있다. 결론적으로 필자는 중국의 에너지 외교가 향후에도 적극적으로 전개되겠지만 그것이 반드시 국제사회의 안정을 위협하는 요인으로 작용하지는 않을 것이라는 점을 강조한다. 오히려 기존의 글에서 주장되는 중국발(發) 에너지위협론에서 벗어나 에너지문제가 중·미 양국의 협조를 가능케 하는 공통의 이익토대가 될 수도 있음을 주장한다는 점에서 기존 연구와는 차별적이라 하겠다.

제 7장은 국제환경문제에 대한 중국의 입장을 분석하고 있다. 이른바 '비전통적 안보문제'인 환경문제는 한 국가에서 발생하더라도 그 영향이 인접국가 나아가 대륙을 넘어 다른 국가에 미치는 성향을 가지고 있다. 이를 해결하기 위한 노력 역시 한 국가가 해결하기에는 역부족이며 한 대륙에 한정되지도 않는다. 기후변화협약은 이러한 국제 환경문제를 다루는 국제적인 노력들 중에서도 가장 활발한 논의와 협의가 진행되는 국제규범이다. 환경문제의 발생과 해결은 각 국가들의 국내정치와 경제뿐만 아니라 전 지구적 활동과 밀접한 관계를 맺고 있다.

최근 팍스 시니카(*Pax Sinica*)라는 중국 주도의 세계경제 질서를 전망하는 것처럼 중국은 국제환경문제에서도 영향력과 국제규범을 새롭게 주도할 수 있는 국가로 등장하고 있다. 사실, 중국은 온실가스 최대 배출국이자 경제성장으로 인한 에너지 소비대국으로서 향후 국제관계에 있어 중국의 협력과 대응의 전개과정은 많은 시사점과 의미를 갖고 있다.

이 글은 기후변화와 관련한 논의과정에서 교토의정서 전후 유럽연합의 규제중심적 접근 하에서 중국의 입장변화를 살펴보는 한편 최근의 포스트 교토 논의과정에서 미국의 시장중심적 접근을 배경으로 중국의 또 다른 입장변화를 정리·전망하고자 한다. 이는 국제 환경문제에 있어 향후 환경규범과 환경기술표준 등을 둘러싼 중국의 선택이 머지않은 장래에 새로운 질서를 형성하게 될 것을 시사한다. 그 한 예로 기후온난화를 야기하는 온실가스 문제는 이미 에너지산업의 구조조정, 환경관련 기술이전과 경제실리, 명분 등 논의의 과정 속에서 중국의 입장변화에 따른 영향력을 보여주고 있다.

상기한 7개의 주제가 중국의 새로운 외교활동 영역을 모두 포괄하지는 않는다. 또한, 각 주제별로 전문성을 갖춘 연구자가 현 집필진 외에 없는 것도 아니다. 다만, 상기한 주제는 '중국의 부상'이라는 현상 중 특히 주목해야 할 분야로서 앞으로도 지속적인 연구가 이루어질 것이고, 이 책은 긴 여정의 시작이 될 것으로 자평한다.

집필기간 중 필진 간의 약 10회에 걸친 내부발표 및 토의는 물론이고, 일부 내용은 2007년 12월 경산시 영남대학교에서 개최된 현대중국학회 연말회의, 그리고 2008년 5월 광주 전남대학교에서 개최된 학회 춘계학술대회에서 발표를 통해 건설적인 비판과 의견을 수렴할 수 있었다.

이 책이 출간되기 까지는 많은 분들의 도움이 있었다. 우선, 이 연구는 (사)현대중국학회와 연세대학교 동서문제연구원이 공동으로 수행하고 있는 한국학술진흥재단의 기초연구과제지원사업 인문사회분야과제 (KRF-2007-323-B00006; "중국의 대국굴기와 세력전이") 의 연구비 지원으로 이루어졌다. 특히, 필진 중 박홍서 박사와 윤근로 박사는 학회의 전임연구인력으로서 1년간 연구를 수행하였고, 다른 집필진은 모두 학회 회원으로서 해당분야에 대한 전문성과 연구업적을 기준으로 선발되었다. 연구과정에서 물심양면으로 지원을 아끼지 않은 2008년도 학회 회장이신 영남대학교 경영학부의 백권호 교수님, 그리고 2007년도 학회 회장이신 서강대학교 정치외교학과 전성흥 교수님, 그리고 본 과제의 연구책임자인 연세대학교 국제학대학원의 한석희 교수님께 특히 감사를 드린다. 또한, 평소 학자들에 대한 지원과 격려를 아끼지 않으시는 나남출판 조상호 사장님과 전문성을 바탕으로 많은 수고를 해주신 나남출판의 방순영 편집부장께도 깊은 감사의 말씀을 드린다.

2008년 8월
대치동 연구실에서
김 태 호

나남신서 1349

중국외교연구의 새로운 영역

차 례

제 2 부 중국의 유엔 외교와 소프트파워 전략

제3부 중국의 경제외교와 에너지 · 환경 안보

제1부

중국의 부상과 이론적·군사적 측면

제1장

중국의 부상과 국제관계이론

'중국 위협'에 관한 이론적 시각

박홍서

1. 서론

이 글의 목적은 중국의 부상을 둘러싼 국제정치학계의 이론적 연구들을 비교·분석하는 것이다. 개혁·개방 이후 중국의 급속한 부상은 국제정치에 있어 주목할 만한 현상이라 할 수 있다. 1986년부터 2006년까지 중국의 국내총생산(GDP) 규모는 연평균 10% 이상의 성장률을 기록하여 2,957억 달러에서 2조 6,447억 달러로 894% 증가하였다. 이것은 동 기간 세계 평균이 21조 7,482억 달러에서 48조 4,618억 달러로 222% 증가한 것에 비해 4배 이상 빠른 성장이라 할 수 있다. 그 결과 구매력 기준(PPP)으로 중국의 국내 총생산 규모는 2007년 현재 7조 430억 달러로 미국(13조 8,600억 달러)에 이어 세계 2위로 추산되고 있다. 한편, 공식적인 국방예산 역시 1990년 132억 달러에서 2006년 495억 달러로 375% 성장하였는데 이것은 같은 기간 미국, 일본의 국방예산이 각각 115%, 110% 증가한 것에 비해 상대적으로 빠른 증가율이라 할 수 있다.[1]

이러한 맥락에서 탈냉전기 중국의 급속한 부상이 국제정치학에서 중요한 연구주제가 되고 있다는 것은 놀라운 사실이 아니다. 이러한 연구들은 각각의 이론적 시각에 따라 중국의 부상을 '독립변인(원인)'으로 상정하고 그로부터 각종의 '종속변인(결과)'들을 설명하려는 행태를 보이고 있다. 예를 들어, '구조적' 수준에서 중국의 부상으로 인해 발생하는 지역적·세계적 세력변화 및 그 함의를 분석한다든지 '단위적' 수준에서 미국을 비롯한 주요국가와의 상호관계의 변화, 그리고 국제레짐 등에 대한 중국의 변화하는 행태 및 인식 등에 분석의 초점을 맞추고 있다.[2] 또한, 중국의 부상을 군사력 및 경제력과 같은 '경성권력(*hard power*)'의 증강뿐만 아니라 중국의 대외이미지 향상이라는 이른바 '연성권력(*soft power*)'의 차원에서 접근하고 있기도 하다.[3]

사실, 중국의 부상과 그 외교·안보행태에 관한 연구들을 일정한 기준에 의해 검토하려는 시도들이 있었다. 예를 들어, 김(Samuel S.

---

1) 中華人民共和國國家統計局 홈페이지 http://www.stats.gov.cn/2006; CIA, *The World Fackbook* (https://www.cia.gov/library; The SIPRI Military Expenditure Databasehttp://www.sipri.org) 참조.

2) Elizabeth Economy and Michel Oksenberg, eds., *China Joins The World: Progress and Prospects* (New York: Council on Foreign Relations Press, 1999); David Shambaugh, ed., *Power Shift: China and Asia's New Dynamics* (Berkely: University of California Press, 2005); Robert G. Sutter, *China's Rise in Asia: Promises and Perils* (New York: Rowman & Littlefield Publishers, 2005); Avery Goldstein, *Rising to the Challenge: China's Grand Strategy and International Security* (Stanford: Stanford University Press, 2005); 정재호 편, 《중국의 강대국화》(서울: 길, 2006).

3) Joshua Kurlantzick, *Charm Offensive: How China's Soft Power Is Transforming the World* (New Haven: Yale University Press, 2007).

Kim)은 기존의 중국 외교·안보 연구를 대내적 변인, 대외적 변인, 그리고 대내외 연계적 접근으로 분류하였고, 루닝(Lu Ning)은 전통적(역사/문화, 이데올로기, 그리고 현실주의) 시각 및 제도주의적 시각으로 구분하였다.[4] 한편, 로이(Denny Roy)는 국제정치이론의 '분석수준(*level of analysis*)'에 근거해 중국 외교·안보에 관한 기존 연구를 체제수준적 접근과 국가수준적 접근으로 분류하였다.[5] 또한, 골드스타인(Avery Goldstein)은 중국의 부상에 대한 기존 연구들을 국제정치이론의 세력관점, 레짐/제도관점, 상호의존관점 등으로 분석하고 있으며, 국내에서는 차창훈이 김이 제시한 기준에 근거해 중국 외교·안보 연구를 분석하였다.[6] 그러나, 이러한 연구들은 기존 국제정치학의 일반적인 이론 분류기준에 따라 중국의 부상에 관한 시각들을 '정리'하는 수준이거나 연구자들의 자의적인 비교·평가에 머물고 있는 것이 사실이다.[7]

---

4) Lu Ning, *The Dynamics of Foreign-Policy Decision making in China* (Boulder: Westview Press, 1997), pp. 171~184; Samuel S. Kim, "Chinese Foreign Policy in Theory and Practice", in Samuel S. Kim, ed., *China and the World* (Boulder: Westview Press, 1998), pp. 3~33.

5) Denny Roy, *China's Foreign Relations* (Boston: Rowman & Littlefield Publishers, 1998), pp. 227~245.

6) Goldstein, *Rising to the Challenge*, pp. 81~101; 차창훈, "중국 외교정책 연구에 대한 이론적 평가," 〈한국정치학회보〉, 37집 1호(2003년 봄), pp. 243~265.

7) 예외적으로, 중국의 부상과 관련 '메타이론'까지 논의하고 있는 문헌으로는 Peter J. Katzenstein and Rudra Sil, "Rethinking Asian Security: A Case for Analytical Eclecticism," in J. J. Suh, Peter J. Katzenstein, and Allen Carlson eds., *Rethingking Security in East Asia: Identity, Power, and Efficiency* (Stanford: Stanford University Press, 2004), pp. 1~33 참조. 본 논문에서 저자들은 과학철학자 라우든(Larry Laudan)의

이러한 맥락에서 본 연구의 목적은 중국의 부상에 관한 기존의 이론적 연구를 보다 엄밀한 '메타이론(*meta theory*)'적 기준을 적용해 비교·분석하는 데 있다. 사실, 중국의 부상을 둘러싼 각종의 이론적 연구들은 동 현상을 각각의 이론적 논리에 따라 '위협' 혹은 '기회' 중 하나로 분석하는 것이 일반적이다. 따라서 중국의 부상과 관련된 국제정치학 연구들은 결국 중국위협론을 지지하거나 부정하는 내용을 담고 있을 수밖에 없다. 이와 같다면, 중국위협론에 관한 각종의 연구들은 중국의 부상을 둘러싼 국제정치학적 연구들의 구체적인 사례라 할 수 있을 것이다.

아래 2절에서는 '사실'과 '이론' 간의 상호관계를 설명함으로써, 왜 중국의 부상에 관한 연구들이 이론적 형식을 취할 수밖에 없는가를 밝힌다. 또한, 그 구체적 이론들이 무엇이며 그 상호관계에 대해 설명한다. 3절에서는 중국의 부상을 둘러싼 기존의 이론적 접근을 '신현실주의', '신자유제도주의', '구성주의', 그리고 '세계체제론'으로 구분해 설명한다. 마지막으로 4절에서는 과학철학에서 제시되고 있는 메타이론을 살펴보고 이에 기반하여 중국의 부상에 관한 각각의 이론적 논의들을 비교·평가한다.

이론평가 기준(문제풀이 능력)을 메타기준으로 밝히고 있다.

2. 중국의 부상, 관찰의 이론의존성, 그리고 국제관계이론

탈냉전기 중국의 부상은 상술한 바와 같이 여러 경험적 지표를 통해서 확인되고 있는 일종의 사실관계(*hard facts*)이다. 따라서 이러한 중국의 급속한 성장에 관한 각종의 정치학 연구들은 연구자가 의식하든 그렇지 못하든 일단의 이론적 연구라고 할 수 있다. 이것은 현대 과학철학의 주요한 논거중 하나인 이른바 "관찰의 이론의존성(*observation impregnated with theory*)"에 근거한다. 이에 따르면, 관찰이라는 행위에는 이미 의식적 혹은 무의식적으로 관찰자의 사전적 지식(예, 이론, 가치관, 선입견)이 개입되고 있는 것이다.[8]

이와 같다면, '중국의 부상'이란 동일한 관찰대상 역시 각 연구자들의 사전적 이론에 따라 상이하게 관찰될 수밖에 없다. 즉, 각 연구자들은 중국의 부상에 대한 객관적 관찰이 아니라 의식적 혹은 무의식적으로 중국의 부상을 이미 '이론적'으로 해석하고 있는 것이다. 예를 들어, 현실주의, 자유주의, 구성주의, 그리고 세계체제론과 같은 국제관계이론은 중국의 부상에 대한 관찰이 사전적으로 의존하는 이론의 역할을 한다. 즉, 중국의 부상이 중·미관계에 미치는 영향을 분석하면서, 중·미간 세력관계의 변화 및 이로 인한 대립가능성을 전망하는 주장은 주로 현실주의 논리에 기반하고 있으며, 반면 중국의 대외

8) 관찰의 이론의존성에 대한 논의는 Donald Gillies, *Philosophy of Science in the Twentieth Century: Four Central Themes* (Oxford: Blackwell, 1993), pp. 141~142. 신중섭, "과학의 합리성," 조인래 외 편, 《현대 과학철학의 문제들》(서울; 아르케, 1999), pp. 326~327. Norwood Russell Hanson 씀, 송진웅/조숙경 옮김, 《과학적 발견의 패턴: 과학의 개념적 기초에 대한 탐구》(서울: 민음사, 1995), 제 2장 참조.

개방으로 인해 중·미간 상호의존관계가 보다 심화될 것이라는 주장은 자유주의적 이론에 기반하고 있는 것이다. 한편, 중국이 국제정치적 규범을 점차 수용하는 점에 분석의 초점을 맞춰 향후 중·미관계의 발전을 전망한다면 구성주의적 시각을, 반면 중국의 부상을 세계자본으로의 종속심화로 분석한다면 세계체제론적 전제에 기반하고 있는 것이다. 물론, 각각의 이론적 시각에서 상반된 결론 역시 도출할 수 있다. 즉, 현실주의 접근을 통해 중·미관계를 보다 협력적으로 분석·전망할 수 있으며 동일한 논리로 자유주의나 구성주의적 시각을 통해 동일사례를 보다 대립적으로 설명할 수도 있다.[9)]

이러한 맥락에서, 기존의 국제관계이론에 대한 보다 상세한 이해는 중국의 부상을 보다 체계적으로 연구하는 데 일조할 수 있을 것이다. 주지하듯, 국제관계이론은 현실주의, 자유주의, 맑시즘, 그리고 비교적 최근 이론이라 할 수 있는 구성주의 등으로 구분할 수 있다. 이러한 분류는 각각의 이론이 기반하고 있는 존재론적, 인식론적 차이에 따라 가능하다. 즉, 각 이론이 그 설명논리로 '구조(*structure*)'와 '행위자(*agent*)' 중 무엇을 강조하는지 혹은 '물질(*material*)'과 '관념(*idea*)' 중 무엇을 강조하는지에 따라 구분될 수 있는 것이다. 구체적으로, 〈그림 1-1〉에서 나타나는 바와 같이 현실주의 이론들은 국제정치의 설명논리로 행위자와 물질을 강조하는 반면 구성주의 이론은 구조(보편적 규범)와 관념을 강조한다. 또한, 맑시즘이 구조와 물질을 강조하는 반면 자유주의 이론은 행위자와 관념을 상대적으로 강조한다.[10)]

---

9) 이에 대해서는 Aaron L. Friedberg, "The Future of U.S.-China Relations: Is Conflict Inevitable?" *International Security*, vol. 30, no. 2 (Fall 2005), pp. 7~45 참조.

10) 이와 같은 분류 형식은 Alexander Wendt, *Social Theory of International*

〈그림 1-1〉 국제관계이론

구 조	맑시즘	구성주의
행위자	현실주의	자유주의
	물 질	관 념

물론, 각각의 국제관계이론이 상술한 분류 규준에 정확히 일치하는 것은 아니며 상호간 공유될 수 있는 부분이 존재하는 것도 사실이다. 예를 들어, 신현실주의(*neorealsim*; *structural realism*)는 전통적 현실주의를 행위자 중심의 환원주의(*reductionism*)라고 비판하면서 '국가 간 힘의 배분'이라는 구조변인에 보다 초점을 맞추고 있다.[11] 신자유제도주의(*neo-liberal institutionalism*)는 전통적 자유주의에 비해 경제력과 같은 '물질적' 국가이익을 주요 변인으로 도입하고 있으며, 국가행위자의 '합리성'과 국제정치의 '무정부성'을 현실주의와 공유하고 있다.[12] 한편, 구성주의의 하부 이론이라 할 수 있는 '전략문화

Politics (Cambridge: Cambridge University Press, 2001), pp. 22~40; Ronald L., Jepperson, Alexander Wendt, and Peter J. Katzenstein, "Norms, Identity, and Culture in National Security," in Peter J. Katzenstein, ed., *The Culture of National Security* (New York: Columbia University Press, 1996), pp. 37~52 참조.

11) 월츠의 환원주의 비판은 Kenneth N. Waltz, *Theory of International Politics* (Reading: Addison-Wesley Publishing Company, 1979), pp. 60~78 참조.

12) Robert O. Keohane, *International Institutions and State Power* (Boulder: Westview Press, 1989), pp. 10~11; Robert O. Keohane and

(*strategic culture*)' 이론은 각 개별국가가 갖는 특징적인 전략사고에 초점을 맞춘다는 점에서 일반 구성주의보다 행위 중심적 논리라 할 수 있다.[13] 맑시즘 내에서도 이른바 "국가자율성"을 강조하는 시각은 국가를 단순히 자본주의 세계체제의 종속물로 간주하지 않는다는 측면에서 보다 행위 중심적 연구라 할 수 있다.[14]

그러나, 이러한 세부적 차이에도 불구하고, 중국의 부상에 관한 주장이 이미 이론적 연구라면 기존의 연구들이 상기한 국제정치학 이론들의 개략적 구분에 따라 분류될 수 있다는 것은 부인하기 어렵다. 특히, 중국의 부상을 둘러싼 연구들이 상호간 분석수준 및 대상의 차이에도 불구하고, 결국 "중국의 부상은 위협인가? 기회인가?"란 구체적 문제를 공유하고 있다면, 각각은 고유한 이론적 논리에 따라 그에 대한 답을 모색한다. 예를 들어, 현실주의적 시각은 중국과 기타 국가의 세력변화 및 그로 인한 국가 간 세력균형의 불안정성에 주목한다. 자유주의는 연성권력(*soft power*)과 같은 비물질적 권력이나 중국과

Lisa L. Martin, "Institutional Theory as a Research Program", in Colin Elman and Miriam Fendius Elman, eds., *Progress in International Relations Theory: Appraising the Field* (Cambridge: MIT Press, 2003), pp. 73~75. 웨버는 1980년대 신자유주의와 신현실주의 이론의 접근을 '신-신 통합(*neo-neo synthesis*)'이라 부른다. Ole Waever, "Figures of International Thought: Introducing Persons instead of Paradigms," in Iver B. Neumann and Ole Waever, eds., *The Future of International Relations* (London: Routledge, 1997), pp. 18~19.

13) Stuart Poore, "Strategic Culture," in John Glenn, Darryl Howlett, and Stuart Poore, eds., *Neorealism Versus Strategic Culture* (Burlington: Ashgate Publishing Company, 2004), p. 61.

14) 대표적으로 콕스(Robert Cox)는 세계체제론의 구조적 환원주의를 비판하고 있다. John M. Hobson, *The State and International Relations* (Cambridge: Cambridge University Press, 2000), pp. 140~141.

기타 행위자(국가, 국제제도 등)와의 상호의존 가능성에 주목한다. 한편, 구성주의적 시각은 중국의 부상을 '규범'과 같은 보다 관념적인 변인과 연결시키고, 맑시즘적 시각은 중국의 부상을 중국이란 '일국' 차원의 문제가 아니라 세계 자본주의 체제의 일환으로 분석한다.

이와 같다면, 현실주의적 시각은 '중국의 부상'을 '위협'으로 등치시키는 경향이 강하며 기타 이론들은 중국의 부상을 '기회'(자유주의)이거나 '동화'(구성주의), 그리고 '종속'(세계체제론)으로 간주하면서 상대적으로 비위협적인 현상으로 가정한다고 볼 수 있다.

아래 3절에서는 중국의 부상에 대한 각각의 이론적 시각을 보다 구체적으로 분석한다.

3. 중국의 부상 : 위협? 기회? 동화? 종속?

1) 신현실주의 : 세력배분의 변화와 불안정

일반적으로 하나의 특정 사건에 대한 이론적(연역적) 설명이라는 것은 그 사건이 보편적 사례를 가정하는 이론의 단칭 사례임을 보여주는 것이라 할 수 있다. 예를 들어, 떨어지는 사과를 이론적으로 설명한다는 것은 그 현상이 "모든 물체는 상호 끌어당기는 힘(중력)이 있다"라는 보편적 중력이론의 개별사례임을 밝히는 것이다. '삼단논법'의 논리구조는 이러한 이론적 설명구조와 동일하다고 볼 수 있다. 즉 "소크라테스가 죽었다"라는 사건은 "소크라테스가 인간이다"(초기조건)만 성립된다면 "모든 인간은 죽는다"라는 대전제의 개별사례임을 증명할 때 연역적으로 설명되는 것이다.[15]

이와 같다면, 중국의 부상에 대한 현실주의적 접근 역시 중국의 부상이라는 초기조건이 일반 현실주의 이론의 개별사례임을 보여주는 설명형식을 보인다. 예를 들어, 대표적인 현실주의 이론인 세력균형(*balance of power*) 이론에 따르면, 국제정치는 '무정부(*anarchy*)' 상태이기 때문에 각 국가들은 생존을 위해 타국과의 '세력배분(*distribution of power*)' 양상에 따라 행동할 수밖에 없다고 가정한다. 특히, 국제정치의 전쟁은 국가 간 세력균형의 붕괴로부터 기인하며, 따라서, 전쟁을 억제하기 위해서는 국가 간 세력균형을 깨뜨리는 국가를 타국들이 견제(즉, 세력균형)해야 한다고 주장한다.[16] 이러한 맥락에서, 탈냉전기 중국의 급속한 부상은 동아시아지역에서 강대국 간 혹은 지역 내 세

---

15) Karl Popper, *The Logic of Scientific Discovery* (New York: Science Editions, Inc., 1961), pp. 59~62.

16) Waltz, *Theory of International Politics*, pp. 79~101.

력균형을 붕괴시킬 수밖에 없기 때문에 대중국 세력균형 정책을 통해 국제정치의 불안정성을 미연에 방지해야 한다는 주장을 전개한다.[17]

한편, 이른바 '공세적 현실주의(*offensive realism*)' 이론은 세력균형 이론에 비해 중국의 부상을 보다 부정적으로 분석한다. 공세적 현실주의자들은 국제정치의 무정부성과 세력배분이 국제정치를 설명하는 핵심적 변인이라는 점은 세력균형론자들과 공유하지만 국가의 최고 목표는 '안보추구'가 아니라 '힘의 추구'라고 주장한다. 왜냐하면 무정부상태에서는 결국 패권국가가 될 때만이 자국의 안보를 확보할 수 있기 때문이며 그 결과 국제정치는 강대국 간의 '비극(*tragedy*)'으로 끝날 수밖에 없기 때문이다. 따라서, 중국의 부상 역시 이러한 논리구조의 개별사례에 불과할 뿐이며, 그 결과 중국과 미국 양자 간의 갈등은 필연적일 수밖에 없는 것이다.[18] 또 다른 현실주의 이론인 세력전이(*power transition*) 이론 역시 중국의 부상으로 인한 중·미 간 갈등가능성의 증가를 전망한다. 세력균형 이론과 달리 세력전이 이론은 국가 간 전쟁가능성은 지배국가와 도전국의 세력격차가 좁혀질수록 양국 간 전쟁가능성이 증가한다고 가정한다.[19] 따라서 중국의 급속한

17) Richard K. Betts, "Wealth, Power, and Instability: East Asia and the United States after the Cold War," *International Security*, vol. 18, no. 3 (Winter 1993/94), pp. 34~77; Denny Roy, "Assessing the Asia-Pacific 'Power Vaccum'," *Survival*, vol. 37, no. 3 (Autumn 1995), p. 53; Richard Bernstein and Ross H. Munro, "The Coming Conflict with America," *Foreign Affairs* (March/April 1997), pp. 18~32; Aron L. Friedberg, "The Struggle for Mastery in Asia," *Commentary*, vol. 110, Issue 4 (November 2000), pp. 17~26.

18) John J. Mearsheimer, *The Tragedy of Great Power Politics* (New York: W. W. Norton & Company, 2001), pp. 17~22, 396~400.

19) 세력전이 연구프로그램의 대강 및 그 변화는 Jonathan M. DiCicco and Jack S. Levy, "The Power Transition Research Program: A Lakatos-

부상으로 인해 미국과의 세력격차가 좁혀지는 상황에서 그에 대한 사전대응이 미비할 경우 미·중 간 충돌은 불가피한 것이 된다.[20]

그러나 이러한 현실주의의 논리구조를 수용한다고 해서 중국의 부상을 모두 부정적으로만 설명한다는 것은 결코 아니다.[21] 만약 중국의 부상이 미국주도의 동아시아 세력관계를 변화시킬 만한 수준이 아니라고 간주된다면 중국의 부상을 반드시 위협적으로 가정할 논리적 이유가 없기 때문이다. 상술한 삼단논법에서 '모든 인간은 죽는다'란 대전제를 수용해도 만약 소크라테스가 인간이 아니라면 그가 반드시 죽어야 할 이유는 없는 것이다.

예를 들어, 중국의 군사력 증강을 개혁·개방 이후 추진된 '국방현대화'라는 방어적 맥락에서 파악한다든지,[22] 중국군의 정보체계 미비,[23] 실제 '투사능력(*projection capability*)'의 한계, 그리고 비효율적인 조직체계를 주장하게 된다면 중국의 군사적 증강이 반드시 위협일 것이라는 결론을 도출해내기는 어려운 것이다.[24] 경제적 부문에서도 사

---

ian Analysis," in Colin Elman and Miriam Fendius Elman, eds., *Progress in International Relations Theory: Appraising the Field*, pp. 109~158 참조.

20) 김우상, "세력전이와 동아시아 안보질서에 관한 경험적 연구", 〈한국정치학회보〉, 35집, 1호(2001 봄), pp. 388~389.

21) Thomas J. Christensen, "Fostering Stability or Creating a Monster? The Rise of China and U.S. Policy toward East Asia," *International Security*, vol. 31, no. 6 (Summer 2006), pp. 81~126.

22) Paul H. B. Godwin, "Uncertainty, Insecurity, and China's Military Power," *Current History*, vol. 96, no. 611 (September 1997), p. 253.

23) Joseph S. Nye, "China's Re-emergence and the Future of the Asia-Pacific," *Survival*, vol. 34, no. 4 (Winter 1997-98), pp. 69~70.

24) Bates Gill and Michael O'Hanlon, "China's Hollow Military," *The National Interest*, no. 56 (Summer 1999), pp. 56~61; Taeho Kim, "The

회간접자본의 미비, 인플레이션, 그리고 실업문제 등을 고려하면 중국의 급속한 부상을 실질적 의미의 강대국화로 결론내리기는 힘들다. 즉, 파이(Lucian Pye)가 지적하는 바와 같이, 중국의 초강대국으로의 성장여부는 단순히 GNP의 규모가 아니라 '실질적' 국력의 산출여부로 판단되어야 하는 것이다.[25] 뿐만 아니라, 세력전이 이론이 반드시 중국의 부상으로 인한 미·중관계의 악화를 예측하는 것도 아니다. 세력전이 이론이 가정하듯, 비록 세력전이가 발생한다고 하더라도 국가 상호 간 만족도가 낮지 않다면 전쟁가능성이 높다고 볼 수 없기 때문이다. 즉, 세력전이는 국가 간 전쟁의 필요조건이지 충분조건이 아닌 것이다.[26] 따라서, 중·미 간 세력전이가 발생한다고 하더라도 미국이 주도하는 현 국제질서에 대해 중국이 만족한다면 중국의 부상을 반드시 위협적이라고 볼 수는 없는 것이다.[27]

이러한 측면에서 최근의 '신고전(*neoclassical*)' 현실주의 이론은 중국의 부상을 보다 긍정적으로 분석하는 현실주의적 분석이론이 될 수

Myth of a Hegemonic China: The Military Dimension," in Tae-Hwan Kwak and Melvin Gurtov, eds., *The Future of China and Northeast Asia* (Seoul: Kyungnam University Press, 1997), pp. 163~72; David Shambaugh, "China's Military: Real or Paper Tiger?" *The Washington Quarterly*, vol. 19, no. 2 (Spring 1996), pp. 26~28.

25) Lucian W. Pye, "China: Not Your Typical Superpower," *Problems of Post Communism*, vol. 43, no. 4 (July-August 1996), p. 14.

26) DiCicco and Levy, "The Power Transition Research Program," pp. 115~116.

27) 동일한 논리로 중·미간 세력전이가 발생하지 않더라도 대만문제 등을 둘러싸고 중·미간 분쟁이 가능하다. Thomas J. Christensen, "Posing Problems without Catching Up: China's Rise and Challenges for U.S. Security Policy," *International Security*, vol. 25, no. 4 (Spring 2001), pp. 13~14.

있다. 스웰러(Randall L. Schweller) 등이 정립한 신고전 현실주의 이론은 "무정부상태 아래에서 국가들은 세력배분에 따라 행동한다"는 신현실주의의 가정에 동의한다. 그러나 개별국가들의 행태를 보다 정확히 이해하기 위해서는 그 국가들의 '인식', '선호', 그리고 국내정치적 상황과 같은 단위수준(*unit level*)의 변인을 분석해야 한다고 주장한다. 다시 말해, 국가 간 세력변화가 발생해도 각 국가들이 현재의 국제질서에 대한 '현상유지(*status quo*)'적 성격을 갖고 상호 간 만족도가 높다면 국제정치는 보다 안정적으로 전개될 수 있다는 것이다.[28)]

따라서, 비록 중국의 부상으로 인해 중·미 간 세력변화가 발생한다고 하더라도, 부상하고 있는 중국이 미국주도의 현 국제질서의 현상유지를 희망하고 미국 역시 그러한 중국을 견제하기 보다는 포용하기를 희망한다면 향후 국제정치가 불안정하게 변화될 것으로 전망할 수는 없는 것이다. 실제로 최근 중·미관계는 상호 간 세력변화에도 불구하고 1990년대 초중반에 비해 보다 안정적으로 변화하고 있다. 즉, 중국은 경제발전이라는 최고의 국가목표를 위해 안정적 대미관계를 희망하면서 이른바 '화평굴기(和平崛起)'를 핵심으로 하는 '신안보외교(*new security diplomacy*)'를 수행하고 있다.[29)] 미국 역시 '이익상관

---

28) Randall L. Schweller, "The Progressiveness of Neoclassical Realism," in Colin Elaman and Miriam Fendius Elman, eds., *Progress in International Relations Theory*, p. 317; Randall L. Schweller, *Unanswered Threats: Political Constraints on the Balance of Power* (Princeton: Princeton University Press, 2006), pp. 46~68.

29) Zheng Bijian, "China's 'Peaceful Rise' to Great-Power Status," *Foreign Affairs*, vol 84, no. 5 (September/October 2005), pp. 18~24; 劉建飛, "和平崛起是中國的戰略選擇", 〈世界經濟与政治〉, 2006年 第2期, pp. 36~40; Bates Gill, *Rising Star: China's New Security Diplomacy* (Washington: Brookings Institution Press, 2007).

자(*stakeholder*)' 개념을 통해 부상하는 중국을 봉쇄하기 보다는 국제사회의 책임 있는 구성원으로 유도해 현 국제질서를 유지·발전시키려는 의도를 드러내고 있는 실정이다.30)

결국, 상술한 현실주의 이론들은 국가 간 세력관계가 국제정치를 설명하는 핵심적 독립변인이라는 합의를 이루고 있더라도 단위수준의 다양한 변인들을 인과모형에 추가함으로써 중국의 부상을 상반되게 설명하고 있다. 즉, 국가 간 세력관계를 보다 중요시하는 구조적 현실주의(방어적 현실주의와 공세적 현실주의)는 중국의 부상이 보다 위협적이고 따라서 그에 대한 견제(세력균형 등)가 필요하다고 주장한다. 반면, 국가 간 만족도 및 선호 등을 강조하는 세력전이 이론과 신고전현실주의 이론에 따르면, 중국의 부상이 반드시 위협적일 이유가 없으며 따라서 대중국 포용정책은 그 정책대안으로 제시될 수 있는 것이다.31)

---

30) Robert B. Zoellick, "Whither China: From Membership to Responsibility?" Remarks before National Committee on US - China Relations, September 21, 2005. http://usinfo.state.gov/eap/Archive/ 2005/Sep; Daniel W. Drexner, "The New New World Order," *Foreign Affairs*, vol 86, no. 2 (March/April 2007), p. 41; 박홍서, "탈냉전기 중미간 협조체제의 출현?: 9·19 공동성명 후 북핵문제에 대한 중미간 협력", 〈국제정치논총〉, 47집 3호(2007. 9), pp. 82~83.

31) 물론, 단위수준의 변인을 강조하는 신고전현실주의가 구조적 현실주의보다 설명력이 앞선다고 말할 수는 없다. 월츠가 강조하듯, 구조변인에 단위수준의 변인을 도입해 이론의 설명력을 높힐♣ 수는 있으나, 그만큼 이론의 '엄밀성' 혹은 '간결성'의 감소를 감내할 수밖에 없기 때문이다. Kenneth N. Waltz, "Reflections on Theory of International Politics: A Response of My Critics," in Robert O. Keohane, ed., *Neorealism and Its Critics* (New York: Columbia University Press, 1986), pp. 322~345.

2) 신자유제도주의 : 국제정치로의 참여 그리고 상호의존

신현실주의 이론과 마찬가지로 신자유제도주의 이론 역시 중국의 부상이란 현상을 일반이론의 개별사례로 상정하는 연역적 설명구조를 갖는다. 일반적으로 자유주의 이론은 구조적 현실주의 이론에 비해 단위수준(행위자)의 변인에 분석의 초점을 맞춘다. 즉, 자유주의 이론은 국제정치의 무정부성을 인정하면서도 국제제도의 역할, 국가의 인식 및 선호, 민주주의와 같은 국가 성격, 그리고 국내정치 등에 따라 국가 간 상호의존 가능성은 증가할 수 있다는 점을 강조한다.[32)]

일반적으로 자유주의 이론은 '죄수의 딜레마(*prisoner's dilemma*)' 모형을 통해 보다 명확히 설명될 수 있다. 주지하듯, 죄수의 딜레마는 범죄 용의자 두 명을 격리한 채 각각의 용의자에게 "당신이 침묵하고 다른 용의자가 자백한다면 당신은 중형이고 상대는 석방될 것"이라고 심문하는 상황을 가정한다. 이러한 상황 속에서 각각의 용의자는 딜레마에 직면하고 결국 최악의 상황(중형)을 우려하기 때문에 모두 자백할 것이라는 것이 게임의 결론이다. 현실주의 이론이 국가도 '격리된' 용의자와 같기 때문에 결국 자백(분쟁상황)할 것이라고 주장한다면, 자유주의 이론은 국가 간 관계는 '국제제도'와 같은 매개체를 통해 의사소통이 가능하기 때문에 상호협력이 가능하다고 주장한다. 즉, 무정부상태에서도 국가 간 협력이 가능하다는 것이다.[33)]

---

32) Robert O. Keohane and Joseph S. Nye, *Power and Interdependence: World Politics in Transition* (Boston: Little, Brown and Company, 1977); G. John Ikenberry, "Institutions, Strategic Restraints, and the Persistence of Postwar American Order," *International Security*, vol. 23, no. 3 (Winter 1998/99), pp. 43~78.

33) Kenneth A. Oye, ed., *Cooperation Under Anarchy* (Princeton: Princeton University Press, 1996).

따라서, 자유주의 시각은 현실주의 시각과 상이하게 중국의 부상을 보다 긍정적으로 분석하는 경향을 보인다. 즉, 자유주의 이론은 중국의 부상으로 인한 세력관계 변화 및 불안정성에도 불구하고 국제제도에 대한 중국의 점증하는 참여행태라든지 개혁·개방 이후 중국과 타국의 경제적 상호의존 심화에 분석의 초점을 맞춘다. 예를 들어, 개혁·개방기 중국은 CTBT 및 NPT와 같은 군비통제기구부터 WTO, APEC, 세계은행 등과 같은 국제경제기구 및 에너지 및 환경 부문에 이르기까지 적극적으로 참여수준을 제고시키고 있으며 그 결과 현 국제질서에 대한 중국의 현상유지적 행태가 보다 명확해지고 있다는 것이다.[34] 뿐만 아니라, 중국과 타국 간의 심화된 상호의존관계는 자유주의적 시각의 중요한 사례라 할 수 있다. 예를 들어, '세계화'로 인한 상호의존의 논리는 탈냉전기 중·미관계를 세력균형이 아니라 상호협력관계로 발전시킨다거나,[35] 아세안(ASEAN) 국가들과의 점증하는 협력관계로 인해 남중국해에서 중국의 위협적 군사행동이 제약받는다는 주장 등이 그것이다. 이외에도 중국이 '다자주의(*multilateralism*)'를 기반으로 각종 국제문제에 적극적으로 개입하고 있는 것도 주요 연구사례가 되고 있다. 예를 들어, 2003년 2차 북핵위기 이후 6자회담을 주도해 적극적 문제해결을 도모하고 있으며, 아세안지역포럼

---

34) 개혁·개방기 국제기구에 대한 중국의 적극적 참여에 관한 대표적 문헌은 Elizabeth Economy et al., eds., *China Joins the World: Progress and Prospects* 참조. 존스톤에 따르면, 중국의 국제제도에 대한 적극적 참여행태로 볼 때 중국은 현상유지 국가로 봐야 한다. Alastair I. Johnston, "Is China a Status Quo Power?" *International Security*, vol. 27, no. 4 (Spring 2003), pp. 5~56.

35) Banning Garrett, "US-China Relations in the Era of Globalization and Terror: A Framework for Analysis," *Journal of Contemporary China*, vol. 15, no. 48 (August, 2006), pp. 414~415.

(ARF) 및 상하이협력기구(SCO)에 적극적으로 참여하고 있고, 미국과의 협력하에 대량살상무기, 핵확산, 그리고 국제테러리즘에 적극적 문제해결 의지를 보이고 있다는 것이다.[36]

물론, 이러한 중국의 행태를 현실주의적 시각에서 보다 '전략적(*strategic*)'인 성격으로 이해할 수도 있다. 즉, 중국지도부는 1995~96년 대만해협 위기를 경험하면서 경제발전을 위해서는 안정적인 대외환경이 필수적임을 인식하고 이를 위해서는 중국위협론을 불식시켜야 할 현실적 필요성이 존재했다는 것이다. 그 결과 중국은 화평굴기로 요약되는 대전략을 정립하기 시작하였으며 이를 기반으로 국제문제에 대해서는 다자주의를, 그리고 주요 국가와의 양자관계는 이른바 '전략적 동반자관계(*strategic partnership*)'를 수립하고 있다는 것이다.[37] 더욱이 국제기구에 대한 중국의 실제적 참여행태도 이른바 "최소-최대(*mini-maxi*)" 전략을 기반으로 상황별, 사안별로 자국의 이익을 극대화하기 위해 참여의 폭을 결정하는 현실주의적 양태를 보여온 것이 사실이다.[38]

그러나, 그럼에도 불구하고, 일단 국제기구에 참여한 이상 쉽게 탈

36) Bates Gill, *Rising Star*, pp. 21~136; David M. Lampton, "China's Rise in Asia Need Not Be at America's Expense," in David Shambaugh, ed., *Power Shift: China and Asia's New Dynamics* (Berkeley: University of California Press, 2005), pp. 314~316.

37) Goldstein, *Rising to the Challenge*, pp. 102~135.

38) Samuel S. Kim, "China and the United Nations," in Economy et al., eds., *China Joins the World*, pp. 61~62. 로빈슨은 개혁개방기 중국의 외교·안보행태는 타국 및 국제기구에 대해 상호의존, 의존, 그리고 독립적 양상이 혼합된 형태라고 분석하고 있다. Thomas W. Robinson, "[In][ter]depence in China's Post-Cold War," in *China and the World*, pp. 193~216.

퇴하기 어려운 이른바 "연루효과(*entrapment effect*)" 및 각종 레짐의 규칙 미준수로 인한 이미지 비용의 파생 등은 향후 중국의 현실주의적 행태를 제약하는 요인이 되고 있다는 것은 부인할 수 없다.[39] 인권과 같은 민감한 문제에 대해서도 중국이 국제적 규범에 보다 부합하려는 행태를 보이고 있다는 사실은 이를 뒷받침한다고 볼 수 있다.[40]

한편, 신자유주의 이론은 현실주의 이론과 달리 국가의 '능력(*capacity*)'과 '의도(*intention*)'는 별개의 변인이라고 주장하는데 이러한 논리를 중국의 부상에 대입한다면, 중국의 군사적·경제적 성장이 위협인가의 여부를 판단하기 위해서는 중국의 능력뿐만 아니라 중국의 의도를 파악해야 한다는 논리가 성립된다.[41] 예를 들어, 중국은 1949년 이후 자국의 안보와 주권문제에만 무력을 행사하려고 하였을 뿐 주변국을 점령하려는 '의도'를 드러낸 적이 없다거나, 중국의 능력이라는 단일한 측면으로부터 미래를 추론하는 것은 불완전하며 기타 강대국과의 상호작용과정을 통해 중국의 인식이 변화할 수 있다는 주장 등은 능력과 의도를 구분하려는 자유주의적 시각이라 할 수 있다.[42] 특히, 이들 자유주의적 시각은 중국의 의도는 기타 국가가 대

39) Kim, "China and the United Nations," pp. 81~82.

40) Andrew J. Nathan, "China and the International Human Rights Regime," in Economy et al., eds., *China Joins the World*, pp. 136~140.

41) David A. Baldwin, "Neoliberalism, Neorealism, and World Politics," David A. Baldwin, ed., *Neorealism and Neoliberalism: The Contemporary Debate* (New York: Columbia University Press, 1993), pp. 4~8.

42) Taeho Kim, "The Myth of a 'Hegemonic China': The Military Dimension," pp. 172~74; Fei-Ling Wang, "To Incorporate China: A New Policy for a New Era," *The Washington Quarterly*, vol. 21, no. 1 (Winter 1998), p. 69.

중국 정책을 어떻게 수행하느냐에 따라 순응적 혹은 저항적이 될 것임을 강조하면서 대중국 포용정책을 정책적 대안으로 제시하고 있다.[43)]

그러나 자유주의적 시각이 중국의 부상을 모두 협력지향적으로 분석하는 것은 아니다. 상술한 바와 같이 현실주의 논리에 근거해서도 중국 위협론을 비판할 수 있는 것과 마찬가지로 자유주의 이론을 통해서도 중국의 부상을 보다 위협적으로 분석할 수 있다. 즉, 중국 내 정치상황의 영향이라든지 중국의 국가성격 등은 중국의 부상을 보다 위협적으로 변화시킬 수 있다는 근거가 될 수 있다. 자유주의 시각은 현실주의의 가정과 달리 국가는 사회영역으로부터 독립적이지 못하며, 따라서 국가의 대외행위는 사회세력 간 이해관계에 따라 변화한다고 가정한다.[44)] 이러한 논리에 따른다면, 개혁·개방기 지도이념으로서 사회주의 이념이 퇴색한 상황에서 중국지도부는 정권의 정당성 확보를 위해 대중의 민족주의적 태도를 이용할 수밖에 없으며, 결국 대만문제 등 주권과 관련된 민감한 문제에 대해서는 위협적인 행태를 보일 수도 있다는 것이다.[45)] 민주주의체제 국가 간에는 전쟁이 발생하지 않는다는 '민주평화론(*democratic peace*)'적 논리 역시 중국의 부상을 위협적으로 분석하는 자유주의적 시각이 될 수 있다.[46)]

---

43) Denny Roy, "The China Threat Issue," *Asian Survey*, vol. 36, no. 8 (August 1996), pp. 767~770.

44) 즉, 자유주의 이론은 국가의 국내적 "행위능력(*agential power*)"이 낮다고 주장한다. Hobson, *The State and International Relations*, pp. 217~223.

45) Susan L. Shirk, *China: Fragile Superpower* (Oxford: Oxford University Press, 2007), p. 255.

46) 민주평화론은 Michael W. Doyle, "Liberalism and World Politics," *American Political Science Review*, vol. 80, no. 4 (1986), pp. 1151~1169 참조.

이에 따르면, 중국은 역사, 문화적으로 서구적 의미의 민주체제를 수용할 가능성이 낮기 때문에 중국의 부상은 기타 민주주의 국가와 갈등적이 될 수밖에 없다는 논리가 성립되는 것이다.[47]

이와 같이, 자유주의 이론은 현실주의 이론에 비해 중국의 부상을 상호관계, 의도, 그리고 국내정치와 같은 '단위수준'의 변인들에 분석의 초점을 맞추고 있으며 그 결과 보다 다양한 주장을 제기하고 있다. 따라서 자유주의적 시각은 중국의 부상이 지역질서의 불확실성을 초래할 것이란 현실주의의 다소 결정론적 전망과 달리 다양한 정책적 대응이 가능하다는 것을 시사한다.

3) 구성주의 : 국제규범의 수용과 중국적 규범의 발현

국제정치학계에서 구성주의 이론은 현실주의와 자유주의와 같은 기존 주류이론을 비판하면서 정립된 비교적 최신 이론이라 할 수 있다. 구성주의 이론에 따르면, 구조적 현실주의와 신자유주의 이론은 비록 상이한 이론적 가정에도 불구하고, 국가의 '합리성(*rationality*)'을 기본 전제로 공유한다는 점에서 국가의 고유한 '정체성' 혹은 '규범' 등과 같은 관념적 요인을 간과한다고 비판한다. 즉, 주류이론이 국가는 효용과 비용에 대한 합리적 계산을 통해 대외정책을 수행한다는 '결과의 논리(*logic of consequence*)'를 강조한다면 구성주의 이론은 국가의 행태는 그 국가가 어떠한 관념을 소유하고 있는가에 따라 설명될 수 있다는 '적합성의 논리(*logic of the appropriate*)'를 주장한다. 물론, 자유주의 이론 역시 규범 요인을 배제한 것이 아니기 때문에 구성주의와 상통하는 측면이 있는 것이 사실이다. 그러나 신자유제도주

47) Bernstein and Munro, "Coming Conflict with China," pp. 25~26.

의가 국제제도의 규범을 일종의 '규제적(*regulatory*)' 성격으로 간주한다면, 구성주의 이론은 규범을 '구성적(*constitutive*)' 성격으로 본다는 근본적 차이가 존재한다. 즉, 전자가 규범의 상대적 자율성을 가정한다면 구성주의는 규범의 완전한 자율성을 강조하는 것이다.[48] 따라서, 중국의 부상에 관한 구성주의적 시각은 중국의 외교·안보행태를 타국과의 세력관계와 같은 물질관계가 아니라 국제적 규범이나 중국의 고유한 문화 및 규범 같은 관념적 요인에 따라 분석한다. 즉, 물질구조가 중국의 구체적 외교·안보행태를 결정한다거나(현실주의) 관념적 요인은 개입변인(자유주의)이라는 논리를 거부하고 관념변인 자체가 행태를 결정한다는 것이다.[49]

구체적으로 구성주의적 시각은 크게 중국과 국제규범 간의 관계를 분석하는 국제적 차원과 중국의 고유한 관념을 분석하는 일국적 차원의 분석으로 구분될 수 있다. 우선, 중국과 국제규범 간의 관계에 관한 구성주의적 접근은 부상하는 중국이 국제적 규범을 수용하는 과정 및 양상을 중요한 분석대상으로 상정한다. 특히, 이들 구성주의적 시각은 중국의 국제적 규범수용을 인지적인 '사회화(*socialization*)'로 이해한다는 측면에서 그것을 전략적으로 이해하는 현실주의 및 자유주의와 명확한 차이를 드러낸다.[50] 예를 들어, 중국은 '주권'이란 보편

48) John G. Ruggie, "What Makes the World Hang Together? Neo-utilitarianism and the Social Constructivist Challenge," *International Organization*, vol. 52, no. 4 (Autumn 1998), pp. 871~874; Hobson, *The State and International Relations*, pp. 145~148.

49) Alastair Iain Johnston, "Cultural Realism and Strategy in Maoist China," in Peter J. Katzenstein, ed., *The Culture of National Security: Norms and Identity in World Politics* (New York: Columbia University Press, 1996), pp. 265~266.

50) 국제사회의 규범이 사회화과정을 통해 개별국가의 행태를 변화시킨다는

적 국제규범을 명확히 수용하고 있으며, ARF라든지 CTBT 등의 참여도 물질적 이해관계라기보다는 자국의 부정적 이미지에 대한 중국 지도부의 관념적인 우려로부터 기인한다는 것이다. 또한, 1차 북핵위기에 비해 2차 북핵위기 시 중국이 보다 적극적으로 문제해결을 시도하려고 했던 것도 책임대국으로의 '정체성' 변화에 기인한다는 것이다.[51]

반면, 중국이 국제적 규범을 수용하는 것과 동시에 이른바 '연성권력'을 통해 오히려 타국의 대중국 관념을 변화시킨다는 주장 역시 중국의 부상을 분석하는 구성주의적 시각이라 볼 수 있다. 예를 들어, 동아시아 외환위기 시 위안(元)화를 절하하지 않았던 것이나 북핵문제에 대한 적극적 해결의지, 그리고 타국과의 인적·문화적 교류의 확대는 이와 같은 중국의 행태를 뒷받침한다는 것이다.[52]

한편, 타국가들과 구별되는 중국의 독특한 정체성에 초점을 맞추는 분석 역시 중국의 외교·안보행태에 대한 또 다른 구성주의적 접근이라 할 수 있다. 상술한 바와 같이, 이들 연구들은 중국의 대외행태는 역사, 문화, 인식의 독특성을 파악할 때 비로소 정확히 이해될 수 있

구성주의 논의의 대표저작은 Wendt, *Social Theory of International Politics*; Martha Finnemore, *National Interests in International Society* (Ithaca: Cornell University Press, 1999) 참조.

51) Alastair Iain Johnston, "International Structures and Foreign Policy," in Kim ed., *China and the World*, pp. 72~78; 김애경, "중국의 대외정체성 인식변화: 제 1, 2차 북핵위기에 대한 중국의 역할변화 분석을 사례로," 〈국가전략〉, 제 10권 4호, 2004, pp. 33~60. 물론, 존스톤이 지적하듯, 중국이 동일한 수준으로 국제규범을 수용하는 것은 아니다. 즉, 주권과 같은 규범은 수용하되 인권 및 안보관련 규범의 수용은 상대적으로 소극적인 것이 사실이다.

52) Kurlantzick, *Charm Offensive*, 2007.

다고 주장하면서 보편적 합리성을 가정하는 공리주의적 국제관계 이론(현실주의, 자유주의)을 비판한다. 사실, 이러한 구성주의적 접근은 국제관계학이 아니라 중국 역사학에 그 토대를 두고 있다고 할 수 있다. 예를 들어, 페어뱅크(Jonh K. Fairbank)는 이른바 '중국적 세계질서(*Chinese World Order*)'에 대한 이해 없이 당대 중국의 대외관계를 설명하려는 연구행태를 비판한다. 그에 따르면, 중국적 세계질서의 핵심은 '위계성(*hierarchy*)'이라고 할 수 있다. 이것은 아시아에서는 평등적 국가관계를 가정하는 서구와 달리 유교의 이념적 원리에 근거해 중국의 '天子'를 정점으로 각 국가들이 위계적으로 배열되어 있다는 것을 의미한다. 이러한 맥락에서 중국은 전통적으로 ① 중앙아시아의 전략적 중요성을 높이 평가하고, ② 자기폐쇄적인 대륙문화, ③ 중화사상을 보유하고 있으며 이러한 전통적 관념이 현재의 대외정책에도 투영된다는 것이다.[53]

중국의 부상에 대한 국제관계의 구성주의적 접근은 이와 같이 중국을 둘러싼 역내 국제관계의 특이성을 분석의 출발점으로 간주한다. 우선, 이들 연구는 위계성을 핵심으로 하는 동아시아 국제정치의 전통적 특성을 무정부성을 가정한 서구적 의미의 국제정치와 구별한다.[54] 즉, 현재의 서구 국제관계가 1648년 베스트팔렌 조약을 기점으

53) John King Fairbank, "A Preliminary Framework," in John King Fairbank, ed., *The Chinese World Order* (Cambridge, MA: Harvard University Press, 1968), pp. 1~19; idem., "China's Foreign Policy in Historical Perspective," *Foreign Affairs*, vol. 47, no. 3 (1969) pp. 449~463.

54) 구성주의 정립에 이론적 기반을 제시했던 불에 따르면, "국가 간 체제(*international states system*)"와 "종주-국가 체제(*suzerain-state system*)"는 구분된다. 전자는 주권국가 간 헤게모니 경쟁이 가능하지만 후자는 종주국의 헤게모니 독식이 보장된다. Hedley Bull, *The Anarchical Society: A*

로 형성된 주권국가 간의 상호관계라면, 동아시아 국제관계는 비록 그러한 서구적 논리가 전이되었다고 하더라도 위계적 요인은 여전히 존재한다는 것이다. 따라서 서구 국제정치의 일반적 특징인 국가 간 '세력균형'은 중국을 둘러싼 동아시아 국제정치에서 일반적으로 나타나는 현상이 아니라고 주장한다. 다시 말해, 중국의 급속한 부상에도 불구하고 역내 국가들이 대중국 세력균형을 적극적으로 추진하지 않고 있는 것은 위계적 동아시아 국제관계의 재현이라고 볼 수 있다는 것이다. 이러한 맥락에서, 중국의 부상은 동아시아 국제관계를 보다 안정화시킬 것이라는 결론 역시 가능하다.[55]

한편, 중국의 군사·안보행태에 대한 전략문화(*strategic culture*) 접근이 최근 각광받고 있는데, 전략문화 이론은 신현실주의 이론과 대립각을 이루는 안보관련 구성주의 이론이라고 할 수 있다.[56] 따라서, 전략문화 접근 역시 한 국가의 안보행태를 물질적 세력관계에 대한 전략적 대응이 아니라 국가에 고유하거나 혹은 타국과의 관계 속에서 형성되어지는 규범에 따라 이루어진다고 가정한다.[57] 예를 들어, 중

Study of Order in World Politics (London: The Macmillan Press, 1979), pp. 10~11.

55) 강은 최근 이런 시각의 대표적 연구자이다. David C. Kang, "Getting Asia Wrong: The Need for Analytical Frameworks," *International Security*, vol. 27, no. 4 (Spring 2003), pp. 57~85; idem., "Hierarchy, Balancing, and Empirical Puzzles in Asian International Relations," *International Security*, vol. 28, no. 3 (Winter 2003/2004), pp. 165~180.

56) John Glenn, Howlett Darryl, and Stuart Poore, eds., *Neorealism Versus Strategic Culture* (Burlington: Ashagte Publishing Company, 2004), pp. 3~4.

57) Jepperson *et al.*, "Norms, Identity, and Culture in National Security," pp. 54~65.

국은 물리적 국가이익이 아니라 영토보전 및 적에게 중국의 우월성을 가르치기 위해 군사행동을 한다거나, 중국의 안보행태는 외부적 위협이 심각하지 않은 상황에서도 무력을 사용하려는 양상을 보이는데, 이것은 역사적으로 형성된 '호전적(*parabellum*)' 전략문화에 기인한다는 주장 등이 그것이다. 또한, 중국은 평화적 전략문화 및 현실주의 전략문화를 동시에 갖고 있으며 이 양면적 문화는 민간-군사 문화에 연계되어 있다는 주장 역시 중국의 안보행태에 대한 전략문화 접근이라 볼 수 있다.[58)]

이와 같다면, 비록 구성주의적 시각이 중국의 부상을 현실주의 이론에 비해 보다 긍정적으로 분석하고 있는 것은 사실이지만 위협적인 성격을 완전히 배제한 것은 아니라고 할 수 있다. 즉, 국제규범의 '인지적(*cognitive*)' 수용이라는 측면에서는 중국의 부상이 보다 현상유지적 성격으로 변화할 수 있으나, 중국 전략문화에 고유한 현실주의적 행태는 중국의 부상이 타국에 보다 위협적인 행태로 나타날 수도 있음을 의미한다. 더욱이, 중국이 현상유지국가로 그 성격이 변화하더라도, 대내적 사회불안정과 대외적 안보딜레마 등으로 인해 위협적인 대외행태가 나타날 수 있다는 지적 역시 구성주의적 시각의 이러한 양면적 전망을 뒷받침한다.[59)]

---

58) Johnston, "Cultural Realism and Strategy in Maoist China," pp. 219~221; Andrew Scobell, *China's Use of Military Forces: Beyond the Great Wall and the Long March* (Cambridge: Cambridge University Press, 2003), pp. 4~5.

59) Johnston, "Is China a Status Quo Power?" pp. 49~56.

4) 세계체제론 : 자본주의 세계체제로의 종속과 취약성의 증가

세계체제론은 현실주의, 자유주의, 그리고 구성주의와 상이하게 국제관계의 주요 분석대상으로 '초국적 자본'을 상정한다. 즉, 그 정도의 차이에도 불구하고 전자의 이론들이 '국가중심적(*state-centric*)' 논리에 기반한다면, 세계체제론은 국가는 국제자본이 형성하는 세계자본주의 체제 내의 '수동적' 행위자라고 가정한다.[60] 따라서, 개별국가들은 세계자본주의체제 내에서의 위치에 따라 각각의 역할이 달라진다. 예를 들어, 국가들은 세계체제내에서 ① '중심부(*core*)', ② '반주변부(*semi-periphery*)', ③ '주변부(*periphery*)' 국가로 구분되는데, 중심부 국가는 '불균등 교환'을 통해 주변부 국가를 '착취'하고 궁극적으로 초국적 자본의 이익에 봉사한다. 즉, "자본주의 세계경제는 국가와 국가 간 체계를 필요로 하지만 국가의 지배는 교묘하게 피해나가는 것이다."[61]

이와 같은 세계체제의 구조가 형성될 수 있는 것은 임금의 지역 간 격차로 인해 초국적 자본이 노동분업을 세계적 차원으로 확장하기 때문이다. 즉, 이윤축적의 핵심요인이 노동력 착취라고 한다면, 주변부 지역의 상대적으로 저렴한 임금은 중심부 자본의 이윤축적에 매우 매력적인 대상일 수밖에 없는 것이다. 따라서 중심부의 자본은 노동집

---

60) 이런 측면에서 세계체제론은 월츠의 구조적 현실주의와 구분되어야 한다. 후자의 '구조'가 결국 국가 간 세력배분에 의해 형성되는 것이라면 구조적 현실주의는 국가(행위) 중심적 논리를 선험적으로 가정하고 있는 것이다. Richard K. Ashley, "The Poverty of Neorealism," in Robert O. Keohane, ed., *Neorealism and its Critics* (New York: Columbia University Press, 1986), p. 271.

61) 이마누엘 월러스틴 씀, 이광근 옮김, 《세계체제분석》(서울: 당대, 2005), pp. 138~139; Hobson, *The State and International Relations*, pp. 133~137.

약적인 산업부문을 주변부지역으로 이전시키고 그로부터 산출되는 이윤을 착취한다. 그 결과 주변부 지역은 영속적으로 '저발전(*under-developed*)' 상태에 머무르게 된다. 물론, '정통' 맑시즘은 이러한 세계체제론을 '유통주의적'이라고 비판한다. 세계체제론이 일국내의 생산양식 및 계급투쟁이란 맑시즘의 핵심적 독립변인을 오히려 자본의 시장 및 국제적 분업의 확대의 결과로 이해함으로써 세계체제론은 오히려 신고전경제학(*neo-Smithian*)에 근접한다는 것이다.[62] 그럼에도 불구하고, 《자본》에 명확히 기술되어 있듯이, 이미 19세기 후반 세계시장의 경쟁으로 중심부의 자본이 더 저렴한 임금을 찾아 국제적으로 이동하였던 사실은 세계체제론이 맑시즘과 동떨어진 분석이 아니라는 것을 뒷받침한다.[63]

따라서 중국의 부상에 관한 세계체제론적 분석은 중국의 부상을 중국이라는 일국차원의 문제가 아니라 자본주의 세계체제 내에서 중국이 어떠한 위치에 놓여 있는가에 분석의 초점을 맞춘다. 즉, 중국을 포함한 신흥공업국의 경제적 부상은 중심부 지역의 이윤율 하락에 따라 저임금 지역으로 자본이 이동한 결과로 초래되었다는 것이다. 미국 및 일본으로부터 자본 재배치의 최초 대상국이 한국, 대만을 포함한 동아시아 신흥공업국이었으며 중국은 그 다음의 대상지가 된 것이다.[64] 이와 같다면, 덩샤오핑(鄧小平)이 주도한 중국의 개방·개혁정

62) 정성진, 《마르크스와 트로츠키》(서울: 한울, 2006), p. 267.

63) 〔엥겔스: 그때부터 일어난 세계시장의 경쟁 때문에 우리는 임금수준에 관해 또 다른 기준을 가지게 되었다. 하원의원 스테이플에 따르면, "만약 중국이 거대한 공업국으로 된다면, 나는 유럽의 노동인구가 그 경쟁자들의 수준으로 떨어지지 않고 어떻게 그들과 경쟁에 견디어낼 수 있을지 모르겠다"(〈더 타임즈〉 1873년 9월 3일자). 영국자본이 갈망하는 목표는 이제 더 이상 유럽대륙의 임금이 아니라 중국의 임금이다!〕 칼 마르크스 씀, 김수행 옮김, 《자본론 I》(하) (서울: 비봉출판사, 2005), p. 820, 각주 41.

책은 그 자체로서 의미가 있다기보다는 1980년대 이후 '신자유주의' 논리에 따라 진행된 세계자본의 재배치에 대한 중국의 수동적 대응이라 할 수 있는 것이다. 예를 들어, 개혁 · 개방 이후 기존 국유기업 체제로부터 대량의 노동자를 해고함으로써 노동시장을 유연화시킨 것(즉, 활용가능한 노동력의 창출)은 중국이 세계체제로 편입되어가는 과정에서 발생할 수밖에 없는 논리적 귀결인 것이다.[65]

결국 세계체제론은 중국의 부상을 위협적 현상이라기보다는 오히려 자본주의 세계체제 유지에 일조하는 동시에 중국의 대외적 취약성은 증가하는 상황으로 이해한다. 사실, 중국의 산업구조는 하이테크 산업에 대한 기술획득 및 통제를 통해서 중심부 국가와 경쟁할 수 있는 고부가가치 상품을 생산하는 것이 아니라, 외국 직접투자에 의해 주로 대미 소비재 상품의 생산기지 및 수출기지의 역할을 하도록 위치지어 왔다. 실제로 좀 더 값싼 임금지역으로 일정한 외국자본이 이탈하고 있다는 사실은 중국의 대외적 취약성이 그만큼 크다는 것을 의미한다고 볼 수 있다.[66]

---

64) Martin Hart-Landsberg and Paul Burkett, "China and the Dynamics of Transnational Accumulation: Causes and Consequences of Global Restrucuring," *Historical Materialism*, vol. 14, no. 3 (2006), p. 13; 백승욱, 《자본주의 역사강의》(서울: 그린비, 2006), pp. 424~445; 이마누엘 월러스틴 · 테렌스 K. 홉킨즈 외 지음, 백승욱 · 김영아 옮김, 《이행의 시대: 세계체제의 궤적, 1945~2025》(서울: 창작과비평사, 1999), pp. 306~307. 중국의 부상을 일국적 차원에서 분석하는 연구행태에 대한 세계체제론적 비판은 마틴 하트-렌즈버그 · 폴버킷 지음, 임영일 옮김, 《중국과 사회주의》(서울: 한울, 2005), pp. 13~30 참조.

65) 데이비드 하비 지음, 최병두 옮김, 《신자유주의: 간략한 역사》(서울: 한울, 2007), pp. 150~185.

66) Hart-Landsberg *et al.*, "China and the Dynamics of Transnational Accumulation," pp. 17~22, 25~26; C. Fred Bergsten, Bates Gill,

또한, 국내적으로도 세계자본주의체제로의 편입결과 다양한 사회문제들이 초래됨으로써 정치체제의 정당성 문제가 발생하였다. 노동시장의 유연화 정책으로 국유기업 체제에서 대량으로 해고된 노동자들이 그만큼의 안정적 직장을 보장받지 못함으로써 상대적 빈곤이 심화되고, 인플레이션 및 정치체제의 부패문제가 배가되면서 파업과 같은 노동분규가 대량으로 발생하였다. 통계에 따르면, 2000년 중국 내 노동쟁의는 13만 5천 건에서 2006년 44만 7천 건으로 6년 사이에 3.3배나 증가하였다. 이와 같다면, 1989년 6월 천안문사건은 경제적 곤란에 대한 노동자들의 불만이 시초적으로 표출된 사건으로 이해될 수도 있는 것이다.[67]

물론, 이와 같은 중국의 대내외적 취약성이 곧 기타 국가에 위협적이지 않다는 것을 의미하는 것은 아니다. 비록 중국이 초국적 자본의 수출기지의 역할을 함으로써 중심부 자본의 이윤확대에 기여하더라도 그와 관련된 기타국가의 노동자들에게는 위협적인 요인이 될 수도 있다. 즉, 중국이 상대적으로 값싼 임금으로 노동시장을 장악함으로써 타국의 노동자들의 일자리는 감소할 수밖에 없는 것이다. 더욱이 중국과의 기축적 분업에 포함되지 않는 국가들은 중국과의 경쟁강화를 위해 자국 내 노동에 대한 통제를 강화함으로써 결국 노동자들의 입지가 약화되는 상황이 초래될 수도 있는 것이다.[68]

Nicholas R. Lardy, and Derek J. Mitchell, *China: The Balance Sheet* (New York: Public Affairs, 2006), pp. 99~108; George J. Gilboy, "The Myth Behind China's Miracle," *Foreign Affairs*, vol. 83, Issue 4 (July/August 2004), pp. 33~48.

67) 렌즈버그 외, 《중국과 사회주의》, pp. 65~96. 모리스 마이스너 지음, 김수영 옮김, 《마오의 중국과 그 이후》(서울: 이산, 2004), pp. 680~683, 703 ~704. 통계수치는 http://news.mk.co.kr/outside/view 참조.

68) Hart-Landsberg *et al.*, "China and the Dynamics of Transnational

한편, 월러스틴(Immanuel Wallerstein)의 세계체제론이 국가를 세계자본주의 체제의 수동적 행위자로 분석해 국가의 역할을 축소했다면, 국가의 역할을 보다 강조함으로써 전통적 세계체제론의 경제환원론을 극복하려는 이론적 시도들이 존재한다. 아리기(Giovanni Arrighi)의 시도가 대표적이라 할 수 있는데, 그는 자본주의 세계체제 내의 헤게모니 변동과정은 '자본주의적 논리' 뿐만 아니라 국가 간 '영토주의적 논리'를 동시에 고려할 때 보다 정확히 분석할 수 있다고 주장한다.[69] 이러한 논리를 중국의 부상에 적용한다면 미국과 동아시아 및 미국과 중국이라는 국가 간 체계에 대한 분석이 중요해진다. 즉, 한국전쟁 이후 미국이 중국을 배제하고 일본 및 동아시아 국가들을 지원해 역내 자본주의체제를 견지하였다면, 베트남전쟁의 패배 이후의 미국은 헤게모니 위기를 극복하고자 중국을 끌어들여 동아시아의 경제적 통합과 팽창을 도모하였다는 것이다.[70] 그러므로, 중국의 개혁·개방정책과 그 이후 중국경제의 급속한 부상은 1979년 중·미수교와 분리해 설명할 수 없게 되는 것이다.

이외에 프랑크(Andre Gunder Frank)의 연구 역시 중국의 부상에 대한 새롭고 대담한 세계체제론적 시각이라 할 수 있다. 그는 세계체제론의 '유럽중심주의'를 비판하면서 자본주의 체제 속에서 중국의 전통적 위상을 강조한다. 즉, 자본주의 세계체제는 중국을 중심으로 한 아시아에서 수천 년 동안 존재했으며, 서구는 단지 15세기 이후 아메

Accumulation," pp. 28~39; 하비, 《신자유주의: 간략한 역사》, p. 171.

69) Giovanni Arrighi, *The Long Twentieth Century* (New York: Verso, 2000), pp. 33~34; 백승욱, 《자본주의 역사강의》, pp. 274~277.

70) Giovanni Arrighi and Beverly J. Silver, *Chaos and Governance in the Modern World System* (Minneapolis: University of Minnesota Press, 1999), pp. 264~267.

리카 대륙의 발견을 통한 금은의 확보, 라틴아메리카의 시장개척, 그리고 노예무역 등을 통해 비로소 자본주의 세계경제에 후발주자로 편입되었다는 것이다. 따라서, 개혁·개방기 중국의 부상은 새로운 현상이라기보다는 오히려 과거로의 회귀라고 이해될 수 있다.[71]

이상에서 살펴본 바와 같이, 중국의 부상에 대한 세계체제론적 시각은 주류이론들과 달리 중국의 부상이 초래하는 결과보다는 그 원인을 주요 연구대상으로 상정하면서, 그 원인으로 초국적 자본의 자본재배치 과정을 분석한다. 즉, 저렴한 노동력으로 중국은 선진자본경제의 공장역할을 하게 되었으며 그 결과 중국의 성장이 가능했다는 것이다. 결국, 세계체제론에 따르면 중국의 부상은 오히려 중국의 대외적 취약성 증가를 의미하며 그 과정에서 중국 및 기타 국가의 노동계급이 상대적으로 빈곤해질 수밖에 없음을 주장한다.

71) 안드레 군더 프랑크 지음, 이희재 옮김, 《리오리엔트》(서울: 이산, 2004).

4. 평가 및 결론

상술한 바와 같이, 국제정치학의 개별이론들은 중국의 부상이란 동일한 사실관계를 각각의 이론적 인과모형에 따라 연역적으로 분석하고 있다. 현실주의 이론이 힘의 변화에 따른 불확실성을 주요 논제로 상정한다면, 자유주의 이론은 주로 중국의 부상을 타국 및 국제제도와의 상호작용이란 관점에서 분석한다. 한편, 구성주의 이론은 중국적 '관념'의 발현 혹은 국제적 규범의 수용이라는 측면을 분석하고, 세계체제론은 주로 중국의 부상을 세계자본주의체제와의 상호관계 속에서 파악한다.

이와 같다면, 각각의 이론적 시각 간의 비교·평가는 어떻게 수행될 수 있을까? 일반적으로, 이론 간의 평가가 대략 그 이론의 "경험적 내용(*empirical richness*)"과 그 "방법의 엄밀성(*methodological rigor*)" 수준으로 행해질 수 있다면, 중국의 부상에 대한 이론적 접근들 역시 그 내용과 방법이란 두 가지 측면에서 비교·평가될 수 있을 것이다.[72]

우선, 경험적 내용의 측면은 각각의 이론적 시각이 중국의 부상을 얼마나 더 세밀하게 설명할 수 있는가의 문제라 할 수 있다. 특히, 상술한 바와 같이 "중국의 부상은 위협적인가?"의 문제로 연구주제를

72) 과학이론 간의 비교평가를 위해서는 그 기준의 역할을 하는 이른바 "메타이론(*meta-theory*)"이 필요하다. 과학철학계에서 제시되는 주요한 메타이론에는 포퍼의 "반증가능성" 기준, 라카토스의 "연구프로그램" 기준, 그리고 쿤의 "패러다임" 기준이 있다. 포퍼와 라카토스는 합리주의적 메타이론을 제시하고 쿤은 사회심리적 기준을 제시한다. 본 논문에서는 포퍼와 라카토스의 기준을 따른다. 이에 관한 대표적인 문헌은 Imre Lakatos and Alan Musgrave, eds., *Criticism and the Growth of Knowledge* (Cambridge: Cambridge University Press, 1982) 참조.

한정한다면, 결국 이 문제에 대해 각 이론들이 제시하는 설명 및 예측의 경험적 내용이 상호간 비교·평가의 기준이 될 수 있을 것이다. 그러나, 상술한 바대로 각각의 이론적 시각이 중국의 부상을 위협일 수도 혹은 아닐 수도 있음을 모두 주장하고 있다는 측면에서 경험적 내용을 상호간 비교·평가의 기준으로 상정하는 것에는 제약이 따를 수밖에 없다. 즉, 현실주의적 접근이 비록 중국의 부상에 따른 국제정치의 불확실성을 강조하지만, 신고전현실주의의 가정에서 보듯이 현실주의적 접근 모두가 중국의 부상을 위협으로만 가정하는 것은 아니다. 동일한 맥락에서 자유주의적 시각도 상호의존을 강조하지만 민주평화론은 오히려 위협적 상황을 가정하며, 구성주의 및 세계체제론 역시 중국의 부상에 대한 양면적 내용을 동시에 담고 있는 것이다. 이렇다면, 경험적 내용을 기준으로 중국의 부상에 대한 이론적 시각들을 비교·평가하는 것은 적절하다고 볼 수 없는 것이다.[73]

이에 비해 과학이론을 평가하는 두 번째 기준인 방법의 엄밀성 수준은 중국의 부상에 관한 각 이론들을 비교·평가하는 데 있어서 보다 유효한 기준이라 할 수 있다. 특히, 과학적 연구의 대상은 너무 다양하기 때문에 이론들 간의 평가는 경험적 사실과의 대비를 통해 이

---

73) '사실'이 이론을 판별할 수 있는 기준이 되지 못한다는 주장은 현대 과학철학계에서 일반적으로 수용되고 있다. 라카토스에 따르면, 객관적 경험적 근거(*empirical basis*)의 부재로 인해 우리는 경험적 사실을 통해 이론을 증명(*prove*)도 반증(*disprove*)도 할 수 없다. 단지 사실과 이론의 비정합성(*inconsistence*)만을 파악할 수 있을 뿐이다. 따라서, 과학의 역사는 이론과 사실의 대비가 아니라 이론, 경쟁이론, 그리고 사실 간의 '삼자대결(*three-cornered fights*)'이라고 설명한다. Imre Lakatos, "Falsification and the Methodology of Scientific Research Programmes," in Imre Lakatos and Alan Musgrave, eds., *Criticism and the Growth of Knowledge* (Cambridge: Cambridge University Press, 1982). p. 100, 115, 130.

루어지는 것이 아니라 다른 경쟁이론과 비교해 얼마나 더 논리적인가라는 방법을 비교할 때 비로소 가능하다는 측면에서 더욱 그렇다.[74] 이와 같다면, 경험과학의 주요 준칙중의 하나인 "간결성(*simplicity*)"의 원리는 각각의 이론적 시각의 방법적 엄밀성을 판단할 수 있는 중요한 기준이 될 수 있을 것이다. 간결성의 원리는 "동일한 상황에서 가장 간결한 설명이 가장 우월하다"(이른바, 오컴의 면도날: *Occam's Razor*) 라고 정의될 수 있는데, 따라서 동일한 상황에서 중국의 부상을 가장 간결하게 설명할 수 있는 이론이 보다 우수하다고 할 수 있을 것이다.[75]

이러한 맥락에서 중국의 부상에 관한 이론적 시각 중 신현실주의 이론과 세계체제론이 자유주의 및 구성주의에 비해 보다 간결한 이론구조를 보인다는 것은 부인할 수 없다. 즉, 구조수준의 변인인 국가 간 세력관계(현실주의) 및 초국적 분업구조(세계체제론) 로 중국의 부상을 분석하는 것은 다양할 수밖에 없는 단위수준의 변인인 국가 간 상호작용(자유주의) 이나 고유한 문화(구성주의) 등으로 중국의 부상을 설명하는 것에 비해 보다 간결한 것이다. 물론, 현실주의와 세계체제론이 자유주의나 구성주의에 비해 더 간결하며 따라서 설명력이 높다는 것은 '상대적'인 의미이지 '절대적'인 의미가 아니다. 즉, 자유주의나 구성주의는 현실주의와 세계체제론에 비해 인과모형에 포함되는 독립변인(원인) 이 많기 때문에 중국의 부상이란 현상을 더 세밀하게 설

---

74) 과학의 통일성은 오직 '방법'에 있다는 주장은 Gary King, Robert O. Keohane and Sidney Verba, *Designing Social Inquiry* (New Jersey: Princeton University Press, 1994), p. 9 참조.

75) 포퍼(Karl Popper) 에 따르면, 이론이 간결할수록 보편성, 정확성, 그리고 반증가능성이 증가한다. Popper, *The Logic of Scientific Discovery*, pp. 142.

명할 수도 있다. 그러나, '동일한 상황'(동일한 변인의 수)일 때도 과연 현실주의와 세계체제론에 비해 설명력이 더 높다고 확신하기는 어렵다.[76] 동일한 맥락에서, 현실주의 이론 중 단위수준의 변인(인식, 선호)을 인과모형에 도입한 신고전현실주의나 세계체제론에서 초국적 자본이라는 구조변인에 국가 간 체계라는 단위변인을 결합한 아리기의 이론은 원 이론에 비해 절대적 설명력은 증가했더라도 상대적 설명력이 반드시 증가한 것은 아니다. 이런 측면에서, 신고전현실주의가 자유주의의 '이익개념'을 차용해 구조적 현실주의를 임시방편적(*ad hoc*)으로 방어하고 있다는 비판은 이론적 수정에도 불구하고 신고전현실주의의 상대적 설명력이 구조적 현실주의에 비해 증가되지 않았음을 의미하는 것이다.[77]

한편, 중국의 부상에 관한 구성주의적 연구행태는 몇 가지 추가적인 방법상의 문제에 직면한다. 우선, 구성주의 분석모형이 갖는 "동어반복적(*tautological*)" 성격은 지적되어야 할 것이다. 즉, 구성주의 시각은 중국의 부상이라는 피설명항을 중국의 문화 혹은 정체성이라는 설명항으로 분석함으로써 순환적 설명논리에 빠질 수밖에 없는 것이

76) 이러한 비판은 단위수준의 이론에 대한 월츠의 일관된 비판이다. 단위수준의 이론은 구조와 단위변인을 혼동하고 있으며, 이것은 마치 경제학에서 '기업이론'(단위변인)을 이용해 시장(구조)을 설명하려는 것과 같은 오류이다. 후자를 설명하기 위해서는 구조수준의 '시장이론'이 필요하다. Waltz, *Theory of International Politics*, pp. 88~99; idem., "Reflections on Theory of International Politics: A Response of My Critics," pp. 322~345. 구성주의자인 존스톤은 자신의 인과모형에 신현실주의의 물질적 세력관계까지도 추가시킴으로써 간결성의 원리를 심각히 위배하고 있다. Johnston, "Cultural Realism and Strategy in Maoist China," p. 256.

77) Legro *et al.*, "Is Anybody Still a Realist?" *International Security*. vol. 24, no. 2 (Fall 1999), pp. 29~32.

다.[78] 뿐만 아니라, 중국이란 사례는 구성주의적 접근의 적절한 사례로 보기 어려울 수도 있다. 즉, 중국이 서구국가에 비해 상이한 문화를 갖고 있다는 것이 일반적인 상식이라면, 중국은 구성주의적 시각의 "가장 그럴듯한 사례(*most likely case*)"에 불과하다는 것이다.[79] 일반적으로 한 이론의 설명력이 높다는 것은 "가장 그럴 것 같지 않은 사례(*least likely case*)"까지도 설명할 때이다. 따라서, 중국의 특수한 문화를 통해 중국의 대외행태를 설명하는 것은 그것이 경험적으로 확인되었다고 하더라도 엄밀한 연구행태라 보기는 어려운 것이다. 오히려, 중국적 사례는 합리성에 기반해 국제정치를 '보편적'으로 설명하려는 현실주의적 시각의 가장 그럴 것 같지 않은 사례가 된다. 따라서, 만약 중국의 실제 대외행태가 현실주의의 분석과 부합한다면 현실주의적 접근의 상대적 우월성은 확인될 수 있는 것이다.[80]

요약하자면, 중국의 부상을 둘러싼 제 이론적 시각은 그 경험적 내용의 다소가 아니라 그 연구방법상의 문제를 비교함으로써 상호간 평

---

78) 순환적 설명에 대한 비판은 Karl Popper, *Objective Knowledge* (Oxford: Clarendon Press, 1979), pp. 192~193 참조. 인식이나 선호로 한 국가의 행태를 설명하는 것은 '동어반복적'이라는 비판은 David Lake and Robert Powell, "International Relations: a Strategic-Choice Approach," idem., eds., *Strategic Choice and International Relations* (Princeton: Princeton University Press, 1999), p. 18 참조.

79) Michael Desch, "Assessing the Importance of Ideas in Security Studies," *International Security*, vol. 23, no. 1 (Summer 1998), pp. 159 ~160.

80) "가장 그럴듯한 사례" 및 "가장 그럴 것 같지 않은 사례"에 관해서는 Jack Levy, "Qualitative Methods in International Relations," in Frank P. Harvey and Michael Brecher, eds., *Evaluating Methodology in International Studies* (Ann Arbor: The University of Michigan Press, 2002), pp. 143~45 참조.

가가 가능하다 할 것이다. 사실, 관찰의 이론의존성으로 인해 '객관적' 사실이 부재하기 때문에 경험적 사실은 이론의 평가문제에서 부차적일 수밖에 없다. 물론, 이것은 그 이론적 구조가 보다 간결하고 체계적인 현실주의 혹은 세계체제론이 기타 이론에 비해 항상 우월하다는 것을 의미하지는 않는다. 월츠(Kenneth Waltz)가 주장하듯, 모든 것을 구조수준의 이론으로 설명하는 것은 뒤집어 놓은 환원주의에 불과할 뿐이기 때문이다.[81)]

따라서, 중국의 부상에 대해 어떠한 이론을 사용할 것인가의 문제는 구체적 연구대상에 따라 달라지는 '선택의 문제'로 볼 수도 있을 것이다. 예를 들어, 대내외적 특수성에도 불구하고 부상하는 중국이 그러한 상황을 공유하지 않는 여타국가와 유사한 대외행태를 보인다면, 구조수준의 이론(현실주의, 세계체제론)이 보다 유용한 분석도구로 사용될 수 있다. 반면, 대외적 상황이 동일함에도 불구하고 중국의 부상이 독특한 경로로 진행된다면, 자유주의 및 구성주의와 같은 단위수준의 분석이 보다 적절하다고 할 수 있을 것이다.

또한, 설명하려고 하는 구체적 연구문제가 무엇이냐에 따라서도 적절한 분석도구가 결정될 수 있을 것이다. 즉, 상술한 바와 같이 현실주의, 자유주의, 그리고 구성주의의 주요 연구의제가 "중국의 부상으로 인한 중국의 대외행태 및 국제정치적 상황 변화는 무엇인가?"라면, 이들 이론은 중국의 부상이 초래하는 결과를 설명하는 데 보다 유용한 분석도구가 될 것이다. 반면, 세계체제론의 핵심의제가 "개혁·개방기 중국은 왜 부상하고 있으며 그 구체적 과정은 무엇인가?"라고 한다면, 세계체제론은 중국부상의 원인을 분석하는 데 있어 보다 적절한 이론이라 할 수 있을 것이다.

---

81) Waltz, *The Theory of International Politics*, p. 72.

참고문헌

김애경. "중국의 대외정체성 인식 변화: 제1, 2차 북핵위기에 대한 중국의 역할변화 분석을 사례로." 〈국가전략〉. 제10권 4호. 2004.

김우상. "세력전이와 동아시아 안보질서에 관한 경험적 연구." 〈한국정치학회보〉. 35집, 1호. 2001.

Norwood Russell Hanson 씀. 송진웅·조숙경 옮김. 《과학적 발견의 패턴: 과학의 개념적 기초에 대한 탐구〉. 서울: 민음사, 1995.

데이비드 하비 씀. 최병두 옮김. 《신자유주의: 간략한 역사》. 서울: 한울, 2007.

마틴 하트-렌즈버그·폴버킷 씀. 임영일 옮김. 《중국과 사회주의》. 서울: 한울, 2005.

모리스 마이스너 씀. 김수영 옮김. 《마오의 중국과 그 이후》. 서울: 이산, 2004.

박홍서. "탈냉전기 중미간 협조체제의 출현?: 9·19 공동성명후 북핵문제에 대한 중미간 협력." 〈국제정치논총〉. 47집 3호. 2007.

백승욱. 《자본주의 역사강의》. 서울: 그린비, 2006.

신중섭. "과학의 합리성." 조인래 외 편. 《현대 과학철학의 문제들》. 서울: 아르케, 1999.

안드레 군더 프랑크 씀. 이희재 옮김. 《리오리엔트》. 서울: 이산, 2004.

이마누엘 월러스틴·테렌스 K. 홉킨즈 외 씀. 백승욱·김영아 옮김. 《이행의 시대: 세계체제의 궤적, 1945~2025》. 서울: 창작과비평사, 1999.

이마누엘 월러스틴 씀. 이광근 옮김. 《세계체제 분석》. 서울: 당대, 2005.

정성진. 《마르크스와 트로츠키》. 서울: 한울, 2006.

정재호 편. 《중국의 강대국화》. 서울: 길, 2006.

차창훈. "중국외교정책 연구에 대한 이론적 평가." 〈한국정치학회보〉 37집 1호. 2003.

칼 마르크스 씀. 김수행 옮김. 《자본론 I》(하). 서울: 비봉출판사, 2005.

中華人民共和國國家統計局 홈페이지 〔http://www.stats.gov.cn/2006/〕.

劉建飛. "和平崛起是中國的戰略選擇." 〈世界經濟与政治〉. 2006年 第2期.

Arrighi, Giovanni. *The Long Twentieth Century*. New York: Verso, 2000.

Arrighi, Giovanni and Beverly J. Silver, *Chaos and Governance in the Modern World System*. Minneapolis: University of Minnesota Press, 1999.

Ashley, Richard K. "The Poverty of Neorealism." In Robert O. Keohane, ed., *Neorealism and Its Critics*. New York: Columbia University Press, 1986.

Baldwin, David A. "Neoliberalism, Neorealism, and World Politics." In David A. Baldwin, ed. *Neorealism and Neoliberalism: The Contemporary Debate*. N.Y.: Columbia University Press, 1993.

Bergsten, C. Fred, Bates Gill, Nicholas R. Lardy, and Derek J. Mitchell. *China: The Balance Sheet*. N.Y.: Public Affairs, 2006.

Bernstein, Richard and Ross H. Munro. "The Coming Conflict with America." *Foreign Affairs*. vol. 76, no. 2. March/April 1997.

Betts, Richard K. "Wealth, Power, and Instability: East Asia and the United States after the Cold War". *International Security*. vol. 18, no. 3. Winter 1993/94.

Bull, Hedley. *The Anarchical Society: A Study of Order in World Politics*. London: The Macmillan Press, 1979.

Christensen, Thomas J. "Posing Problems without Catching Up: China's Rise and Challenges for U.S. Security Policy." *International Security*. vol. 25, no. 4. Spring 2001.

______. "Fostering Stability or Creating a Monster? The Rise of China and U.S. Policy toward East Asia." *International Security*. vol. 31, no. 6. Summer 2006.

CIA, *The World Fackbook*. 〔https://www.cia.gov/library/publications/the-world-factbook/rankorder〕

Desch, Michael. "Assessing the Importance of Ideas in Security Studies." *International Security*. vol. 23, no. 1. Summer 1998.

DiCicco, Jonathan M. and Jack S. Levy. "The Power Transition Research Program: A Lakatosian Analysis." In Colin Elman and

Miriam Fendius Elman, eds., *Progress in International Relations Theory: Appraising the Field.* Cambridge: MIT Press, 2003.

Drexner, Daniel W. "The New New World Order." *Foreign Affairs.* vol. 86, no. 2. March/April 2007.

Doyle, Michael W. "Liberalism and World Politics." *American Political Science Review.* vol. 80, no. 4. 1986.

Economy, Elizabeth and Michel Oksenberg, eds., *China Joins The World: Progress and Prospects.* New York: Council on Foreign Relations Press, 1999.

Elman, Colin and Miriam Fendius elman. eds., *Progress in International Relations Theory.* Cambridge: MIT Press, 2003.

Fairbank, John King. "A Preliminary Framework." In idem. ed., *The Chinese World Order.* Cambridge, MA: Harvard Univ. Press, 1968.

______. "China's Foreign Policy in Historical Perspective." *Foreign Affairs.* vol. 47, no. 3. 1969.

Finnemore, Martha. *National Interests in International Society.* Ithaca: Cornell University Press, 1999.

Friedberg, Aron L. "The Struggle for Mastery in Asia." *Commentary.* vol. 110, Issue 4. November 2000.

______. "The Future of U.S.-China Relations: Is Conflict Inevitable?" *International Security.* vol. 30, no. 2. 2005.

Garrett, Banning. "US-China Relations in the Era of Globalization and Terror: A Framework for Analysis." *Journal of Contemporary China.* vol. 15, no. 48. August 2006.

Gilboy, George J. "The Myth Behind China's Miracle." *Foreign Affairs.* vol. 83, Issue 4. July/Aug 2004.

Gill, Bates and Michael O'Hanlon. "China's Hollow Military." *The National Interest.* Summer 1999.

Gill, Bates. *Rising Star: China's New Security Diplomacy.* Washington: Brookings Institution Press, 2007.

Gillies, Donald. *Philosophy of Science in the Twentieth Century: Four*

Central Themes. Oxford: Blackwell, 1993.

Glenn, John, Howlett Darryl, and Stuart Poore, eds. *Neorealism Versus Strategic Culture*. Burlington: Ashagte Publishing Company, 2004.

Godwin, Paul H. B. "Uncertainty, Insecurity, and China's Military Power." *Current History*. vol. 96, no. 611. September 1997.

Goldsein, Avery. *Rising to the Challenge: China's Grand Strategy and International Security*. Stanford: Stanford University Press, 2005.

Hart-Landsberg, Martin and Paul Burkett. "China and the Dynamics of Transnational Accumulation: Causes and Consequences of Global Restrucuring." *Historical Materialism*. vol. 14, no. 3. 2006.

Hoson, John M. *The State and International Relations*. Cambridge: Cambridge University Press, 2000.

Ikenberry, G. John. "Institutions, Strategic Restraints, and the Persistence of Postwar American Order." *International Security*. vol. 23, no. 3. Winter 1998/99.

Jepperson, Ronald L. Alexander Wendt, and Peter J. Katzenstein. "Norms, Identity, and Culture in National Security." In Peter J. Katzenstein. ed., *The Culture of National Security*. New York: Columbia University, 1996.

Johnston, Alastir Iain. "Cultural Realism and Strategy in Maoist China." In Peter J. Katzenstein. ed., *The Culture of National Security: Norms and Identity in World Politics*. New York: Columbia University Press, 1996.

______. "International Structures and Foreign Policy." In Samuel S. Kim ed., *China and the World*. Boulder: Westview Press, 1998.

______. "Is China a Status Quo Power?" *International Security*. vol. 27, no. 4. Spring 2003.

Kang, David C. "Getting Asia Wrong: The Need for Analytical Frameworks." *International Security*. vol. 27, no. 4. Spring 2003.

______. "Hierarchy, Balancing, and Empirical Puzzles in Asian International Relations." *International Security*. vol. 28, no. 3. Winter

2003/2004.

Katzenstein, Peter J. and Rudra Sil. "Rethinking Asian Security: A Case for Analytical Eclecticism." In J.J. Suh, Peter J. Katzenstein, and Allen Carlson eds., *Rethinking Security in East Asia: Identity, Power, and Efficiency.* Stanford: Stanford University Press, 2004.

Keohane, Robert O. and Joseph S. Nye. *Power and Interdependence: World Politics in Transition.* Boston: Little, Brown and Co., 1977.

Keohane, Robert O. *International Institutions and State Power.* Boulder: Westview Press, 1989.

Keohane, Robert O. and Lisa L. Martin. "Institutional Theory as a Research Program." In Elman *et al.*, eds., *Progress in International Relations Theory.* Cambridge: MIT Press, 2003.

Kim, Samuel S. "Chinese Foreign Policy in Theory and Practice." In idem., ed., *China and the World.* Boulder: Westview Press, 1998.

______. "China and the United Nations." In Economy and Oksenberg. eds., *China Joins the World.* New York: Council on Foreign Relations Press, 1999.

Kim, Taeho. "The Myth of a 'Hegemonic China': The Military Dimension." In Tae-Hwan Kwak and Melvin Gurtov, eds., *The Future of China and Northeast Asia.* Seoul: Kyungnam University Press, 1997.

King, Gary, Robert O. Keohane and Sidney Verba. *Designing Social Inquiry.* New Jersey: Princeton University Press, 1994.

Kurlantzick, Joshua. *Charm Offensive: How China's Soft Power Is Transforming the World.* New Haven: Yale University Press, 2007.

Ning, Lu. *The Dynamics of Foreign-Policy Decision making in China.* Boulder: Westview Press, 1997.

Lampton, David M. "China's Rise in Asia America." In David Shambaugh, ed., *Power Shift: China and Asia's New Dynamics.* Berkeley: University of California Press, 2005.

Lakatos, Imre. "Falsification and the Methodology of Scientific Research Programmes." In Lakatos *et al.*, eds., *Criticism and the Growth of Knowledge.* Cambridge: Cambridge University Press, 1982.

Lake, David and Robert Powell. "International Relations: A Strategic-Choice Approach." idem. eds., *Strategic Choice and International Relations.* Princeton: Princeton University Press, 1999.

Legro, Jeffrey W. and Andrew Moravcik. "Is Anybody Still a Realist?" *International Security.* vol. 24, no. 2. Fall 1999.

Levy, Jack. "Qualitative Methods in International Relations." In Frank P. Harvey and Michael Brecher, eds., *Evaluating Methodology in International Studies.* Ann Arbor: Univ. of Michigan Press, 2002.

Mearsheimer, John J. *The Tragedy of Great Power Politics.* New York: W. W. Norton & Company, 2001.

Nathan, Andrew J. "China and the International Human Rights Regime." In Economy *et al.*, eds., *China Joins the World.* New York: Council on Foreign Relations Press, 1999.

Nye, Joseph S. "China's Re-emergence and the Future of the Asia-Pacific." *Survival.* vol. 34, no. 4. Winter 1997~98.

Oye, Kenneth A. ed. *Cooperation Under Anarchy.* Princeton: Princeton University Press, 1996.

Poore, Stuart. "Strategic Culture." In John Glenn, Darryl Howlett, and Stuart Poore. eds., *Neorealism Versus Strategic Culture.* Burlington: Ashagte Publishing Company, 2004.

Popper, Karl. *The Logic of Scientific Discovery.* New York: Science Editions, Inc., 1961.

______. *Objective Knowledge.* Oxford: Clarendon Press, 1979.

Pye, Lucian W. "China: Not Your Typical Superpower." *Problems of Post Communism.* vol. 43, no. 4. July-August 1996.

Robinson, Thomas W. "〔In〕〔ter〕dependence in China's Post-Cold War." In Kim ed., *China and the World.* 1998.

Roy, Denny. "Assessing the Asia-Pacific 'Power Vaccum'." *Survival.*

vol. 37, no. 3. Autumn 1995.

______. "The China Threat Issue." *Asian Survey.* vol. 36, no. 8. August 1996.

______. *China's Foreign Relations.* Boston: Rowman & Littlefield Publishers, 1998.

Ruggie, John G. "What Makes the World Hang Together? Neo-utilitarianism and the Social Constructivist Challenge." *International Organization.* vol. 52, no. 4. Autumn 1998.

Schweller, Randall L. "The Progressiveness of Neoclassical Realism." In Elaman *et al.*, eds., *Progress in International Relations Theory.* 2003.

______. *Unanswered Threats: Political Constraints on the Balance of Power.* Princeton: Princeton University Press, 2006.

Scobell, Andrew. *China's Use of Military Forces: Beyond the Great Wall and the Long March.* Cambridge: Cambridge Univ. Press. 2003.

Shambaugh, David. "China's Military: Real or Paper Tiger?" *The Washington Quarterly.* vol. 19, no. 2. Spring 1996.

______. ed., *Power Shift: China and Asia's New Dynamics.* Berkely: University of California Press, 2005.

Shirk, Susan L. *China: Fragile Superpower.* Oxford: Oxford University Press, 2007.

Shuffer, Robert G. *China's Rise in Asia: Promises and Perils.* New York: Rowman & Littlefield Publishers, 2005.

The SIPRI Military Expenditure Database. 〔http://www.sipri.org/contents〕.

Waever, Ole. "Figures of International Thought: Introducing Persons instead of Paradigms." In Iver B. Neumann and Ole Waever, eds., *The Future of International Relation.* London: Routledge, 1997.

Waltz, Kenneth N. *Theory of International Politics.* Reading: Addison-Wesley Publishing Company, 1979.

______. "Reflections on Theory of International Politics: A Response of My Critics." In Robert O. Keohane, ed., *Neorealism and its*

Critics. New York: Columbia University Press, 1986.

Wang, Fei-Ling. "To Incorporate China: A New Policy for a New Era." *The Washington Quarterly*. Winter 1998.

Wendt, Alexander. *Social Theory of International Politics*. Cambridge: Cambridge University Press, 2001.

Zheng Bijian. "China's 'Peaceful Rise' to Great-Power Status." *Foreign Affairs*. vol. 84, no. 5. September/October 2005.

Zoellick, Robert B. "Whither China: From Membership to Responsibility?" Remarks before National Committee on U.S.-China Relations. September 21, 2005. [http://usinfo.state.gov/eap/Archive/2005/Sep].

제 2 장

중국의 '군사적 부상'

한국의 안보환경을 중심으로

김 태 호

1. 문제의 제기

중국의 부상은 아시아와 세계에 대한 "새로운 전략적 현실"이다. 중국의 부상은 소연방의 붕괴 및 미국의 유일 초강대국화로 규정되는 탈냉전기의 지정학적 지평 변화를 주도하는 "세계-역사적"(*world-historic*) 사건으로서, 역내 강대국 간의 세력구도 뿐만 아니라 기존 국제질서를 변화시킬 수 있는 중요한 요인이다. 탈냉전기 중국의 부상이 갖는 중요성으로 인해 국내외에서는 동 주제에 대한 많은 연구가 이루어졌으나, 기본적으로 중국의 부상이 갖는 다양한 함의와 이에 대한 대비책에 그 초점이 맞추어지고 있다. 또한, 아시아 내외의 국가들이 중국의 부상에 대해 관심을 갖는 분야는 중국의 경제>외교>군사 순(順)이다.

특히, 중국의 부상은 한국의 현재, 그리고 미래에 매우 중요한 의미를 갖고 있다. 경제적 측면에서 볼 때, 현재 중국은 한국의 최대 교역국, 최대 수출시장, 최대 교역흑자 대상국, 그리고 최대 해외투자 대상국이다.[1] 외교·안보분야의 경우, 북핵문제의 해결과 같은 주요 현안에서 북한정권의 미래 혹은 한반도의 통일과 같은 중장기적 이슈에 이르기까지 중국은 실제적·잠재적으로 중요한 역할을 수행할 수 있는 국가로 인식되고 있다. 즉, 한국에 대한 중국의 중요성은 자명하다.

'중국 요인'의 중요성은 1992년 8월 한·중 수교 이후 국내 중국 연구의 활성화를 초래하였는데, 이는 현지조사의 활성화 및 양국 학자간의 빈번한 교류를 통한 자료 및 정보 획득의 용이, 그리고 연구대상 지역인 중국에서의 교육·연구자의 증가에 힘입은 바 크다. 다만, 보다 세부적으로 살펴볼 때, 국내의 중국 연구는 자료의 접근이 상대적으로 용이한 중국 개혁·개방의 경제·사회적 측면에 편중되어 있고, 일부는 단편적·국지적 연구로서 학문적이나 정책적 '연구사유'가 불분명한 경우도 있다. 또한, 중국 외교·안보연구의 경우, 한·중 관계, 북·중 관계, 그리고 미·중 관계와 한반도 같은 '정책연구'에 집중되어 있다.

상기한 추이를 감안할 때, 중국의 군사·안보분야는 상당히 예외적인 사례에 해당한다. 이는 기본적으로 동 분야의 속성과 '관찰자'인 연구자 및 언론의 문제가 결합된 결과로서 자료 및 연구방법 측면에서 볼 때, 중국은 개혁·개방기 다양한 경제·사회 통계자료를 정기적으로 발표하고 있으나, 정치·관료·문화적인 이유로 인해 '군사적 투명성'이 타국에 비해 낮은 편이다. 또한, 국내외의 위기지향적인 언

---

1) 예를 들어 한국정부의 공식통계에 의하면 2005년도 한·중 교역액은 1,006억 달러로서 대중 교역 흑자액은 234억 달러이다. 2005년도 한국의 총 교역액 5,457억 달러(수출 2,846억 달러, 수입 2,611억 달러) 중 총 흑자액이 235억 달러임을 감안할 때, 대중 교역의 중요성은 자명하다. 단, 한국의 대중 교역 흑자액은 2006년 210억 달러, 2007년 190억 달러로 감소하는 추세를 보이고 있다.

론보도와 일부 연구자들의 자의적인 해석도 중국의 군사력 평가를 어렵게 하고 있다. 또한, 동 분야에 대한 국내 연구자의 일천, 언어(중국어 및 영어), 군사 용어 및 개념의 난이도, 그리고 가시적 성과가 보다 분명한 '경제 · 교역'에 치중된 연구형태로 인해 중국의 군사 · 안보분야에 대한 국내 연구기반은 매우 취약하다.

특히 문제가 되는 점은 동 분야를 주도하는 미국, 그리고 대만/중국의 자료, 방법, 심지어는 시각을 무비판적으로 수용하는 경향이 농후하다는 사실이다. 이는 상당히 중요한 문제를 낳고 있는데, 가장 기본적으로 미국/대만과 한국은 중국에 대한 관심사와 국가이익이 다르다는 점을 들 수 있다. 중국의 주변국인 우리의 경우는 당연히 한반도 및 서해에 대한 시사점, 그리고 향후 한반도의 안보환경 변화에 초점을 맞출 필요가 있다. 이를 요약하면, 중국의 군사력은 중국의 부상을 가능하게 하는 주요 변수일 뿐만 아니라, 한국의 현재 그리고 미래의 안보환경에 큰 영향을 미칠 수 있는 전략적 요인으로서 외국의 입장이 아닌 한국의 입장에서 중국의 군사력을 지속적이고 '비판적'(*critical*)으로 분석할 필요가 있다.

본 연구는 이 같은 문제의식 하에 최근 중국의 주요 전략 및 전력 변화, 그리고 이와 같은 변화가 향후 동아시아 및 한국의 안보환경에 갖는 함의를 분석하고 있다. 특히, 본 연구는 중국의 다양한 전략과 전력증강 추이 중 우리의 관심사항을 선별적으로 부각시킴으로서, 기존의 연구와 차별화된 분석을 제시하고 있다. 이를 위해 2절에서는 중국의 안보환경 변화에 대해 당 · 군 지도부가 어떻게 인식하고, 어떠한 방식으로 대응할 것인가를 살펴보았다. 특히, 중국지도부의 인식에 대한 분석은 '관찰자'(*observer*)가 아닌 '관찰 대상'(*object*)의 입장에서 문제를 바라보는 방식을 차용하였는데, 이는 이른바 '전략적 평가'(*strategic assessment*) 혹은 '순평가'(*net assessment*)의 핵심적인 부분이다.[2] 3절은 최근(2000년 이후) 중국의 전력증강 변화의 원인 및 주요 내용을 중심으로 향후 추이를 전망하였다. 4절에서는 대만해협에서의 대미 방어전략인 '反접근'(*anti-access*) 전략을 소개하고 있는데, 이는 중국군 현대화 전략의 일환일 뿐만 아니라 유사사태 발생 시 미국의 군사적 개입에 대한 중국의 대응으로서 한국의 안보환경에 시사하는 바가 큰 사안이다. 5절은 중국의 부상으로 인한 다양한 지역적 영향 중에서 군사적 측면을 중심으로 동아시아 안보와의 관계를 고찰하였고, 6절은 한국의 입장에서 현재 그리고 향후 군사·안보적으로 고려해야 할 측면을 분석하였다. 결론인 7절에서는 중국에 대한 한국의 외교·안보 대비방향을 단기적 현안과 장기적 과제로 나누어 분석하였다.

2) '순평가'(*net assessment*) 혹은 '전략적 평가'(*strategic assessment*)는 "평시나 전시 2개국 이상의 군/안보 집단 간의 상호작용을 분석"하는 것으로서, 집단 간 동적인 측면, 실전 수행능력, 상대방의 실제적 인식(관찰자와 대상자가 동일)을 강조하는 준거의 틀이라고 규정할 수 있다. 이와 같은 분석은 미 국방부 순평가국(Office of Net Assessment)에서 오랫동안 수행하고 있으며, 중국 연구자의 경우 필즈베리(Michael Pillsbury)의 연구가 대표적이다. 필즈베리의 *Chinese Views of Future Warfare*, rev. ed. (Washington, DC: National Defense University Press, 1998); *China Debates the Future Security Environment* (Washington, DC: National Defense University Press, 2000); *China's Progress in Technological Competitiveness: The Need for a New Assessment*, A report for the US-China Economic and Security Review Commission, April 2005 참조.

2. 안보환경 변화에 대한 중국의 대응과 전략

중국의 현재, 그리고 미래의 안보환경에 대한 중국지도부의 인식은 중국군의 건설 방향, 수준 및 속도에 영향을 주는 국내외 요인 중 우선적으로 고려해야 할 중요한 변수이다.[3] 이를 이해하기 위한 출발점은 중국지도부의 세계관 및 정세판단이 서방 혹은 비사회주의 국가와는 매우 다르다는 사실이다. 특히, 이 같은 세계관과 정세판단은 중국의 국가안보목표, 국가군사목표 및 이를 달성하는 방식의 차이를 가져오게 된다.

중국지도부는 기본적 · 공식적으로 서방의 국제관계 이론이나 세계관을 수용하지 않으며, 서방의 국제관계 이론은 '제국주의 외교정책'을 위한 도구로서, 중국은 유물론과 변증법, 그리고 맑스-레닌주의 · 마오쩌둥(毛澤東) 사상 · 덩샤오핑(鄧小平) 이론에 입각한 대외정책을 추구한다. 또한, 상기한 세계관에 입각하여 중국은 서방의 현실주의 시각과는 달리 전쟁의 원인을 힘의 불균형(*imbalance of power*)이나 오판이 아닌 '경제자원의 추구'로 판단하고 있다.[4]

---

3) 중국의 안보환경에 대한 중국지도부의 인식과 중국의 군현대화 및 미래전 확보능력에 영향을 미치는 국내외 요인에 대한 보다 자세한 분석은 저자의 졸고, 《중국군의 미래전 준비 및 전망》(서울: 한국국방연구원, 2002), pp. 24~30, 41~62 참조.

4) 최근 전세계를 대상으로 한 중국의 '에너지 외교'는 중국지도부의 기존 세계관을 더욱 극명하고 보여 주고 있다. 특히, 중국은 2003년 이후 세계 2위의 석유소비국이자, 세계 3위의 석유수입국이 되었다. 이에 대한 최근 중국측 논의로는 戚文海, 《中俄能源合作: 戰略與對策》(北京: 社會科學文獻出版社, 2006) 및 徐堅 主編, 《國際環境與中國的戰略機遇期》(北京: 人民出版社, 2004), pp. 222~32 참조.

특히, 중국지도부는 덩샤오핑이 정의한 세계정세 판단을 현재까지 유지하고 있는데, 이는 과거 마오쩌둥의 '전쟁 및 혁명 불가피론'과는 매우 다른 시각이다. 덩샤오핑이 정의한 세계정세는 동·서간의 '평화' 및 남·북간의 '발전' 문제로서, "평화와 (경제) 발전"이 현 시대의 주요과제라는 세계정세 판단이며, 중국은 이를 '東西南北' 4자로 요약하고 있다. 냉전기 중국은 세계차원의 미·소간 경쟁에 외교·정보력을 집중하였는데, 중국은 1980년대 중반에 이미 초강대국 간의 범지구적 경쟁으로 인한 미·소간 전략적 교착 및 양국의 국력감소, 국제질서의 다극화 추세를 예견하였고, 초강대국 간의 세계대전 발발 및 중국에 대한 소련의 침공가능성이 낮을 것으로 판단하였다. 이에 대해 덩샤오핑은 향후 국제체제가 몇 개의 극으로 형성될 지는 예측할 수 없으나, "이른바 다극(체제)에서 중국은 1극을 형성한다. 중국은 스스로를 낮게 평가할 필요가 없으며, 어떻게 계산하더라도 중국은 (다극체제의) 1극이다"라고 판단하여 다극체제가 중국에 갖는 중요성을 역설하였다.5)

또한, 덩샤오핑의 전쟁관은 마오쩌둥의 '전쟁 및 혁명 불가피론'과는 달리, 초강대국 간의 '상호필살' 능력으로 인해 '상대적인 평화'가 당분간 지속될 것으로 판단하였다. 이후 중국은 동·서간의 '평화' 및 남·북간의 '발전'문제('和平與發展')가 현시대의 주요 과제라는 세계정세 판단을 공식적으로 채택하게 되었다. 이와 같은 세계 전략환경에 대한 판단으로 인해 중국은 경제발전에 정책적 중점을 둘 수 있었고, 국경지대에서의 소규모 분쟁에 대비한 전략적 변환('戰略轉變')을 이룩할 수 있었다. 또한, 중국의 지도자들은 중국의 장기적 국력신장

---

5) "國際形勢和經濟問題", 《鄧小平文選》, 第三卷(北京: 人民出版社, 1993), p. 353 및 張愛萍 主編, 《中國人民解放軍》, 上卷, 當代中國叢書 (北京: 當代中國出版社, 1994), pp. 296~99 참조.

을 위해서는 군사력의 급속한 증강보다는 경제력 및 과학·기술능력 위주의 '綜合國力'을 우선적으로 제고시켜야 한다는 점에 인식을 같이 하였다.

오늘날 중국의 지도자들도 중국이 1949년 건국 이후 최상의 안보환경을 맞고 있다는 점을 인정하고 있으나, 탈냉전기 동아시아에는 일부 국가의 '패권주의' 성향, 영토분쟁, 민족주의 등 잠재적 불안정 요인이 상존하고 있고, 이는 중국 국경지역의 안정을 위협할 수 있다고 판단하고 있다.[6] 또한, 중국의 당·군 지도자들은 19세기 중반 이후 약 100년간 지속된 '치욕적인 역사'의 재현을 방지하고, 국가최고 목표인 경제발전 및 4개 현대화(농업, 공업, 과학·기술 및 국방)의 성공적인 수행과 향후 국익의 확대에 대비하기 위해서는 군사선진국 수준의 군사력 확보가 필수적이라고 인식하고 있다.

결론적으로 중국은 냉전종식 이후 보다 구체적인 지역 안보정책을 구상·실행하게 되었고, 이 같은 사고의 전환에는 소련 위협의 소멸 및 중국 개혁·개방정책의 추진이 주요 원인으로 작용하고 있다.

첫째, 소련의 와해로 인해 중국은 더 이상 초강대국에 의한 직접적인 군사위협에 직면하지 않게 되었고, 이로 인해 중국의 안보정책은 중국의 국경지역과 주변국에 보다 역점을 둘 수 있게 되었다.

둘째, 중국은 천안문사태 이후 미국의 대중국 압력에 대처하고 개혁·개방정책의 가속화를 위해 주변국과의 경제관계에 중심을 둔 선

6) 중국의 안보환경 및 미래전에 대한 중국지도부의 인식을 권위있게 분석한 연구로는 주 2 필즈베리(Michael Pillsbury)의 처음 2권을 참고할 것. 상기한 2권의 단행본은 중국지도부의 발언 및 1차 자료를 사용한 유용한 자료이나, 미·중관계가 악화된 2000년대 초 이전 내용을 담고 있다. 중국의 미래전 준비에 대한 대만측 시각으로는 張旭成(Parris H. Chang), 《中共看未來戰爭: 台灣如何因應》(臺北: 大晟文化事業有限公司, 2000) 참조.

린외교를 추진하였다. 특히, 1990년대 중반 이후 현재까지 중국은 '다자외교'(예, ASEAN, 상하이협력기구〔SCO〕, 6자회담) 및 '주변 외교'에 중점을 두고 있다.[7)]

셋째, 개혁·개방정책의 추진으로 인해 연안지역 및 중국 주변 해상교통로의 중요성이 국가전략에 차지하는 비중이 크게 제고되었다. 이는 아시아지역의 안정과 발전이 중국의 국가발전에 더욱 중요성을 갖게 됨을 의미한다. 한반도의 안정에 대한 중국의 지속적인 강조는 이와 같은 중국의 국가목표 및 안보환경의 변화에 기인하고 있다.

이 같은 중국지도부의 세계관과 정세판단으로 인해 현재 중국이 추구하는 국가안보목표는 가장 포괄적 개념으로 볼 때, "주권 수호, 현대화 달성 및 안정 유지"로 요약할 수 있다. 이 같은 중국의 3대 국가안보목표는 국가 (PRC; People's Republic of China) 로서의 중국뿐만 아니라, 역사적으로 중국혁명 및 당의 기원, 정통성과 불가분의 관계를 갖고 있다.[8)] 이와 같은 국가안보목표 하에 보다 구체적인 국가군

7) 중국 다자외교의 대표적 예로서의 6자회담과 아세안지역포럼(ARF)에 대해서는 한석희, "'6자회담'과 중국의 딜레마," 〈국제정치논총〉, 제45집 1호(2005), pp. 175~200 및 "ARF와 중국: 중국의 안보적 구속에 대한 논의", 〈국제정치논총〉, 제42집 4호(2002), pp. 373~91 참조.

8) 이는 매우 복잡한 논의로서 보다 자세한 분석은 David M. Finkelstein, *China Reconsiders Its National Security: "The Great Peace and Development Debate of 1999"* (Alexandria: The CNA Corporation, December 2000); idem., "China's National Military Strategy," in James Mulvenon and Andrew Yang, eds., *The People's Liberation Army in the Information Age*, pp. 99~145; 劉德福, 《跨世紀治國方略: 學習十五大報告》(北京: 中共中央黨校出版社, 1997); 閻學通, 《中國國家利益分析》(天津: 天津人民出版社, 1996), pp. 154~90 참조. 閻學通이 보는 중국의 국가이익과 '중국의 부상'에 대한 최근 연구는 Yan Xuetong, "The Rise of China and Its Power Status," *Chinese Journal of International*

사목표가 도출되는데, 가장 기본적으로 공산당 통치의 유지 및 국내 안정을 목표로 하고 있다.[9] 중국은 '당-국가'(*party-state*)로서, 군은 '당의 절대영도'에 복종한다. 중국군은 지난 80여 년간의 전문화·현대화 노력에도 불구하고, '국가의 군'이 아닌 '당의 군'으로 남아 있으며, 이는 중국군과 타국군 간의 법적·실제적 차이를 나타내고 있다. 사실, 개혁·개방 이후 당과 군 간의 제도적 이해 상이 가능성, 현재 및 향후 정치지도자들의 군경력 및 군과의 연계 전무, 군의 전문화 추세 등은 군에 대한 당의 통제를 더욱 강조·강화시킬 것으로 보아야 한다.[10]

물론, 중국군은 타국의 군과 마찬가지로 중국의 주권을 수호하고, 외부침략을 저지하는 목표를 추진하고 있다. 모든 군은 전쟁을 억지하고, 억지 실패시 가장 효과적으로 전쟁을 수행하기 위해 존재하나, 중국군은 1949년 이후 10여 차례에 걸친 군사력의 대외적 사용에도 불구하고, '방어적 군대'이며 '반격전'만을 수행한다고 주장하고 있다. 또한, 중국은 타국과의 군사동맹을 맺지 않기 때문에 동맹국의 일원으로 전쟁에 참여하지 않고, 외국에 자국의 군대를 주둔시키지 않음을 대외적으로 천명하고 있다.[11]

Relations, vol. 1 (2006), pp. 5~33 참조

9) 중국군의 1차적 목표가 타국의 군과 같이 "외세의 침략 저지"이냐 아니면 "공산당 유지 및 국내안정"이냐는 중국군사전문가 사이의 주요 논쟁으로 남아 있다. 적어도 중국의 경우, 후자의 목표가 타국의 군에 비해 더욱 중요성을 갖고 있는 것은 분명하다.

10) 중국에서 최고지도자의 위상, 특히 군내에서의 최고지도자의 위상변화는 당-군 관계를 변화시키는 핵심적 요인이다. 중국내 당-군 관계의 변화와 16대에서 선출된 중앙위원회 위원 및 후보위원 중 군인사 68명에 대한 성향 분석은 김태호, "중국의 당-군 관계와 군의 역할변화," 유세희 편, 《현대중국정치론》(서울: 박영사, 2005), pp. 207~55 참조.

더욱이, 중국이 정의하는 '주권'에는 대만과 같은 '내정문제', 남중국해와 같은 주권 분쟁지역이 포함되어 있고, 이는 중국군의 군사력 건설방향에 영향을 주고 있다. 또한, 중국군은 군 현대화 및 국가건설을 추구하는데, 군 현대화(혹은 '軍建設')와 국가건설은 불가분의 관계에 있고, '경제발전'이 '군 현대화'에 우선한다는 대원칙에 대해서는 큰 이견이 없다. 그러나, 동 원칙은 후진타오(胡錦濤) 당 총서기 겸 당 중앙군사위원회(이하 '중앙군위') 주석이 지적한 바와 같이, "경제가 완전히 발전한 후에" 군을 건설한다는 의미가 아니라, '경제건설'과 '군건설'간의 "조화를 추진한다"는 의미로 해석할 수 있으며, 중국은 주요국의 국제적 위상에 걸맞는 군사력을 갖추고자 지속적으로 노력하고 있다.

중국의 국가군사목표는 단·중기 작전환경 및 급변사태('突發事件')에 대한 대비에 중점을 두고 있는데, 대만독립 억지 및 대만해협에서의 작전 지속능력, 특히 제공권과 제해권, 그리고 상륙전에 필요한 다양한 신속억제방안(FDO) 개발을 추진하고 있다. 또한 대만군의 제압을 위해서는 기존의 미사일 위협 및 해상봉쇄로는 불충분하며, 특히 미국의 군사적 개입을 기정사실화한 대만유사에 대비하고 있다.[12] 이외에도 중국군은 중국의 경제발전에 필수적인 연안도시, 해로 및 해양주권 보호를 그 임무로 하고 있고, 이에는 원거리 작전 수행능력, 수송·보급능력, 대공·대함·대잠 방어능력 등이 포함된다. 또한, 국

---

11) 물론 북한과의 군사조약 및 1960년대 중국군의 베트남 지원을 감안할 때, 이는 사실과 다르다.

12) 대만유사는 현단계 중국군 현대화의 초점으로서, 특히 미국의 개입을 차단 혹은 가능한 한 지연시켜야 할 필요성은 중국의 미래전 구상의 핵심적 과제이다. 다만, 최근 중국군 전력 증강의 범위, 속도 및 수준으로 판단할 때, 중국군은 분명 대만유사 이상의 전력 확보를 추진하고 있다.

경지대 급변사태 및 국내 치안소요에 대비하기 위해서는 급변사태 발생 시, '공수군단'의 신속대응 및 추가 창설 · 운영이 필요하다고 판단하고 있다.[13)]

이를 요약하면, 중국은 개혁 · 개방정책의 추진과 소련위협의 감소 및 소멸로 인해 탈냉전기 국가전략 및 안보환경에 있어 근본적인 변화를 겪게 되었는데, 연안(沿岸)지역 개발 및 대외무역 활성화를 통한 국가발전전략 추진, 그리고 소련위협의 소멸과 러시아, 인도, 베트남과의 관계증진으로 인해 전략적 대비 중심이 과거 북 · 북서 방향에서 한반도 및 대만과 남사군도를 포함한 남 · 남동방향으로 전환된 사실을 들 수 있다. 특히, 중국의 동남부 해안 · 지역은 인구밀도가 높을 뿐만 아니라, 경제활동의 중심지역으로서 동 지역의 보호는 후술하는 바와 같이 해군력에 의존하고 있다.

또한, 중국의 군사전략을 올바로 이해하기 위해서는 매우 다양한 차원의 노력이 필요한데, 그 중 가장 기본적이고 중요한 내용은 다음과 같다. 첫째, 중국의 국가목표는 가장 광의의 개념으로 볼 때, 중장기 국가안보목표이고, 국가안보목표 하에 국가경제, 국가외교 및 국가군사목표가 도출되고, 각 군의 목표는 국가군사목표에 종속된다. 중국은 공식적으로 '국가군사전략'을 발표하지 않으나, "군사지도사상(軍事指導思想)", "주요 전략방향(主要戰略方向)" 혹은 "군사전략방침(軍事戰略方針)"과 같은 유사한 개념을 활용하고 있다. 같은 방식으로

13) 지난 30년간 추진된 개혁 · 개방정책의 주요 문제인 지역, 도농 및 연해-내륙간의 소득과 발전 격차는 국내소요 증가의 주요원인이 되고 있다. 중국의 공식발표에 의하면 2005년도 중국내 국내소요는 8만 7,000건이나 실제로는 더 많을 것으로 추정된다. 이에 대한 대표적인 자료는 Murray Scot Tanner, *Challenges to China's Internal Security Strategy*, Testimony presented to the US-China Economic and Security Review Commission (USCC) on February 3, 2006 참조.

중국의 군지도부는 '갈등'을 기본적으로 3단계로 구분하는데, 이는 전략에 의해 수행되는 '전쟁(戰爭)', '전역법(戰役法)'에 의해 수행되는 '전역(戰役)'(즉, 캠페인), 그리고 '전술법'에 의해 수행되는 '전투(戰鬪)'로서, 이는 모두 중국의 군사독트린/전략('軍事指導思想', '主要戰略方向' 혹은 '軍事戰略方針')에 의해 영향을 받는다.[14] 그러므로, 중국의 군사독트린/전략은 모든 작전 개념 및 운용에 단계적으로 적용된다.

또한, 현재 중국의 군현대화('軍建設')는 '두 가지 변환(轉變)'을 요구하고 있는데,[15] 하나는 "현대적 · 고기술 조건하의 국부전쟁", "양보다 질적 우위의 군대건설", 그리고 "과학 · 기술력을 갖춘 군('科技興軍')"으로의 변환이다. 1990년대 이후 중국군이 강조하고 있는 '기계화'와 '정보화'(信息化) 노력도 이에 포함된다. 다른 한 가지 변환은 보다 광의의 '적극방어'(*active defense*)로서, 이는 전략적으로 방어적 성격을 띠고 있으나, 전술적으로 공세적 태세를 유지함을 의미한다. 즉, 중국의 국가목표와 군사목표는 다양성과 계서성을 갖고 있기 때문에 하위목표(예, 각 군전략)를 이해하기 위해서는 상위 목표에 대한 이해가 선행되어야 한다.

둘째, 중국의 군사독트린(즉, 군사력 운용)에 대해서는 다음 두 가지 사실에 대한 이해가 필요하다. 그 하나는 중국은 기존의 군사전략을 '새로운' 군사전략으로 대체해온 것이 아니라 지속적으로 혼재된 군사전략을 동시에 운용하고 있다는 사실이다. 그 근본적인 이유는 중국군은 매우 다양한 전장환경과 서로 다른 기술수준을 보유한 가상의 적을 상정하고 있기 때문에 이에 대비하기 위한 독트린/전략 또한 다양할 수밖에 없기 때문이다. 다른 한 가지 사실은 중국의 독트린/전

---

14) 중국군의 3단계 갈등 분류에 대한 설명으로는 *China's Navy 2007* (Washington, DC: Office of Naval Intelligence, 2007), pp. 23~30 참조.

15) 상게서, pp. 23~24.

략의 공식명칭이 '現代的條件下', '高技術(첨단기술)條件下' 혹은 '信息化(정보화)條件下'이든지 간에 중국은 국경지대에서의 소규모 분쟁 및 제한적 국지전에 대비한 '有限局部戰爭'전략을 2020년까지 지속적으로 유지할 것이라는 점이다.

이는 예측 가능한 미래에 발생할 수 있는 중국에 대한 외적 위협은 국경지역에서의 제한전으로서, 첨단군사기술이 단기적·집약적으로 사용되는 고강도(*high intensive*) 전쟁이기 때문이다. 또한, 중국은 2020년까지를 '전략적 기회의 시기'로 간주하고 있는데, 중국군은 2004년과 2006년의 국방백서(《中國的 國防》)에서 밝힌 바와 같이, 공식적으로 '정보화'에 중점을 둔 '정보화조건하 국부전쟁'을 목표로 삼고 있으며, 이를 위해 '경제건설과 군건설 간의 조화', '기계화와 정보화 간의 상호작용' 및 '비대칭 전략·전력' 추구 등을 실시하고 있다.[16]

셋째, 중국이 운용하는 혼재된 군사독트린/전략은 '인민전쟁론', '유한국부 전쟁론', 그리고 '군사분야혁명'(RMA)으로 분류할 수 있다. 특히, 각 독트린/전략이 상정하는 전장환경과 적국의 종류가 다를 뿐만이 아니라, 미래전에 대한 중국 지도부의 인식과 군에 대한 자원배분에도 영향을 주고 있는 것으로 판단된다.[17]

---

16) 2004년과 2006년의《中國的國防》영문판은 http://english.people.com.cn/whitepaper/defense2004 및 www.opensource.gov/portal/server.pt/gateway/PTARGS 참조. 이에 대한 보다 자세한 논의는 박창희, "'신군사변혁(RMA)'과 중국의 군사력 현대화," 한림국제대학원대학교 현대중국연구소 주최 현대중국군사세미나 "중국인민해방군의 올바른 이해"의 발표문(2007년 4월 7일) 참조.

17) 중국의 전략적 논쟁에 대한 보다 자세한 설명은 저자의 졸고, "21세기 중국의 해양전략: 미래전 구상 및 대만 유사를 중심으로," 이홍표 편, 《중국의 해양전략과 동아시아 안보》(서울: 한국해양전략연구소, 2003), pp. 95

이와 같이 다양한 독트린/전략의 생성 및 운용은 기본적으로 중국의 대외안보환경의 변화에 기인하고 있는데, 1985년 덩샤오핑의 '전략적 변환(轉變)'의 채택 이후, 1991년 소연방의 붕괴 및 걸프전의 교훈으로 인해 장쩌민(江澤民)이 1993년에 주창한 '두 가지 근본적 변환'(兩個根本性轉變), 1999년 코소보 작전이후 2003년 경 채택된 '정보화조건하 국부전쟁'과 같이 독트린/전략의 중점이 수정을 거듭하고 있다. 또한, 공식명칭도 '현대적 조건화(現代的條件下)'에서 '고기술 조건화(高技術條件下)', 그리고 '정보화 조건화(情報化條件化)'로 바뀌고 있으나, 그 근본은 '인민전쟁 전략'으로서, 중국은 전략환경의 변화에 따라 '인민전쟁 전략'을 지속적으로 유지한 채, 그 주요 내용 및 중점을 보다 "충실하고(充實), 세련되게(完善)" 시행하고 있다고 평가된다.[18]

~157, 특히 pp. 117~32 참조.

18) 이에 대한 종합적인 논의는 David Finkelstein, "China's National Military Strategy: An Overview of the 'Military Strategic Guidelines'," in Roy Kamphausen and Andrew Scobell, eds., *Right-Sizing the People's Liberation Army: Exploring the Contours of China's Military* (Carlisle, PA: U.S. Army War College, 2007), pp. 70~72; Wu Quanxu, *Cross-Century Revolution: Witnessing 12 Years of Military Training under the Military Strategic Guidelines in the New Period* (Beijing: Military Science Publisher, 2005), p. 161 참조.

3. 2000년 이후 중국의 전력증강 변화 추이

최근 중국의 군사력 증강을 이해하기 위해서는 1985년 '전략적 변환' 이후의 추이를 간략히 살펴볼 필요가 있다. 1985년 5~6월 당 중앙군위 확대회의에서 중국군의 전략태세를 국경지역에서의 소규모 분쟁 및 제한적 국지전에 대비한 '유한국부전쟁(有限局部戰爭)'으로 전환한 이후, 중국군은 새로운 군사전략적 요구에 부합하는 전력구조 및 전투력을 유지할 필요가 발생하였다. 단, 재원부족, 경제발전의 중요성, 방산기술의 낙후성 등으로 인해, 단기간 내에 중국군 전력을 전반적으로 제고시키는 것은 불가능하였다. 이 같은 현실적 제약으로 인해 중국군은 동 전략추진 초기에는 병력감축, 조직 통폐합, 교육·훈련 강화와 같은 저비용·점진적 방법을 채택하여 새로운 전력 소요에 대비하게 되었다.

전력정비의 일환으로 중국인민해방군(PLA)은 1985~87년 기간 중 1백만 명을 감군(일부는 국내치안을 주임무로 하는 人民武裝警察로 이전)하였고, 기존의 대군구(大軍區, MR)를 11개에서 7개로 재조정하였으며, 36개의 야전군을 24개의 집단군(集團軍, GA)으로 전환하였다.[19] 집단군은 서방의 군단에 해당하는 부대단위로서 기본적으로 지

---

19) 중국군은 이후 1997~2000년 50만 추가감군 시, 3개 집단군을 해체하였고, 2003~2005년 기간 중 20만 추가감군 시 3개 집단군을 해체하여, 2008년 현재 중국군의 집단군 수는 18개이다. 단, 대군구의 수는 현재까지 7개이며, 감군과정에서 14개 사단(※ 병력규모 아님)을 국내치안을 주임무로 하는 인민무장경찰('武警')로 전환시켜 현재 '무경'의 병력 수는 약 150만 명에 이른다. 상기한 집단군 통폐합으로 인해 베이징군구, 선양군구, 지난군구의 집단군 수는 1997년 당시 각각 6개, 5개, 4개였으나, 현재(2008년) 각 3개씩으로 대폭 축소되었다.

상공격, 화력지원, 전투지원 및 군수지원의 4개 요소로 구성되어 있다. 중국의 집단군은 보병사를 주축으로 전차사, 기갑사, 포병사 및 대공방어부대, 화학전부대 등과 같은 혼성부대를 운영하고 있으며 지형, 기후, 분쟁의 성격 등 전투환경이 다른 지역에서의 제한적 국지전에 대비하기 위해 창설·운용되고 있다.[20]

또한, 중국군의 전력 소요와 실제 능력간의 괴리, 그리고 낙후된 방산시설 등을 감안할 때, 외국 무기 및 군사기술의 획득은 필수불가결하였고, 이는 러시아 방산업체의 재정적 필요성과 맞물리게 되었다.[21] 1990년대 초 이후 러시아는 중국의 최대 무기 공급국으로 등장하게 되었고, 이에는 지상무기체계인 T-72 주전차, BMP 장갑차, SA-10(S-300 PMU) 대공미사일 체계, 공중전력인 Su-27 전투기, Il-76 군수송기, Mi-17 군용헬기, 그리고 해상전력으로는 킬로(Kilo)급 잠수함, 소브레멘늬(Sovremenny)급 구축함 및 각종 무기체계가 포함되어 있다. 1990년대 중국이 러시아로부터 도입한 무기, 장비 및 군사기술은 총 70~80억 달러로서 연 평균 10억 달러 내외로 추산되고 있다.

중국군은 1980년대 중반에서 1990년대 말까지 약 15년간 현대화 계획의 추진으로 인해 인력, 조직, 장비, 훈련 등 다양한 분야에서 발전을 이룩하였으나, 군사기술의 낙후성, 병력규모의 비대, 장비의 양적 팽창 및 구형화·노후화, 첨단장비의 부족과 같은 고질적인 문제

---

20) 중국의 지상군에 대한 가장 종합적인 연구로는 Dennis J. Blasko, *The Chinese Army Today: Tradition and Transformation in the 21st Century* (London and New York: Routledge, 2006) 참조.

21) 1990년대 초 중·러 군사협력의 기원 및 전개에 대한 연구로는 Bates Gill and Taeho Kim, *China's Arms Acquisitions from Abroad: A Quest for 'Superb and Secret Weapons'* (Oxford: Oxford University Press, 1995) 참조.

를 안고 있었다. 동 기간 중 장비현대화의 중점은 핵무기, 미사일, 주요 수상함, 첨단 전투기 등과 같은 선별적인 주요 무기체계로서, 특히 걸프전 이후 정보자산, 디지털화, 정밀유도 기술과 같은 미래전 능력의 확보에 중점을 두었으나, 특정 무기체계 및 기술의 발전이 전체 군전력의 향상으로 연계되지 않은 것으로 평가된다. 특히, 외국 첨단 무기 및 기술의 도입은 단기적 소요를 충족시키는 방안으로서, 중국의 당·군 지도부는 외국무기체계의 직수입을 최소화하고, 첨단기술의 도입을 최대화하여 국내 방산기술력의 제고를 통한 군 현대화 및 미래전 대비를 추진해야 함을 분명히 인식하고 있었다고 평가된다.

특히 주목할 부분은 중국군이 1999년~2000년을 기점으로 과거 15년과는 다른 군 현대화 노력을 기울이고 있다는 사실이다. 적어도 2000년대 전반기 중국은 ① 다양한 신형무기체계 생산 및 배치, ② 외국 무기 및 군사기술 도입 확대, ③ 신속대응능력 제고, ④ 정보전('信息戰')/전자전 능력 배가, ⑤ 통합군수지원(ILS) 능력 구축, ⑥ 대군구간 합동('聯合') 훈련 및 연습 강화, 그리고 ⑦ 각종 미사일 체계 생산 등의 측면에서 상당한 진전을 보이고 있다.[22)]

2000년 이후 중국의 군 현대화 형태(*pattern*)의 변화는 다양한 측면에서 관찰되고 있는데, 우선 중국은 2001년~2005년 기간 중 세계 최대의 무기 수입국으로 등장하였다. 다음의 〈표 2-1〉에 나타난 바와 같이, 중국은 2003년(2위)을 제외하면 2001년 이후 2005년까지 매년 세계 1위의 재래식 무기 수입국의 위치를 차지하였다.

이를 종합하면, 2001년~2005년 기간 중 중국이 러시아로부터 획득한 무기체계 및 군사기술 비용은 약 133억 달러로서, 이는 1990년

22) 2000년 이후 중국군의 전력발전 추이에 대한 보다 상세한 내용은 저자의 졸고, "중국의 '군사적 부상': 2000년 이후 전력증강 추이 및 지역적 함의," 〈국방정책연구〉, 제73호(2006년 가을), pp. 163~203 참조.

〈표 2-1〉 중국과 인도의 재래식 주요 무기 수입 금액 및 순위, 2001~2005

(단위: 백만 달러)

구분	연도 / 순위	2001	2002	2003	2004	2005	2001~2005
중국	1	3,142	2,647	2,096	2,761	2,697	13,343
인도	2	875	1,655	2,883	2,471	1,471	9,355

출처: SIPRI Yearbook 2006, p. 477.
주: 1990년 불변가격으로 SIPRI의 Trend-Indicator Values(TIV) 기준임.

대 연평균 10억 달러 내외와 비교할 때 2.6배(즉, 연간 26억 달러)에 해당하는 금액이다.[23] 러시아는 1990년대 초 이후 현재까지 중국의 최대 무기/군사기술 공급국의 위치(약 95%)를 차지하고 있고, 중국은 이외에도 이스라엘(예, HARPY UAV), 우크라이나(함정용 엔진), 벨로루시(미사일 체계) 등을 통해 첨단무기체계 및 관련기술 확보를 추진하고 있으나, 이는 모두 '동구형' 무기체계에 해당한다.

중국의 러시아 무기체계 및 기술 도입은 1990년대 초 이후 지속적으로 공군력에 중점을 두고 있는데, 이는 기본적으로 현대전에서의 공군력의 중요성에 비해 첨단 전투기의 국내 생산기술 수준이 낮고,

23) 상기한 추이에 대해 한 가지 유의할 점은 최근 중국의 러시아 무기체계 및 군사기술의 도입액이 급감하고 있고, 적어도 2007년에는 양측간 새로운 계약이 성사되지 않은 것으로 알려져 있다. 이는 1990년대 초 이후 전례가 없었던 일로서, 중국의 군수시장이 포화되었다기보다는 러시아로부터의 기술도입과 중국 방산체제의 생산능력 간의 "시너지(*synergy*) 효과"로 보인다. 이에 대한 보도로는 Dmitry Sudakov, "Russia Infuriated with Chinese Export Copies of Su-27 Jet Engines," *Pravda*, April 22, 2008 (http://english.pravda.ru/russia/economics); Reuben F. Johnson, "Sino-Russian Union Falters," *Jane's Defence Weekly*, November 7, 2007 참조.

항법체계(*avionics*), 설계 및 엔진의 경우 역공학(逆工學, *reverse-engineering*)이 거의 불가능할 뿐만 아니라, 공군력의 배치 및 운용에 소요되는 기간을 감안한 조치로 보여 진다. 이에 비해 중국은 1970년대부터 군용함정의 자체 건조능력을 갖추고 있었기 때문에 다음의 〈표 2-2〉에서 보는 바와 같이, 러시아 해상무기체계 도입 시 매우 선별적이며, 전투력 향상에 중점을 두고 있다.

중국이 러시아로부터 도입한 주요 해상 무기체계 및 플랫홈(*platform*)은 킬로(Kilo)급 잠수함 총 12척, 소브레멘늬(Sovremenny) 미사일 구축함 4척, 그리고 Su-30의 해상형인 Su-MK2 24대로서, 이는 '해군 항공병(航空兵)'에 배치되어 있다. 전체적으로 상기 플랫

〈표 2-2〉 중국의 러시아 무기획득 현황, 2001~2005

무기체계	계약 연도	수량 및 비고
Su-30MKK 전폭기	2001	38대
Kilo급 잠수함	2002	4척 추가 주문(총 12척)
Sovremenny 구축함	2002	2척 개량형 주문(총 4척)
S-300PMU-1/SA-10 SAM	2002	4개 대대분
Su-30MK2 전폭기(해상용)	2003	24대("해군 항공병"에 배치)
S-300PMU-2 SAM	2004	8개 대대분(개량형)
AL-31F 전투기 엔진(터보팬)	2004	100개(F-10/J-10용)
Il-76 군수송기	2004	10대(병력 수송용)
RD-93 전투기 엔진(터보팬)	2005	100(RD-33 개량형, JF-17용)
Il-76 군수송기	2005	40대(군수송용/AWACS)
Il-78 공중급유기	2005	8대

출처: U.S. Office of Secretary of Defense, *Military Power of the People's Republic of China 2006*(Washington, DC: Office of Secretary of Defense, 2006), p. 21 및 저자의 추정.

〈표 2-3〉 중국의 방공/지대공 미사일 전력, 2006

기 종	S-300PMU/SA-10	HQ-9	HQ-7	HQ-2/SA-2
수량(발)	994	24	60+	500+

출처: International Institute for Strategic Studies, *Military Balance 2006*, pp. 264~69 및 저자의 추정.

홈은 '反접근' 전략의 추진을 위한 방안으로서, 매우 다양한 '對항모'(*counter-carrier*) 작전에 운용될 수 있는 첨단 무기체계를 장착하고 있다. 이에 대한 자세한 내용은 아래 4절에서 제시하겠다. 또한, 상기한 플랫홈은 '反접근' 전략 외, 지역해군으로서 발전을 고려한 조치로 풀이된다.

특히, 2000년대 중국의 군비증강 추이 중 가장 두드러진 특징은 지대공 미사일, 즉 방공능력의 강화이다. 2000년대 전반기 중국은 러시아로부터 S-300PMU-1/SA-10 SAM을 2001년 168기/발(발사대와 미사일 포함), 2002년 4개 대대분(330기/발), 그리고 S-300PMU-2 SAM 8개 대대분(749기/발)의 계약을 체결하였는데, 계약시기와 이전/배치시기 간의 차이로 인해 2006년에는 총 994발의 S-300PMU/SA-10 계열의 지대공 미사일을 보유하는 것으로 알려지고 있다.

중국이 단기간 내에 첨단 지대공 미사일 전력을 크게 강화한 사유는 분명하지 않으나, 중국은 전통적으로 지상 미사일을 해상형(예, 함대공) 미사일의 개발에 사용하고 있을 뿐만 아니라, 걸프전의 교훈으로 인한 대공방어의 필요성 제고, 그리고 러시아의 수량적 요구(*quota*)의 충족을 통한 기술이전과 자체 미사일 개발 가능성을 들 수 있다. 후자의 예로는 HQ-9의 개발·배치 및 FT-2000의 연구·개발이 있다. 이와 같은 추이는 〈표 2-3〉에 나타난 바와 같이 2006년 중국이 러시아의 S-300PMU-2/SA-10 SAM 8개 대대분(10억 달러 상당)을 추가로 계약한 사실에 반영되고 있다.

종합적으로 평가할 때, 2000년 초 이후 현재까지 중국군의 전력증강은 해공군력을 중심으로 전략무기(핵 · 미사일) 현대화, 신속대응능력, 정보전(IO/IW) 능력, C^4I 능력, 군수지원능력 제고 등에 중점을 두고 있다.

상기한 2000년대 초 이후 중국의 전력증강은 다양한 배경 및 원인에 기인하고 있는데 첫째, 중국은 1989년 3월 이후 2008년 3월까지 20년간 공식 국방예산을 연평균 약 16%씩 지속적으로 증액했기 때문에, 동 투자의 효과는 2000년대 전후반에 걸쳐 나타나고 있다고 보아야 한다. 또한, 주요 무기체계의 획득주기(약 8년에서 20년)를 감안할 때, 이는 설득력이 있는 가설이다.

둘째, 1990년대 이후 중국은 신무기 체계의 연구 · 개발과 외국 무기체계의 획득을 병행하였는데, 특히 후자를 통해 보다 높은 기술의 도입을 추진하였다. 또한, 상기한 추이는 중국이 러시아와의 기술이전 및 방산협력을 통해 다양한 무기체계 및 플랫폼을 생산할 수 있는 상승효과를 얻었음을 의미한다.[24] 향후 러시아는 중국이 현 단계에서 추진하고 있는 '정보화군' 건설에 지속적으로 중요한 역할을 할 것으로 예상되는데, '정보화' 자산의 성격상 '非장비'(*non-equipment*) 측면의 협력을 강화할 것으로 판단된다.

셋째, 1999년 중국은 예기치 못한 일련의 외교적 · 대외적 사건을 경험하였는데, 특히 유고에 대한 나토의 공습, 주룽지(朱鎔基) 총리의

---

24) 특히, 이와 같은 가설이 맞을 경우 1990년대 중국의 러시아 무기도입은 단기적으로 군사적 소요, 그리고 중장기적으로 첨단무기체계의 국산화에 목표를 두고 있었음을 의미한다. 또한, 도입 무기체계의 성능향상, 그리고 기술이전에 필요한 최소 구매량의 증가는 구매비용의 증가로 이어지고 있고, 동 추세는 향후 지속될 가능성이 높다.

방미시 세계무역기구(WTO) 가입협상 실패, 유고주재 중국대사관 '오폭' 사건, 미 하원의 《콕스(Cox) 보고서》 발표, 리덩후이(李登輝) 대만총통의 '兩國論' 발언 등으로 인해 중국의 대외환경 악화와 관련하여 내부적으로 전략적 재평가가 있었음을 시사하는 발언이 나타난 바 있다.[25] 특히, 중국은 이 같은 아시아지역 내외의 사태가 중국의 안보환경에 부정적 영향을 미치는 것으로 판단하였는데, 미국의 대일 안보협력 강화와 일본의 역내 안보역할 증대와 같은 사안도 미국의 전 세계적 차원의 '패권주의'적 행위의 일환인 것으로 판단하였다.[26] 특히, 코소보 공군작전의 교훈으로 중국은 '新三打三防'을 강조하였는데,[27] 상기한 일련의 안보환경 악화는 중국으로 하여금 군사력을

---

25) 熊光楷, "21世紀初國際安全形勢與中國國防政策," 〈國際戰略研究〉, 總62期, 第4期(2001年 10月), pp. 1~4 참조. 1999년~2000년 중국의 대외환경 악화에는 대만의 민주화 및 대만화 경향, 당과 이념의 지위 저하, 중국내 소수민족의 자치운동 증가 등 많은 국내외적 요인이 작용하고 있으나, 중국의 당·정 지도부는 특히 미국의 '패권주의', '강권정치', '신간섭주의'가 주요 원인인 것으로 인식하였다. 中華人民共和國 國務院新聞辦公室, 《2000年中國的國防》(北京: 中華人民共和國 國務院新聞辦公室, 2000), pp. 5~8; National Intelligence Council (NIC), *Recent Chinese Leadership Priorities and Their Implications for the United States*, Memorandum NIC 512-99 (July 12, 1999).

26) 미국의 전세계적 '패권주의' 행위에 대한 당시 중국내 논의는 謝文慶, "從北約對南聯盟動武看美國全球霸權戰略," 〈國際戰略研究〉, 1999年 第3期(1999. 7), pp. 1~6; "Paper Comments on US Hegemonism," *Beijing Review*, June 14, 1999, p. 7 참조.

27) 중국은 전통적으로 대공 방어훈련시 전차, 공군기, '空降'(공중낙하)에 대한 공격과 핵, 화학 및 생물학 무기에 대한 방어를 '三打三防'으로 표현하였는데, '고기술 조건하 국부전쟁', 특히 1999년 이후 스텔스기, 순항미사일 및 무장(즉, 공격용) 헬기에 대한 공격과 정밀타격(*precision strike*), 전자교란 및 (적의) 감시·정찰에 대한 방어를 위주로 하는 작전에 중점

제고해야할 필요성을 제기했다고 볼 수 있다.

넷째, 2000년대 이후 중국의 전력증강 변화는 중국 방산체제 조정의 결과로 볼 수 있다. 중국은 1998년 4월 總裝備部(GAD)를 신설하여 군의 모든 무기, 장비 및 기술업무를 관장하게 하고, 기존의 국방과학기술공업위원회(일명 '國防科工委' [COSTIND])는 우주('航天'), 핵, 항공, 조선, 병기(*ordnance*) 분야에 각 2개의 집단(*group*)과 2001년에 설립된 전자분야의 1개 집단을 포함하여 총 11개의 집단을 관장하였는데, 방산업체의 총 생산품 중 군수품이 차지하는 비중은 현재 20~25%이고, 민수품은 75~80%를 점유하는 것으로 추정된다. 중국의 방산업체는 상기한 구조조정 이후 2020년까지 군수품 생산비율을 70%까지 제고한다는 계획을 추진하고 있고, 1990년대 말 방산업체의 업무·구조 조정과 기능적 특화는 무기 개발 및 생산에 긍정적으로 작용한 것으로 보인다.[28)]

특히, 중국은 1990년대 말 이후 "군수·민수 겸용[雙擁] 경제건설"을 국가전략사업으로 추진하고 있는데, 과학기술전략인 '科敎興國', "11차 경제규획[2006~2010년]," 그리고 "民轉軍"(민수에서 군수로)을 통해 장기적인 국내 기술기반 확보, 서방의 민간 및 겸용(*dual-use*) 기술 획득 및 관련업체 매입, 러시아의 기술이전 확대, 외국기업과의 공

을 두고 있다. 中國人民解放軍總參謀部兵種部, 《防空兵新"三打三防"》(北京: 解放軍出版社, 2002) 참조.

28) 2004년 당시 중국군 총장비부장인 李繼耐 상장은 "지난 5년[즉, 1999~2003년]은 (중국) 방산업체의 R&D 노력 및 생산에 있어 (역대) 최고의 기간이었다"고 평가한 것으로 전해지고 있다. "Chinese Defence Industry: Chinese Puzzle," *Jane's Defence Weekly*, January 14, 2004에서 재인용. 중국방산업체의 최근 동향에 대해서는 Rober Cliff, *Advanced Underway in China's Defense Industries*, Testimony CT-256 (Santa Monica: The RAND Corporation, March 2006) 참조.

동 연구·개발(R&D) 투자를 추진하고 있다. 이는 대부분의 경우, 중장기적인 혜택을 염두에 두고 있는데 중국은 상기한 수단을 통해 첨단 기술 개발과정의 단축, 생산비용 절감, 고품질의 생산품 출시 및 첨단 기술력의 국내확보를 목표로 하고 있다. 같은 맥락에서 중국 정부는 "863 국가과학기술계획"의 민감한 분야에 대한 대외개방을 허용하였을 뿐만 아니라, 2005년 5월에는 외국기업을 포함한 민간기업이 중국의 국방 R&D 및 무기생산에 참여할 수 있는 조치를 취한 바 있다.[29]

이상의 논의를 종합하면 중국군은 '고기술 조건하의 국부전쟁' 전략에 입각한 전력증강 및 무기체계 개량사업을 추진하고 있으나, 첨단 군사기술력이 요구되는 미래전에 대비할 필요성을 인식하고 있다. 특히, 중국은 향후 10~15년간 기존 무기 및 장비의 개량, 그리고 외국무기와 군사기술의 획득을 통해 공군력, 해군력 및 미사일 능력 제고를 추진하게 될 것이다. 이와 관련된 주요 무기체계는 Su-27/30/J-11 전투기, J-10/J-8IIC 다목적기, Y-8 공중조기경보기, 소브레멘늬(Sovremenny) 구축함, Kilo/Song(宋)급 잠수함, 차세대 공격용(093)/전략미사일(094) 핵잠수함과 탑재 무기체계(예, SD-10 공대공미사일, SS-N-22 대함순항미사일, HQ-9/FT-2000 지대공 미사일)가 될 것이다. 첨단 군사기술력이 요구되는 특정 무기체계로는 對위성(ASAT) 무기, 레이더 위성, SAR(*synthetic aperture radar*) 항공기 등이 있고, 특히 중국이 보유하고 있는 주요 군사기술의 복합적 운용을 추진할 가능성이 높다.

그러나, 군종별 중점계획 및 무기 개량사업의 경우 개념, 운용 및 훈련상 많은 문제점을 노출하고 있는데, 이 같은 취약점을 보완하기

29) "Weapons Production Opened to Private, Foreign-funded Businesses," *Xinhua*, May 27, 2005.

위해 합동작전능력, 군구간 협조능력뿐만 아니라, 기동 및 신속대응 능력 제고에 보다 중점을 두고 있다. 또한, 러시아를 비롯한 군사선진국의 기술지원은 중국의 특정 기술·능력 획득에 긍정적인 효과를 가져 올 수 있으나, 이를 전력화시키는 데에는 상당한 재정적·관료적·정치적 제약이 있을 것으로 판단된다.[30] 특히, 중국의 정보화, 체계통합, C^4I 능력제고는 현재까지 군 최고지도부의 간헐적 관심과 지원을 받아왔으나, 2007년 10월 중국의 17차 당대회 이후 전문군사교육(PME)을 받은 군 지도부의 등장으로 인해 '정보전' 및 '군사분야혁명'(RMA)에 대한 관심은 과거 지도부에 비해 증가하였다고 판단된다. 단, 중앙위원회 위원인 군 장성 총 41명 중 실전 경험(즉, 1979년 대베트남전)이 있는 인사는 단 2명뿐으로서 중국의 군지도부는 과거와는 다른 새로운 전쟁 개념과 원칙을 수립·시행해야 한다.[31] 보다 분명한 점은 중국군은 현재의 전구급(戰區級, *theater-level*) 전력을 향후 전역급(戰役級, *campaign-level*) 전력으로 '변환'(*transformation*)하기 위한 노력을 지속하고 있으며, 이와 같은 전역급 전투능력은 중장기적, 즉 2015년 이후에 보다 가시적인 성과를 보이게 될 것이다.[32]

---

30) 러시아를 포함한 세계 주요국의 '정보혁명' 능력 비교에 대해서는 Jeremy R. Azrael and D. J. Peterson, "Russia and the Information Revolution," *RAND Issue Paper* (2002) 참조.

31) 실전경험이 있는 2명의 군인사는 국방부장 량광례(梁光烈)와 總後勤部長 랴오시룽(廖錫龍)이다. 단, 1998년 대홍수와 2008년 5월 쓰촨(四川) 대지진과 같은 재난 발생 시 군의 동원 및 구조 작업은 상당한 '훈련효과'를 수반하게 된다. 쓰촨 대지진과 군관련 보도로는 Al Guo, "PLA Soldiers Take the Long Rescue March in Their Stride: Troops Trek Through the Mountains to Help Victims," *South China Morning Post*, May 23, 2008; "簡氏: 地震使中國航天與防務工業'損失慘重," 〈多維新聞網〉, 2008年 5月 28日 참조.

32) 2016년 경 중국 해군의 전투서열에 대한 분석은 Bernard D. Cole,

4. '反접근'(anti-access) 전략: 대미 방어전략

최근 중국의 군현대화 형태 변화는 1980년 중반에서 1990년 후반까지 약 15년간의 경험에 기인하고 있고, 이 같은 추이는 장기적이고 군 전반에 걸친 종합적인 성격을 띠고 있다고 평가된다. 이에 비해 '反접근'(*anti-access*) 전략은 戰場(즉, 주변유사)과 가상의 적(즉, 미국)이 보다 분명한 전투력 운용방식을 의미하기 때문에, 한국의 안보환경에도 직간접적인 함의를 갖고 있다. 아래에서는 동 전략의 핵심전력인 중국군 해군을 중심으로 보다 상세한 분석을 제시하겠다.

현재 중국 해군은 '대만유사' 대비 및 '지역해군' 건설이라는 양대 목표를 추진하고 있는데, 양자간의 관계는 다층적인 '反접근' 능력 제고를 통한 '적극적 근해방어'전략이라고 요약할 수 있다. '대만유사' 대비는 미국의 군사적 개입, 특히 미 해군 및 공군의 도착을 지연시키는 데에 중점을 두고 있고, '지역해군' 건설은 매우 다양한 임무를 상정하고 있다. '反접근'은 미 국방부가 채택한 용어로서, 2001년판 《4년 주기 국방검토서》(QDR)에 처음 등장하였는데, 대만 유사시 중국군이 미 해군 및 공군의 대만해협 진입을 지연 혹은 무산시키는 전략으로서, 중국군의 권위 있는 전략서인 《전략학》은 '反접근' 전략을 '적극방어' 혹은 '전략방어'라고 표현하고 있다.[33]

"Rightsizing the People's Liberation Army: How Much Naval Force Will Beijing Deploy by 2016?" *Asia Policy*, no. 4 (July 2007), pp. 84~88 참조.

33) 彭光謙·姚有志 主編, 《戰略學》(北京: 軍事科學出版社, 2001), pp. 312~28. 동 서는 중국의 군사전략을 가장 종합적이고 권위있게 설명하는 단행본으로 알려져 있으며, 영문판은 Peng Guangqian and Yao Youzhi, eds., *The Science of Military Strategy* (Beijing: Military Science Pub-

우선, '적극적 근해방어' 전략은 중국의 지정학적 맥락 및 군사적 전통과 깊은 관련이 있는데, 중국은 지정학적으로 '대륙국가'일 뿐만 아니라, 전략문화, 전략태세(*posture*) 및 군사력 운용도 기본적으로 지상전에 대비한 '방어형' 체제를 유지하고 있고, 특히 냉전기간 중에는 '인민전쟁'과 같은 지상군 중심의 군사전통이 유지되었다. 이로 인해 중국 해군이 1949년 창군된 이후 약 30년 동안 육군 장성이 해군 사령관에 임명되었고, 해군은 지상위협에 대해 보조적인 역할만을 수행하였다.[34] 또한, 현재도 중국 해군은 지상군과 같은 지위가 아닌 지상군 중심의 7개 '大軍區'(MR)와 동급인 점도 상기한 군사전통에 기인한다고 볼 수 있다.

더욱이, 중국 해군의 전략사상과 작전개념은 같은 대륙국가인 소련에 의해 많은 영향을 받았는데, 특히 중국 해군이 채택한 '해상통제'(*sea control*) 및 '해상거부'(*sea denial*) 개념, 그리고 중국이 상정하고 있는 '島鏈'(*island chains*) 개념도 소련 해군의 전통을 수정·채택한 것이다. 중국의 현대 해군력 건설 및 해양전략 발전에 가장 지대한 공헌을 한 류화칭(劉華淸)이 1954년에서 1958년까지 레닌그라드의 보로시로프(Voroshilov) 해군학원에서 해군지휘과정을 수학한 사실도 이와 무관하지 않아 보인다. 그러므로, 중국 해군은 대륙국가 및 지상군 중심의 전략문화로 인해 '투사력' 보다는 '방어력'에 중점을 둔 전략 및 작전개념을 유지하고 있다고 판단된다.

'反접근' 전략의 대상지역인 대만해협에 대한 작전은 육·해·공군 및 전략미사일군('第二砲兵')의 입체작전능력 뿐만 아니라 전쟁 동원

---

lishing House, 2005) 이다. '근해방어'의 제정에 대해서는 劉華淸, 《劉華淸回憶錄》(北京: 解放軍出版社, 2004), pp. 435~36 참조.

34) 냉전기 중국 해군의 제한적 역할에 대해서는 김태호, "21세기 중국의 해양전략"(2003), pp. 109~12 참조.

및 지속 능력, 심리전, 방어능력 등 전면전 수행에 필요한 전력이 요구되고 있다. 물론 중국군은 대만군에 비해 명백한 양적 우위를 점하고 있고, 양적인 측면만을 고려하더라도, 만일 중국이 무조건적인 대만 공격을 실시하고 제 3국의 대만 지원이 없는 경우 중국군은 대만군을 제압할 수 있을 것이다. 그러나, 중국이 대만을 초토화시키면서까지 대만을 점령해야할 이유와 필요는 현재 없는 것으로 판단된다. 중국은 대만에 대한 정면공격이 아닌 우회전술로서 대만과의 통일을 이룰 수 있다고 판단하고 있으며, 군사력은 중국이 주장하는 '평화적 통일'을 뒷받침하기 위한 수단으로 이용되고 있다. 예를 들어 대만 근해에서의 군사훈련, 대만의 영공·영해 침범 등 군사력의 선별적 시위에 바탕을 둔 강압외교를 통해 대만의 '독립화' 경향을 저지하고, 한편으로는 대만 내의 의견분열 및 저항의지 약화를 유도하려 하고 있다. 만일 대만의 독립화 움직임이 증대되었다고 판단될 경우, 중국측은 해상봉쇄와 같은 보다 고강도의 군사행동을 취함으로써 대만해협에서의 긴장수위를 조절할 수 있을 것이나, 대만 경제에 막대한 피해를 입히고 대만인의 저항의식을 고취시킬 가능성이 있는 대만에 대한 직접적인 공격보다는 항만에 대한 기뢰부설, 대만해협에서의 해상·공중전 등을 전개할 가능성이 높다.

그러나, 대만 침공 시 중국 해군이 해결해야 하는 가장 큰 문제는 미 해군의 개입이다. 이에는 매우 다양한 시나리오가 포함되는 데, 예를 들어 중국 해군은 대만해협에 진입하는 미 항모전단을 가능한 한 지연시킴으로서, 중국 공군, 전략미사일군, 그리고 지상군의 합동작전('聯合作戰')을 용이하게 할 임무가 있다.[35] 대만 침공의 '성공'을 위해

35) 대만유사를 시나리오별로 분석한 연구로는 David A. Shlapak, David T. Orletsky, and Barry A. Wilson, *Dire Strait? Military Aspects of the China-Taiwan Confrontation and Options for U.S. Policy* (Santa Monica:

서는 대만해협에서의 제해권 외에도 제공권과 상륙전 능력이 필요하다. 구체적으로 '反접근' 전략의 효과적인 수행을 위해서는 해양 정찰·감시체계가 필요한데, 지구의 굴곡으로 인해 가장 효과적인 방법은 위성에 의한 감시이다. 현재 중국은 7개의 위성을 해양 감시용으로 운용하고 있는 것으로 알려져 있으며, 2006년 4월 발사된 중국의 레이더위성은 이와 같은 목적하에서 추진된 것으로 판단된다.

또한, '反접근' 전략 및 제해권의 추진을 위해서는 공군력이 필수적인데, 중국 공군의 경우 殲轟-7(FB-7) 1개 대대(약 20~22대), Su-30MKK 2개 대대가 對함(*anti-ship*) 임무를 수행할 수 있고, 해군 '항공병'은 1개 전폭기 대대 및 1개 Su-30MK2 (Su-30의 해상형) 대대가 대함 작전에 참여할 수 있다.[36] 특히, 상기한 지상발진 전투기와 전폭기가 장착하고 있는 대함 순항미사일의 거리는 함모전단에 큰 위협이 될 수 있다. 이는 미사일보다는 플랫홈인 전투기의 요격이 상대적으로 쉽기 때문이며, 중국의 장거리 대함 미사일 개발노력은 이와 같은 작전상의 취약점을 개선하기 위한 방안으로 보인다.

이외에도 중국 해군은 잠수함 전력을 '反접근' 다층방어의 주요 요소로 활용할 수 있는데, 이는 기본적으로 잠수함의 은밀성과 중국 잠수함의 수량적 측면에 기인하고 있다. 사실, 중국은 매우 다양한 종류의 잠수함을 운용하고 있고, 1995년에서 2005년까지 2척의 핵추진 잠수함(SSN)을 포함, 총 31척의 잠수함을 취역시켰다.[37] 만일 중국

The RAND Corporation, 2000) 참조.

36) 중국공군 연구의 대표적인 전문가인 앨런(Kenneth Allen) 연구원과의 토론 내용, 미 워싱턴 시, 2006년 10월.

37) 중국의 잠수함 전력 증가와 '反접근' 전략에서 잠수함이 차지하는 비중으로 인해 미국에서는 이와 관련 상당히 많은 연구가 진행되고 있다. 특히, MIT에서 발간되는 권위있는 국제안보 학술인 *International Security*의 경우, 다음과 같은 2개의 논문을 게재한 바 있다. Michael A. Glosny,

이 해상거부 해역의 경계선에 잠수함을 배치할 경우, 항모전단 당 최소 6척의 잠수함이 소요되고 단순계산으로 3~4개 항모전단에 필요한 잠수함 전력 수는 18척~24척이나, 작전에 투입된 잠수함, 모항으로 귀환하는 잠수함, 그리고 보수·보급 후 작전에 참여할 잠수함을 계산할 경우 총 54척에서 96척의 잠수함 전력이 필요하다. 다만, 현재 중국은 상기한 잠수함 전력을 보유하고 있지 않으며, 실전경험 부족 외에도 상당히 많은 보급 및 작전상의 장애를 겪을 것으로 보아야 한다.[38)]

중국군 전체의 군사전략 중점 변화로 인해 논의되고 있는 해군전략으로는 이른바 "과학기술력을 갖춘 강한 군대(科技强軍) 건설"이 있는데, 전자, 전자기(*electro-magnetic*), 정밀무기체계, 고성능 C^4ISR 구축 등은 기본적으로 연안에서 멀리 떨어진 수역에서의 해군작전 능력을 제고하기 위한 노력이다. 또한, "정보화 조건하에서의 국부전쟁"의 효과적인 수행을 위해서는 공수(攻守) 능력의 결합이 필요하고, 기본적으로 '戰爭'차원의 전략은 '방어적'이나, '戰役'(*campaign*)차원의 전

"Strangulation from the Sea? A PRC Submarine Blockade of Taiwan," *International Security*, vol. 28, no. 4 (Spring 2004), pp. 125~60; Lyle Goldstein and William Murray, "Undersea Dragons: China's Maturing Submarine Force," *International Security*, vol. 28, no. 4 (Spring 2004), pp. 161~96 참조. 중국의 잠수함 및 역내 잠수함 전력 발전 추이는 정의승, 《한반도 미래방위의 지렛대: 한국형 잠수함 KSX》(서울: 고려원북스, 2005) 및 허성필, "주변강대국 잠수함 전력 건설 동향과 발전 추세에 따른 시사점," 〈주간국방논단〉, 제1069호, 2005년 8월 8일.

38) 보다 효과적인 '反접근' 무기체계는 고폭을 장착한 기동 가능 미사일을 개발하는 방법으로서, 이는 일종의 "순항/탄도 미사일 혼합형"이다. 이를 위해서는 기본적으로 대양 감시 체계, 미사일 가이던스(*guidance*) 및 표적 식별 능력 등이 필요하다. 이는 분명히 기술적으로 해결이 가능한 체계이나, 중국 미사일군이 이와 같은 능력을 추진하고 있는 지는 분명하지 않다.

역법은 '공세적'이라는 "攻防結合, 以攻爲主" 전략을 중국군과 해군이 채택하고 있다.

보다 장기적 차원에서 원양해군의 건설은 현재 중국의 국가전략과 맞물려 점진적으로 추진되고 있다. 중국 경제가 일부 서방 경제연구소의 예측대로 향후 20~30년내에 세계 최대규모로 발전할 경우, 중국은 해군건설에 필요한 재원을 충당할 수 있을 것이다. 그러나, 중국이 해권국가로 발돋움하기 위해서는 수많은 장애를 극복해야만 한다. 우선 정치적으로 덩샤오핑 사후의 민간출신 당·군 지도자들에게 해군력 건설의 불가피함을 역설할 만한 '제 2의 류화칭'이 필요할 것이다. 재정적으로도 타군의 예산획득에 적지 않은 타격을 입힐 항모건조를 어떻게 실현시킬지도 아직 의문이다. 또한 상기한 해군 발전계획도 과거의 계획에 비해서는 보다 논리적이고 구체적이나, 당면한 기술상·작전상의 문제를 어떻게 해결하느냐에 대해서는 언급이 없다. 더욱이 상기 계획에는 중국 해군과 주변국 해군간의 현재 전투수준과 향후 발전속도에 관한 비교·분석이 결여되어 있다.

향후 중국 해군의 현대화는 기본적으로 자국의 안보상황 및 인식, 정치, 경제, 과학·기술수준 및 관료적 요인과 같은 국내적 요인과 외교, 군비통제 및 공급국 제한 요인과 같은 국외적 요인 간의 상호작용에 의해 결정된다고 가정할 수 있다. 고려해야 할 변수의 다양성과 복잡성을 감안할 때, 연구자는 특히 중국의 군/해군 현대화 요인과 국가이익 간의 상관관계, 해군력 증강 능력 및 상황과 같은 직접적인 요인을 분석해야 하며, 어떠한 상황과 기간에 어떠한 요인이 더 중요한 변수인가를 변별할 수 있어야 한다.

예를 들어, 중국은 해군을 포함 각 군의 중점계획 및 무기개량사업의 경우 개념, 작전 및 훈련상 많은 문제점을 노출하고 있는데, 이 같은 취약점을 보완하기 위해 합동작전능력, 군구간 협조능력뿐만 아니라, 기동 및 신속대응능력 제고에 보다 중점을 두고 있다. 또한, 러시아를 비롯한 군사선진국의 기술지원은 중국의 특정 기술 및 능력 획득에 긍정적인 효과를 가져올 수 있으나, 이를 전력화시키는 데에는 상당한 재정적·관료적·정치적 제약과 운용 및 군수지원상의 문제가 따를 것으로 보아야 한다.

종합적으로 평가할 때, 향후 중국군은 '고기술/정보화 조건하의 국부전쟁' 전략에 중점을 둔 현대화를 추진할 것이다. 다만, 중국은 전통적으로 고기술과 저기술을 혼합한 군구조, 인력 및 무기체계를 유지하고 있기 때문에 어느 일부분에 치우친 분석을 피하고 분야별·군종별 추이를 종합적이고 균형적으로 분석할 필요가 있다. 이를 감안하면 중국은 향후 10~15년 간 기존 무기 및 장비의 개량, 그리고 외국무기와 군사기술의 획득을 통해 해군력, 공군력 및 미사일 능력 제고를 추진하게 될 것이다.

또한, '국방예산'은 군건설의 재정적 기초로서, 상기한 바와 같이 중국의 '공식 국방예산'은 1989년~2008년 기간 중 연평균 16%씩 지속적으로 증가하고 있고,[39] 또한 중국의 국방예산은 연간 책정될 뿐만 아니라 5년 주기(현재 2006년~2010년) 경제개발계획(즉 '11.5 규획')에 반영되고 있는 사실을 감안할 때, 적어도 2010년까지는 기존의 국방예산 증가율을 유지할 것으로 추론할 수 있다. 또한, '국방예산'은 다양한 국방소요 간의 배분의 문제로서 중국 해군의 경우 잠수함 개발·개량 사업과 항모의 획득을 동시에 추진할 경우 국방자원의 조달은 큰 장애로 등장하게 될 것이다.[40] 이러한 문제를 이해하기 위해서

39) 2008년도 중국의 '공식 국방예산'은 미화 587억불이며, 이는 전년 대비 17.6%가 증가한 금액이다. Jon Grevatt and Trefor Moss, "Chinese Budget Signals Warning on Taiwanese Referendum," *Jane's Defence Weekly*, March 5, 2008 참조.

는 잠수함 개발·개량 사업의 진전속도와 항모 획득 문제의 해결을 위해 중국이 어떠한 접근을 취하는 가를 지속적으로 관찰할 필요가 있다.

40) 중국의 항모 개발에 대한 다양한 논의는 Andrew F. Diamond, "Dying with Eyes Open or Closed: The Debate over a Chinese Aircraft Carrier," *Korean Journal of Defense Analysis*, vol. 18, no. 1 (Spring 2006), pp. 35~58 참조.

5. 중국의 군사적 부상과 동아시아 안보

지정학적 · 전통적으로 '대륙국가'인 중국은 지난 30년간 추진한 개혁 · 개방정책의 '성공'으로 인해 국내외 정체성(正體性)이 바뀌었고, 특히 '해양권익'이 국가목표의 달성에 차지하는 비중이 크게 제고되었다. 이로 인해 중국은 동아시아 안보환경에 지대한 영향을 미칠 수 있는 능력과 위상을 갖춘 국가로 변모하였다. 또한, 중국체제의 특수성과 불확실한 미래, 주변국과의 영토 · 영해 분쟁, 그리고 미국의 역내 해양패권 등을 감안할 때, 중국의 부상은 새로운 전략적 현실로서 역내외 각국으로 하여금 역내 질서의 변화에 대한 대비책 및 대응 논리 개발을 촉진시키고 있다.[41)]

군사적 측면에 국한할 때, 중국은 2015년 경 ① 중국의 인근해역에서의 해상거부능력, ② 중국 국경지역 주변에서의 공중우위 지속능력, ③ 다양한 장거리 타격력을 통한 미국의 역내 작전거점 위협 능력, ④ 미국의 정보우위에 대한 도전 능력, ⑤ 미국(본토)에 대한 전략적 핵위협 능력을 갖추게 될 가능성이 높은 것으로 평가되고 있다.[42)] 중국이 향후 10년 혹은 그 이후에도 중국의 주변지역을 제외한

---

41) 미국의 해양 패권과 중국의 도전이라는 시각에서 역내 잠재적 갈등 지역을 분석한 글로는 이삼성, "21세기 동아시아의 지정학: 미국의 동아태지역 해양패권과 중미관계," 〈국가전략〉, 제13권 1호(2007년 봄), pp. 5~32 참조.

42) 이는 중국 및 아시아의 전략환경 분석 전문가인 폴락(Jonathan D. Pollack) 박사의 견해이다. Jonathan D. Pollack, "The Changing Political-Military Environment: China," in Zalmay Khalilzad et al., ed, *The United States and Asia: Toward a New U.S. Strategy and Force Posture* (Santa Monica: The RAND Corporation, 2001), pp. 137~61 및 저자

다른 지역에서 미국과 군사적으로 경쟁할 가능성은 거의 없으나, 중국 해군의 경우 '대만유사' 대비 및 '지역해군' 건설이라는 양대 목표를 추진하고 있기 때문에 이는 미국의 역내 해양패권에 적지 않은 도전이 될 수 있다.

다시 말하면 중국의 잠수함, 주요 수상함, 가종 미사일 체계 및 '해군 항공병' 현대화 추이, 그리고 중국이 추진하는 다양한 해군전투력 배가체계(예, AIP, C^3I, 위성항법체계)를 고려할 때, 중국 해군은 기본적으로 대만유사(특히, 미 해군의 개입) 대비와 보다 중장기적인 지역해군 건설이라는 양대 목표를 추진하고 있다. 양대 목표는 분명히 상호 연관성이 있으나, 특정 무기체계 및 전투력 획득 추이로 판단할 때, 서로 다른 목표로서 이는 아래에서 나타는 '대만유사'와 '지역해군'에 대한 보다 자세한 분석을 통해 알 수 있다.

무엇보다도 상기한 중국의 해군력 건설 추이는 대만유사, 특히 미 해군의 개입을 지연 혹은 저지시키려는 목표를 추구하고 있다. 만일, 미 해군의 개입이 불확실성 및 도전의 증가(예, 잠수함, SA-N-22)로 인해 지체될 경우, 중국은 다양한 신속억제방안(FDO)을 통해 미 해군이 도착하기 전에 대만의 저항을 무력화시킬 가능성이 남아 있다. 또한, 평시에도 중국 해군력의 증강은 대만과 미국으로 하여금 대만의 공식적(*de jure*) 독립 시, 보다 효과적인 군사적 대응을 유발한다는 메시지를 전달함으로써, 억지력을 제고시키는 측면이 존재한다.[43)]

와의 토론내용, 미 펜실베이니아주 카알라일 시, 2001년 9월.

43) 대만의 '공식적'(*de jure*) 독립이 아니더라도 이 같은 추이의 지속·강화는 중국의 무력사용을 야기시킬 가능성이 있다는 주장에 대해서는 Thomas J. Christensen, "Windows and War: Trend Analysis and Beijing's Use of Force," in Alastair Iain Johnston and Robert S. Ross, eds., *New Directions in the Study of China's Foreign Policy* (Stanford: Stanford University Press, 2006), pp. 50~85. 또한, 동 저자는 대만유사의 발생

그러나, 중국은 對대만 해·공군 작전 시 전략적 방어체제 구축에 중점을 두고 국방현대화를 실시해온 대만군의 강력한 저항을 받게 될 것이다. 특히 대만의 對중국 방위목표는 중국군을 섬멸하는 것이 아니라, 중국군의 대만 침공 비용을 수용할 수 없는 수준 이상으로 높임으로써 중국군의 군사적 행동을 거부하는 데 있다. 그러므로 대만군은 중국의 전력에 상응하는 군사력 증강을 시도해온 것이 아니라 '주요 전투능력의 충분성' 유지에 전략적 중점을 두고, '제공, 제해, 反상륙전' 중심의 방위전략을 채택하고 있다.

또한, 필자는 대만해협에서의 전쟁발발 가능성은 현재 매우 낮으나, 대만을 마주보고 있는 인근 대륙 지역에서의 재래식 미사일 및 공군기 배치, 첨단 무기 및 플랫홈의 동해함대 우선 배분, 그리고 최근 일련의 연합·합동 군사훈련은 미 해군의 대만 개입을 상정하고 있다고 판단한다. 이와 같은 보다 1차적인 전력대비태세 외에도 중국이 추진하고 있는 원거리 투사능력(즉, 지역해군)의 일부는 미 해군의 도착 전 대양에서의 차단능력을 추구하는 것으로 평가하는데, 이에는 소브레멘늬 구축함, 차세대 핵잠수함(Type 093 및 Type 094), 그리고 공중급유기(Il-78M)와 같은 보다 원거리에서의 작전수행능력이 포함된다.

또한, 중국 국가군사목표와 해군력 증강을 연결하는 주요 요인, 즉 ① 군사전략적 요인, ② 해양전략적 요인, ③ 대만 요인, ④ 대외무역, 해양 에너지 수급 및 해로 보호는 매우 다양한 임무일 뿐만 아니라, 중장기적인 계획과 자원배분을 필요로 하고 있다. 현재 예측가능한 미래에 중국의 안보에 도전이 될 상황은 미군의 개입을 상정한 대만유사이나, 중국의 광범위한 해양 권익, 영토·영해 분쟁 및 해로 보

은 중국군이 자신의 전투력을 '과대평가'하고, 외국이 중국군의 전투력을 '과소평가'할 경우에 특히 유의해야 함을 지적하고 있다.

호의 필요성은 원거리 투사력을 장기적으로 지속할 수 있는 현대화된 대양 해군이 필요함을 의미한다. 다만, 이와 같은 원대한 계획과 능력은 현재 미국 해군 이외의 어느 국가의 해군도 보유하고 있지 않으며, 중국 해군도 예외가 아니다. 이와 같은 현실적인 제약으로 인해 중국 해군은 당분간 대만유사 대비 및 지역해군 건설이라는 양대 목표를 지속적으로 유지할 것으로 보인다.

지역해양안보 차원에서 볼 때, 미 해군력은 진정한 의미의 '균형자'(*balancer*) 역할을 수행할 수 있을 것이다. 이는 중국 해군력의 증강추이에도 불구하고 중국 해군력과 미국 해군력의 격차, 그리고 양국 해군의 발전추이를 감안할 때, 재론의 여지가 없다. 비교의 대상 측면에서 중국의 해군력은 미 해군이 아닌 역내 주요국(예, 일본과 한국)의 해군에 보다 도전이 될 수 있다. 이는 중국과 주변국 간의 영토·영해 분쟁,[44] 작전반경의 중첩, 그리고 자국의 군비증강으로 인해 향후 첨예화될 소지가 있기 때문이다. 상대적으로 평가할 때, 일본과 한국 해군은 보다 현대화된 전력을 유지하고 있으나, 중국에 비해서는 규모가 작은 편이며, 원거리 작전수행을 추구하지 않고 있다. 특히, 중국 해군은 중국군과 마찬가지로 현재 전역급(*campaign-level*) 작전능력을 갖추고 있지 않으나, 국지적인 전구급(*theater-level*) 능력을 수행할 수 있다고 판단되기 때문에, 이는 주변국 해군에 적지 않은 도전이 될 수 있다.

이외에도 중국은 일본의 전구미사일 방어(TMD)체계 공동개발 참

44) 중국의 영토·영해 분쟁에 대한 최근 연구로는 김태준, "중국의 해양 영토 분쟁에 대한 대응방안 연구," 〈국방정책연구〉, 제78호(2007년 겨울), pp. 189~219; M. Taylor Fravel, "Power Shifts and Escalation: Explaining China's Use of Force in Territorial Disputes," *International Security*, vol. 32, no. 3 (Winter 2007/2008), pp. 44~83 참조.

여를 미・일 안보협력 강화 및 일본의 안보역할 확대추세의 대표적인 사례로 평가하고 있는데, 사실 중국이 미・일의 전구미사일 방어체계 공동개발을 완강히 반대하는 이면에는 기술적・재정적・관료적 이유 등 다양한 이유가 있으나, 특히 군사적 측면과 대만 요인이 중시되고 있다.

잘 알려진 바와 같이, 대만은 미・일의 동 체계 개발에 참여하겠다는 입장이고, 대만에 대한 중국의 주요 위협수단인 미사일에 대한 억지・방어능력이 필요하다고 판단하고 있다. 전구미사일 방어는 지상과 해상의 상・하층 및 공중을 포괄하는 다층체계방어 구상으로서, 현재 대만은 주로 지상 하층방어용인 Patriot PAC(*Patriot Advanced Capability*)-2를 실전배치하고 있으나, 대만해협의 특성상 중국의 미사일 위협에 효과적으로 대처하기 위해서는 해상 전구 광역 탄도미사일(Navy Theater Wide TBMD)의 도입・배치가 필요하다고 판단하고 있다.

그러나, 중국의 전략가들은 대만이 동 체계의 개발에 참여하려는 실제 의도는 군사적 측면이 아닌, 정치적・전략적 측면으로서, 대만은 동 체계의 개발참여나 기술이전을 통해 미국과의 정치적・전략적 유대를 강화하려는 목적이 있는 것으로 보고 있다. 이 같은 이유로 인해 중국은 미・일의 전구미사일 방어체계 공동개발 자체를 반대할 뿐만이 아니라, 특히 '대만문제'와의 연계성에 대해 크게 우려하고 있다. 이와 관련하여 중국의 일부 연구자들은 대만이 동 체계의 공동개발에 참여하지 않는 경우에도 일본의 해상 미사일 방어체계가 대만해협에서 운용될 가능성이 있다고 보는데, 이는 동 체계의 개발문제가 일본의 역내 안보역할 확대 문제 및 '대만문제'와 어떻게 연계될 수 있는가를 보여주는 한 예이다.

같은 맥락에서 최근 일본의 F-22/Raptor 구매의사 표명 및 대만의

F-16C/D Block52 구매 노력은 중국의 공군력과 미·일의 공군력 간의 격차를 더욱 넓힌다는 측면 이외에도 미·일 동맹 강화를 통한 대만유사 시 사용가능성에 대한 우려를 포함하고 있다. 요약하면, 중국은 미·일의 전구미사일 방어체계 공동개발 및 F-22 이전 논의에 대해 완강히 반대하는 입장을 유지하게 될 것이며, 동 문제가 중국의 대미·대일관계의 악화, 특히 '대만문제'와 연계될 경우 이로 인한 역내 여파는 크게 증폭될 수 있다.

6. 한 · 중 관계의 군사적 측면과 과제

우리의 입장에서 볼 때, 주변 강국인 중국의 전략태세(*posture*) 변화 및 전력증강은 한반도와 한국의 안보환경에 영향을 미칠 수 있는 중요한 요인이다. 북한에 대한 중국의 영향력과 안보적 고려, 미 · 중간의 역내 경쟁, 특히 중국의 낮은 군사적 투명성 등을 감안하면, 중국의 '군사적 부상'은 한국의 국가안보목표 추진 시 도전으로 남을 수 있다. 다만, 중국의 군사력 증강은 직접적이 아닌 간접적 요인이고, 단기적이 아닌 보다 장기적 성격을 띠고 있다고 보아야 한다. 이는 군사력의 사용은 정치적 목표를 달성하기 위한 수단으로서, 특정한 조건과 상황하에서만 발생하기 때문이다.

한 · 중 간 군사 · 안보분야는 '중국측 요인'(예, 중국의 군사적 부상) 및 '역내 안보환경적 요인'(한 · 미동맹, 북 · 중관계, 대만 요인) 뿐만 아니라, 한국의 국내적 요인을 포함한 전반적인 '한 · 중 관계'에 의해서 영향을 받고 있다. 그러므로, 한 · 중 간의 군사적 측면은 양국관계의 전반적인 상황과 보다 포괄적인 환경요인에 대한 고려하에 이루어질 필요가 있다. 사실, 지난 1992년 8월 한 · 중 수교 이후 양국은 전 분야에 걸쳐 괄목할 만한 발전을 이루고 있고, 현재는 '전략적 협력 동반자 관계'로 정의되고 있다.

이와 같은 양국간 우호적 · 협력적 관계를 고려하더라고 중국은 지정학적 · 역사적 요인 등으로 인해 현재, 그리고 미래에도 한국의 안보적 고려대상으로 남게 된다. 아래에서는 이와 관련된 특징적인 요인을 정리하겠다.

첫째, 지리적으로 한반도는 중국의 수도인 베이징에 가장 근접하게 위치하고 있을 뿐만 아니라 중국의 동북 3성(랴오닝〔遼寧〕성, 지린〔吉

林]성, 헤이룽장 [黑龍江]성)과 약 1,400km의 국경을 맞대고 있다. 또한, 한반도는 주변 강대국의 이익이 교차하는 지역으로서, 지정학적으로 이른바 '해양세력'과 '대륙세력'의 중간에 위치한 전략적 요충 혹은 '통로'(通路)이다. 한반도와 중국이 공유하고 있는 서해가 보하이(渤海)만과 연결되어 있다는 사실도 한반도의 지리적 중요성을 제고시키는 요인으로 작용한다. 현재적으로 '대륙세력'인 중국과 '해양세력'인 미국의 한반도에 대한 이익에도 이 같은 지정학적 고려가 내재되어 있다.

둘째, 상기한 중국과 한반도 간의 지리적 · 지정학적 사실은 역사적으로 양측 간의 수많은 조우를 낳았는데, 대표적으로 한국전쟁 시 중국의 군사적 개입과 유엔군의 인천 상륙작전 그리고 만주지역 및 중국 침략을 위한 일본의 한반도 선점을 들 수 있다. 구한말 한반도를 둘러싼 강대국 간의 각축과 1894년 청 · 일전쟁 그리고 역사적으로 중국과 일본 간의 침략사는 한반도 혹은 서해상의 제패가 관건이었다. 21세기에도 한반도와 서해는 미국의 '해양패권'과 중국의 국익이 상충되는 아시아의 주요 지역의 하나로 남아 있다.[45] 이 같은 역사적 사실은 중국의 전략가들로 하여금 한반도는 중국의 안보에 핵심적인 지역이라는 인식을 각인시켰고, '한반도 문제'를 바라보는 일종의 프리즘으로 작용하고 있다.

셋째, 한반도와의 '선린관계'는 중국의 국가목표인 경제발전과도 밀접하게 연계되어 있다. 1992년 한 · 중 수교 이후 한국과의 급속한 경제관계 발전은 명목상 '냉전적 사고'의 불합리성을 대변하고 있고, 특

45) 이삼성 교수는 동아시아 내 미국의 해양패권과 '중국의 부상'으로 인한 갈등 가능지역으로 ① 대만해협, ② 남중국해, ③ 오키나와, 그리고 ④ 한반도 서해상을 지목하고 있다. 이삼성, "21세기 동아시아의 지정학"(2007년 봄), pp. 5~32 참조.

히 중국이 추진하고 있는 개혁·개방정책의 타당성을 방증하고 있다. 이에 비해 북·중간의 경제교류는 매우 낮은 수준이나 북한은 중국의 경제발전 과정에서 상대적으로 낙후된 동북 3성의 발전과 국경안전에 중요한 지역으로 남아 있다. 최근 동북 3성을 중심으로 한 대북 투자, 재중 탈북자(중국식 표현으로 '불법 월경자') 문제, 그리고 북한체제의 유지·지원은 중국의 경제·안보상 이익과 연계되어 있다. 종합적으로 판단할 때, 중국에 대한 북한의 '가치'는 명백하다.

넷째, 한반도는 전통적으로 '중화세계'의 일부분이었을 뿐만 아니라 중국은 현재도 한반도가 자신의 세력권 내에 속한다고 보고 있다. 이와 같은 인식으로 인해 중국은 한반도에 대한 자국의 영향력을 유지하기 위해 적극적인 외교정책을 전개하고, 최소한 한반도에 대한 다른 강대국의 독점적 지위를 억제하기 위해 노력하고 있다. 이 같은 사고는 동아시아 및 한반도에서 주도적 역할을 하는 미국과의 경쟁가능성을 전제하고 있다. 또한, 한반도는 중국의 강대국화 및 부국강병(富國强兵) 실현을 결정짓는 시험대가 될 것임을 시사하고 있으며, 이 같은 과정에서 가장 중요한 요인은 미국과의 관계이다.

군사적 차원에서 볼 때, 중국의 해·공군력 및 미사일 전력증강은 향후 매우 다양한 도전이 될 수 있다. 예를 들어, 중국의 해군력은 주로 잠수함과 주요 수상함에 의존하는데, 1990년대 이후 수적으로 증가하고 있을 뿐만 아니라, 주요 활동해역은 서해 및 동중국해로서 한국과 일본 해군의 활동범위와 중첩되고 있다. 특히, 중국이 현재 보유하고 있는 공격용(SSN)과 전략미사일(SSBN) 핵잠수함은 모두 산둥성 칭다오(靑島)가 모항이고, 수년 내로 취역예정인 차세대 핵잠수함도 서해에 배치될 가능성이 있다. 더욱이, 중국은 적어도 1980년대 중반 이후부터 항모 건조 및 운용을 준비하고 있다고 판단되는데, 중국의 항모전단을 수용할 수 있는 모항의 제약으로 인해 뤼순/다롄(旅

順/大連) 지역에의 배치 가능성이 높다고 판단된다. 이는 동 지역이 천연적인 요새이고, 중국의 수도에 근접해 있는 항모전단에 대한 공격은 여하한 경우라도 정치적·군사적 부담이 크기 때문이다.

또한, 중국 공군은 현재 제 4세대 전투기인 Su-27SK, J-11(Su-27의 중국 내 면허생산분), Su-30MKK, 그리고 Su-30MK2(Su-30의 해상형) 250대 이상을 7개 대군구(MR)에 배치하고 있기 때문에, 중국 공군은 중국대륙 전역은 물론 국경지역의 유사사태에 보다 신속하게 대응할 수 있을 것으로 판단된다. 보다 장거리 작전을 위해서는 공중 급유장치를 장착한 Su-30MKK와 다양한 공중 급유기(H-6 전폭기 일부 및 Il-78 등)가 가용될 수 있기 때문에, 한반도를 포함한 아시아 대부분의 지역에서의 작전이 가능할 것으로 보인다. 단, 중국 공군의 문제는 상기한 하드웨어 측면보다는 합동('聯合')작전 능력, 空地戰(ALB), 근접지원(CAS) 및 전시운용 등이 될 것으로 판단된다.

중국 전략미사일군('第二砲兵')의 경우, 핵탄두 탑재 미사일을 제외하면 1천 발 이상의 전구미사일을 보유하고 있으나, 이는 현재 대만유사에 대비하고 있다. 1990년대 말 이후 중국의 미사일 전력은 방공능력 강화에 중점을 두고 있는데, 특히 상기한 바와 같이 2006년까지 994발의 S-300PMU/SA-10 지대공 미사일을 러시아로부터 도입하였다. 중국은 전통적으로 자국의 취약한 공군력을 보완하기 위한 수단으로 미사일 전력을 활용하는데, '서구형' 무기개발과는 달리 지상형을 해상형으로 전환시키고 있다. 중국이 최근 개발·배치한 HQ-9 혹은 FT-2000의 연구·개발은 이와 같은 전통과 무관하지 않아 보인다. 이와 같은 중국의 미사일 전력증강은 지속될 가능성이 있으나, 독자적으로 한반도의 안보를 위협하는 수준으로 보기 어렵다.

보다 주의를 가져야 할 사실은 중국은 국경주변의 유사에 대비하기 위해 다양한 '拳頭部隊' 혹은 신속대응군(RRF)을 유지·확대하고 있는데, 중국의 18개 집단군 중 7개는 '신속대응군 집단군'이다. 이는 타 집단군에 비해 무기 및 장비의 배정, 그리고 훈련과 준비태세가 보다 우월한 전투부대로서, 베이징(北京) 군구에 2개(27군과 38군), 선양(瀋陽) 군구에 1개(39군), 그리고 지난(濟南) 군구에 1개(54군)가 배치되어 있다.[46] 이는 한반도 인근 지역에 중국군의 7개 '신속대응군 집단군' 중 4개가 배치되어 있음을 의미한다. 물론, 상기 신속대응군은 한반도의 유사에 대비하고 있다기보다는 중국의 수도인 베이징의 전략적 중요성에 기인하고 있으나, 적어도 우리의 입장에서는 간과할 사실이 아니다. 부언하면, 동남아 국가 혹은 동북아 국가 중 대만이나 일본과 같은 섬나라와는 달리 한반도에 대해서는 보다 직접적인 영향을 미칠 수 있음을 의미한다.

정책적 차원에서 한·중 양국간 이해가 상충되거나 잠재적 갈등요인으로 작용할 수 있는 사안도 적지 않다. 북한의 미사일 (재)발사, 미·일간 안보협력 강화, 그리고 전구미사일 방어체계(TMD)와 같은 한반도 및 역내 안보문제가 이에 포함되며, 북핵문제 및 6자 회담에 대한 중국의 본질적 이익과 행태도 면밀히 검토할 필요가 있다. 특히, 중국의 대북 영향력은 미국, 일본, 한국, 러시아와 비교해서나 북·중 관계의 밀착성으로 보아서나, 북한발 위기발생 시 국제사회가 가장 먼저 고려해야 하는 국가는 중국일 수밖에 없다. 우리의 입장에서 볼 때, 중국은 북한 문제를 포함한 동북아 안보환경에 여전히 중심축일 수밖에 없기 때문에 중국과의 군사관계 유지는 매우 중요하다.

보다 장기적인 차원에서, 한국은 통일 후 중국과의 관계를 고려한

---

46) 이에 대한 설명은 Andrew N. D. Yang(楊念祖), "China's Revolution in Military Affairs (RMA): Transforming the PLA by Feeling Stones in the Riverbed(摸着石頭過河)," 한국전략문제연구소(KRIS) 2008년도 국제심포지엄 발표문, 서울 캐피탈호텔, 2008년 7월 10일 참조.

중장기적이고 포괄적인 대중국 정책을 전개할 필요가 있다. 이에 대비하기 위한 가장 중요한 한국의 대중 단기목표는 평시 신뢰구축과 전면적 협력강화이다. 이는 중국이 기존의 입장·정책을 수정할 경우 비용을 증폭시키는 결과를 초래할 수 있는 억제책이다. 보다 중장기적 차원에서 한국은 한반도 관련 구체적·중장기 사안에 대한 중국측의 이해를 촉구하고, 중국에 대한 상대적 역량 및 위상 강화를 추진할 필요가 있다.

중국의 입장에서 볼 때, 한반도 통일은 대만, 남사군도 분쟁과 같은 이른바 중국이 주장하는 중국의 '주권' 문제와는 근본적으로 성격이 다른 사안으로서, 이에 대한 해결은 당사자 간에 이루어져야 한다는 원칙을 고수하고 있다. 이는 한반도 통일과정의 전개 시 중국의 다양한 형태의 역할 혹은 개입 가능성이 자국이 주장하는 타국의 '내정불간섭' 원칙에 위배될 가능성과 맞물려 한반도 통일에 대한 중국의 입장과 정책에 매우 중요한 의미를 지니고 있다. 이를 구체적인 정책으로 실현하기 위해서는 "중국의 대한반도/대아시아 정책" 및 "중국의 대미 정책" 맥락 및 목표의 변화에 대해 주기적으로 검토·평가할 필요가 있다.

북한 위협의 소멸 시 한국은 중국과 "우호적·건설적인" 관계를 유지한다는 주장을 지속적으로 전달하는 것은 매우 중요한 사안이다. 역사적·선험적으로 한국은 중국과 우호적인 관계를 유지하였고, 한반도의 통일이 중국에 득이 된다는 논리를 개발·제시해야 한다. 또한, 통일한국의 대외·안보정책은 중·일의 역내 경쟁구도 하에서 특정분야/이슈별로 양측 혹은 일방에 최소한의 입장 표명이나 영향력을 행사하고, 양측 혹은 일방으로부터 최대한의 양보를 받아내는 최대·최소전략(*maxi-mini strategy*)을 추구해야 한다. 이는 중국과 일본이 한국을 끌어안으려는 정책을 유도하는 상황을 의미하는데, 이 경우 중국 및 일본의 입장에서 볼 때, 한국의 '전략적 가치'가 제고됨을 의미한다. 이와 같은 전략구사가 가능한 근본적인 이유는 중·일간의 뿌리 깊은 경쟁·갈등 구조의 존재로서 한국으로서는 이를 적극적으로 활용할 필요가 있다.

중국의 경우, 만일 통일과정이 급속히 전개되고, 한국과 미국과의 신뢰구축이 어느 정도 확실하다고 판단되면 "한반도의 안정화"와 최소한 외세의 대한반도 영향력 확대를 억제하는 차원에서 한반도의 통일을 받아들이고 통일한국과의 새로운 관계정립을 추진할 가능성이 있다. 동 상황의 발생 시 중국의 최우선 고려사항은 "한반도의 조기 안정화"이며, 이외에도 통일한국의 대중국 태도 및 성향, 한반도에 대한 중국의 영향력 유지 여부 및 미·중관계 등은 중국의 태도를 결정짓는 중요한 요인이다.

그러나, 한반도의 통일과정 중 '돌발사건'이 발생하거나 무력의 사용이 상정되는 경우 보다 복잡한 요인이 고려되어야 한다. 기본적으로 중국은 "한반도의 조기 안정화"를 포함하여 자국의 대한반도 구상 및 영향력 유지라는 목표가 결정적으로 훼손될 위험이 없는 한 군사적 개입을 자제할 것이며, 가능한 한 일정수준의 정치·외교적 개입을 통하여 문제해결을 시도할 것으로 보인다. 그러나, 이러한 정치적 개입으로도 사태해결이 불가능한 상황에는 군사적 개입 가능성을 배제할 수 없는 실정이다.

이에 대해 한국은 북한 급변사태 시, 그리고 반드시 필요하다고 판단되는 사안에 따라, 사태의 해결과정에 중국을 동참시켜 중국의 우려 상황이 사태해결(즉, 통일) 후에 발생하지 않을 것이라는 점을 확신시키는 한편, 한·미 양국을 주축으로 대응방안을 모색하고, 동시에 국제적 여론을 조성하여 관련국들의 참여와 사전협의를 통한 공조체제를 유지하는 것이 바람직하다.

더욱이, 중국은 남북관계 개선보다는 '미국변수'를 고려한 한반도에 대한 상대적 영향력 유지에 더욱 관심을 갖고 있는 것으로 전망된다. 이는 남북한간의 입장차, 그리고 미·중간의 경쟁이 지속되는 한 중국에 대한 영향력 요인('비대칭적 상호의존')을 제공하는 것으로서, 한국으로서는 중국의 역할에 대한 일정 수준의 인정을 바탕으로 문제의 실마리를 찾는 방법을 고려할 필요가 있다.

이는 통일 후에도 한국은 중국과의 관계를 고려한 중장기적이고 포괄적인 대중국 정책을 전개할 필요가 있기 때문이다. 특히, 한반도 통일과정에서 미·중 간의 이익이 교차하는 이슈로는 한반도 내 혼란상황, 주한미군의 역할 및 주둔 문제, 북한 내 대량살상무기 처리문제, 북한 난민문제, 통일한국의 군사력과 전략적 정체성 등 모두 매우 민감하고 결과를 예측하기 어려운 사안들이다. 이외에도 통일한국의 외교·안보 지평의 확대는 중국 및 미국의 이익과 마찰·충돌될 소지(예, 지역안보의 대상, 방위선 중첩)가 있기 때문에 신중한 접근이 필요하다.

7. 한국의 외교 · 안보 대비 방향

중국의 '군사적 부상'은 중장기적으로 한국 및 통일한국의 안보환경에 직접적인 영향을 미칠 수 있는 주요 변수이다. 그러므로 한국의 대비방향은 군사적 대비책 외, 중국과의 쌍무관계 발전 및 한반도 평화통일 기반조성에 초점을 두어야 한다. 중국의 미래 및 향후 대한반도 역할이 불확실한 현 상황에서 한국의 대중국 전략·정책은 (역내 대부분의 국가와 마찬가지로) '교류 · 협력'과 '예상 · 대비', 즉 '협력'과 '견제'('이중보험'〔*hedging*〕)를 동시에 추진해야 할 필요가 있다. 이는 실제적으로 미국과 중국을 포함한 전면적 대외협력 추진, 국내 경쟁력 및 정책체질 개선을 통한 자생력 강화를 의미하며, 군사력은 상기한 전략적 방향·대안을 반드시 확대시키지는 않으나, 군사력의 뒷받침이 없는 국가전략은 사상누각임을 주지해야 한다.

우선, 한국의 입장에서 '방어적 충분성'에 기초한 전력건설은 필수불가결한 요소이다. 이외에도 향후 안보환경의 불확실성을 감안하여 한국은 중장기적 전략방침을 수립 · 운용해야 한다. 이는 중국을 포함한 주변국에 대한 중장기 전략·정책의 맥락을 제공할 뿐만 아니라, 한반도 유사시 기회비용 감소 및 정책의 일관성 유지에 긍정적 효과를 줄 수 있기 때문이다. 또한, 한국의 대중국 전략·정책은 '한 · 미 동맹과 한 · 중협력' 간 조화를 추진하되, 중국의 '양성(良性)과 신뢰성'(*benign and reliable*)이 확인되지 않는 한, 대미 협력강화가 불가피하다고 판단된다.

이는 기본적으로 한반도의 지정학적 위치 및 "힘의 구도"에 기인한다. 결코 '후진국'이 아닌 한국은 세계의 주요 강국 사이에 위치하고 있어 주변국에 비해 상대적으로 낮은 수준의 '종합국력'을 유지하고 있다. 이를 극복하기 위한 방법은 '내적 밸런싱'과 '외적 밸런싱'밖에는 없는데, 후자의 대상은 ① 영토분쟁 혹은 야욕이 없고, ② 유사시 지원할 수 있는 능력(*capability*)과 의지(*will*)가 있고, 그리고 ③ 역사적·선험적으로 우리에게 '良性'(*benign*)인 국가이어야 한다. 이와 같은 세 가지 조건을 모두 갖춘 국가는 미국밖에 없는 것이 엄연한 현실이다.

또한, 한국의 국가안보 목표, 특히 평화정착과 평화통일에 어느 주변 강대국이 우리의 편에 설 것인가를 냉철하게 고려해야 한다. 모든 강대국은 분명 통일과정 중 그리고 통일 후 자국의 대한반도 영향력을 제고하기 위한 노력을 개진할 것이다. 또한, 상황에 따라서는 강대국 간의 공모 가능성도 배제할 수 없다. 물론, 미국도 한반도의 통일로 인한 불확실성을 우려하고 있고, 국내에서도 미국의 '진정한 의도'가 무엇인가에 대해 의문을 갖고 있는 것도 중요한 지적이다. 다만, 냉전기 동·서간 체제경쟁과 국내의 정치 소용돌이 속에서 국제적 위상을 갖춘 한국이 과거 19세기 이전과 다를 수 있었던 근본적인 이유를 곰곰이 생각해보아야 한다. 국제정치적·지정학적·역사적 측면, 그리고 미래한국의 목표달성을 위한 가장 효과적인 '외적 밸런싱'의 핵심은 미국과의 "협력적이고 실용적인" 관계를 유지하는 것이다.

또한, 군사적 대비 측면에서 향후 한국군은 소규모 분쟁 가능성에 대한 대응능력 및 도발을 거부할 수 있는 최소한의 자체적 억지력을 확보해야 한다. 단기적으로는 영해상의 소규모 분쟁에 대비한 해·공군력을 보유해야 하며, 장기적으로는 제한적 방어충분성에 입각하여 한국에 대한 대규모 무력도발을 거부(혹은 도발 시 비용을 증폭)할 수 있는 효과적인 방어력(예, 독자적인 정보수집능력, 첨단 군사기술, 효과적인 해·공군력)을 구축해야 할 것이다.

그러나, 향후 중국이 戰役(*campaign*)급 작전능력을 갖춘 역내 주도국가로 변모하는 경우, 역내 및 한반도의 안보환경은 지대한 변화를 겪게 될 것이다. 현재의 판단으로 동 상황은 중국의 대미, 대일 관계가 향후 지속적으로 악화되고, 미·일 양국이 중국의 '주도국가화'를 기정사실로 여기거나, 중국의 등장에 대해 대처할 효과적인 수단이 없는 경우에 가능하다. 중국이 역내 주도국가가 될 경우, 다양한 역내 안보현안에 중국이 연루되어 있는 상황으로 인해 동아시아 및 한반도의 안정은 큰 도전을 받게 될 가능성이 높다.

상기한 바와 같이 한국의 대중국 전략 및 군사외교 추진 시 한국군이 고려해야 할 사안은 적지 않다. 예를 들어, 중국의 해군에 대한 관심과 전문적 분석은 한국 해군 내에서 이루겠다는 의지와 노력이 필요하다. 이는 분야의 전문성과 해군의 임무를 고려할 때, 재론의 여지가 없다. 특히, 국방부와 해군 내 중국관련 정책형 예비분류자를 육성시키는 방안이 마련되어야 한다. 이외에도 중국과의 해상안전협정 체결, 상호 훈련참관단 교환, 서해상 수색·구조훈련 실시 등은 평시 신뢰구축에 중요한 사안이며, 중장기적으로 중국 해군력의 주력(예, 핵잠수함, 항모 등)은 서해에 연해있는 기지에 배치될 가능성이 높으므로 이에 대한 지속적인 관찰과 대비가 필요하다.

국가안보차원에서도 한국은 통일 후 중국과의 관계를 고려한 중장기적이고 포괄적인 대중국 정책을 전개할 필요가 있다. 이에 대비한 한국의 대중 단기목표는 신뢰구축 및 (한반도 관련) 구체적·중장기 사안에 대한 중국측의 이해를 추구하는 것이며, 중장기적 목표는 중국에 대한 상대적 역량 및 위상을 강화하는 것이다. 대중국 신뢰구축 방안으로는 중국과의 지속적인 우호·협력관계 유지 희망, 한·만 국경 공동개발안 제시, 한·중 우호협력조약 체결 등이 고려될 수 있다. 특히, 한반도 유사/통일에 대비한 구체적인 한·중 외교·안보대화는 비공식적 차원이라도 매우 중요한 사안이며, 중장기적으로 한국의 외교·안보 지평의 확대는 중국 및 미국의 이익과 마찰·상충될 소지(예, 지역안보의 대상, 방위선 중첩)가 있기 때문에 사전대비가 필요하다. 또한, 역내 주요 안보문제(예, '대만문제') 혹은 중·일간 국익이 상치되는 사안(예, 센카쿠/조어도)에 대해서는 '정책적 모호성'도 필요하며, 어떤 상황하에서도 중·일 양국의 일방의 입장에 동조하는 이미지는 부각시키지 않은 것이 중요하다.

마지막으로 중국의 대한반도 정책은 다층적 맥락, 다양한 목표, 그리고 가변적 순위에 의해 수행되기 때문에 한국의 대중 전략·정책도 이를 충분히 감안할 필요가 있음을 강조하고자 한다. 예를 들어, 한반도의 주요 안보현안인 북핵문제의 경우 중국은 '한반도의 비핵화' 외에도 한반도의 안정, 북한정권의 지속·지원, 한반도에 대한 영향력 유지와 같은 다양한 전략·정책 목표를 추진하고 있다. 한편, 북핵문제 해결과정에서의 중국의 역할은 명시적 혹은 묵시적으로 미국이 강조하는 대(對)확산 노력에 기여하는 측면이 있기 때문에 안정적인 미·중 관계 유지에 일정한 도움이 된다고 볼 수 있다.

또한, 우리의 입장에서는 북핵문제 해결에 중요한 '중국'이 다른 한편으로는 '고구려사 왜곡'의 당사자라는 정책상의 딜레마가 존재하고 있다. 이는 적어도 북핵 해결에 있어 중국의 역할에 과도하게 의존하는 경우, 중장기적으로 득보다는 실이 많을 수 있음을 의미한다. 우리의 입장에서는 대중 전략·정책 추진 시 단기적 '성과'보다는 "중국은 우리에게 어떤 국가인가"라는 기본적이고 중장기적인 문제를 지속적으로 반추할 필요가 있다.

참고문헌

김태준. "중국의 해양 영토분쟁에 대한 대응방안 연구." 〈국방정책연구〉, 제78호(2007년 겨울), pp. 189~219.

김태호. "중국의 '군사적 부상': 2000년 이후 전력증강 추이 및 지역적 함의." 〈국방정책연구〉, 제73호(2006년 가을), pp. 163-203.

______. "중국의 당-군관계와 군의 역할 변화." 유세희 편, 《현대중국정치론》, 서울: 박영사, 2005, pp. 207~55 참조.

______. 《중국군의 미래전 준비 및 전망》, 서울: 한국국방연구원, 2002, pp. 24~30, 41~62 참조.

박창희. "'신군사변혁(RMA)'과 중국의 군사력 현대화." 한림국제대학원대학교 현대중국연구소 주최 현대중국군사세미나 "중국인민해방군의 올바른 이해"의 발표문(2007년 4월 7일) 참조

이삼성. "21세기 동아시아의 지정학: 미국의 동아태지역 해양패권과 중미관계." 〈국가전략〉, 제13권 1호(2007년 봄), pp. 5~32.

정의승. 《한반도 미래방위의 지렛대: 한국형 잠수함 KSX》, 서울: 고려원북스, 2005.

허성필. "주변강대국 잠수함 전력 건설 동향과 발전 추세에 따른 시사점." 〈주간국방논단〉, 제1069호, 2005년 8월 8일.

한석희, "'6자회담'과 중국의 딜레마." 〈국제정치논총〉, 제45집 1호(2005), pp. 175~200.

______. "ARF와 중국: 중국의 안보적 구속에 대한 논의." 〈국제정치논총〉, 제42집 4호(2002), pp. 373~91.

鄧小平. "國際形勢和經濟問題." 《鄧小平文選》, 第三卷. 北京:人民出版社, 1993, p. 353.

劉德福. 《跨世紀治國方略: 學習十五大報告》, 北京:中共中央黨校出版社, 1997.

劉華淸. 《劉華淸回憶錄》, 北京: 解放軍出版社, 2004, pp. 435~36.

彭光謙·姚有志 主編. 《戰略學》, 北京:軍事科學出版社, 2001, pp. 312 ~28.

戚文海. 《中俄能源合作: 戰略與對策》, 北京: 社會科學文獻出版社, 2006.

徐堅 主編. 《國際環境與中國的戰略機遇期》, 北京:人民出版社, 2004, pp. 222~32.

熊光楷. "21世紀初國際安全形勢與中國國防政策." 〈國際戰略硏究〉, 總62期, 第4期(2001年 10月), pp. 1~4.

閻學通. 《中國國家利益分析》, 天津: 天津人民出版社, 1996.

張愛萍 主編. 《中國人民解放軍》, 上卷, 當代中國叢書, 北京:當代中國出版社, 1994.

張旭成(Parris H. Chang). 《中共看未來戰爭: 台灣如何因應》, 臺北:大晟文化事業有限公司, 2000.

中國人民解放軍總參謀部兵種部. 《防空兵新"三打三防"》, 北京:解放軍出版社, 2002.

中華人民共和國 國務院新聞辦公室, 〈中國的國防〉, 北京:中華人民共和國國務院 新聞辦公室, 각 해당년판.

Asrael, Jeremy R. and D. J. Peterson. "Russia and the Information Revolution." *RAND Issue Paper*. 2002.

Blasko, Dennis J. *The Chinese Army Today: Tradition and Transformation in the 21st Century*. London and New York: Routledge, 2006..

Rober Cliff. *Advanced Underway in China's Defense Industries*, Testimony CT-256, Santa Monica: The RAND Corporation, March 2006.

Cole, Bernard D. "Rightsizing the People's Liberation Army: How Much Naval Force Will Beijing Deploy by 2016?" *Asia Policy*, no. 4, July 2007, pp. 84~88.

Christensen, Thomas J. "Windows and War: Trend Analysis and Beijing's Use of Force." In Alastair Iain Johnston and Robert S. Ross, eds., *New Directions in the Study of China's Foreign Policy*. Stanford: Stanford University Press, 2006, pp. 50~85.

Diamond, Andrew F. "Dying with Eyes Open or Closed: The Debate over a Chinese Aircraft Carrier." *Korean Journal of Defense Analysis*, vol. 18, no. 1, Spring 2006, pp. 35~58.

Finkelstein, David. "China's National Military Strategy: An Overview of the 'Military Strategic Guidelines'." In Roy Kamphausen and Andrew Scobell, eds., *Right-Sizing the People's Liberation Army: Exploring the Contours of China's Military*, Carlisle, PA: U.S. Army War College, 2007, pp. 70~72.

______. *China Reconsiders Its National Security: "The Great Peace and Development Debate of 1999."* Alexandria: The CNA Corporation, December 2000.

Fravel, M. Taylor. "Power Shifts and Escalation: Explaining China's Use of Force in Territorial Disputes." *International Security*, vol. 32, no. 3, Winter 2007/2008, pp. 44~83.

Gill, Bates and Taeho Kim. *China's Arms Acquisitions from Abroad: A Quest for 'Superb and Secret Weapons'*. Oxford: Oxford University Press, 1995.

Glosny, Michael A. "Strangulation from the Sea? A PRC Submarine Blockade of Taiwan." *International Security*, vol. 28, no. 4, Spring 2004, pp. 125~60.

Goldstein, Lyle and William Murray. "Undersea Dragons: China's Maturing Submarine Force." *International Security*, vol. 28, no. 4, Spring 2004, pp. 161~96.

Grevatt, Jon and Trefor Moss. "Chinese Budget Signals Warning on Taiwanese Referendum." *Jane's Defence Weekly*, March 5, 2008.

Al Guo. "PLA Soldiers Take the Long Rescue March in Their Stride: Troops Trek Through the Mountains to Help Victims." *South China Morning Post*, May 23, 2008.

Johnson, Reuben F. "Sino-Russian Union Falters." *Jane's Defence Weekly*, November 7, 2007.

Kim, Taeho. "Sino-ROK Relations at a Crossroads: Looming Tensions amid Growing Interdependence." *Korean Journal of Defense Analysis*, vol. 17, no. 1 (Spring 2005), pp. 133~53 참조.

National Intelligence Council (NIC). *Recent Chinese Leadership Priorities and Their Implications for the United States*, Memorandum NIC

512-99, July 12, 1999.

Pillsbury, Michael. *China's Progress in Technological Competitiveness: The Need for a New Assessment*, A report for the US-China Economic and Security Review Commission, April 2005.

______. *China Debates the Future Security Environment*. Washington, DC: National Defense University Press, 2000.

______. *Chinese Views of Future Warfare*. rev. ed. Washington, DC: National Defense University Press, 1998.

Peng Guangqian and Yao Youzhi, eds., *The Science of Military Strategy*. Beijing: Military Science Publishing House, 2005.

Pollack, Jonathan D. "The Changing Political-Military Environment: China." In Zalmay Khalilzad et al., eds., *The United States and Asia: Toward a New U.S. Strategy and Force Posture*. Santa Monica: The RAND Corporation, 2001, pp. 137~61.

Shlapak, David A., David T. Orletsky, and Barry A. Wilson. *Dire Strait? Military Aspects of the China-Taiwan Confrontation and Options for U.S. Policy*, Santa Monica: The RAND Corporation, 2000.

Sudakov, Dmitry Sudakov. "Russia Infuriated with Chinese Export Copies of Su-27 Jet Engines." *Pravda*, April 22, 2008 (http://english.pravda.ru/russia/economics).

Tanner, Murray Scot. *Challenges to China's Internal Security Strategy*, Testimony presented to the US-China Economic and Security Review Commission (USCC), February 3, 2006.

U.S. Office of Naval Intelligence. *China's Navy 2007*, Washington, DC: Office of Naval Intelligence, 2007.

Wu Quanxu. *Cross-Century Revolution: Witnessing 12 Years of Military Training under the Military Strategic Guidelines in the New Period*, Beijing: Military Science Publisher, 2005, p. 161.

Yan Xuetong. "The Rise of China and Its Power Status." *Chinese Journal of International Relations*, vol. 1, 2006.

제2부

중국의 유엔 외교와 소프트파워 전략

제 3 장

중국의 유엔(UN) 외교*

원칙, 수사, 그리고 전략

이 동 률

1. 서 론

중국은 탈냉전시대에 다른 어느 국가보다도 유엔(UN)의 역할과 권위의 중요성을 강조하고 있으며 실제 유엔 활동에도 적극적이다. 미국이 일방주의를 지향하는 가운데 유엔을 평가절하하는 상황에서 중국은 오히려 "유엔은 필요불가결하고, 가장 세계적이고 대표적이며 권위 있는 정부간 국제기구이다"라며 그 어느 때보다도 유엔의 중요성을 역설하고 있다.[1] 중국이 이처럼 새삼 유엔을 강조하고 적극적으

---

* 이 글은 "유엔에서의 중국 외교행태에 대한 실증연구: 안보리 표결행태를 중심으로," 〈한국과 국제정치〉, 제23권 3호(2007), pp. 95~128을 대폭적으로 수정·보완한 것임.

1) 후진타오(胡錦濤) 주석은 유엔 창설 60주년 정상회의 연설에서 유엔의 중요성을 특별히 강조한 바 있다. 후진타오 주석의 유엔 연설내용은 "胡錦濤在聯合國成立60周年首脳會議上的講話"(2005/09/16), http://www.fmprc.gov.cn/chn/wjb(검색일: 2006년 1월 13일).

로 유엔 외교를 전개하는 데는 중국이 공개적으로 주장하는 유엔의 국제적 위상에 대한 평가와는 다른 전략적 고려가 내재되어 있을 것으로 추론된다. 공교롭게도 중국이 유엔의 권위를 강조하는 시점이 중국에서 책임대국론이 공론화된 1997년을 전후한 시점과 대체로 일치하고 있다는 사실이 주목된다. 요컨대 중국이 미국의 일방주의와 중국의 부상에 대한 견제에 우회적으로 대응하면서 평화적으로 강대국으로의 부상을 실현하기 위해 유엔을 활용하려는 전략적 의도를 내재하고 있는 것은 아닌가 하는 의문을 갖게 된다.

중국은 전통적으로 외교에서 원칙을 강조하고 수사(*rhetoric*)를 동원하는 데 능숙하다. 중국의 이러한 외교술은 특히 유엔 외교에서 두드러지고 있다. 유엔 자체가 인류 보편의 가치를 지향하고 있으며, 중국 또한 이러한 가치와 원칙을 유엔 외교의 전면에 내세우고 있다. 따라서 이 글은 중국이 공개적으로 부각시키고 있는 원칙과 수사가 실제 유엔 외교에서 어떻게 반영되고 있는지를 분석함으로써 중국이 유엔에서 추구하려는 내재된 전략과 그 한계를 규명하려고 한다.

첫째, 건국 이후 최근까지 유엔에 대한 중국의 인식과 태도의 변화 과정과 내용을 개괄적으로 조망하여 최근 중국이 유엔 외교에 얼마나 적극적인지를 밝혀내고, 아울러 그 과정에서 강조하는 원칙을 확인한다. 둘째, 중국의 유엔 외교를 통해 중국 외교의 특성의 하나인 본질과 원칙 및 수사 사이의 괴리라는 문제를 규명한다. 즉 중국이 유엔에서 주창하는 원칙, 수사가 실제 유엔 외교 활동과 합치하는지, 만일 합치하지 않는다면 어떠한 차이를 보이고 있는지를 분석하고 이를 통해 중국이 유엔 외교를 통해 추구하려는 전략이 무엇인가를 규명하고자 한다.

이를 위해 이 글은 중국이 거부권이라는 강력한 특권과 더불어 국제평화와 안전을 보장할 일차적 책임을 동시에 지고 있는 안보리의 상임이사국이라는 점에 착안하여 안보리를 주된 분석대상으로 설정했다. 특히 최근 논의가 진행되는 안보리의 구조개혁에 대한 중국의 입장, 그리고 안보리에서의 표결행태에 대한 분석에 초점을 맞추고 있다. 안보리 구조개혁의 논의는 안보리의 효율성 제고 및 권위 강화 못지않게 안보리에서의 힘의 역학관계의 변화와 연계된 사안이므로 이에 대한 중국의 입장은 중국이 유엔에서 지향하고자 하는 실제 역할과 의지를 규명하는 중요한 척도가 될 수 있다. 따라서 유엔 개혁에 대한 중국의 원칙과 입장을 살펴보고 이러한 원칙이 실제 중국의 유엔 외교 및 전략과 어떠한 차이가 있는가를 분석할 것이다. 그리고 안보리의 표결에 대한 분석은 중국이 강대국의 특권이라 할 수 있는 거부권을 국제사회의 책임과 의무 차원에서 사용하는지 아니면 국익 추구의 수단으로 사용하는지, 그리고 유엔체제의 규범과 질서에 대한 입장은 어떠한지를 규명하는 데 유용한 접근방법이 될 것이다. 이와 관련 최근 중국이 적극적으로 참여하고 있는 평화유지활동(PKO)에 대한 표결행태를 사례로 분석할 것이다.

요컨대 1997년부터 책임대국을 지향하는 중국이 유엔에서도 책임대국으로서의 면모를 보이고 있는지, 아니면 책임대국으로서의 이미지를 국제사회에 각인시키는 장(場)으로서 유엔 외교를 활용하고 있는지를 규명할 것이다.

2. 중국 유엔 외교의 역사

1) 가입이전 유엔에 대한 인식

중국의 유엔 외교는 크게 세 개의 시기로 구분할 수 있다. 1971년 유엔가입을 기점으로 이전과 이후 그리고 탈냉전시기로 나눌 수 있다. 유엔가입 이전 중국은 전반적으로 유엔과 대립각을 세우면서 유엔에 대한 강도 높은 비판을 이어갔다. 그럼에도 건국 직후 일정기간 중국은 유엔가입에 대한 희망을 버리지 않고 있었다. 따라서 이 시기 중국은 유엔에 대해서 복잡 미묘한 인식을 지니고 있었다. 즉 한편으로는 유엔이 제국주의 침략정책의 공범이라고 직접 비난을 하고, 다른 한편 유엔 역시 미 제국주의 침략정책의 희생양이며, 따라서 중국은 유엔이 정의를 실현하고 미국침략자를 징벌할 수 있기를 희망한다고 유엔을 미국과 분리하여 평가하였다. 이는 유엔가입 가능성을 열어두려는 의도에서 유엔에 대한 비판을 일정 정도 유보한 것이다.

그러나 중국의 유엔 가입에 대한 희망은 1955년 중국이 저장성(浙江省) 인근 도서인 장산다오(江山島)와 다천다오(大陳島)를 점령하는 사건을 기점으로 변화된다. 이 사건은 중국의 대만 공격 가능성에 대한 미국의 우려를 불러오고 급기야 미국이 영국, 뉴질랜드와 함께 유엔에 "중국의 행동이 국제평화와 안전의 유지에 위기를 초래할 수 있다"며 대만해협 문제에 안보리 개입을 요구하는 이른바 '뉴질랜드법안'을 제출하는 빌미가 되었다. 이 법안은 비록 소련이 반대하고, 중국이 내정간섭이라며 강력하게 반발하여 통과되지는 못했지만 이 사건 이후 유엔가입에 대한 중국의 기존 입장에 변화가 나타났으며 유엔에 대한 비난의 강도를 더해 갔다.[2] 1960년대에 들어서 중국 정부는 유엔군을 "침략군"으로 규정하는 등 주로 미국에 대해 겨누었던

비난의 화살을 본격적으로 유엔을 향해 직접 겨냥하기 시작했다.[3)]

유엔에 대한 중국 정부의 비난은 1960년대 중반 이후 절정에 이르렀다. 이 기간 중국은 국내적으로 문화대혁명이 진행되고 있었을 뿐만 아니라 소련과의 관계마저 악화되는 상황에서 소련의 유엔 행태에 대한 불만이 고조되었고, 유엔에 대한 불신과 불만의 강도도 고조되었다. 1966년과 1967년에 〈인민일보(人民日報)〉의 유엔 관련 정치기사 가운데 유엔을 비난하는 내용이 각각 95.12%와 92.45%를 차지할 정도 유엔에 대한 비난이 절정에 이르렀다.[4)] 비난의 내용도 유엔을 미국, 소련과 함께 공박하는 내용이 주류였다. 예컨대 유엔을 소수의 강대국들에 의해 통제되는 "더러운 정치 거래소"라고 신랄하게 비난했다.[5)] 또한 유엔을 "미제국주의자"와 "소련수정주의자"들이 신식민주의와 대국의 패권정치를 추진하는 도구로 묘사하기도 했다.[6)]

요컨대 유엔가입 이전에 중국의 유엔에 대한 평가는 초기의 유보적 입장에서 부정적인 태도로 점진적 변화가 있었다. 즉 1949년 건국 전후에는 "세계의 안전과 평화를 지키는 국제기구"에서 1950년대 말까지는 유엔이 그 본연의 역할과 기능을 수행하지 못한다며 우회적 비판을 했고, 1960년대 이후에는 미·소 양 강대국의 정치적 도구로 전락했다고 신랄하게 비판하는 입장으로 변화해 왔다.

---

2) 마오쩌둥(毛澤東) 은 1956년 9월 인도네시아 총리와 회담에서 유엔가입을 서둘지 않을 뜻을 비쳤다. 毛澤東, "關於恢復中國在聯合國的合法席位問題,"《毛澤東外交文選》(北京: 中央文獻出版社, 1994), pp. 264~265.

3) 〈人民日報〉, 1960年 8月 8日.

4) 趙磊,《建構和平; 中國對聯合國外交行爲的演進》(北京: 九州出版社, 2007), pp. 22~23.

5) "聯合國是美蘇政治交易所," 〈人民日報〉, 1965年 1月 10日.

6) 〈人民日報〉, 1967年 7月 8日.

2) 냉전시기 유엔 외교

중국의 유엔에 대한 비난 공세는 1969년을 기점으로 다시 약화되기 시작해, 유엔 가입을 앞둔 1970년과 1971년에는 최저수준에 이르렀다. 중국이 유엔 가입을 위한 정지작업의 일환으로 유엔에 대한 평가에 변화를 보인 것이다. 중국은 1971년 26차 유엔총회에서 131개 회원국 가운데 찬성 76개국, 반대 35개국, 기권 17개국으로 가입이 확정되었다. 유엔가입 이후 대략 1976년까지 중국은 가입 이전과 마찬가지로 유엔에서의 정치적인 이슈에 관심이 집중되는 관성을 유지하였다. 특히 중국은 제3세계의 대표로 유엔에서의 자신의 위치를 규정하고 이에 따라 미·소 양 패권국에 반대하는 입장을 견지하고 있었다. 이러한 입장은 1974년 유엔 제6차 특별회의에서 덩샤오핑(鄧小平)이 '3개 세계론'을 통해서 중국이 유엔에서 제3세계 국가의 이익을 대변할 것을 천명하면서 더욱 명확히 했다. 이 기간 중국은 유엔 산하 각종 전문기구 참여에 대해서도 유보적인 입장을 유지했다. 중국은 유엔 회원국이 되었지만 여전히 국제기구의 참여가 중국의 국가행위와 주권을 제약할 수 있다는 우려가 있었으며 따라서 정치적 이슈에 민감하게 반응하고 여타 국제기구의 참여에도 신중한 태도를 견지했다.

그런데 1970년대 말 개혁·개방정책의 추진과 더불어 유엔을 위시한 국제기구에 대한 전반적인 인식과 태도에도 긍정적 변화가 나타나기 시작했고, 단계적으로 그리고 선별적으로 유엔 관련 국제기구에 참여하기 시작했다. 중국의 현대화가 국가 최우선 과제로 부각되면서 기존에 정치적 각도에서만 인식하던 유엔을 경제적 측면에서 조망하는 인식의 전환이 나타난 것이다. 이에 따라 중국은 개혁·개방에 대한 국제적 지지와 지원이 현실적으로 가능한 주요 경제관련 국제기구를 중심으로 선별적 참여의 행태를 취했다. 예컨대 중국은 1980년대 초 세계은행, IMF, 아시아개발은행에 가입했고, 1986년에는 WTO의 전신인 GATT에 가입신청을 하는 등 경제적 실리추구를 위해서 제한적으로 국제기구에 참여하기 시작했다. 특히 1980년에는 중국이 유엔에 전면적 참여로의 전환을 의미하는 상징적 사건이라 할 수 있는 평화유지활동(PKO)에 참여를 결정하였다.[7] 이러한 중국의 유엔에 대한 인식의 변화는 중국의 개혁이 본궤도에 진입한 이후 개최된 1985년 유엔 창설 40주년을 즈음하여 나타났다. 즉 1985년 우쉐첸(吳學謙) 당시 외교부장은 유엔에 대해 "평화를 유지하고 분쟁을 방지·완화하고 탈식민지화를 촉진하고 국제협력을 증진하는데 효과적인 노력을 해왔다고 확신하다"며 이전과는 전혀 다른 긍정적 평가를 하였다.[8]

3) 탈냉전시기 유엔 외교

1989년 천안문사건과 서방국가들의 경제제재로 위축되었던 중국의 유엔 외교 역시 1992년 남순강화(南巡講話) 이후 개혁·개방정책을 본격적으로 추진하면서 적극적인 참여로 선회하기 시작했다. 중국의 적극적인 유엔 외교는 무엇보다도 주요 지도자들의 유엔 정상회담 참여라는 이전과 다른 형태로 전개되었다. 1992년에 당시 리펑(李鵬) 총리가 처음으로 안보리 정상회담에 참여했고, 1994년에는 리오 지구정상회담에, 그리고 1995년에는 장쩌민(江澤民) 주석이 유엔 창설 50주년 행사에 참석하였다. 이 무렵 중국 정부는 "유엔은 세계에서 가장 광

---

7) 吳妙發, "中國在聯合國的定位和聯合國改革,"〈思想理論教育導刊〉, 第10期(2006), pp. 57~61.

8) 〈人民日報〉, 1985年 10月 24日.

범위하고 권위 있는 정부간 국제기구이며, 국제문제에서 어떤 국제기구도 대체할 수 없는 특별한 영향력을 지니고 있다"고 공식적으로 국제사회의 중요한 주체로서 평가하였다.[9)]

2000년에는 유엔 창설 55년 만에 처음으로 중국이 제안하여 안보리 상임이사 5개국 정상회담을 개최하여 유엔을 기반으로 한 국제사회 주도국으로서의 입지를 구축하려는 의도를 구체화하기도 했다. 유엔 역할의 중요성에 대한 중국지도부의 높은 관심과 평가는 2001년 9·11 이후 더욱 강조되는 경향을 보여주었다.[10)] 후진타오(胡錦濤) 주석은 유엔창설 60주년 정상회의에서 "유엔은 집단안보체제의 핵심으로서 전 세계 안전보장을 위한 국제협력에서 가장 중요한 기능을 한다"고 그 중요성을 특별히 강조한바 있다.

유엔에 대한 중국의 입장변화는 당 공식문건에서도 나타나고 있다. 1992년 14차 당대회 보고에서는 "유엔의 역할을 중시하고, 유엔 업무에 적극적으로 참여하며(積極參與), 유엔과 안보리의 역할을 지지한다"고 하였고, 이어서 1997년의 15차와 2002년의 16차 당대회에서는 "다자외교에 적극적으로 참여하며, 유엔과 기타 국제기구에서 충분한 역할을 발휘한다(充分發揮 … 作用)"라고 하여 수동적인 지지와 참여에서 능동적인 참여로의 전환 의지를 피력하고 있다.[11)] 특히 1997년

---

9) 〈人民日報〉, 1995年 9月 19日.

10) Wang, Jianwei, "China's Multilateral Diplomacy in the New Millennium," in Deng Yong and Fei-Ling Wang. eds., *In the Eyes of Dragon: China Views the World* (New York: Rowman & Littlefield Publishers, Inc, 1999), p. 64.

11) 14차 당대회 보고내용은 "加快改革開放和現代化建設步伐奪取有中國特色社會主義事業的更大胜利－江澤民在中國共産党第十四次全國代表大會上的報告"(１９９２年 １０月 １２日), http://www.china.com.cn/ch-80years(검색일: 2007년 4월 20일); 15차 당대회 보고내용은 "高擧鄧

이후부터 중국은 이른바 종합국력의 신장에 대한 자신감을 바탕으로 유엔을 위시하여 보다 전면적이고 적극적인 국제기구의 참여가 진행되어 미국의 80%에 이르는 높은 참여도를 나타냈다.[12)]

이 시기 중국 정부는 기본적으로 기존 국제체제가 제공하는 기회와 이익이 비용을 능가한다고 판단했으며, 이에 따라 국제기구의 참여는 이제 더 이상 후퇴할 수 없는 대세가 되었다. 그리고 중국의 〈정부업무보고(政府工作報告)〉의 다자외교와 관련하여 가장 빈도수가 높은 단어는 유엔이다. 평균 2.4회이고 최고 6회까지 언급된 적도 있다.[13)] 중국이 다자외교에서도 특히 유엔 외교를 중시하고 있음을 시사해 주는 것이다.

아울러 내부적으로는 책임대국론, 신안보관이 등장하면서 국제사회에 중국자신의 이미지, 규범과 규칙을 구체화하려는 시도도 나타났다.[14)] 특히 2001년 WTO가입을 통해 세계화가 정점에 이르렀고, 상하이협력기구(SCO), 북핵 6자회담, 보아오(博鰲) 포럼, ASEAN과의 자유무역협정(FTA) 등 지역 다자주의에서는 주도국으로서의 위상을 구체적으로 모색하는 단계에 이르렀다. 그리고 2005년에는 "다자주의

小平理論偉大旗幟，把建設有中國特色社會主義事業全面推向二十一世紀-江澤民在中國共產党第十五次全國代表大會上的報告"(1997年 9月 12日)， http://www.china.com.cn/ch-80years(검색일: 2007년 4월 20일)； 16차 당대회 보고내용은 "全面建設小康社會，開創中國特色社會主義事業新局面－江澤民在中國共產党第十六次全國代表大會上的報告"(2002. 11. 17)， http://www.china.com.cn/zhuanti2005(검색일: 2007년 4월 20일).

12) Alastair Iain Johnston, "Is China Status Quo Power?" *International Security*, vol. 27, no. 4 (2003), pp. 12~13.

13) 彭慶, "從政府工作報告的文字表述看我國多邊外交政策: 1986-2005," 〈外交評論〉, 總 第83期(2005), p. 55.

14) 蘇長和, "發現中國新外交," 〈世界經濟与政治〉, 第4期(2005), pp. 1~6.

의 적극적인 주창(積極倡導多邊主義)"이라는 표현이 새롭게 등장하면서 중국의 다자외교의 목표가 적극적 참여에 그치는 것이 아니라 주도적인 역할을 하는 방향으로의 전환이 모색되고 있음을 시사해주고 있다.[15)]

이러한 변화는 원자바오(溫家寶) 총리가 2006년 3월 제10기 전국인민대표대회 제4차 회의 직후 기자회견에서 "중국은 국제체제의 참여자이며 옹호자이다"라고 하였고,[16)] 같은 해 4월 호주 방문 시에도 "중국은 국제체제의 참여자, 옹호자, 그리고 건설자이다"라고 언급한 데서도 재차 확인되고 있다.[17)] 요컨대 거시적으로 볼 때 중국의 유엔에 대한 인식과 태도는 국내 정치경제 상황변화와 맞물리면서 저항과 불참에서 소극적·피동적 참여로 그리고 1990년대 후반 이후에는 적극적 참여 또는 주도적 참여로 변화해 왔다.

---

15) 10기 전국인대 3차 회의(2005. 3. 5)에서의 원자바오 총리의 〈政府工作報告〉 http://politics.people.com.cn/GB(검색일: 2007일 3월 15일).

16) 〈人民日報〉, 2006年 3月 14日.

17) 호주 방문시 연설 전문은 "溫家宝總理在霍華德歡迎宴會上的演講," http://news.xinhuanet.com/newscenter/2006-04/03(검색일: 2007년 3월 15일).

3. 유엔 안보리 개혁에 대한 중국의 원칙과 전략

1) 유엔 외교의 기본원칙과 수사

중국은 유엔에서의 참여와 역할이 증대되면서 유엔에서 추구하는 기본원칙으로 주권원칙, 평화공존원칙, 유엔과 안보리의 역할강화, 개도국 지지, 그리고 세계 다극화 및 다원화 촉진을 제시하고 있다.[18] 이들 원칙은 그 자체가 다분히 원론적이고 수사적인 내용을 담고 있다. 예컨대 유엔의 주된 역할은 세계평화와 안전을 확보·유지하는 것이고 이를 위해서는 내정불간섭과 주권존중이 전제되어야 한다는 것이 중국의 주장이다. 그리고 세계의 평화와 안전과 관련된 모든 중요한 결정은 안보리에서 진행되므로 세계평화를 유지하기 위해서는 안보리의 역할은 강화되어야 한다는 것이다. 그리고 유엔의 또 다른 주요한 기능인 발전의 문제를 해결하기 위해서는 개도국에 대한 지지가 필요하고, 국제관계의 민주화를 위해서는 세계의 다극화와 다원화가 촉진되어야 한다고 주장하고 있다.

그러나, 문제는 중국이 유엔 활동에서 이들 원론적이고 규범적인 원칙들을 실제 스스로 준수하고, 또 관철하려고 하는가 하는 것이다. 특히 이들 원론적인 기본원칙 가운데서도 주권원칙, 개도국 지지, 그리고 안보리의 역할강화 이 세 원칙은 중국이 강대국으로 부상하면서 중국의 입장에서는 외교적 딜레마로 대두되는 사안들이고, 외부의 시각에서는 부상하는 중국의 대외전략과 의도의 변화를 가늠하는 주요한 척도가 될 수 있다. 즉 첫째, 주권원칙의 경우 중국은 반제국주의 투쟁의 역사적 경험에서 내재화되어 대외관계에서 어떤 국가들보다

18) 李東燕 編, 《聯合國》(北京: 社會科學文獻出版社, 2005), pp. 372~376.

도 절대주권 원칙을 고수했다. 최근 중국 스스로 세계화 과정에 적극적인 참여를 통한 발전을 추구하고 있어 이전과 같은 절대적 주권원칙을 고수하기 어려운 상황에서도 대만, 티베트 문제는 중국에게 주권원칙 고수를 불가피하게 하고 있다.

둘째, 개도국 지지 원칙도 이제 중국 스스로가 과거와 달리 자신의 국가정체성을 개도국, 또는 3세계국가로 한정짓지 않으며, 오히려 강대국으로 전환시켜 가는 과정에 있다. 그럼에도 유엔 외교에서는 여전히 개도국 지지를 하나의 중요한 원칙으로 천명하고 있다. 원칙과 현실 사이의 괴리가 야기될 수 있는 대표적 사례이다.

셋째, 이와 관련 안보리 역할강화 원칙 역시 중국이 변화된 정체성과 관련하여 안보리 역할강화에 대한 강한 의지가 중국이 공식적으로 주장하는 국제평화 구현을 위한 것인지 아니면 강대국으로서의 영향력 확대를 모색하려는 것인지에 대한 논란이 제기되는 원칙이다.

요컨대 중국이 유엔 외교에서 주창하는 이들 원칙들이 외견상 이론의 여지가 있을 수 없는 규범적이고 원론적인 원칙이지만 그 원칙론의 이면에 중국이 실제 의도하는 다른 전략적 목표가 내재되어 있는 것은 아닌가 하는 논란이 1990년대 중반 이후 중국의 적극적인 유엔 외교 행태에 의해 제기되고 있다. 이러한 논의는 중국의 안보리에서의 실제 행태에 대한 분석을 통해 규명될 필요성이 있다.

2) 안보리 개혁에 대한 원칙과 수사

중국 정부는 2005년 6월 처음 공식적으로 유엔 개혁에 대한 입장을 발표하였다.[19] 비록 원론적인 내용이지만 유엔 개혁에 대한 입장

19) 유엔 개혁에 대한 중국 정부의 공식 문건의 전문은 "中國關于聯合國改革問題的立場文件"(2005. 6. 7), http://www.fmprc.gov.cn/chn (검색일:

을 공식문건으로 발표했다는 것 자체가 중국 정부의 유엔과 유엔 개혁에 대한 관심과 태도의 변화를 반증해주는 것이다. 문건에 제시된 개혁의 기본 원칙은 다섯 가지로 요약된다. 첫째, 개혁은 유엔의 권위와 효율을 제고하는데 기여해야 한다. 둘째, 개혁은 유엔의 근본 취지와 원칙, 특히 주권평등, 내정불간섭, 분쟁의 평화적 해결, 국제협력의 강화를 견지해야 한다. 셋째, 유엔 운영은 안보와 발전을 균형 있게 추진하도록 개혁해야 한다. 넷째, 개혁은 최대한 모든 회원국, 특히 개도국의 요구와 관심을 반영해야 한다. 다섯째, 개혁은 회원국의 단결을 증진하는 데 기여하도록 지속적인 협상을 통한 합의를 지향해야 한다는 것이다.

특히 중국지도부는 유엔의 개혁이 탈냉전시대 유엔의 역할과 권위가 강화될 수 있는 방향으로 이루어져야 함을 강조하고 있다. 후진타오 주석은 2005년 4월 아시아-아프리카 정상회의에서의 코피 아난(Kofi A. Annan) 사무총장과의 회견에서 "중국은 유엔 개혁을 지지하며 개혁이 유엔의 권위를 강화하는 데 도움이 되고 국제문제에 더 좋은 역할을 할 수 있게 되기를 희망한다"고 하였다.[20]

유엔 개혁은 크게 운영개혁과 기구개혁으로 대별된다. 유엔의 운영개혁은 기구개혁과 깊은 관련이 있고, 기구개혁에서 최대의 핵심과제이면서 민감한 사안은 안보리 구조개혁이다. 안보리 구조 개혁에 대해서는 상이한 내용의 결의안 초안이 총회에 상정되어 논쟁을 벌이고 있다. 이 가운데 2005년 7월 6일 브라질, 인도, 일본, 독일 등 27개국에 의해 제안된 개혁안(이하 G4 개혁안), 7월 21일에 이탈리아, 멕시코, 파키스탄, 한국 등이 주도하는 '일치를 위한 연합(Uniting for

---

2006년 12월 28일).

20) 〈人民日報〉 2005. 4. 24.

Consensus)'의 개혁안, 그리고 아프리카 연합(African Union)의 개혁안 등이 대표적이다.[21] 이들 개혁안의 주요 쟁점은 상임이사국 수의 확대여부, 확대방식, 그리고 거부권제도의 개선으로 집약되고 있다. 즉 유엔체제의 주도권과 관련된 사안들이다.

중국은 이처럼 첨예한 안보리 구조개혁 문제에 대해 공식적으로는 지역균형원칙, 효율원칙, 협상을 통한 합의 원칙을 제시하고 있다.[22] 지역균형원칙은 상임이사국의 확대개혁 시에 대륙별 안배와 개도국의 지분확대를 고려하여 안보리 상임이사국의 서방 선진국 중심의 편중문제를 극복하고 대표성의 균형을 확보해야 한다는 주장이다. 효율의 원칙은 냉전시기 안보리 상임이사국, 특히 미국과 소련의 거부권 남용으로 인해 안보리가 제 기능을 수행할 수 없었던 문제를 지적하며 안보리 개혁이 안보리 기능의 활성화와 효율성 제고에 두어야 한다는 주장이다. 그리고 협상을 통한 합의 원칙은 유엔 개혁의 기본원칙에서도 포함된 내용으로서 회원국의 단결을 지향하기 위해 협상을 통한 합의를 견지해야 한다는 것이다.

3) 안보리 개혁에 대한 입장과 전략

중국이 안보리 개혁과 관련하여 제시한 원칙론적인 주장의 명분상

21) 유엔 구조개혁 논의 자체는 이 글의 논의 대상이 아니므로 쟁점만 제시한다. 보다 구체적인 내용은 다음을 참조. 김학린, "유엔 안보리 구조개혁 논의의 쟁점과 전망," 〈국제문제연구〉, 제5권 제3호(2005), pp. 105~142; Thomas G. Weiss, "The Illusion of UN Security Council Reform," *The Washington Quarterly*, vol. 26, Issue 4 (Autumn 2003), pp. 147~161.

22) 李鐵城 主編, 《世紀之交的聯合國》(北京: 人民出版社, 2002). pp. 480~483.

이유와 실제 중국의 입장과 태도 사이에는 일정한 괴리가 나타나고 있다. 중국이 견지하는 원칙의 이면에는 중국의 이해관계와 외교전략이 투영되어 있음을 발견할 수 있다. 첫째, 중국은 아시아지역의 경우 지역균형원칙을 근거로 중국이 이미 안보리에서 지역대표성을 지니고 있기 때문에 지역 경쟁국인 일본의 안보리 상임이사국 진출에 대해서는 반대하고, 인도에 대해서는 유보적인 입장을 취하고 있다.

특히 일본의 상임이사국 진출은 개도국의 지분확대의 원칙과 협상을 통한 합의 원칙에 부합하지 않는다는 것이 중국의 공식적인 입장이지만 사실상 교과서 문제, 신사참배 문제로 인해 과거 침략행위에 대한 철저한 반성이 부족하여 반대한다는 것이 공지의 사실이다.[23] 반면에 인도의 경우에는 신중한 입장을 취하고 있다. 인도는 개도국인데다가 현실적인 측면에서도 공개적으로 반대하여 인접한 인도와의 갈등을 심화시키고, 나아가 미·일 동맹에 인도를 참여시키는 결과를 초래할 수도 있다는 우려가 있기 때문이다. 최근 들어 인도에 대한 중국의 정책에 변화가 있고 이에 따라 중국이 인도의 상임이사국 진출을 지지한다는 분석이 있지만 이에는 중국이 제시한 까다로운 전제조건이 있다는 주장도 있다.[24]

---

23) 중국은 일본의 안보리 상임이사국 진출에 사실상 반대하면서도 공식적인 입장표명을 유보해오다 2005년 5월 이른바 G4안이 제출되자 중국유엔대표 왕광야(王光亞)가 공식적으로 G4안에 반대할 것임을 표명하면서 표면화되었다. 張幼文, 黃仁偉, 《2006中國國際地位報告》(北京: 人民出版社, 2006), pp. 280~282.

24) 중국이 제시한 조건으로 거론되는 것으로는 ① 달라이 라마의 인도에서의 추방, ② 인도의 일본 안보리 상임이사국 진출 지지철회, ③ 인도의 동아시아 국가들과의 관계발전 시 중국의 안보에 대한 고려, ④ 파키스탄과 카시미르 분쟁 해결, ⑤ 핵무기 개발 중지 등을 제시하고 있다는 것이고 이는 사실상 인도가 수용할 수 없는 조건으로 안보리 진출을 반대하는 것

그리고 지역균형원칙에 따라 아프리카와 남미 지역 국가의 안보리 상임이사국 진출 필요성을 제기하고 있으며 이러한 맥락에서 개도국인 브라질의 진출에 대해서는 지지하고 있다.[25] 실제로 장쩌민 주석은 2002년 독일과 브라질을 방문했을 때 양국의 안보리 상임이사국 진출에 대해 우호적 태도를 취했다고 한다.[26] 브라질에 대한 지지는 미국의 후원(後園)인 남미국가들과의 관계발전을 위한 포석이라는 전략적 의미도 포함되어 있다. 독일의 경우는 유럽선진국임에도 불구하고 일본과 달리 과거사에 대해 철저한 반성을 했고 EU의 중요한 지위를 차지하고 있기 때문에 수용한다는 것이 내부적 입장이다. 다만 EU의 대표성과 관련 이미 영국, 프랑스가 있으므로 이상 3국이 돌아가면서 각각 EU의 대표, 본국 대표, 그리고 거부권이 없는 상임이사국의 지위를 갖는 방안을 제시하고 있다.[27] 독일에 대한 지지 입장 역시 중국의 EU 외교의 교두보 확보라는 의미가 있다. 요컨대 중국의 수사적 주장처럼 개도국이라는 이유만으로 안보리 가입을 지지·지원하고 있는 것은 아닌 것이다.

둘째, 거부권제도의 개혁과 관련하여 중국은 기존 상임이사국의 거부권은 유지하되 안보리 효율원칙을 명분으로 거부권 확대에는 반대하고 있다. 중국은 냉전시기 안보리 상임이사국의 거부권은 미·소

에 다름 아니라는 분석이다. Malik J. Mohan, "Security Council Reform: China Signals Its Veto," *World Policy Journal*, vol. 22, no. 1 (Spring 2005), p. 22.

25) 2005년 9월 유엔창설 60주년 정상회의에서도 후진타오 주석은 재차 안보리에서 개도국 특히, 아프리카 국가들의 대표성을 확대해야 한다는 점을 강조하였다. 〈人民日報〉, 2005年 9月 16日.

26) Malik, "Security Council Reform: China Signals Its Veto," p. 20.

27) 沈驥如, 《中國不當"不先生"》(北京: 今日中國出版社, 1998), pp. 161~168.

양 강대국의 투쟁의 수단으로 이용되면서 사실상 유엔의 기능을 마비시켰다고 비판해왔다. 그리고 개도국들을 중심으로 거부권이 유엔헌장의 기본원칙인 주권평등의 원칙에도 부합하지 않는다는 주장이 제기되고 있을 뿐만 아니라 현실적으로 유엔의 정상적인 기능을 제약하는 문제를 안고 있어 유엔 개혁에서 거부권제도의 수정과 제한 문제가 지속적으로 제기되어 왔다.[28]

중국은 거부권제도에 대해서 일부 불합리한 부분이 있음을 인정하고 총회 직권의 강화를 통한 적절한 제한과 조정의 필요성을 제시하고 있기는 하지만 기본적으로는 기존 상임이사국 거부권의 당위성을 주장하고 있다. 즉 거부권은 전후 역사의 산물인 동시에 집단안보의 기초이며 유엔 권위와 효력의 담보이므로 현실적 필요성과 합리성이 있다는 것이다.[29] 그러면서 새로운 상임이사국의 거부권 부여는 유엔의 효율성을 제약할 수 있다는 명분을 강조하는 한편, 기존 상임이사국의 논의와 합의로 결정될 사안이라며 유보적 입장을 취하여 사실상 기득권을 주장하고 있다.

셋째, 협상을 통한 합의 원칙을 통해 사실상 G4의 급진적인 개혁 추진에 제동을 걸고 점진적인 개혁을 모색하면서 중국의 안보리에서의 위상 강화를 도모하고 있다. 중국은 유엔의 단결을 절대 훼손시켜서는 안된다는 입장을 강조하면서 안보리 확대 논의에 대해 표결을 강행하는 것에 반대하며, 시간에 구애받지 않고 합의를 모색해야 한다고 주장하고 있다. 요컨대 개혁안 표결에 가장 적극적인 G4의 제안이 표결에 부쳐질 경우 중국은 반대할 것임을 분명히 하고 있다.[30]

28) 溫樹斌, “聯合國集体安全体制的內在缺陷剖析,” 〈政治與法律〉, 第5期 (2006), p. 82.

29) 李東燕, “聯合國安理會改革的中國視覺,” p. 124.

30) 吳妙發, “中國在聯合國的定位和聯合國改革,” pp. 60~61.

이처럼 중국은 안보리 개혁에 대해 비록 원칙론을 강조하고 있기는 하지만 실제로 안보리 개혁이 중국의 국제적 지위와 이익에 어떠한 변수가 될 것인가에 관심이 집중되어 있다. 즉 안보리 개혁에 대한 원칙론, 특히 안보리의 권위, 효율 및 단결의 강조, 개도국의 이익대변, 지역균형 강조 등의 이면에는 거부권에 대한 기득권 유지, 개도국의 리더로서의 역할 부각, 그리고 아시아의 대표로서의 입지 확보를 지향하는 전략적 고려가 내재되어 있다고 볼 수 있다.

요컨대 중국은 상대적으로 특히 미국과 비교해서 아직까지는 국제사회에서의 총체적 실질 지위와 영향력에 비해 안보리 상임이사국으로서 지위 상승의 효과를 얻고 있다고 보고 있다.[31] 중국이 안보리의 역할을 강조하고 안보리 상임이사국으로서의 지위를 중요시하는 이유이다.[32] 이러한 맥락에서 안보리의 개혁과 확대는 국제사회에서 안보리의 지위와 역할에 대한 관심을 불러일으키고 안보리의 권위를 강화하는 계기가 될 수 있고 이에 따라 안보리 상임이사국으로서의 중국의 지위와 역할도 확대될 수 있다는 기대를 갖고 있다. 특히 현재처럼 거부권을 보유하는 한 개도국의 대표로서, 그리고 아시아의 대표로서의 중국의 지위는 강화될 것으로 기대하고 있는 것이다.

---

31) 중국입장에서 표면상 유엔은 중국이 세계강대국들과 어깨를 나란히 하고, 지구적 중대문제에 대해 동일한 발언권을 행사할 수 있는 지위가 확보된 국제기구이다. 王杰, 《國際機制論》(北京: 新華出版社, 2002), p. 459.

32) 외교부 고위 관리인 선궈팡(沈國放)은 유엔 안보리를 국제 집단안보체제의 핵심이고 다자안보체제에서 최고의 권위와 합법성을 지닌 기구로 평가하였다. 아울러 "안보리는 국제관계 민주화를 추진하는 중요한 장이며, 분쟁을 평화적으로 해결하는 핵심기구이다" 라고 안보리의 중요성을 강조하고 있다. 沈國放, "發揮安理會重要作用維護國際和平與安全," 〈國際問題硏究〉, 第1期(2004), pp. 30~31.

4. 중국의 유엔 안보리 표결행태

1) 거부권 행사의 특징

중국은 거부권을 지닌 안보리 상임이사국이면서도 다수의 결의안에 대해 기권, 또는 불참이라는 독특한 방식을 통해 자신의 '원칙적 반대' 입장을 표명하는 안보리 표결 태도를 견지했다. 중국은 이러한 표결 태도에 대해 소극적이고 무책임하다는 비난을 감수하면서도 고수해온 데는 나름대로의 전략적 고려가 있었다. 즉 중국은 기권 또는 불참이라는 방식이 안보리의 다른 강대국과의 관계를 크게 악화시키지 않고, 중국이 의사결정의 방해자라는 이미지를 주지 않으면서도 중국의 원칙을 고수한다는 명분을 지킬 수 있다는 판단에 따른 것이다. 그런데 탈냉전시대, 특히 책임대국론을 제기한 1990년대 후반 이후에 이러한 중국의 기존 표결행태에도 미세하지만 주목할 만한 변화가 발견되고 있다.

중국이 스스로 핵심적인 국가이익과 관련된 사안이라고 판단하는 경우에는 비록 여전히 신중하기는 하지만 거부권을 동원해서라도 자신의 이해관계를 관철시키는 적극적인 행보를 보이고 있다. 중국은 〈표 3-1〉에서 볼 수 있듯이 1971년 유엔가입 이후 최근(2007년 1월)까지 안보리에서 총 5회 거부권을 행사했다. 이는 같은 기간의 다른 안보리 상임이사국들(미국 77회, 영국 24회, 프랑스 14회, 소련/러시아 14회)과 비교할 때 현저하게 적은 수이다.[33] 그리고 중국의 거부권 행

33) 유엔 사무총장 인선과 관련한 거부권 행사는 통계에 포함하지 않았다. 냉전시기 미국과 소련을 중심으로 양분되어 상대진영이 유엔 사무총장으로 추천한 인사에 대해서는 무조건 거부권을 행사해왔던 전례가 있었다. 예를 들어 중국은 냉전기간 사무총장 인선과 관련하여 총 19회의 거부권을

〈표 3-1〉 안보리 상임이사국의 거부권(기권)표결 현황

시기	중국	프랑스	영국	미국	소련/러시아	합계
합계	5-6(23)	18(7)	32(7)	82(7)	123(17)	261(61)
2007	1	-	-	-	1	2
2006	(3)	-	(2)	2	(3)	2(8)
2005	(2)	-	-	(1)	-	(3)
2004	(3)	-	-	2(1)	1(2)	3(6)
2003	-	(3)	(2)	2(1)	-	2(6)
2002	-	-	-	2(1)	(1)	2(2)
2001	-	(1)	(2)	2(1)	-	2(4)
2000	(2)	(1)	(1)	(2)	(2)	(8)
1999	1(5)	(1)	-	-	(5)	1(11)
1998	(5)				(2)	(7)
1997	1(3)	(1)	-	2	(2)	3(6)
1986	-	3	8	24	2	37
1966-85	2	11	21	46	13	93
1946-65	1(중화민국)	4	3	-	106	114

출처: http://www.globalpolicy.org/security, http://www.state.gov 두 곳의 자료를 근거로 편집한 것임.

주: 각 년도 수치는 거부권(기권) 형식으로 표시하였으며 기권은 1997~2006년 통계임.

행사한 바 있다. 안보리 상임이사국의 거부권 표결내용과 현황에 대해서는 http://www.globalpolicy.org/security/membship/veto(검색일: 2007년 2월 15일).

사는 유엔가입 직후인 1972년에 2번 있었고 그 후 줄곧 사용하지 않았다가 중국이 이른바 책임대국론을 통해 대국으로서의 정체성을 모색하기 시작한 1997년 이후에 3회가 있다. 중국은 1972년에 파키스탄의 입장을 지지하여 방글라데시의 유엔가입에 단독으로 반대했고, 중동 문제의 모든 당사자들이 일체의 모든 행동을 중지시키는 결의안에 대한 거부권을 행사였다. 그런데 이 두 사안은 그 내용상 중국의 표결행태를 설명하기에 적절한 사례라 할 수 없다.[34)]

문제는 1997년 이후의 사례들이다. 1997년 이후의 수치만을 비교하면 중국은 상임이사국 중 미국(12회) 다음으로 많은 수의 거부권을 행사한 것이다. 그리고 거부권 행사의 내용도 미국이 이스라엘과 관련된 사안에 거부권을 행사하는 것과 유사하게 중국의 이해관계와 직결된 사안들이다. 그 중 1997년 과테말라 감시단 파견과 1999년의 마케도니아 유엔 사전전개군(UNPREDEP) 연장안 두 건은 모두 대만과 관련되어 있으며, 유일하게 중국만이 반대했다는 공통점이 있다. 이 사안들은 중국이 주권원칙에 근거해 적용의 엄격성을 강조하는 유엔헌장 7장이 원용되지 않았다는 공통점도 있다. 중국은 유엔헌장 7장을 적용하는 PKO의 경우에는, PKO의 전통적 원칙인 당사국의 동의, 중립, 그리고 자위 이외의 무력사용 불가원칙의 준수를 강조하면서

---

34) 두 사안은 중국이 유엔가입 직후에 행사한 거부권으로 중국의 표결 태도를 이해하는 데 있어 유의미한 사례는 아니다. 방글라데시는 2년 후인 1974년에 유엔가입이 이루어졌으며 중국 정부 또한 자신의 이해관계와 직결되지 않은 사안에 거부권 행사를 했던 것을 부담스러워했던 것으로 알려졌다. 중동사안은 안보리 15개국가운데 상임이사국인 중국과 소련을 포함하여 역대 어떤 결의안보다도 다수인 6개국이 반대한 사안으로서 중국의 거부권 자체가 거부권으로서의 결정적 역할을 의미하지 않은 사례였다. Yitzhak Shichor, "China's Voting Behavior in the UN Security Council," *China Brief*, vol. 6, Issue 18 (Sep. 2006), p. 4.

반대하는 입장을 견지해 왔다.[35)]

요컨대 상기 두 사례는 중국이 항시 주장해왔던 명분적·원칙론적 측면에서는 거부권을 행사할 이유가 전혀 없었다. 우선 과테말라 사례의 경우는 과테말라가 4년 동안 대만의 유엔가입을 지지했고 대만과 평화협정을 체결한 것이 문제가 된 것이다. 친화순(秦華孫) 당시 유엔주재 중국대표는 표결과 관련된 발언을 통해 공식적으로 대만문제를 제기했다.[36)] 이후 중국과 과테말라 정부 간 막후협상을 통해 중국의 의사가 수용되자, 거부권 행사 10일 만인 1997년 1월 20일 동일 안건에 대한 투표에서 중국이 찬성으로 입장을 선회했다. 그리고 1999년 마케도니아 사례는 남동부유럽에서 가장 성공적인 PKO의 하나로 평가되었지만 안보리에서 중국의 거부권 행사로 조기에 종료되었다.[37)] 중국은 마케도니아가 대만과 외교관계를 맺은 것에 문제를 제기했다. 이들 사례들은 중국이 대만문제와 연계된 경우에는 유엔헌장 7장에 대한 중국의 원칙론과 무관하게 철저하게 국익에 근거한 투

35) 장쩌민 주석은 2000년 9월 7일 유엔 안보리 정상회의석상에서도 유엔 PKO활동에서 상기한 3원칙과 더불어 주권존중, 내정불간섭 원칙의 준수를 강조했다. 中國聯合國協會 編, 《中國領導人和中國代表團出席聯合國有關會議發言滙編》(北京: 世界知識出版社, 2002), p. 9.

36) 즉 과테말라는 중국 정부의 여러 차례의 권고에도 불구하고 유엔헌장의 취지와 원칙을 위반했다는 것이다. 위반의 내용인즉 유엔에서 중국을 분열시키려는 행동을 자행했다는 것이다. 특히 과테말라 정부는 중국 정부의 엄중한 경고에도 불구하고 집요하게 평화협정 조인식에 대만 당국자를 초청해 중국을 분열시키는 행동을 했다는 것이다. 또한 중국 대표는 일국의 평화과정이 다른 국가의 주권과 영토보전을 훼손하는 대가여서는 안된다는 주장을 했다. 안보리 회의에서의 중국 대표의 발언내용은 http://daccessdds.un.org/doc/UNDOC/PRO (검색일: 2008년 5월 22일).

37) Pang Zhongying, "China's Changing Attitude to UN Peacekeeping," *International Peacekeeping*, vol. 12, no. 1 (Spring 2005), p. 99.

표를 하고 있음을 보여주고 있다.

이와 관련하여 비록 거부권을 행사한 사례는 아니지만 북핵 실험 이후 유엔에서 북한에 대한 제재결의를 결정한 2006년 10월 안보리 1718호 결의안이 유엔헌장 7장이 적용되었음에도 이례적으로 중국이 찬성표결을 한 것 역시 중국이 명분과 원칙보다는 실익을 우선적으로 고려하고 있음을 보여주는 상징적인 사례라 할 수 있다. 중국은 핵실험 이전까지는 미국주도로 유엔에서 대북제재 결의안을 채택하는 것에 줄곧 반대해 왔었다.

그런데 핵실험 이후에 중국은 유엔헌장 7장 원칙의 고수라는 명분보다는 중국의 반대에도 불구하고 핵실험이라는 마지노선을 넘긴 북한에 대한 경고의 현실적 필요성, 미국과의 협력기조 유지, 6자회담 의장국으로서의 책임대국의 면모 과시 등 실익을 우선 고려하여 미국과의 막후협상을 통해 군사적 제재는 배제하는 7장 41조 적용에 국한하는 절충안을 이끌어 낸 것이다.[38] 요컨대 대북제재 결의안 경우에는 중국이 유엔에서 실리지향적 적극외교를 전개하고 있음을 보여줌과 동시에 막후협상을 통해 중국의 의사를 관철할 수 있는 유엔에서

38) 유엔 안보리가 유엔헌장 제7장을 원용, 특정국에 대한 제재에 나설 경우 일반적으로 먼저 비군사적 제재인 41조에 해당하는 내용을 담은 결의안을 채택하고 그래도 효과를 보지 못할 경우 추가 결의안 채택을 통해 무력사용을 담보하는 제42조 등으로 넘어가게 된다. 42조는 "국제적 평화와 안전의 유지 또는 회복에 필요한 공군, 해군 또는 육군의 행동을 취할 수 있다"고 명시하고 있다. 그런데 42조는 "41조에 정한 조치로서는 불충분하다고 인정하고 판명될 때"라는 전제를 달고 있다. 41조의 조치는 "경제관계 및 철도, 항해, 항공, 우편, 전신, 무선통신 기타의 운수통신 수단의 전부 또는 일부의 중단과 외교관계의 단절을 포함할 수 있다"고 적시하여, 무력 사용을 제외한 모든 제재가 가능하다는 의미를 담고 있다. 7장의 원문 내용은 http://www.un.org/aboutun/charter(검색일: 2008년 6월 17일).

의 영향력을 과시한 사례라 할 수 있다.

그리고 세 번째이자 가장 최근의 중국의 거부권행사 사례는 2007년 1월 미얀마 군사정권의 인권탄압을 규탄하는 결의안 채택에 관한 것이다. 비록 중국 단독이 아닌 러시아와 함께 거부권을 행사했지만 미얀마는 중국의 인접지역으로서 지정학적 중요성과 더불어 에너지 수급문제와도 연계되어 있다. 미얀마 사안의 경우 중국은 공식적으로는 "국제 및 지역의 평화와 안보에 어떠한 위협이 되지 않으며, 안보리가 당사국의 동의 없이 내정문제에 해당하는 사안을 토의하는 것은 유엔헌장 원칙에 벗어난다"는 원칙론적인 입장을 표명했다.[39]

그럼에도 중국의 거부권 행사는 미얀마정부로부터 석유개발 사업권을 획득하기 위한 전략적 고려가 개입되었음을 부인하기 어렵다. 실제로 안보리 표결 직후 중국국영석유회사(CNPC)는 미얀마 서부연안에서 석유 및 천연가스 개발 사업권 3개를 추가로 획득했고 육로송유관 건설에도 합의했다.[40] 특히 송유관 건설은 중국 입장에서 석유수송거리를 단축할 수 있을 뿐만 아니라 취약한 말라카해협을 통한 해로수송의 대안을 마련한다는 중요한 전략적 함의를 갖는 것이다. 아울러 미얀마는 중국과 더불어 매년 미 국무부 연례 인권보고서에서 인권탄압국으로 지목되어 왔다는 측면에서도 중국 입장에서 인권결의안 채택이 초래할 파장도 고려되었을 것이다. 이처럼 중국은 기존에 거부권을 가진 안보리 상임이사국이면서도 사실상 그 권한행사를 최소화하는 대신에 기권 또는 불참이라는 방식을 통해 자신의 반대의 목소리를 표출해 왔던 것을 감안한다면 비록 그 숫자가 많지 않지만 이전과 달리 최근에는 유엔에서 중국의 현실이익을 관철시키는 데 있

39) 中華人民共和國政策硏究室 編, 《中國外交 2006年版》(北京: 世界知識出版社, 2006). pp. 274~275.

40) 〈중앙일보〉, 2007년 1월 20일.

어 보다 적극적이고 노골적인 태도를 취하고 있다고 할 수 있다.

2) 기권 표결의 특징

중국이 거부권을 대신해 주로 사용했던 기권은 오히려 감소하는 추세이다. 중국은 1991~1996년 7년 사이에 29차례 기권을 하여 연평균 4회로 안보리 상임이사국 전체 기권 45회의 64%를 차지하였다.[41] 반면에 1997~2006년 기간에는 23회로 연평균 약 2회 정도이고 5개국 전체 61회의 37% 정도로 크게 줄어들었다.[42] 특히 2000년에서 2006년 기간에는 10회로 다른 안보리 상임이사국들과 비교해도 별 차이가 없는 정도로 감소하여 기권을 남용하는 소극적이고 무책임한 국가라는 부정적 이미지와는 다른 행태를 보여주고 있다.[43]

그런데 중국의 기권행사에서도 거부권과 마찬가지로 현실이익 지향성이 발견되고 있다. 1997년 이후 기권한 사안의 경우, 유고와 코소보 관련 결의안이 6건, 수단 6건, 이라크 3건, 알바니아 2건, 그 밖에 아이티, 아프간, 레바논 등과 관련된 사안들이었다. 이들 사안의 공통점은 대만문제 등 중국의 핵심적 이해관계와 직결되지는 않았지만, 중국이 주장하는 내정불간섭의 원칙과 관련되어 있으면서 미

41) Samuel S. Kim, "China and the United Nations," in Elizabeth Economy and Michael Oksenberg, eds., *China Joins the World: Progress and Prospects* (New York: Council on Foreign Relations Press, 1999), p. 61.

42) 유엔 안보리 결의안에 대한 표결내용 중 2000~2005 기간은 http://www.state.gov, 1997~1999 기간은 http://www.state.gov/www/issues(검색일: 2007년 1월 20일) 참조.

43) 같은 기간 다른 상임이사국의 기권 회수는 러시아(8회), 미국(7회), 영국(7회), 프랑스(5회) 등으로 중국과 큰 차이가 없다.

〈표 3-2〉 중국 기권 표결의 추이

기간	중국 기권횟수	연평균 횟수	P5 전체 회수	중국/P5비율(%)
1991~1996	29	5	45	64
1997~2006	23	2	61	38
2000~2006	10	1.6	37	27

출처: http://www.state.gov 자료를 바탕으로 재구성

국 등 강대국이 제출한 안건인 경우가 대부분이다.

이 경우 중국은 기권이라는 방식을 통해 한편으로는 자신의 주권원칙 고수의 입장을 과시하면서 사실상 강대국의 의사가 관철될 수 있도록 하여 강대국과는 물론이고 결의안의 대상이 되는 국가와의 관계도 고려하는 전략적 선택을 하고 있다. 예를 들어 2000년 12월에 안보리에서 아프가니스탄의 탈레반 정권에 대해 광범위한 조치를 취하는 결의안에 대해 중국은 제재를 취하는 데 보다 신중해야 한다는 주장을 하면서 기권했다. 이는 인접한 아프가니스탄과의 관계도 고려하고 미국 등 서방국가들과의 관계도 감안한 전략적 선택이었다.

그리고 중국이 2004~2006년 기간 매년 2회씩 총 6회 기권한 수단 사례는 앞의 미얀마 사례와 비교되는 또 하나의 특별한 전략적 선택의 사례이다. 수단의 경우 미얀마와는 달리 중국의 인접지역이 아니라는 측면에서 지정학적인 중요성은 약하지만 유전개발권을 비롯하여 중국의 경제적 이해관계가 미얀마보다 더 깊숙이 개입되어 있는 국가이다. 그렇지만 자국이 책임대국임을 주창하는 중국의 입장에서도 수단의 다르푸르(Darfur) 사태가 지난 4년 동안 20만 명 이상의 사망자와 200만 명이 넘는 난민을 만들어낸 '21세기 최악의 인도적 재앙'으로 불리는 상황에서 경제적 이해관계만을 고려하여 미얀마 사례처럼 거부권을 행사할 수는 없었던 것이다. 즉 중국이 석유와 관련

된 이익을 확보하기 위해서는 수단정부와의 관계를 고려해야 하지만, 책임대국으로서의 정체성을 모색하는 상황에서 서방국가들의 수단에 대한 '인권'문제 제기를 외면할 수도 없는 딜레마에 처하게 된 것이다.[44] 결국 중국은 수단정부의 동의가 없으므로 주권존중의 차원에서 결의안 채택에 찬성할 수 없다는 예의 원칙론을 표면에 내세우면서 기권이라는 차선을 선택했다.[45]

1997년 이후, 특히 2000년 이후에 중국의 안보리에서의 표결내용을 정리해 보면 중국이 유엔에서 과거에 비해 보다 적극적으로 자신의 이해관계를 관철하고 반영하려는 분명한 의사표시를 하는 경향성을 발견할 수 있다. 거부권 사용을 최대한 기피하던 과거와는 달리 1997년 이후에는 대만문제, 에너지문제 등 자국의 중요한 이해관계가 있는 사안에 대해서는 거부권을 사용하거나 또는 사용을 위협하고 있음을 암시해주고 있다. 특히 탈냉전시대 국제현안에 대한 강대국간의 이익공조가 냉전시대에 비해 비교적 순조롭게 진행되면서 유엔 안보리 표결에서도 사전 조율과 협상 등을 통해 사실상 '숨겨진 거부권(*hidden veto*)'이 증대되는 것을 감안한다면 중국의 안보리에서의 국익에 기반을 둔 발언권은 분명 강화되고 있다고 할 수 있다.[46] 그리고

---

44) 王猛, "達爾富爾危机:中國外交轉型的挑戰與契机," 〈世界經濟與政治〉, 第6期(2005), pp. 35~40.

45) 中華人民共和國政策研究室 編, pp. 273~274.

46) 숨겨진 거부권은 거부권 사용에 대한 위협 등의 방법을 통해 안보리에 상정되는 의제를 사전에 통제하는 것을 말한다. 따라서 숨겨진 거부권 행사는 주로 비공개, 비공식의 협상을 통해 진행되므로 그 회수를 정확하게 계량화할 수 는 없다. 다만 거부권 사용 내역을 통해 그 숫자가 적지 않음을 예상해 볼 수 있다. 즉 1946년부터 2007년 1월까지 사이에 나타난 총 261회의 거부권 가운데 안보리 상임이사국 두 국가 이상이 동일한 결의안에 대해 함께 거부권을 행사한 경우는 28회에 불과하다. 아울러 거부권 행사

기권의 감소 역시 숨겨진 거부권 증대의 결과이며 아울러 중국의 이해관계와 직결된 중대한 사안이라고 판단되지 않는 경우에 중국은 자국의 책임대국으로서의 국제적 이미지와 미국 등 서방국가들과의 협조관계를 우선 고려하는 차원에서 제한적으로 기권이라는 전략적 표결을 선택하고 있다.

요컨대 중국의 안보리에서의 표결 태도에 대한 분석 결과, 표결 결정에 영향을 미치는 주요 기준은 그 우선순위에 따라 첫째, 자신의 주관적 인식 속의 주권문제, 둘째, 중국의 현실이익, 즉 에너지 등 경제적 이익과 인접지역의 안보불안 요인, 셋째, 미국 등 다른 강대국과의 관계, 넷째, 중국의 국제적 이미지 및 명분과의 관련성 등이다. 첫 번째 사안과 관련된 경우는 대부분 거부권을 행사하고, 두 번째 사안의 경우에는 다른 변수와의 고려하에 거부권 또는 기권을, 그리고 세 번째와 네 번째 사안이 충돌될 경우에는 제한적으로 기권을 선택하는 경향을 보이고 있다.

가 냉전시기(1946~1989)의 239회와 비교하여 탈냉전시기(1990~2007)에는 단지 22회에 불과하고 반대로 통과된 결의안은 냉전시기에는 연 평균 15건인데 반해 탈냉전 시기에는 60건에 이르고 있다. 특히 탈냉전시기인 1990년대 이후에는 최근 2007년 미얀마문제에 대해서 중·러가 함께 거부권을 행사한 사례가 유일하다. 이는 그만큼 상임이사국간의 사전 협의와 조율이 과거에 비해 증가하고 있음을 시사해주는 것이다. 중국의 경우에는 시짱(西藏)과 신장(新疆)과 관련된 사안 자체가 의제로 상정되지 않도록 숨겨진 거부권을 행사하고 있는 것으로 추론하고 있다. Cine Nahory, "The Hidden Veto," *Global Policy Forum* (May 2004), http://www.globalpolicy.org/security/veto/2004/ 0519hiddenveto(검색일: 2007년 4월 20일).

3) 사례 분석 : 평화유지활동(PKO)에 대한 표결행태

중국은 다른 어느 국가보다도 주권과 내정불간섭의 원칙을 중시해 왔고 PKO 참여에서도 유엔헌장의 원칙에 입각해서 당사국의 동의, 중립, 그리고 자위 이외의 무력사용 불가의 원칙이 엄격하게 준수되어야 한다고 주장해 왔다.[47] 그런데 탈냉전시대의 2세대 PKO는 그 임무가 광범위해지고 국내문제에 당사국의 동의가 없는 상황에서도 안보와 평화유지를 위해 필요한 경우 경제적 제재 혹은 무력을 사용해 개입하는 사례가 빈번해지고 있다.[48] 이처럼 1990년대 이후 PKO의 활동증가는 인도주의적 개입의 확대를 불러왔고 주권에 대한 국제사회의 인식에도 변화가 불가피해졌다. 이러한 현상은 19세기 역사경험을 통해 내재화된 절대주권 인식에 대한 강한 집착을 지닌 중국의 입장에서는 비록 인도주의적 목적이라 할지라도 내정간섭으로 인식될 수 있다.[49] 따라서 1990년대 이후 중국의 PKO에 대한 지지와 참여의 구체적인 사례분석은 중국의 기존의 절대주권 인식에 어떠한 변화가 있는지를 검증할 수 있는 척도가 될 수 있다.

---

47) 이 원칙은 1956년 유엔 긴급군(UNEF) 창설 시 다그 함마르셸드(Dag Hammarskjold) 2대 유엔 사무총장이 제시한 기본원칙 가운데 중요한 세 가지 원칙이다. 이 원칙에 대한 자세한 내용은 이서항, "한국의 PKO 정책과 실제," 강성학 편저, 《동아시아의 안보와 유엔체제》(서울: 집문당, 2003) pp. 120~125. 이 원칙에 대한 중국의 공식입장에 대해서는 중국외교부 홈페이지 http://www.mfa.gov.cn/chn(검색일: 2008년 5월 23일).

48) PKO는 유엔헌장에 규정되어 있지 않지만 그 성격상 분쟁의 평화적 해결을 규정한 6장과 평화위협, 평화침해 또는 침략행위에 대한 대응을 규정한 7장의 중간정도에 해당한다고 보고 있다. 이와 관련 다그 함마르셸드 사무총장은 PKO를 "유엔헌장 제6과 1/2장 상의 조치"라고 칭한 바 있다.

49) 范躍江, "新干涉主義與中國安全,"〈太平洋學報〉, 第3期(2000), pp. 36~44.

그런데 PKO 관련 유엔 안보리 표결에서 중국이 어떠한 입장을 취했는지를 분석한 연구는 실제 투표행태가 중국의 원칙론과 괴리가 있음을 보여주고 있다.[50] 즉 1994년 1월에서 2004년 8월 사이에 유엔은 총 27회의 PKO 관련 표결을 실시하였고 그중에서 1회만 부결되었다. 그리고 27회의 활동에서 '분쟁의 강제적 해결'을 규정한 유엔헌장 7장이 원용된 사례는 13회였다.

그리고 중국은 총 27회 표결에서 찬성 19회, 유보적 지지 6회, 기권 1회, 반대 1회의 표결행태를 보였다. 이 가운데 7장이 원용되었는데도 불구하고 찬성한 사례가 8회가 있었고, 반대로 7장이 원용되지 않았음에도 포괄적 반대입장(유보적 지지, 기권, 반대 포함)을 취한 사례도 3회 있었다. 특히 중국이 유엔헌장 7장이 원용된 결의안 초안에 대해 반대의사를 표시한 사례는 5번으로 전체의 38%에 불과하다. 따라서 이 결과만을 놓고 보면 중국이 주장하고 있는 것에 비해 실제로는 원칙에 철저하지 않았음을 보여주는 것이고 더 나아가 기존의 절대주권원칙에도 사안에 따라 상당한 융통성을 보이고 있음을 시사하고 있다.

PKO에 대한 중국의 태도를 보다 구체적으로 살펴보면 첫째, 중국이 7장이 원용되지 않았음에도 포괄적 반대의사를 표시한 사례는 1997년 1월 10일 과테말라, 1996과 1997년의 아이티 관련 결의안이다. 세 사례 모두 대만과 관련된 사안이라는 공통점이 있다. 과테말라 사례는 앞서 설명한대로 거부권을 행사한 경우이고, 아이티의 경우에는 비록 거부권을 행사하지는 않았지만 중국대표는 PKO 임무가 완료되었으므로 연장할 필요가 없다는 유보적인 입장을 분명히 했다.

---

50) 이 분석의 필자는 1998년 이후 중국의 주권인식에 상당한 변화가 있음을 강조하고 있다. 毛瑞鵬, "主權原則与中國在聯合國維和議案中的投票行爲(1994~2004)," pp. 55~60.

이들 사례들은 중국이 대만문제와 연계된 경우에는 7장에 대한 원칙과 무관하게 중국이 철저하게 주권과 국익에 근거한 투표를 하고 있음을 보여주고 있다.

둘째, 7장이 원용되었음에도 중국이 지지한 사례는 8번인데 모두 1998년 이후의 사례들이다. 이들 사례의 공통점은 투표행태에 대한 중국대표의 공식적인 해명이 없거나 있어도 명확하지 않은 입장을 취했다는 것이다. 요컨대 중국이 유보적 지지 입장을 보여준 사례는 주로 1995~1997년 사이에 발생했고 1998년 이후에는 안보리 결의안의 상당수가 7장을 원용하고 있음에도 불구하고 코소보 사태를 제외하고는 모두 찬성입장을 취했다.

1998년 이후 이러한 중국의 태도변화는 두 가지 요인의 상호작용의 결과라고 할 수 있다. 우선 1998년부터 유엔 내부에서 유엔 PKO에 대한 인식에 변화가 있었다. 코피 아난 사무총장이 PKO에 대한 새로운 심사를 하고 유엔 평화행동문제소조에서 '유엔평화행동문제소조 보고'를 통해서 공정과 중립을 구별해야 한다는 입장을 분명히 했다. 즉 공정은 대량학살과 같은 반인류 범죄 앞에서의 중립을 의미하는 것은 아니므로 PKO는 보다 융통성 있는 공정의 바탕위에서 수립되어야 함을 강조하여 사실상 전통적인 PKO의 국가주권원칙의 수정을 시사했다. 이에 따라 1998년 이후 유엔의 PKO에는 7장이 원용되는 사례가 빈번해졌다. 이러한 유엔의 변화는 전통적 주권원칙을 견지해온 중국에게는 상당한 국제적 압력으로 작용했다고 볼 수 있다. 둘째, 중국 또한 1997년부터 신안보관, 책임대국론 등을 통해 국가전략의 전환이 모색되고 있었던 시점이었으므로 이러한 국제적 압력과 도전에 조응할 수 있는 준비가 진행되고 있었다. 실제 중국학자들은 유엔 PKO에 대해 유엔의 혁신이며, 유엔 집단안보기제의 가장 창조적인 발명이라며 긍정적인 평가를 하고 있다[51]

〈그림 3-1〉 중국의 PKO 참여 추이

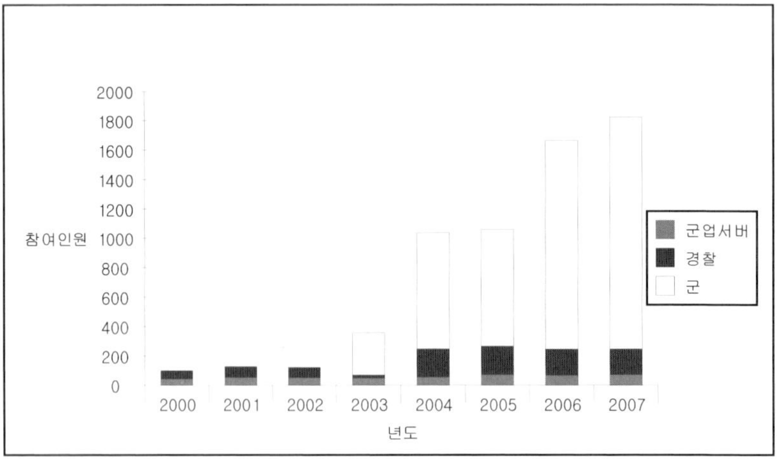

중국의 유엔 PKO에 대한 태도변화는 무엇보다도 중국의 적극적인 PKO 참여를 통해서도 확인 할 수 있다. 1989년 1월 중국이 유엔 정전감독기구(UNTSO)에 5명의 군감독관 파견을 요청하여 1990년 처음으로 공식적인 참여가 시작되었다. 그 이후 1991년 이라크-쿠웨이트 감시단(UNIKOM)과 1992년 유엔 캄보디아 임시행정기구(UNTAC) 등에서의 활동에 참여했으며, 〈그림 3-1〉에서 보여주듯이 중국의 PKO 참여는 참여인원의 양적인 면에서 지속적으로 성장하고 있으며, 특히 2003년 이후 군이 본격적으로 참여하게 되면서 큰 폭으로 증가하는 추세를 보이고 있다. 2007년 12월 기준으로 군 병력 1,576명을 포함하여 총 1,824명이 참여하여 안보리 상임이사국 중에는 프랑스에 이어 2번째, 전체 119개 참여 유엔 회원국 중에는 13번째로 많은 인원이 참여하는 적극참여 국가로 변화하였다(〈표 3-3〉 참조).

51) 門洪華, 《和平的緯度: 聯合國集體安全機制硏究》(上海: 上海人民出版社, 2002), p. 295.

〈표 3-3〉 중국의 PKO 참여의 국가별 순위 추이

	2000	2001	2002	2003	2004	2005	2006	2007
전체 순위	46/89	44/87	44/89	27/94	17/102	15/108	12/114	13/119
안보리 순위	5	5	5	3	1	1	2	2

출처: http://www.un.org/Depts 유엔 자료를 바탕으로 재구성한 것임.
주: 각 년도 12월 통계 기준.

요컨대 중국은 대만문제와 같이 중국의 주권문제라고 판단되는 사안인 경우에는 예의 원칙론을 명분으로 제시하면서 결국에는 자국의 이해관계를 관철시키고 있다. 반면에 여타 대부분의 PKO에 대해서는 표결행태 뿐만 아니라 적극적인 참여과정에서 변화된 주권인식이 투영되고 있으며, 이를 통해 또 다른 현실적 국가이익, 즉 국제사회에서 책임대국으로서의 이미지 창출과 영향력 제고를 추구하고 있다. 이에 따라 중국은 주권원칙에 이중 잣대를 적용하고 있다는 비난에서 자유롭지 않게 되었다.

5. 중국 유엔 외교의 전략과 한계

1) 유엔 주도국지위 모색과 한계

중국은 유엔가입 시부터 이미 거부권이라는 막강한 권한을 보유한 안보리 상임이사국의 지위를 획득함으로서 형식상으로는 분명 유엔 주도국의 지위를 확보하고 있었다.[52] 그럼에도 불구하고 중국은 그동안 실제 내용상으로는 소극적 참여국, 무임승차국, 또는 적극적 참여국 등 비주도국으로 평가받아 왔다.[53] 그런데 중국은 유엔체제의 후발참여국이라는 점을 감안할 때 비록 기존 주도국과 같이 규범형성에 주도적이지는 않다 할지라도 1990년대 중반 이후 유엔 안보리 상임이사국으로서 단순히 유엔의 기존 규범과 질서를 수용하는 차원의 적극적 참여국의 범주를 넘어서는 행태를 보여주고 있다.

예컨대 1990년대 중반 이후 중국이 신안보관, 책임대국, 화평굴기(和平崛起)에 이어서 평화발전, 조화세계(和諧世界) 등 보편적 가치관으로 포장된 중국적 가치관과 규범을 연이어 제시하고 있는 것 자체가 국제체제의 주도국으로서 전환을 모색하려는 징후라 할 수 있으며

---

52) 이 글에서의 주도국은 일반 주도국으로서 패권국으로 가기 이전 단계의 소수의 강대국을 지칭하는 것으로, 국제정치체제의 구조 및 규범의 결정과 확산에 영향력을 행사하는 핵심행위자를 의미한다. 강대국의 개념과 조건에 대한 자세한 내용은 정재호 편, 《중국의 강대국화》(서울: 도서출판 길, 2006), pp. 15~27 참조.

53) 일반적으로 국제기구 참여국은 그 국제기구에서의 행태와 지향에 따라서 주도국과 비주도국으로 대별되고, 다시 주도국은 일반주도국과 패권국, 그리고 비주도국은 무임승차국, 소극적 참여국, 적극적 참여국으로 세분해 볼 수 있다. 門洪華, "國際機制與21世紀的中國外交戰略," 胡鞍鋼 主編, 《中國大戰略》(杭州: 浙江人民出版社, 2003), pp. 270~272.

이러한 변화의 연장선상에서 유엔에서의 중국의 행태에서도 유사한 패턴의 변화가 나타나고 있다. 앞서 분석한 바와 같이 중국은 안보리 개혁에 대해 분명한 자신의 입장을 공개적으로 표명하고 있으며, 숨겨진 거부권을 포함하여 안보리에서의 표결 태도 또한 기존의 모호한 기권 중심에서 탈피하는 등 이전의 단순 참여자, 또는 피동적 참여자가 아닌 주도국으로서의 위치를 지향해가고 있음을 보여주고 있다. 그리고 비록 원론적·수사적인 성격이 강하기는 하지만 유엔헌장 7장 적용의 엄격성 요구와 '내정개입' 시 유엔의 승인을 고집하는 것은 기존의 미국의 독단적 '내정개입' 태도와의 차별성을 부각시키면서 중국적 규범을 강조하려는 의도로 보인다.

이는 중국이 미국주도의 유엔체제를 전면적으로 수용할 수 없지만 다른 한편 참여 또한 불가피하다고 판단하고 있기 때문에 장기적으로 적극적 참여를 통해 유엔체제의 변화를 주도하겠다는 의도를 보여주는 것이며 바로 주도국으로의 전환의지라 할 수 있다.[54] 즉 유엔 규범과 질서의 수용차원을 넘어 점진적으로 중국에 유리한 규범과 질서의 창출을 모색하는 단계로 전환하고 있음을 의미하는 것이며, 이를 통해 유엔에서 중국의 이해를 극대화시키려는 의지를 보여주는 것이다. 예컨대 중국이 2000년에 안보리 상임이사국 정상회담을 직접 제안·주최한 것은 이러한 주도국으로의 전환의지를 보여주는 대표적인 사례라 할 수 있다.

아울러 중국은 2001년 WTO 가입을 기점으로 사실상 국제체제 진

---

54) 중국 국제문제연구소 부소장 루안쫑쩌(阮宗澤)는 "중국의 신외교가 사실상 서방국가들이 줄곧 장악해왔던 국제문제에서의 발언 패권을 타파했다"고 하면서 국제규칙과 제도의 제정에 있어서 중국의 영향력이 증대했음을 주장하고 있다 . 阮宗澤, "實現中國外交'話語權'," 〈瞭望〉, 32期(2005), p. 26.

입을 거의 완료한 것으로 판단하고 이후부터는 국제사회에서 발언권을 확대하고 규범제정에 적극 참여하는 것이 책임 있는 대국의 역할이라고 주장하고 있다.[55] 즉 중국은 현 유엔체제의 수혜자임을 부정하지 않고 있지만, 유엔의 후발참여국으로서 기존의 제도와 규범이 사실상 중국의 의사와는 무관하게 만들어진 것이며, 중국의 이해관계가 충분히 반영되어 있지 않다고 인식하고 있는 것이다. 따라서 국제체제에 적극적으로 참여하여 "불합리한 규범과 제도"를 점진적으로 개선해가자는 주장이 활발하게 개진되고 있다.[56] 16차 당대회 보고에서 '국제관계의 민주화'를 적시한 것도 중국의 국제체제에 대한 이러한 인식과 의지를 포괄적으로 표출한 것으로 보인다.

그런데 거시적 차원에서 중국의 주도국으로의 전환의지가 분명함에도 불구하고 실제 유엔 활동에는 일정한 한계가 나타나고 있다. 첫째, 중국은 유엔 안보리 등에서 주로 보편적 원칙만을 제시할 뿐 구체적이고 현실적인 해결방안과 조치를 제시하지 못하고 있고, 앞서 안보리 개혁과 표결행태에 대한 분석에서도 확인했듯이 주창하는 보편적 원칙과 실제 행위 사이에 적지 않은 괴리가 나타나고 있기 때문에 진정한 주도국으로서의 입지확보에는 여전히 한계를 보이고 있다.

둘째, 중국이 주도하는 영역과 범위가 여전히 제한적이다. 예컨대 마약, 환경, 빈곤 등 지구적 문제에 대한 역할과 기여가 여전히 주도적이지 못할 뿐만 아니라, 안보관련 문제에서도 중국의 역할이 여전히 중국의 이해관계가 깊은 역내에 한정되어 있다.

셋째, 정부간 국제기구의 참여와 비교할 때 비정부기구(NGO)의 참여가 상대적으로 저조하다는 평가를 받고 있다. 중국은 1995년 중화

---

55) 閻學通, "'和平崛起'的 分岐, 意義及策略," 〈中國社會科學〉, 5期(2004), pp. 51~53.

56) 門洪華, "國際機制與21世紀的中國外交戰略," pp. 255~284.

전국부녀연합회(全國婦聯)가 중국 비정부기구로서는 처음으로 유엔 자문지위를 획득하였고 그 이후 2002년에 7개 단체로 증가하였지만 이는 다른 국가에 비해 크게 적은 실정이다.[57] 즉, 중국의 유엔에서의 주도국 의지와 실제 행위 사이에 아직 격차가 존재하고 있다.

2) 책임대국 이미지 구축 전략과 한계

중국은 유엔과 안보리의 역할강화, 개도국 지지, 그리고 세계 다극화 및 다원화 촉진을 유엔에서 추구하는 기본원칙으로 제시하고 있고 이러한 원칙을 실천하는 것이 책임대국으로서의 중요한 역할이라고 주장하고 있다. 그런데 실제 중국의 유엔 외교행태에 대한 분석결과는 이러한 원칙론을 주장하는 이면에 유엔 안보리 상임이사국으로서의 책임과 의무 이행보다는 제고된 유엔에서의 지위와 영향력을 통해 현실적 국가이익을 실현하려는 경향성이 나타나고 있음을 보여주고 있다. 특히 앞서 안보리 표결행태에 대한 분석의 결과, 중국이 거부권이라는 강력한 권한을 국제사회 책임대국으로서의 명분에 부합하도록 사용하기보다는 사실상 중국의 이해관계를 적극적으로 관철시키는 데 사용하고 있음을 확인할 수 있었다.

따라서 중국은 유엔에서의 지위와 영향력을 십분 활용하는 적극적인 유엔 외교를 통해 책임대국으로의 부상이라는 외교목표를 실현하기 위해 다음과 같은 전략을 내재하고 있다고 할 수 있다. 첫째, 1997년 이후 중국이 국제사회에 새로운 국가정체성으로 제시하고 있는 책임대국으로서의 이미지를 국제사회에 각인시키는 장으로서 유엔 안

57) 李東燕, “聯合國安理會改革的中國視覺,” 王逸舟 主編, 《磨合中的建構: 中國與國際組織關係的多視角透視》(北京: 中國發展出版社, 2003), p. 132.

보리 상임이사국의 지위를 활용하고 있다. 책임대국의 강조는 중국이 국제적 이미지와 같은 비물질적 상징조작을 통해 물질이익의 집착에 따른 패권경쟁의 우려를 약화시키는 효과에 대한 기대를 담고 있다. 이러한 맥락에서 중국에게 유엔은 중국이 책임대국의 이미지 형성과 이를 통한 대국으로서의 입지를 국제사회에서 평화적인 방식으로 승인받는 효과적인 장인 것이다. 중국이 탈냉전시대에 다른 어느 국가보다도 유엔, 특히 유엔 안보리의 역할과 권위의 중요성을 강조하면서 PKO에의 참여도 확대하고, 그리고 최근의 대북제재 결의안에 이례적으로 찬성하는 등 유엔주도 활동에 능동적으로 참여하는 까닭이다. 아울러 중국은 안보리 표결에서도 자국의 주권, 에너지, 안보 등 핵심적 이해관계와 직결된 사안이 아닌 경우에는 책임대국의 이미지를 구축하기 위한 전략적 선택을 하고 있다.

둘째, 중국은 유엔 안보리 상임이사국으로서의 지위를 통해 미국에 대한 협상 지렛대를 확보하는 한편, 유엔을 통해 미국의 일방주의를 우회적으로 견제하려는 전략 의도를 내재하고 있다.[58] 미국의 일방주의에 대한 견제는 바로 중국의 상대적 지위와 영향력의 상승을 의미하는 것이다. 따라서 중국은 미국과의 직접적인 경쟁과 갈등을 회피하면서 유엔의 정당성과 권위를 활용하여 미국의 일방주의를 견제하려는 전략을 모색하고 있는 것이다. 미국이 탈냉전기에 들어 유엔의 기능과 역할을 평가절하하고 있는 것과는 대조적으로 중국의 지도자들은 앞 다투어 그 어느 때보다도 유엔과 안보리의 중요성을 역설하고 있는 이유도 여기에 있다.

---

58) Peter Hays Gries, "China Eyes the Hegemon," *Orbis* (Summer 2005), p. 406.

〈그림 3-2〉 유엔총회 투표에서 중국의 미국과의 일치율

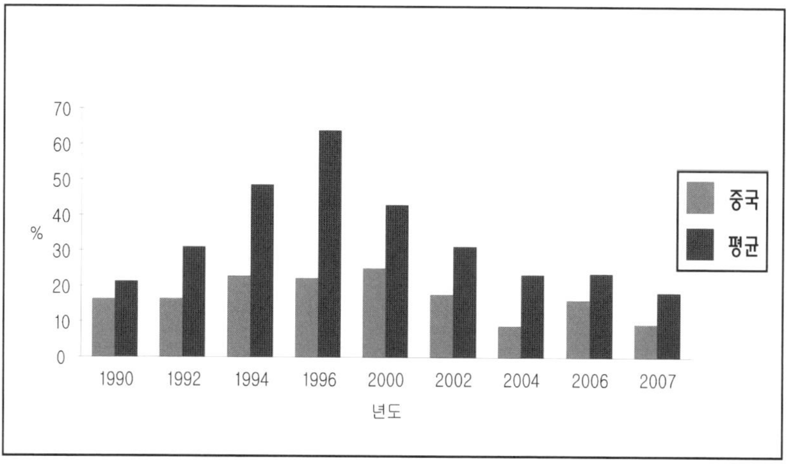

출처: 1990~1996 수치는 Samuel S. Kim, "China and the United Nations," p. 50.
2000~2007 수치는 http://www.state.gov.

특히 2003년 3월 미국이 유엔의 승인 없이 이라크전쟁을 개시하자 당 기관지인 〈인민일보〉에서는 유엔의 지위와 권위에 대한 멸시라고 비판한 것 역시 유엔을 통한 미국 견제 의도를 엿보게 하는 사례이다.[59] 그리고 〈그림 3-2〉에 나타난 바와 같이, 유엔총회 투표에서 중국과 미국 간 일치율이 1990년 이후 증가 하다가 2000년을 기점으로 큰 폭으로 감소하고 있는 것도 중국의 부상이 본격화되면서 유엔이라는 정당성이 부여된 공식기제를 통해 중국이 미국을 우회적으로 견제하고 있음을 간접적으로 시사해주고 있다. 그러면서 동시에 전체 회원국의 평균 일치율과 비교하여 상대적 격차가 크기는 하지만 그 변화의 추이는 유사한 경향성을 보여주고 있다. 이를 통해 국제사회 전반의 미국에 대한 태도의 일반적 추세라는 큰 틀에 일정정도 보

59) 〈人民日報〉, 2003年 3月 20日.

조를 맞춤으로서 미국과의 심각한 갈등구조를 유발하지 않으려는 중국의 신중한 자세도 엿볼 수 있다.

셋째, 중국은 적극적인 유엔 외교를 통해서 경제발전과 발전에 유리한 안보환경의 조성, 즉 대국으로의 부상을 위한 국내외적 조건과 환경을 조성하려는 전략적 의도를 지니고 있다. 우선 미얀마와 수단 문제에 대한 표결행태는 중국의 현대화에 긴요한 에너지자원의 확보와 관련되어 있음을 확인하였다. 뿐만 아니라 중국은 탈냉전시대에 직면한 안보위협 요인으로 서방국가 특히 미국과의 대결 및 봉쇄의 악순환, 인접지역의 반중국 동맹구도 강화, 그리고 인접지역 갈등과 분쟁의 중국에의 영향 등을 상정하고 있다.[60] 중국의 입장에서 이러한 안보적 도전을 안정적으로 해결할 필요성이 증대하고 있고 그 구체적 방안으로 이상적 국제안보환경을 효과적으로 보장, 관리, 예측할 수 있게 하는 제도의 활용을 상정하고 있다. 이러한 맥락에서 중국의 기득권이 확보되고 발언권이 강화되고 있는 유엔은 주요한 수단이 될 수 있다고 중국 정부는 판단하고 있다. 중국은 특히 캄보디아와 동티모르의 경우에는 유엔 PKO에의 적극적 참여라는 방식을 선택하여 영향력 증대를 모색하고 있다.[61] 반면에, 기존 정권과 긴밀한

---

60) 陳東曉, "聯合國集體安全機制與中國安全環境,"〈現代國際關係〉, 第9期(2004), pp.8~15.

61) 캄보디아(1992년)와 동티모르(2002년) PKO는 중국이 경계하는 주권침해에 대한 우려가 있음에도 불구하고 중국이 다른 지역에 비해 더욱 적극적으로 참여한 대표적인 사례들이다. 이에 대한 자세한 내용은 Justin S. Hempson-Jones, "The Evolution of China's Engagement with International Governmental Organizations: Toward a Liberal Foreign Policy?" *Asian Survey*, vol. 45, Issue 5 (2005), pp. 702~721; 唐永勝, "中國對聯合國維和機制的參與," 王逸舟 主編, 《磨合中的建構:中國與國際組織關係的多視角透視》, pp. 69~101 참조.

연계를 유지하고 있는 미얀마의 경우에는 반대로 '내정개입' 반대라는 명분으로 거부권을 행사하는 방식으로 영향력을 유지하는 선택을 하고 있다. 비록 선택의 방식은 다르지만 이들 지역은 모두 중국의 인접지역으로서 지정학적 중요성이 큰 만큼 이 지역에 대한 영향력을 유지하려는 동일한 목표를 지니고 있었던 것이다.

이처럼 중국은 유엔 외교를 통해 한편으로는 책임대국으로서 실천원칙들을 제시하면서 책임대국의 이미지를 구축하려는 시도를 하면서 다른 한편에서는 이러한 실천원칙들을 일관성 있게 추진하기보다는 현실적 · 전략적 이해관계를 관철시키려는 시도를 하고 있다. 예컨대 중국은 안보리 개혁에서 개도국의 지분확대를 주장하고, 유엔 사무총장 선출에서는 제 3세계 후보를 강력히 지지하지만 보다 현실적인 문제에서는 다른 행보를 보이고 있다. 실리적인 고려에서 인도의 안보리 진출에 적극적이지 않은 태도를 취하고 있고, 거부권 확대에도 반대하고 있다.[62] 중국의 안보리에서의 표결행태에서도 중국이 이제 더 이상 수사적으로 강조하고 있는 것처럼 제 3세계 국가의 이익을 대변하기보다는 미국 등 다른 강대국들과 마찬가지로 유엔에서 자국의 이해를 관철시키기 위하여 유엔에서의 지위와 권한을 적극적으로 확대 · 활용하려는 경향을 보이고 있다.

그리고 중국이 유엔에서 얻고 있는 재정 및 기술적 혜택에 비해 유엔 및 PKO 분담금이 많지 않다는 비판으로부터도 자유롭지 않다.[63]

---

62) Ann Kent, "China's International Socialization: The Role of International Organizations," *Global Governance*, 8 (2002), p. 342.

63) 대표적으로 미국은 중국이 국제적 위상에 걸맞게 유엔 분담금을 증액해야 한다고 압박해 왔다. 존 볼튼(John Bolton) 전 유엔 주재 미국대사는 컬럼비아 대학 The School of International and Public Affairs(SIPA)에서의 유엔 개혁에 대한 특별강연에서 중국이 현재의 경제규모에 걸 맞는 유엔 재정 부담을 해야 한다고 주장했다(2006년 4월 19일 강연회).

〈그림 3-3〉 P5의 유엔 분담금 비율 추이(%)

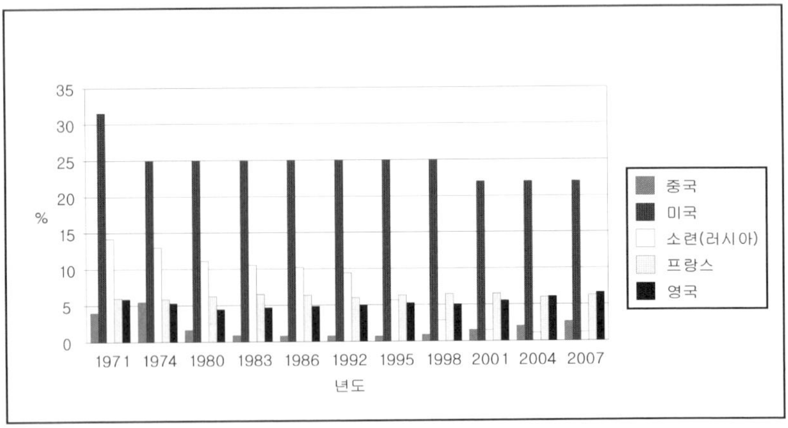

출처: http://www.globalpolicy.org/finance(검색일: 2008년 6월 15일)에 나타난 자료를 바탕으로 재구성한 것임.

책임대국의 지향성에도 불구하고 중국의 유엔 재정공헌도가 여전히 낮다는 것이다. 다른 안보리 상임이사국 등과 비교할 때 러시아를 제외하고는 여전히 큰 격차를 보이고 있을 뿐만 아니라 2006년 기준으로 일본(19.468%), 독일(8.662%) 이탈리아(4.49%), 캐나다(2.81%) 등 국가와의 차이도 여전히 크다.[64] 그런데 〈그림 3-3〉을 살펴보면 중국이 분담금 기여에서 다른 주요 국가와의 격차가 크고, 비중도 여전히 적지만, 1998년 이후 중국이 책임대국을 모색하는 시점 이후부터 상대적으로 미국과 러시아가 축소되는 반면에 중국은 분담금을 큰 폭으로 증가시켜는 추세에 있는 것은 분명해 보인다.[65]

64) 王玲, "世界各國參与國際組織的比較硏究," 〈世界經濟與政治〉, 第11期(2006), pp. 1~13.

65) 중국은 유엔 분담금 비율이 다른 어느 국가보다 큰 폭으로 증가하고 있음을 강조하고 있다. 즉 0.995%(2000년 이전), 1.54%(2001~2003), 2.053%(2004~2006)로서 지난 4년간 107% 증가하였다는 것이다.

이를 통해 중국이 유엔에서 책임대국으로서의 이미지 구축을 위한 전략적 시도가 진행되고 있음을 엿볼 수 있다.

요컨대 중국은 유엔에서 국제사회가 기대하고 중국이 원론적으로 주창하고 있는 책임대국으로서의 실체적 역할 수행보다는 책임대국의 이미지를 구축하면서 실제로는 주도국의 지위를 통해 현실이익을 추구하는 전략적 행태를 보이고 있는 것이다. 이는 결과적으로 중국의 책임대국 이미지 구축이라는 전략목표 실현에 있어 일정한 한계를 보여주는 것이기도 하다.

3) 주권원칙의 딜레마

주권원칙은 중국이 건국 이후 대외관계에서 일관되게 불변의 절대원칙으로 강조했다. 그러나 이러한 절대원칙론에 대한 중국의 입장에 변화가 나타나고 있다. 유엔 등 국제기구에의 참여가 확대되면서 중국은 원론적인 주권원칙의 고수보다는 중국의 국제사회에서의 영향력과 입지, 그리고 실익을 우선 고려하는 현실적인 입장으로 선회하고 있다. 그러면서도 중국은 대만문제에 관한 한 여전히 절대원칙론을 고수하게 되는 주권원칙의 이중성이라는 딜레마에 직면하고 있다.

유엔 외교에서 나타난 중국의 주권원칙에 대한 태도는 다음과 같은 특징을 지니고 있다. 첫째, 중국은 대만문제와 같이 자신의 주권문제에 영향을 줄 가능성이 있는 사례라고 주관적으로 인식하는 경우에는 여전히 절대적 주권원칙을 고수하고 있으며 이러한 태도는 대만문제가 근본적으로 해결되지 않는 한 지속될 수밖에 없을 것이다. 즉 중국은 자신의 주권문제와 관련성이 있는 사안에 대해서는 공식적으로

---

http://www.china-un.org/chn(검색일: 2007년 2월 20일).

는 주권원칙론을 전면에 내세우면서 중국의 증대된 국력과 국제적 위상을 이용하여 일차적으로는 비공식 협상을 진행하는 이른바 숨겨진 거부권을 통한 해결을 모색한다. 그럼에도 자신의 이해가 관철이 되지 않을 경우에는 흔하지는 않지만 주권원칙을 고수한다는 대의명분하에 거부권 행사도 불사했다. 중국이 주장하는 주권원칙은 결국 기본적으로는 자국의 주권문제라는 프리즘을 통해 강조되고 있다.

과거 중국은 유엔이 인권 등을 빌미로 "내정간섭"을 통해 중국의 행동을 구속할 수 있다는 우려와 경계를 지니고 있었지만 1990년대 후반 이후부터는 역으로 중국이 유엔을 통해 자국의 이해관계를 관철시키거나 또는 불리한 결정, 특히 중국 내정 및 주권을 침해한다고 인식하는 결정을 적극적으로 저지하고 있다.[66] 이는 1997년 이후 중국이 안보리에서 거부권 또는 기권을 통해 제 3국에 영향력을 행사하여 대만을 고립시키려 했던 사례를 통해 확인할 수 있다. 즉, 과거에는 유엔이 중국의 행위를 제한할 수 있다는 우려가 있었다면 이제 중국은 역으로 자신의 국익을 위해서 다른 국제정치 행위자의 행동을 제한하는 데 유엔에서의 지위를 활용하고 있는 셈이다.

둘째, 대만문제 등 자신의 주권문제와 직결되지 않은 사안에 대해서는 중국의 주권에 대한 기존의 원칙론적 태도에 변화가 나타나고 있다. 즉 유엔의 개입주의 확장추세에 대해 자국의 이해관계와 직결된 사안이 아닐 경우, 기권이라는 표결방식을 통해 '형식적 반대와 사실상 수용'이라는 전략적 선택으로의 변화를 보이고 있다. 그리고 이를 통해 명분상으로는 내정불간섭 원칙의 고수를 과시하면서 실제적으로는 책임대국으로서의 이미지 창출, 미국 등 강대국과의 협력기조

---

66) David Lampton, *Same Bed Different Dreams: Managing U.S.-China Relations 1989-2000* (Berkeley: University of California Press, 2001), p. 162.

유지 등 현실적 이익을 우선시하는 선택을 하고 있다.

이와 관련해서 중국이 21세기에 들어서 유엔 안보리 표결에서 자신의 주권문제와 관련해서는 아직 한 번도 거부권이나 기권을 사용하고 있지 않는 현상에 주목할 필요가 있다. 이는 대만문제에 대한 중국의 기존 원칙에 변화가 있어서라기보다는 중국의 국력과 위상의 증대로 대만문제 등 주권문제에 대한 자신감과 국제적 영향력이 증대되었음을 반증해 주는 것이다. 즉 중국이 국력의 증강으로 대만문제에 대한 내구성이 강해지고 있는데다가 중국의 국제적 위상과 발언권, 그리고 전략적 가치가 제고되면서 미국 등 서방국가들이 이전과 달리 대만문제로 인한 중국과의 마찰을 가능한 한 회피하려는 경향이 나타나고 있는 것이다. 이에 따라 대만, 티베트 등 문제를 유엔에 상정하는 것 자체를 회피하는 경향이 있다. 요컨대 중국은 유엔에서의 중국의 위상과 영향력이 제고되면서 자국의 주권문제라고 인식하는 사안에 대해서는 이른바 주권원칙론을 강조하면서 더욱 강경한 태도를 취하는 반면에 유엔에서의 일반적인 주권원칙에 대한 태도는 과거보다 유연하고 실리적인 이중적 형태로 나타나고 있다.

6. 결 론

중국은 전통적으로 다른 어느 영역에서보다도 유엔 외교에서 원칙과 수사를 강조해 왔다. 이는 유엔이라는 국제기구가 지니고 있는 상징적 특수성과 중국외교의 특징이 결합된 결과이다. 그런데 중국은 1990년대 중반 이후 국제사회에서 책임대국으로의 부상을 목표로 적극적인 외교공세를 펼치고 있으며, 이러한 시도는 유엔 외교에서도 예외는 아니다. 이에 따라 중국에게 유엔 외교는 이전과 같이 원칙과 수사를 통한 상징적 외교의 장으로 한정되지 않고 있다. 사실상 중국은 유엔이라는 정당성이 공인된 기제를 십분 활용하여 국제사회에서 강대국으로서의 지위를 평화적으로 확보하고 승인받으려는 현실주의적 목표를 추구하고 있다. 따라서 기존에 중국이 유엔 외교에서 주창해왔던 원칙 및 수사와 실제 외교행태 사이의 괴리현상이 나타나고 있다. 예컨대 중국이 유엔 외교에서 전통적으로 강조했던 대표적인 원칙과 수사, 즉 주권원칙, 개도국의 대표로서의 개도국 입장 지지, 국제사회의 대표적인 평화기제로서의 안보리의 역할과 기능 강화라는 원론적 차원의 주장들이 일부는 중국의 이해관계와 상충하기도 하고 또 일부는 원칙이 아닌 이해관계 실현의 도구로 활용되는 현상이 나타나고 있다.

주권원칙은 중국이 안보리 상임이사국으로서 국제사회에서의 입지와 영향력을 증대시키려는 시도와 마찰을 일으키고 있다. 특히 탈냉전시대 유엔 PKO활동에서 들어와 인도주의적 개입 사례가 크게 증가하게 됨으로써, PKO에 대한 적극적인 지지와 참여를 통해 국제사회에서의 지위, 이미지, 그리고 영향력의 변화를 시도하는 것은 기존의 중국이 주창해 왔던 내정불간섭 및 주권원칙과의 마찰을 초래하고 있다. 이미 중국의 안보리 표결행위에서 원칙론만으로는 설명할 수 없는 사례가 나타나고 있다. 뿐만 아니라 중국의 주권원칙에 대한 태도변화는 대만, 티베트 문제에서 자기모순에 빠질 수 있다는 우려가 있다. 현재 중국은 대만, 티베트 문제에 대해서는 여전히 예외적으로 경직된 주권원칙의 잣대를 적용할 수밖에 없는 현실적 딜레마에 직면하고 있는 것이다. 이는 결국 중국의 책임대국으로서의 부상이라는 목표에 걸림돌로 작용하게 될 것이다.

그리고 개도국 지지와 안보리의 기능강화라는 주장 역시 중국 자신이 이미 유엔에서 강대국으로서의 표결행태와 태도를 견지하는 상황에서는 더 이상 실제적 호소력을 갖지 못한 채 단지 수사로서 한정될 가능성이 커지고 있다. 또한 이 문제는 여전히 개도국의 지지 획득을 통한 중국의 부상, 특히 국제사회에 기여하는 책임감 있는 대국으로서의 이미지를 창출하는 장으로서 유엔의 가치가 중국에게 여전히 중요한 상황에서는 또 하나의 중대한 유엔 외교의 과제가 되고 있다. 중국이 유엔 외교에서 직면하고 있는 딜레마와 과제는 중국이 유엔이라는 국제기구에의 적극적 참여라는 자유주의적 방식을 통해서 강대국화라는 현실주의적 목표를 지향하는 과정에서 나타나고 있다. 이러한 목표와 접근방식의 줄다리기에서 어느 요소가 우세를 점하는가가 향후 유엔 외교를 포함한 중국외교의 방향성을 결정짓는 척도가 될 수 있다.

참고문헌

김학린. "유엔 안보리 구조개혁 논의의 쟁점과 전망." 〈국제문제연구〉, 제5권 3호(2005).

이서항. "한국의 PKO 정책과 실제." 강성학 편저. 《동아시아의 안보와 유엔체제》. 서울: 집문당, 2003.

정재호 편. 《중국의 강대국화》, 서울: 도서출판 길, 2006.

"國際規則制定權與中國的位置." 〈世界知識〉, 第6期(2002).

唐永勝. "中國對聯合國維和機制的參與." 王逸舟 主編. 《磨合中的建構:中國與國際組織關係的多視角透視》, 北京: 中國發展出版社, 2003.

毛瑞鵬. "主權原則与中國在聯合國維和議案中的投票行爲(1994~2004)." 〈世界經濟與政治〉, 第4期(2006).

毛澤東. "關於恢復中國在聯合國的合法席位問題."《毛澤東外交文選》, 北京: 中央文獻出版社, 1994.

門洪華. "中國和平崛起的國際戰略框架." 門洪華 主編. 《中國: 大國崛起》, 杭州: 浙江人民出版社, 2004.

______. "國際機制與21世紀的中國外交戰略." 胡鞍鋼 主編. 《中國大戰略》, 杭州: 浙江人民出版社, 2003.

范躍江. "新干涉主義與中國安全." 〈太平洋學報〉, 第3期(2000).

蘇長和. "發現中國新外交." 〈世界經濟與政治〉, 第4期(2005).

沈國放. "發揮安理會重要作用維護國際和平與安全." 〈國際問題研究〉, 第1期(2004).

沈驥如. 《中國不當"不先生"》, 北京: 今日中國出版社, 1998.

閻學通. "'和平崛起'的 分岐, 意義及策略." 〈中國社會科學〉, 5期 (2004).

吳妙發. "中國在聯合國的定位和聯合國改革." 〈思想理論教育導刊〉, 第10期(2006).

溫樹斌. "聯合國集体安全体制的內在缺陷剖析." 〈政治與法律〉. 5期(2006).

阮宗澤. "實現中國外交'話語權'." 〈瞭望〉, 32期(2005).

王杰. 《國際機制論》, 北京: 新華出版社, 2002.

王猛. "達爾富爾危机:中國外交轉型的挑戰与契机." 〈世界經濟與政治〉, 6

期(2005).
王玲. "世界各國參与國際組織的比較研究."〈世界經濟與政治〉, 第11期(2006).
"聯合國是美蘇政治交易所."〈人民日報〉, 1965年 1月 10日.
劉建飛. "聯合國機構改革與中國外交."〈理論視野〉, 第4期(2006).
李東燕 編. 《聯合國》, 北京: 社會科學文獻出版社, 2005.
______. "聯合國安理會改革的中國視覺." 王逸舟 主編. 《磨合中的建構: 中國與國際組織關係的多視角透視》, 北京: 中國發展出版社, 2003.
李鐵城 主編. 《世紀之交的聯合國》, 北京: 人民出版社, 2002.
張幼文・黃仁偉. 《2006中國國際地位報告》. 北京: 人民出版社, 2006.
趙磊. 《建構和平; 中國對聯合國外交行爲的演進》, 北京: 九州出版社, 2007.
中國聯合國協會 編. 《中國領導人和中國代表團出席聯合國有關會議發言滙編》, 北京: 世界知識出版社, 2002.
中華人民共和國政策研究室 編. 《中國外交 2006年版》, 北京: 世界知識出版社, 2006.
陳東曉. "聯合國集體安全機制與中國安全環境."〈現代國際關係〉, 第9期(2004).
彭慶. "從政府工作報告的文字表述看我國多邊外交政策:1986-2005."〈外交評論〉, 總 第83期(2005).
中華人民共和國國務院新聞辦公室. 〈2006年中國的國防〉. 二〇〇六年十二月・北京 http://news.xinhuanet.com/politics/2006-12/29(검색일: 2007년 1월 15일).
中國關于聯合國改革問題的立場文件. 2005/06/07 http://www.fmprc.gov.cn/chn(검색일: 2006년 12월 28일)
加快改革開放和現代化建設步伐奪取有中國特色社會主義事業的更大胜利—江澤民在中國共產党第十四次全國代表大會上的報告(1992年10月12日) http://www.china.com.cn/ch-80years(검색일: 2007년 4월 20일).
"高擧鄧小平理論偉大旗幟, 把建設有中國特色社會主義事業全面推向二十一世紀." 江澤民在中國共產党第十五次全國代表大會上的報告(1997年9月12日) http://www.china.com.cn/ch-80years(검색일: 2007년 5월 25일).
"全面建設小康社會, 開創中國特色社會主義事業新局面."江澤民在中國共產

党第十六次全國代表大會上的報告(2002-11-17) http://www.china.com.cn/zhuanti2005/txt/2002-11/17(검색일: 2007년 4월 20일).

Carlson, Allen. "Helping to Keep the Peace: China's Recent Stance on Sovereignty and Multilateral Intervention." *Pacific Affairs*, vol. 77, no. 1, 2004.

Economy, Elizabeth. "The Impact of International Regimes on Chinese Foreign Policy-Making: Broadening Perspectives and Policies... But Only to a Point." in David M. Lampton, ed., *The Making of Chinese Foreign and Security Policy in the Era of Reform*. Berkeley: University of California Press, 2001.

Fullilove, Michael. "Angel or Dragon? China and the United Nations." *The National Interest*, September/October 2006.

Gill, Bates and James Reilly. "Sovereignty, Intervention and Peace-keeping: The View from Beijing." *Survival*, vol. 42, no. 3, Autumn 2000.

Gries, Peter Hays. "China Eyes the Hegemon." *Orbis*. Summer 2005.

Hempson-Jones, Justin S. "The Evolution of China's Engagement with International Governmental Organizations: Toward a Liberal Foreign Policy?" *Asian Survey*, vol. 45, Issue 5, 2005.

Johnston, Alastair Iain. "Is China Status Quo Power?" *International Security*, vol. 27, no. 4, 2003.

Kent, Ann. "China's International Socialization: The Role of International Organizations." *Global Governance*, 8 (2002).

Kim, Samuel S. "China and the United Nations." In Elizabeth Economy and Michael Oksenberg, eds., *China Joins the World: Progress and Prospects*. N.Y.: Council on Foreign Relations Press, 1999.

Lampton, David. *Same Bed Different Dreams: Managing U.S.-China Relations 1989-2000*. University of California Press, 2001.

Malik, J. Mohan. "Security Council Reform: China Signals Its Veto." *World Policy Journal*, vol. 22, no. 1, Spring 2005.

Martin, Lisa L. "The Rational Choice State of Multilateralism." In John Gerard Ruggie, ed., *Multilateralism Matters: The Theory and Praxis of an Institutional Form*. New York: Columbia University Press, 1993.

Nahory, Cine. "The Hidden Veto." *Global Policy Forum*, May 2004.

Pang Zhongying. "China's Changing Attitude to UN Peacekeeping." *International Peacekeeping*, vol. 12, no. 1, Spring 2005.

Shichor, Yitzhak. "China's Voting Behavior in the UN Security Council." *China Brief*, vol. 6, Issue 18, September 2006.

Wang Jianwei. "China's Multilateral Diplomacy in the New Millennium." In Deng Yong and Fei-Ling Wang, eds., *In the Eyes of Dragon: China Views the World*. New York: Rowman & Littlefield Publishers, Inc., 1999.

Weiss, Thomas G.. "The Illusion of UN Security Council Reform." *The Washington Quarterly*, vol. 26 Issue 4, Autumn 2003.

http://www.globalpolicy.org/finance(검색일: 2008년 6월 15일)

http://www.globalpolicy.org/security/membship/veto(검색일: 2007년 2월 15일).

http://www.china-un.org/chn(검색일: 2007년 2월 20일)

http://daccessdds.un.org/doc/UNDOC/PRO(검색일: 2008년 5월 22일).

http://www.un.org/Depts(검색일: 2008년 6월 10일)

http://www.un.org/aboutun/charter(검색일: 2008년 6월 17일)

http://www.globalpolicy.org/security(검색일: 2008년 6월 12일)

http://www.state.gov(검색일: 2008년 6월 10일)

http://www.state.gov/www/issues(1997-1999) (검색일: 2007년 1월 20일)

제 4 장

중국외교의 새로운 시도*

'소프트파워' 전략

조영남

1. 중국의 부상과 소프트파워

최근 들어 외국의 주요 중국연구자들은 아시아지역에서 중국의 영향력이 크게 확대되었고, 그 배경에는 중국의 경제력 및 군사력 증강과 함께 소프트파워(*soft power*) 강화가 놓여있다고 주장한다.[1] 급

* 이 글은 조영남, "중국의 소프트파워와 외교적 함의," 손열 편, 《매력으로 엮는 동아시아: 지역성의 창조와 서울 컨센서스》(서울: 지식마당, 2007)와 Young Nam Cho and Jong Ho Jeong, "China's Soft Power: Discussions, Resources, and Prospects," *Asian Survey*, vol. 48, no. 3 (May/June 2008), pp. 453~472를 수정·보완한 것이다.

1) Joshua Kurlantzick, *Charm Offensive: How China's Soft Power Is Transforming the World* (New Heaven: Yale University Press, 2007), pp. xi, 5; David Shambaugh, "Return to the Middle Kingdom? China and Asia in the Early Twenty-First Century," in David Shambaugh, ed., *Power Shift: China and Asia's New Dynamics* (Berkeley: University of California Press, 2005), p. 25; David Lampton, "China's Rise in Asia

속한 경제성장과 함께 중국은 중국적 가치를 선전하고 자국의 문화와 제도를 홍보함으로써 아시아지역에서 미국의 잠재적 경쟁자로 부상했다는 것이다. 동남아시아지역을 대상으로 한 24시간 방송실시, 아시아 국가에 대한 원조강화, 대규모 아시아 유학생의 유치, 지역 다자기구에의 적극참여는 이런 중국의 노력을 보여주는 사례라는 것이다.[2)]

특히 소프트파워 이론의 제창자인 하버드대학의 나이(Joseph S. Nye) 교수는 2005년 12월 29일 〈월스트리트 저널(아시아판)〉(*Wall Street Journal*)에 기고한 글에서 아시아지역에서 중국의 소프트파워가 급속히 증가하고 있다는 사실을 지적하고 이에 대한 미국의 적극적인 대응을 건의했다. 이는 중국의 소프트파워에 대한 나이의 평가가 바뀌었음을 보여준다. 사실, 나이는 2004년에 발간된 자신의 책 《소프트 파워》(*Soft Power*)에서 중국의 소프트파워 강화는 미래의 일이라고 평가절하한 바 있다. 미국에 비해 중국의 소프트파워 자원은 아직 빈

Not Be at America's Expense," in Shambaugh, *Power Shift*, pp. 317~319; Robert G. Sutter, *China's Rise in Asia: Promises and Perils* (Lanham: Rowman & Littlefield, 2005), p. 201. 참고로 소프트파워는 일반적으로 "연성권력"(軟性權力)으로 번역된다. 그런데 최근 들어 "연성권력"보다 "소프트파워"가 더 많이 사용되기 때문에 이 글에서 필자도 "연성권력" 대신 "소프트파워"를 사용한다.

2) Joshua Kurlantzick, "The Decline of American Soft Power," *Current History* (December 2005), pp. 419~424; Jean A. Garrison, "China's Prudent Cultivation of 'Soft' Power and Implications for U.S. Policy in East Asia," *Asian Affairs: An American Review*, vol. 32, no. 1 (2005), pp. 25~30; Ester Pan, "China's Soft Power Initiative," *Backgrounder* (May 18, 2006), http://www.cfr.org/publications; Thomas Lum, Wayne M. Morrison, and Bruce Vaughn, *China's 'Soft Power' in Southeast Asia*, CRS Report for Congress, January 4, 2008.

약하고, 문화적 매력에도 불구하고 부패와 자유부족 등으로 인해 중국의 국내정책과 정치적 이념은 큰 매력이 없다는 것이다. 또한 그는 대만문제 등으로 중국의 외교정책도 문제가 많다고 주장했었다.[3)]

상기한 학자들의 주장을 뒷받침하는 실제 근거도 우리는 쉽게 발견할 수 있다. 중국에 대한 국제적 호감도가 증가되었다는 각종 설문조사 결과는 그 중의 하나이다. 예를 들어, 미국의 퓨 리서치센터(Pew Research Center)가 2005년 6월 23일 배포한 조사결과에 따르면, 유럽인들은 미국인보다 중국에 대해 더 우호적으로 느끼는 것으로 나타났다. 구체적으로 미국과 중국에 대해 우호적으로 느낀다고 답한 비율이 영국(55% 대 65%), 프랑스(43% 대 58%), 독일(41% 대 46%), 스페인(41% 대 57%), 네덜란드(45% 대 56%)로 나타났다. 또한 아시아지역(터키, 파키스탄, 인도네시아, 레바논, 요르단, 인도)을 대상으로 한 조사에 의하면, 중국의 부상에 대해 대부분의 아시아인들은 매우 긍정적으로 평가하고 있으며, 중국의 경제성장이 자국에 유리하다는 견해가 지배적이었다.[4)]

이처럼 아시아지역에서 중국의 이미지가 호전되고 영향력이 증대된 데에는 여러 가지 요인이 작용했다. 일차적인 요인은 중국의 급속한 경제성장이다. 2006년 1월 중국 국가통계국이 발표한 자료에 의하면, 중국은 1980년부터 2005년까지 연평균 9.6%의 경제성장률을 기록했고, 그 결과 2005년 말에는 경제규모(GDP) 세계 4위(약 2조 2천억 달러), 교역규모 세계 3위(약 1조 4천억 달러), 외환보유고 세계 2위

---

3) Joseph Nye, *Soft Power: The Means to Success in World Politics* (New York: Public Affairs, 2004), pp. 88~89.

4) Pew Research Center, "American Character Gets Mixed Reviews: U.S. Image up Slightly, but Still Negative," 16-Nation Pew Global Attitudes Survey (2005), pp. 2, 33~34.

(약 8천 2백억 달러)의 경제대국이 되었다(2007년 12월에는 경제규모 약 3조 3천억 달러, 교역규모 약 2조 천억 달러, 외환보유고 약 1조 5천억 달러로 증가했다). 이 같은 눈부신 경제성장 덕택에 중국은 경제발전을 추진하고 있는 제 3세계 국가들에게 선망의 대상, 본받고 따라야할 모범 국가가 되었다. 여기에 더해 중국의 시장과 자본을 활용하려는 세계 각국은 중국과의 경제협력 강화 등 관계개선에 적극 나서게 되고, 이에 따라 중국의 영향력은 더욱 확대되었다.

급속한 경제성장 못지않게 중요한 요인은, 중국의 아시아 지역정책이 주효했다는 점이다. 1990년대 이후 중국은 아시아지역을 세계강대국으로의 부상을 위한 핵심전략지역으로 간주하고 비교적 체계적인 지역정책을 수립하고 추진해 왔다. 여기에 더해 중국은 '책임대국'(責任大國), '신안보관'(新安全觀), 화평굴기(和平崛起; 평화적 부상), '화평발전'(和平發展; 평화적 발전), '조화세계'(和諧世界; 조화로운 세계) 등 다양한 이론과 개념을 개발하여 선전함으로써 자국의 급속한 부상을 정당화하기 위해 많은 노력을 기울였다. 그 결과 중국에 대한 아시아 국가들의 우려는 상당히 해소되었고, 중국의 영향력은 더욱 확대될 수 있었다.[5)]

그런데 필자는 지난 시기 아시아지역에서 중국의 영향력이 확대되고 이미지가 호전될 수 있었던 데에는 급속한 경제성장과 함께 소프

---

5) 김재철, "중국의 동아시아 정책," 〈국가전략〉, 제9권 4호(2003), pp. 7~32; 조영남, 《후진타오 시대의 중국정치》(서울: 나남, 2006), pp. 265~306; Shambaugh, "Return to the Middle Kingdom?"; Wang Jianwei, "China's Multilateral Diplomacy in the New Millennium," in Yong Deng and Fei-Ling Wang, eds., *China Rising: Power and Motivation in Chinese Foreign Policy* (Lanham: Rowman & Littlefield, 2005), pp. 159~200; Zhang Yunling and Tang Shiping, "China's Regional Strategy," in Shambaugh, *Power Shift*, pp. 48~68.

트파워에 대한 중국의 인식과 정책화가 놓여있다고 생각한다. 위에서 말한 중국의 아시아 지역정책과 새로운 외교이론 개발은 이를 잘 보여주는 사례이다. 또한 향후에도 중국은 아시아지역에서 자국의 지위를 공고히 하고 세계강대국으로 부상하기 위해 소프트파워 강화에 더욱 매진할 것으로 필자는 판단한다. 실제로 뒤에서 보겠지만 나이의 소프트파워 이론에 대해 미국의 주류학계가 비교적 소극적으로 반응한 것과는 대조적으로 중국은 일찍부터 이에 큰 관심을 보였고, 후진타오(胡錦濤) 시대에 들어서는 어떻게 중국의 소프트파워를 강화할 것인가가 학계와 언론의 주요 관심사가 되었다. 따라서 중국의 외교전략을 이해하기 위해서는 중국의 소프트파워 논의와 정책화를 살펴보는 것이 필요하다.

이 글에서는 구체적으로 다음 두 가지를 검토할 것이다. 첫째는 중국에서 소프트파워가 논의되고 정책화되는 과정에 대한 분석이다. 이를 통해 우리는 중국이 나이의 소프트파워 이론을 어떻게 수용하고 이를 어떻게 국가전략으로 발전시키려고 노력했는지를 이해할 수 있을 것이다. 둘째는 화평굴기론, '베이징 컨센서스'(*Beijing Consensus*; 北京共識), 그리고 중화문명(中華文明)의 외교적 활용에 대한 사례분석이다. 화평굴기론은 지역강대국으로 성장한 중국이 어떤 외교방침을 통해 세계강대국으로 발전할 것인가를 진지하게 고민하는 과정에서 제기되었다. 또한 이것은 중국의 발전전략과 이미지를 세계에 어떻게 선전하고 설득할 것인가와도 밀접히 연관되어 있다. 따라서 화평굴기론은 후진타오 시대의 소프트파워 논의를 살펴보는 중요한 사례가 될 수 있다. 베이징 컨센서스는 라모(Joshua Cooper Ramo)가 중국의 경제발전 경험을 정리하여 워싱턴 컨센서스(*Washington Consensus*)와 대비되는 새로운 발전모델로 제시한 것이다. 베이징 컨센서스가 제기되고 확산된다는 것은 중국식 발전모델이 국제적으로 공인받는 것으로서, 중국의 입장에서 보면 이는 자국의 소프트파워가 강화됨을 의미한다. 따라서 중국이 베이징 컨센서스를 어떻게 평가하고 그것의 확산에 대해 어떤 태도를 취하고 있는가는 중국의 소프트파워 논의를 보여주는 중요한 사례가 될 수 있다. 후진타오 시대에 들어 중국은 자국의 대외이미지 제고와 중국적 가치와 비전(*vision*)의 전파를 위해 중화문명, 특히 유가(儒家) 사상을 외교적으로 적극 활용하고 있다. 따라서 중국의 소프트파워 전략을 이해하기 위해서는 이에 대한 검토도 필요하다.

우선 소프트파워 개념에 대해 간단히 살펴보자. 중국학자들 사이에는 현재 소프트파워에 대한 합의된 정의가 없다. 소프트파워에 대한 중국어 번역도 아직 통일되지 않았는데, '軟實力,' '軟權力,' '軟力量,' '軟國力' 등 네 가지가 소프트파워의 역어로 가장 많이 사용된다. 일반적으로 말해, 중국학자들은 나이의 소프트파워 개념을 수용하여 각자의 연구목적에 맞게 약간씩 변용하여 사용한다. 나이는 한 국가가 행사하는 권력을 군사력과 경제력 등의 "하드파워"(*hard power*, 硬性權力)와 소프트파워로 구분한다. 나이에 따르면, 소프트파워는 "강제나 보상이 아니라 매력(*attraction*)을 통해 우리가 원하는 것을 얻는 능력"을 가리킨다. 소프트파워는 한 나라가 가지고 있는 세 가지 자원(*resources*) 즉, 문화, 정치이념과 가치, 정책(특히 외교정책)에서 기인한다.[6] 또한 나이에 따르면, 정보화·세계화 시대에 들어 군사

6) Nye, *Soft Power*, pp. x, 11. 소프트파워에 대한 나이의 정의도 조금씩 변화되어 왔다. 예를 들어, 이전에 발간한 그의 책 *Bound to Lead*(1990)와 *The Paradox of American Power*(2002)에서 나이는 소프트파워를 "우리가 원하는 바를 남들이 원하게 하는 권력"으로 정의했다. 또한 소프트파워의 주요 자원으로 나이는 문화적 매력, 이데올로기, 국제제도, 정책 등을 제시했다. Joseph Nye, *Bound to Lead*: *The Changing Nature of American Power* (New York: Basic Books, 1990), pp. 31, 188; Nye, *The*

력의 사용이 제한을 받으면서 소프트파워의 중요성이 전보다 더욱 증가했다. 한편 하드파워와 소프트파워는 서로 밀접히 연관되어 있다. 왜냐하면 그것들은 타자의 행위에 영향을 미쳐 우리의 목적을 달성하는 능력의 두 측면을 이루기 때문이다.[7] 그래서 실제 권력행사 과정에서 양자를 엄격히 구분할 수 없는 경우가 많다.

Paradox of American Power: Why the World's Only Superpower Can't Go It Alone (Oxford: Oxford University Press, 2002), pp. 8~9.

7) Nye, *Soft Power*, pp. 7~8, 30~32.

2. 중국에서의 소프트파워 이론 수용과 논의전개

한 중국학자의 연구에 의하면, 1990년대 이후 중국지식인들의 소프트파워에 대한 관심과 연구는 계속 증가했다. 그 결과 소프트파워에 대한 중국의 관심과 연구는 미국을 포함한 다른 어떤 국가에서보다도 크다고 그는 주장한다.[8] 예를 들어, 1992년에는 나이의 *Bound to Lead*(1990)가 중국어로 출판되었다. 1993년에는 장쩌민(江澤民) 전 공산당 총서기의 핵심참모이며 상하이(上海) 푸단(復旦)대학의 교수였던 왕후닝(王滬寧)이 〈푸단학보(學報)〉에 "국가실력으로서의 문화 : 소프트파워"를 발표하여 나이의 소프트파워 이론을 소개하고 중국의 소프트파워 강화를 역설했다.[9] 현재 런민대학(人民大學) 교수인 팡중잉(龐中英)도 1997년에 〈전략과 관리〉(戰略與管理)에 나이의 소프트파워 이론을 자세히 소개하는 논문을 발표했고, 저명한 미국전문가인 선지루(沈驥如)도 1999년 〈주간랴오왕〉(瞭望新聞週刊)에 중국의 소프트파워 강화를 주장하는 글을 발표했다.[10] 2002년 8월에는 중국외교부 산하 중국국제문제연구소(中國國際問題研究所)가 "미국 대외정책에서 소프트파워의 지위와 영향"이라는 주제로 대규모 학술대회를 개최했다.[11] 최근에는 나이의 이론이 주로 미국의 경험에 근

8) 劉德斌, "軟實力說的由來與發展,"〈吉林大學社會科學學報〉, 제4기(2004), p. 55.

9) 劉德斌, "軟實力說的由來與發展," p. 60.

10) 龐中英, "國際關係中的軟力量及其他,"〈戰略與管理〉, 제2기(1997), pp. 49~51; 沈驥如, "不能忽視增强我國的軟實力,"〈瞭望新聞週刊〉, 제41기(1999년 10월), pp. 12~13.

11) 永强, "軟國力在美國對外政策中的地位和影向研究會在京擧行,"〈國際問題研究〉, 제6기(2002년 1월), p. 59.

거한 것이라고 비판하면서 중국 상황에 맞는 소프트파워 이론을 수립해야 한다는 주장이 제기되고 있다.[12)]

후진타오 시대에 들어 공산당 지도자들도 중국의 소프트파워 강화에 관심을 갖기 시작했다. 하나의 예로, 2004년 5월 중국공산당 정치국 제13차 집단학습(集體學習)을 들 수 있는데, 이 세미나의 주제는 "중국철학 및 사회과학의 번영과 발전"이었다. 이는 라모에 의해 베이징 컨센서스가 제기되고, 국제적으로 중국식 발전모델에 대한 관심이 집중된 상황에서 개최된 것으로, 제13차 집단학습은 "중앙의 새로운 지도자들이 전략적 관점에서 중국의 소프트파워 강화를 빠르게 추진하기 시작했음"을 보여주는 것이라고 한다.[13)] 이때 토론된 구체적인 내용을 알 수 없어 단정적으로 말할 수 없지만, 이는 중국의 최고지도자들도 자국의 소프트파워 강화에 매우 큰 관심을 갖고 있음을 보여주는 간접사례가 될 수 있다.

가장 최근의 예로는 2007년 10월에 개최된 공산당 제 17차 전국대표대회(당대회)의 〈정치보고〉를 들 수 있다. 이번 〈정치보고〉에서는 문화정책이 매우 강조되었는데, 그 중에서도 특히 "국가문화의 소프트파워 제고"라는 목표가 최초로 공산당의 주요정책으로 명시된 점은 매우 중요한 특징이라고 할 수 있다. 이는 후진타오 시대에 들어 중국이 소프트파워를 하드파워와 함께 '종합국력'(綜合國力, *comprehensive national power*)의 핵심요소로 간주하고 소프트파워 강화를 위해 노력해 온 현실을 반영한 것이다. 또한 이는 중국이 앞으로도 소프트파워 강화를 통한 국제적 지위 향상과 국민통합에 더욱 노력할 것이고, 이를 위해 중국 전통문화의 부흥과 유가 등 전통사상의 확대

---

12) 龐中英, "中國軟力量的內涵,"〈瞭望新聞週刊〉, 제45기(2005년 11월), p. 62.

13) 楊桃源, "提升中國軟實力,"〈瞭望新聞週刊〉, 제23기(2004년 6월), p. 14.

에 더욱 매진할 것임을 보여주는 것이다.[14]

그런데 중국학자들이 소프트파워 이론을 국가전략과 연계시킨 것은 1990년대 후반의 일이다. 이 무렵 급속한 경제성장과 함께 국력이 신장되면서 세계가 중국의 부상에 주목하고 중국 국민들도 국제문제에 관심을 갖게 되었다. 이때부터 중국의 주요 언론매체는 전과 다르게 국제문제를 대대적으로 보도했다. 동시에 정부차원뿐만 아니라 민간차원에서도 국제문제와 외교정책에 대한 활발한 논의가 전개되었다. 이런 요소들이 복합적으로 작용하여 중국 국민의 자기의식과 중국 정부의 자국평가에 변화가 발생했다. 이 과정에서 결정적인 역할을 한 것이 1997~98년 아시아 경제위기에서 중국이 보여준 태도와 국제적 평가, 즉 인민폐를 평가절하하지 않고 동시에 주변국에 경제원조를 제공함으로써 국제적으로 높은 평가를 받은 사실이었다.[15]

이런 배경 속에서 중국의 부상을 진지하게 고민하고 지역강대국에서 세계강대국으로 발전하기 위한 국가전략을 새롭게 수립하려는 노력이 중국학자들 사이에서 진행되었다. 종합국력 개념은 이 과정에서 등장했고, 소프트파워가 종합국력의 중요한 요소로 인정되면서 소프

---

14) 劉雲山, "更加自覺更加主動地推動社會主義文化大發展大繁榮," 〈人民網〉, 2007년 10월 29일, http://politics.people.com.cn/GB(검색일: 2007년 10월 29일); 嚴昭柱, "提升軟實力的關鍵點," 〈人民論壇〉, 2007년 10월 15일, 〈人民網〉, 2007년 11월 2일, http: //politics.people.com.cn/GB(검색일: 2007년 11월 6일); 吳建民, "構建中華主流文化成當務之急," 〈人民論壇〉, 2007년 10월 15일, 〈人民網〉, 2007년 11월 2일, http://politics.people.com.cn/GB(검색일: 2007년 11월 6일); 陳少峰, "發展文化產業的國際經驗借鑒," 〈人民論壇〉, 2007년 10월 15일; 〈人民網〉, 2007년 11월 2일, http://politics.people.com.cn/GB(검색일: 2007년 11월 6일).

15) Lampton, "China's Rise in Asia," p. 307; 張劍莉, 《中國崛起: 通向大國之路的中國策》(北京: 新華出版社, 2005), pp. 126~127.

트파워 강화가 국가목표에 포함되었다. 이 무렵부터 중국에서 종합국력, '대전략'(大戰略; *grand strategy*) 등의 명칭이 붙은 다양한 연구결과가 발표된 것은 이를 잘 보여준다. 예를 들어, 이 분야의 선구적인 업적으로 평가받는 황수오펑(黃碩風)의 《종합국력론》(綜合國力論)이 1999년 중국사회과학출판사에서 출판되었다. 그는 이 책에서 종합국력은 경성권력(硬國力: 경제력, 과학기술력, 국방력, 자원력)과 함께 소프트파워(軟國力: 정치력, 외교력, 문화력), 협동력(協同力: 정치체제, 정부지도력, 조직결정능력과 관리능력 등)으로 구성된다고 보았다. 이후 중국의 국가전략에 대한 연구는 계속되었다. 칭화(清華)대학교 후안강(胡鞍鋼) 교수의 연구와 그의 제자인 먼훙화(門洪華) 교수의 연구는 대표적이다.[16] 베이징대학교 예즈청(葉自成) 교수의 연구와 칭화대학교 옌쉐퉁(閻學通) 교수의 연구도 있다.[17]

중국에서의 소프트파워 논의는 편의상 두 가지로 나누어 살펴볼 수 있다. 하나는 국내발전전략으로서의 소프트파워 논의이고, 다른 하나는 대외전략으로서의 소프트파워 논의이다. 전자가 주로 경제발전에 필요한 국내 제도개혁을 중심으로 한 논의라면 후자는 중국의 부상을 위한 외교정책 수립을 중심으로 한 논의이다. 양자는 엄격히 구분되는 것은 아니지만, 여기서는 편의상 나누어 검토하겠다.

---

16) 胡鞍鋼, 《中國發展前景》(杭州: 浙江人民出版社, 1999); 胡鞍鋼, 《中國大戰略》(杭州: 浙江人民出版社, 2003); 胡鞍鋼, 《中國: 新發展觀》(杭州: 浙江人民出版社, 2004); 胡鞍鋼·楊帆 外, 《大國戰略: 中國利益與使命》(瀋陽:: 遼寧人民出版社, 2000); 門洪華, 《中國: 大國崛起》(杭州: 浙江人民出版社, 2004); 門洪華 主編, 《構建中國大戰略的框架: 國家實力·戰略觀念與國際制度》(北京: 北京大學出版社, 2005).

17) 葉自成, 《中國大戰略: 中國成爲世界大國的主要問題及戰略選擇》(北京: 中國社會科學出版社, 2003); 閻學通·孫學峰 外, 《中國崛起及其戰略》(北京: 北京大學出版社, 2005).

중국의 일부 연구자들은 기존 발전전략이 양적 경제성장에만 집중함으로써 여러 가지 사회문제가 발생했다고 지적하면서 이를 해결하기 위한 방안으로 소프트파워 강화를 제기한다. 예를 들어, 예즈청 교수는 한 국가가 세계강대국으로 발전하기 위해서는 경제력·군사력·과학기술력에 더해 정치·경제·외교 등에서 소프트파워를 강화해야 한다고 주장한다. 그에 따르면, 소련이 세계강대국의 지위를 상실한 것은 세계최강의 군사력을 갖고 있었지만 소프트파워가 약화되면서 국제사회에서의 영향력을 상실했기 때문이다. 따라서 중국도 소련의 전철을 밟지 않기 위해서는 제도혁신에 매진해야 하는데, 여기서 가장 중요한 것이 정치·경제제도와 문화제도의 혁신이다.[18]

팡중잉 교수도 중국이 세계강대국으로 도약하기 위해서는 소프트파워가 필요하다고 주장한다. 그에 의하면, 모든 국가의 소프트파워는 양호한 통치(治理; *good governance*)에 기초한다. 따라서 중국도 통치체제 개선을 위해 노력해야 한다. 이를 위해서는 사회주의 민주정치를 실현하고, 경제구조를 합리화하며, 사회진보를 위해 불균형과 불공정 문제를 해결하고 교육과 전통문화 보전에 노력해야 한다.[19] 《2005년 중국국제지위 보고》에서 처음으로 소프트파워 강화를 국력신장 지표로 채택한 장요우원(張幼文), 황런웨이(黃仁偉) 상하이 사회과학원 교수들도 2004년 중국의 강화된 문화외교와 함께 헌법수정을 통한 사유재산 보호, 공산당 통치능력 강화, 법제건설 등의 제도개선을 소프트파워 강화의 사례로 들었다.[20]

그런데 소프트파워 논의는 주로 중국의 새로운 대외전략 수립과 관

---

18) 葉自成, 《中國大戰略》, pp. 116~117.

19) 龐中英, "發展中國軟力量," 〈瞭望新聞週刊〉, 제1기(2006년 1월), p. 63.

20) 張幼文·黃仁偉 外, 《2005中國國際地位報告》(北京: 人民出版社, 2005), pp. 273~280.

련하여 이루어졌다. 후진타오 시대에 들어, 중국이 세계강대국으로 발전하기 위해서는 하드파워와 함께 소프트파워를 강화해야 한다는 주장은 이제 보편적인 것이 되었다. 앞에서 말했듯이, 중국에서는 소프트파워라는 표현이 크게 유행하고, 학술잡지뿐만 아니라 대중신문과 잡지에서도 이에 대한 논의가 홍수를 이루었다.[21] 특히 2003년에 화평굴기론, 2004년에 베이징 컨센서스가 제기된 것은 중국에서 소프트파워 이론이 크게 유행하게 되는 데 결정적인 영향을 미쳤다.

사실, 후진타오 시대 이전부터 비록 소프트파워라는 용어를 사용하지는 않았지만 중국은 이것과 관련된 다양한 노력을 기울였다. 예를 들어, 미국 주도의 국제질서운영을 비판하면서 마오쩌둥(毛澤東) 시기의 평화공존 5원칙을 확대·발전시킨 '신(新)국제정치경제질서론', 유럽의 북대서양조약기구(NATO)와 미·일동맹 등 전통적인 안보관을 비판하면서 제기한 신안보관, 중국은 국제체제의 파괴자가 아니라 국제사회에서 정당한 책임을 지는 강대국이라는 책임대국론의 제기는 대표적인 예이다. 그밖에도 중국위협론과 중국붕괴론에 대한 대응논리로서 중국은 '중국기회론'과 '중국공헌론'을 제기했다.[22] 또한 중국은 이를 현실적으로 뒷받침하기 위해 다양한 외교정책을 추진했다. 중국의 아프리카 지원정책은 대표적인 사례이다.[23] 후진타오 시대의

21) 劉德斌, "軟實力說的由來與發展," p. 60.

22) 중국공헌론은 중국의 경제발전이 아시아 및 세계의 경제발전을 촉진하고, 세계 분업구조를 합리적으로 개선하며, 세계 빈곤문제를 해결하는데 기여한다는 주장이다. 중국기회론은 중국은 잠재력이 매우 큰 세계 시장으로서 타국에게 무역과 투자의 기회를 제공한다는 주장이다. 門洪華, 《構建中國大戰略的框架》, pp. 19~21.

23) Drew Thompson, "China's Soft Power in Africa: From the 'Beijing Consensus' to Health Diplomacy," *China Brief*, vol. 5, no. 21 (2005), pp. 1~4.

연성권력 논의는 이런 시도를 좀 더 체계화한 것이다. 화평굴기론과 조화세계론의 제기와 공공외교(*public diplomacy*) 또는 문화외교(*cultural diplomacy*)의 강화는 이를 잘 보여주는 사례이다.

대외전략 차원에서 진행된 소프트파워 논의는 크게 두 가지 방향에서 이루어졌다. 하나는 미국의 소프트파워 전략에 대한 대응차원의 논의이고, 다른 하나는 중국이 세계강대국으로 부상하기 위한 전략수립 차원의 논의이다. 먼저 전자를 살펴보자. 중국의 일부 연구자들은 미국의 소프트파워가 중국에 미치는 부정적인 영향을 경계하면서 이에 적극 대응해야 한다고 주장한다. 이들은 나이의 소프트파워 이론을 탈냉전기에도 패권적 지위를 계속 유지하기 위한 미국의 열망을 반영한 것으로 본다. 특히 이들은 소련 및 동구 사회주의국가가 붕괴하는 과정에서 미국의 소프트파워 전략이 큰 역할을 했다는 사실에 주의한다. 세계화·정보화시대에 강화되고 있는 미국의 문화 패권주의와 인터넷과 방송매체를 통한 미국식 가치관의 확산은 대표적인 위험요소라는 것이다. 이들은 이를 미국의 평화적 체제전복(和平演變; *peaceful evolution*) 시도로 간주한다. 이를 막기 위해 이들은 청소년에 대한 사회주의적 사상교육을 강화하고, 중국의 고유한 전통문화를 보존하기 위한 정책을 마련해야 한다고 주장한다.[24]

이런 측면에서 이들은 2005년 12월 29일 〈월스트리트 저널〉에 실린 나이의 글에 대해 매우 비판적이다. 앞에서 말했듯이, 이 글에서

---

24) 詹得雄, “軟實力的含意以及對我國的啓示,” 〈中國政黨幹部論壇〉, 제7기(2004), pp. 37~39; 章彬, “覇權主義的國軟力量和硬力量,” 〈理論探索〉, 제1기(2000), pp. 4~6; 趙長茂, “中國需要軟實力,” 〈瞭望新聞週刊〉, 제23기(2004년 6월), p. 1; 董立人·寇曉宇·陳榮德, “關于中國的軟實力及其提升的思考,” 〈求索〉, 제1기(2005), pp. 143~146; 黃仁偉, “論中國崛起的國內外環境制約(下),” 〈社會科學〉, 제2기(2003), p. 10.

나이는 아시아에서 중국의 소프트파워가 급속히 증가함을 지적하고 이에 대한 미국의 대응을 건의했다. 이들이 보기에 나이의 주장은 중국의 소프트파워를 과대평가한 것으로, 그의 주장은 "중국위협론의 소프트파워 판본(*version*)"에 불과하다. 그래서 이런 주장은 미국이 중국의 발전을 더욱 강력하게 견제하여 21세기에도 패권을 유지하는 데 필요한 새로운 구실을 제공한다는 것이다.[25]

미국의 소프트파워에 대한 대응을 강조하는 이 같은 논의는 중국이 이전부터 가지고 있었던 피해의식, 즉 1840년 중영전쟁(아편전쟁)에서 1949년 사회주의중국 성립 기간의 역사적 경험에서 형성된 '굴욕의 일세기'(百年屈辱; *century of humiliation*) 의식과, 1989년 천안문사건 이후 미국을 중심으로 한 서방세계의 대중국 금수조치에서 형성된 '포위의식'(*siege mentality*)을 아직도 버리지 못했음을 보여준다. 중국은 도의(道義)상 서방에 비해 못할 것이 전혀 없다는 정신상의 충만한 자신감을 가져야 하고, 미국에 대해서도 "네가 우리에게 영향을 미치려 한다면, 우리 또한 너에게 영향을 미칠 수 있다"는 기백을 가져야 한다고 일부 중국 연구자가 주장하는 데서 우리는 이런 피해의식을 읽을 수 있다. 인터넷과 방송매체를 통한 미국의 선전을 경계해야 한다는 주장에 더해, 미국에서 유학하는 중국학생들이 미국 대변인이 되는 것을 막기 위해 이들에 대한 지도를 더욱 철저히 해야 한다는 주장에 이르러서는 이들의 피해의식이 매우 심각하다는 생각을 갖게 한다.[26]

한편 국제정치를 연구하는 중국학자들은 주로 세계강대국화 전략

---

25) 張馳, "中國威脅論新版本: 美過分誇大中國軟實力," 〈人民網〉, 2006년 1월 26일. http://world.people.com.cn/GB/4064869.html(검색일: 2006년 1월 26일).

26) 詹得雄, "軟實力的含意以及對我國的啓示."

차원에서 소프트파워 강화를 주장한다. 이들에 따르면, 중국의 부상은 이미 세계가 인정하는 기정사실이다. 중국의 경제성장은 이를 잘 보여준다는 것이다. 중국학자뿐만 아니라 외국학자들도 중국이 지역 강대국, 나아가 잠재적인 세계강대국으로 부상했다는 사실에 대해서는 대부분 인정한다. 예를 들어, 2004년 9월 워싱턴에서 카네기 평화재단 주최로 개최된 "중국의 평화적 부상"에 대한 학술대회에서 중국의 부상은 모든 참가자들이 인정하는 객관적인 사실로 받아들여졌다.[27]

또한 중국의 일부 연구자에 따르면, 국력신장과 국제적 지위의 상승과 함께 중국의 외교목표가 변화했다고 한다. 2001년 12월 세계무역기구(WTO) 가입과 함께 국제사회에의 편입이라는 과거의 외교적 과제가 사실상 완수되고, 이제는 다양한 국제조직에서 중국이 발언권과 규칙제정권(*rule-making power*)을 어떻게 확보하느냐 하는 것이 문제라는 것이다.[28] 따라서 이에 따르면, 중국은 현재 새로운 두 가지 과제에 직면해 있다. 첫째는 중국위협론을 불식시키고 중국의 부상을 세계, 특히 아시아 국가가 자연스럽게 인정하도록 설득하는 것이다. 둘째는 국제사회의 책임지는 강대국으로 국제업무에 참여하여 발언권을 확보하는 것이다. 그런데 이 두 가지는 모두 중국의 소프트파워 강화와 연관되어 있다. 이 때문에 이들은 중국이 세계강대국으로 발전하기 위해서는 반드시 소프트파워를 강화해야 한다고 주장한다.[29]

---

27) 門洪華, 《構建中國大戰略的框架》, p. 200. 여기서 발표된 일부 논문과 토론은 Foreign Policy (January/February 2005) 특집호를 통해 알 수 있다.

28) 閻學通・孫學峰, 《中國崛起及其戰略》, p. 5.

29) 王雨辰, "略論北京共識對提升中國軟實力的啓迪,"〈中南財政政法大學學報〉, 제1기(2005), pp. 3~8; 鄧顯超, "悄然崛起的關于中國軟實力,"〈攀登〉, 제6기(2005), pp. 89~93; 黃仁偉, "論中國崛起的國內外環境制約(下)"; 阮宗澤, "實現中國外交話語權,"〈瞭望新聞週刊〉, 제32기

마지막으로, 현재 중국학자들은 자국의 소프트파워 수준을 어떻게 평가하는지 살펴보자. 후진타오 시대에 들어 아시아지역에서 중국의 소프트파워와 영향력이 전에 비해 크게 신장되었다는 사실에 대해서는 대부분의 중국연구자들이 동의한다.30) 또한 이것은 중국의 의식적인 노력과 함께 급속한 경제성장에 따른 지연스런 결과라고 본다. 예를 들어, 동아시아지역뿐만 아니라 유럽과 미국에서도 중국어를 배우려는 열풍(漢語熱)이 불고 있는데, 이는 급속한 경제성장에 따라 중국문화에 대한 호기심이 증가한 것과 함께, 중국어를 배우는 것이 이후 경제활동에도 도움이 된다는 판단 때문이다.31) 다른 한편으로 중국연구자들은 중국의 소프트파워가 미국이나 유럽에 비해 아직도 매우 취약한 상태라고 평가한다.32) 또한 일부 연구자는 중국의 하드파워가 급속히 증가한 것과 비교할 때 소프트파워는 크게 신장되지 않았고 이런 면에서 소프트파워는 하락했다고 할 수 있다고 주장한다.33)

(2005년 8월), pp. 26~28.

30) Zhang and Tang, "China's Regional Strategy."

31) 鞠殿明, "全球漢語熱彰顯中國軟力量," 〈思想政治課教學〉, 제10기(2005), pp. 50~52.

32) Li Mingjiang, "China's Soft Power: Stuck in Transition," *RSIS Commentaries*, May 5, 2008; 張幼文 · 黃仁偉, 《2005中國國際地位報告》, p. 288.

33) 門洪華, 《構建中國大戰略的框架》, pp. 210~211, 347.

3. 중국에서의 소프트파워 논의사례 1 : 화평굴기론

앞에서 말했듯이, 화평굴기론은 중국이 세계강대국으로 도약하기 위한 대외전략을 진지하게 고민하는 과정에서 제기된 것으로, 중국의 부상과 이미지를 세계에 어떻게 선전하고 설득할 것인가와 밀접히 연관되어 있다. 나이가 지적했듯이, 외교정책은 소프트파워 자원의 핵심요소이며, 타당한 외교정책의 수립과 집행은 한 국가의 소프트파워 강화에서 매우 중요한 의미를 갖는다. 따라서 화평굴기론은 후진타오 시대의 소프트파워 논의를 살펴보는 중요한 사례가 될 수 있다.

화평굴기론은 공산당 중앙당교(中央黨校)의 전임 부교장이며 중국개혁개방포럼(中國改革開放論壇) 전임 이사장인 정비잰(鄭必堅)이 2003년 10월 중국이 주관하는 보아오 아시아 포럼(博鰲亞洲論壇; Boao Asia Forum)에서 최초로 제기한 것이다. 이후 2003년 12월 10일 미국 하버드대 강연에서 원자바오(溫家寶) 총리, 그리고 동년 12월 26일 마오쩌둥(毛澤東) 탄생 110주년 기념대회에서 후진타오 총서기가 이를 제기하면서 중국 내외에서 큰 주목을 받았다.

그런데 2004년 4월 무렵부터 후진타오 총서기와 원자바오 총리는 화평굴기 대신 화평발전 개념을 사용하기 시작했다. 예를 들어 2004년 4월에 개최된 보아오 포럼 강연에서 후진타오는 화평발전으로 중국의 외교정책을 설명했다. 2004년 8월 덩샤오핑(鄧小平) 탄생 100주년 기념대회에서 행한 후진타오의 연설도 마찬가지이다. 이는 중국 정부가 공식적으로 또는 '관방(官方) 용어'로 화평굴기를 사용하지 않기로 결정했음을 보여준다. 이에 대해서는 여러 가지 이유가 제기되었다. 우선, 중국이 부상을 말하는 것 자체가 기존 강대국과 주변국가를 자극한다는 점이다. 즉, 화평'굴기'는 그렇게 겸손한 표현이 아니라는 것이다. 또한 '화평'굴기를 주장할 경우 대만문제 해결을 위해서는 무력사용도 불사하겠다는 기존 정책은 어떻게 되는가 하는 점도 문제로 제기되었다.[34]

화평굴기가 제기된 직접적인 배경은 중국위협론 등 중국의 부상을 저지하는 다양한 담론이 확산된 사실과 무관하지 않아 보인다.[35] 중국위협론은 1990년대 초 미국과 일본에서 제기되었고, 1990년대 중반 남사군도(南沙群島; Spratlys) 분쟁과 대만해협 위기를 거치면서 아시아 국가들로 확산되었다. 중국에서는 중국위협론이 부정적 담론 형성을 통해 중국의 부상을 견제하려는 미국과 일본의 전략으로 간주되었다. 중국의 급부상을 우려의 눈초리로 바라보던 아시아 국가들은 미국과 일본의 담론을 수용한 측면이 강하다는 것이다. 이유가 어찌되었건 중국위협론의 확산은 평화롭고 안정적인 국제환경 조성과 국제적 영향력 확대라는 자국의 외교목표를 달성하는 데 방해물로 작용하고 있고 그래서 중국은 이에 대응해야만 했다. 중국기회론과 중국공헌론, 화평굴기론은 이런 대응의 결과물이다.

그러나 화평굴기론을 단순히 중국위협론에 대한 대응논리로 이해하는 것은 단편적인 해석이다. 중국위협론에 대한 대응논리 제시라면 중국기회론과 중국공헌론만으로도 충분하다. 중국과 아시아 국가 간의 경제교류 증가, 중국의 세계 경제성장에의 기여, 중국의 시장개방에 따른 세계 각국의 대(對)중국 무역과 투자 증가 등 객관적인 사실

34) 김애경, "중국의 '화평굴기'론 연구: 논쟁과 함의를 중심으로," 〈국제정치논총〉, 제45집 4호(2005), pp. 11~52; 조영남, 《후진타오 시대의 중국정치》, pp. 23~24.

35) 김애경, "중국의 '화평굴기'론 연구," p. 17; 彭澎 主編, 《和平崛起論: 中國重塑大國之路》(廣州: 廣東人民出版社, 2005), p. 18; 門洪華, 《構建中國大戰略的框架》, pp. 15~21; 江西元·夏立平, 《中國和平崛起》(北京: 中國社會科學出版社, 2004), p. 1.

이 이를 뒷받침하기 때문이다. 후진타오 시대에 들어 화평굴기론이 제기된 것은, 세계강대국으로 발전하고 있는 중국이 국력신장과 국제적 부상을 선언하고 아시아 주변국으로부터 이를 인정받으려는 의도에서였다.

이런 면에서 중국이 부상 그 자체를 제기한 것은 중국의 외교정책과 관련하여 매우 중요한 의미를 갖는다. 일부 중국연구자가 주장하듯이, 화평굴기론의 제기는 첫째, 중국외교가 미국 중심에서 주변국가 중심으로, 둘째, 외교목표가 국제사회 편입에서 국제적인 책임 수용으로, 셋째, 중국외교가 경제발전 기여에서 종합적인 국익증진으로 전환했음을 보여주는 것이다.[36] 또는 다른 말로 표현하여 화평굴기론은 중국의 대외전략이 내부지향형(內向型)에서 외부지향형(外向型)으로 전환되었음을 알리는 상징이다.[37] 따라서 화평굴기론의 제기와 논의는 1990년대 이후 지속된 중국의 국력신장과 국제 환경변화에 대한 중국 내 인식변화, 그리고 이를 바탕으로 새로운 대외전략을 모색하려는 중국의 노력을 보여주는 것이다.

마지막으로 화평굴기론이 등장한 데에는 엘리트정치의 측면도 작용했다. 화평굴기론은 장쩌민 시대에서 후진타오 시대로 넘어오는 과도기에 후진타오 체제가 자신의 권력기반을 공고히 하기 위한 노력의 하나라고 할 수 있다. 후진타오는 권력기반 강화를 위해 다양한 시도를 했고, 그 중의 하나가 바로 장쩌민 시기와는 다른 새로운 국가전략을 수립하는 것이다. 예를 들어, 정치사상 영역에서는 '삼개대표(三個代表)론'을 재해석하고 '이인위본'(以人爲本; 국민을 근본으로 함) 방침을 제기했다. 사회경제 영역에서는 성장일변도 정책과 선부론(先

---

36) 閻學通·孫學峰, 《中國崛起及其戰略》, pp. 4~6.

37) 門洪華, 《構建中國大戰略的框架》, pp. 30, 203~204.

富論)을 폐기하고 '과학적 발전관'(科學發展觀)에 입각한 균형발전론과 공동부유(共同富裕)론을 제기했다. 뿐만 아니라 장쩌민의 도시적 이미지와는 다른 서민적 이미지를 창출하기 위해 '친민'(親民; 국민에게 다가감) 정책 등 다양한 노력을 기울였다. 화평굴기론은 외교정책과 관련된 후진타오의 권력공고화 시도라고 볼 수 있다.[38]

화평굴기론의 내용은 비교적 간단하다. 이를 최초로 제기한 정비잰의 설명에 의하면 화평굴기론은 다음 네 가지 내용으로 구성된다. 첫째, 중국이 급속한 경제성장을 이룩했지만 원래 경제발전 수준이 낮고 인구가 13억이나 되기 때문에 이를 위협적인 것으로 볼 수 없다. 중국은 여러 가지 국내문제로 인해 앞으로 최소한 3세대 동안은 자신의 발전문제에만 전념해야 한다. 둘째, 중국은 세계화와 밀접히 연관된 발전노선을 추구한다. 셋째, 중국은 제도혁신, 산업구조 조정, 국내수요 창출, 국내저축의 자본화, 국민소질 향상과 기술진보 등을 통한 경제발전, 즉 독립자주의 발전전략을 추구한다. 다시 말해 중국은 타국의 경제발전에 피해를 주는 발전전략을 추구하지 않는다. 넷째, 중국의 경제발전은 아시아지역의 경제발전과 번영, 안정에 기여한다.[39]

그러나 앞에서 지적한 바와 같이, 2004년 4월 무렵부터 화평발전 개념이 등장하기 시작했다. 화평발전론의 내용에 대해서는 여러 가지 설명이 있는데, 우리는 중국 정부가 2005년 12월 12일 발행한 외교백서 즉, 〈중국의 평화적 발전의 길〉(中國的和平發展道路)을 통해 중국의 공식입장을 확인할 수 있다. 이에 따르면 화평발전론은 다음 네 가지로 구성된다. 첫째, 중국은 평화적 국제환경을 조성하여 자국을 발전시키고 자국의 발전으로 세계평화를 촉진한다. 둘째, 중국은 자

---

38) 조영남, 《후진타오 시대의 중국정치》, pp. 163~184.

39) 鄭必堅, 《論中國和平崛起發展新道路》(北京: 中共中央黨校出版社, 2005), pp. 2~8.

국의 역량과 개혁·혁신에 의지하여 발전하고, 동시에 대외개방을 견실하게 실행한다. 셋째, 중국은 세계화추세에 순응하며, 각국과의 상호이익, 공동이익 및 공동발전을 실현하기 위해 노력한다. 넷째, 중국은 평화·발전·협력(合作)의 원칙을 견지하며, 세계 각국과 공동으로 평화 및 공동번영의 조화세계를 건설하기 위해 노력한다.[40)]

이처럼 화평굴기론과 화평발전론은 내용상 큰 차이가 없다. 다만 화평발전론에서는 조화세계라는 새로운 개념이 등장했고, 이전의 설명보다 좀 더 세련되었다는 인상을 줄 뿐이다. 이는 공식용어가 화평굴기에서 화평발전으로 바뀌었지만 내용은 크게 바뀌지 않았다는 사실 즉, 중국은 화평굴기론을 내용상으로는 포기하지 않았다는 사실을 보여준다. 다만 우리는 화평 '굴기'에서 화평 '발전'으로 용어가 바뀐 것이 갖는 의미는 인정해야 한다. 굴기에서 발전으로의 용어변경은 중국이 공식적으로 부상을 선언하기를 유보했다는 사실을 보여주기 때문이다. 한 중국학자의 설명에 따르면, 굴기(*rising*)와 발전(*development*)은 국제정치에서 매우 다른 의미를 갖고 있다고 한다. 즉 굴기가 국가간의 권력변동을 지칭하는 개념인 데 비해, 발전은 그렇지 않다는 것이다.[41)] 그래서 중국의 '굴기'는 국제사회에서 미국이나 일본 등 기존 강대국 지위의 상대적 약화를 의미하는 반면, 중국의 '발전'은 기존 강대국의 발전과 병행할 수 있다는 것이다.

후진타오 시대의 중국이 화평굴기론을 고수하고 있다는 사실은 동 개념의 제창자인 정비잰의 입을 통해서도 확인할 수 있다.[42)] 예를 들

---

40) 國務院新聞辦公室, "中國的和平發展道路"(2005년 12월).

41) 閻學通·孫學峰, 《中國崛起及其戰略》, p. 212.

42) 정비잰의 주장과 중국의 공식 입장은 구분할 필요가 있다. 그러나 정비잰이 외교정책과 관련하여 후진타오의 참모 역할을 수행하고 있다는 사실과, 반관반민 조직인 중국개혁개방포럼 이사장이라는 그의 직위를 고려할

어, 2004년 9월 제30차 세계 고위급지도자 연례회의 연설에서 정비잰은 "내가 말하는 화평굴기는 화평발전과 같은 의미"라고 밝힌 바 있다.[43] 또한 2005년 4월 보아오 포럼 연설에서도 그는 "화평굴기 발전의 길은 화평발전의 길이다"라고 주장했다.[44] 그밖에도 그는 2005년 9~10월 〈포린 어페어즈〉(*Foreign Affairs*) 기고문에서도 "강대국 위상 추구를 위한 중국의 화평굴기"(China's Peaceful Rise to Great-Power Status)라는 제목을 사용했다.[45] 가장 최근의 예로, 2006년 4월 10일 〈인민일보〉(人民日報) 기고문, "화평굴기 과정에서 중국이 직면한 3대 도전"에서 정비잰은 여러 번 "화평발전 또는 화평굴기"라는 표현을 사용하여 양자가 같은 개념임을 보여주었다.[46]

급속한 경제성장 및 국제적 지위상승과 함께 중국의 부상은 이미 세계가 인정하는 객관적이 사실이 되었다. 이렇게 되면서 일부 중국 학자들이 주장하는 것처럼 중국외교는 중국위협론을 불식시키고 자국의 부상을 아시아 국가들이 수용하도록 만들고, 국제사회에서 책임지는 강대국으로 참여하여 발언권을 확보해야 하는 새로운 과제에 직면하게 되었다. 화평굴기론은 이런 배경 하에서 중국이 당면한 외교목표를 달성하기 위해 제기된 것이다. 다시 말해 이는 중국의 부상에 대한 선언이며 새로운 외교노선에 대한 천명이다.

그러나 중국이 부상을 어떻게 선언하고 어떤 외교방침을 천명할 것인가를 놓고 중국내에서는 격렬한 논쟁이 있었다.[47] 일부는 덩샤오핑

때, 그의 주장을 개인적인 견해로만 치부할 수는 없다.

43) 鄭必堅, 《論中國和平崛起發展新道路》, p. 51.

44) 鄭必堅, 《論中國和平崛起發展新道路》, p. 67.

45) 鄭必堅, 《論中國和平崛起發展新道路》, pp. 133~154.

46) 鄭必堅, "中國和平崛起進程中面臨着三大挑戰." 〈人民日報〉, 2006년 4월 10일, http://world.people.com.cn/GB(검색일: 2006년 4월 10일).

47) 김애경, "중국의 '화평굴기'론 연구."

이 제기한 도광양회(韜光養晦: 실력을 감추고 때를 기다린다) 방침을 계속 고수해야 하고, 이것의 폐기는 주변국가의 중국위협론을 강화시키고 미국과의 갈등을 야기할 수 있다고 주장하면서 화평굴기 개념에 반대했다.[48] 이들은 도광양회 그 자체의 타당성보다는 전략적 필요성 차원에서 화평굴기를 반대한다고 볼 수 있다.

이에 대해 일부 연구자들은 시대상황과 중국의 주체적 조건이 변화(예를 들어, 국력이 크게 신장)했기 때문에 도광양회 방침은 폐기되어야 한다고 주장했다.[49] 중국은 국력신장과 국제적 지위상승에 걸맞게 자신감 있고 당당한 태도로 국제적 책임과 의무를 다하는 강대국의 자세를 견지해야 하고 동시에 이에 맞는 외교방침을 천명해야 한다는 것이다(일명 '대국자세파〔大國心態派〕'). 일부 극단적인 학자들은, 중국의 목표는 미국과 대응할 수 있는 국제체제의 일극(一極; *polarity*)이 되기 위한 준비를 하는 것인데, 도광양회는 지나치게 자신을 낮추는 것이며, 당당하게 중국의 부상을 주장하는 정책을 추진해야 한다고 주장했다(일명 '전략대항파〔戰略對抗派〕').[50]

이러한 논쟁의 결과로 화평굴기는 제기된 지 6개월이 못되어 화평발전으로 수정되었다. 그러나 그 수정은 내용이 아니라 이름뿐이었다. 이런 측면에서 화평발전은 중국내 다양한 견해의 타협의 산물이라고 할 수 있다. 이처럼 화평굴기론의 제기와 변화과정은 국력신장과 국제적 지위향상에 대한 자체 평가와 그것에 기초한 새로운 외교방침의

---

48) 吳建民, "抛棄韜光養晦會把中國引向災難,"〈瞭望東方週刊〉,〈人民網〉, 2005년 9월 20일, http://world.people.com.cn/GB(검색일: 2005년 9월 20일).

49) 葉自成, 《中國大戰略》, p. 130; 張劍荊, 《中國崛起》, pp. 296~301; 閻學通·孫學峰, 《中國崛起及其戰略》, pp. 7~8.

50) 張劍荊, 《中國崛起》, pp. 294~295.

수립을 둘러싸고 중국이 고민에 빠져있다는 사실을 보여준다. 중국은 한편에서는 자국의 부상을 당당하게 선언하고 세계로부터 인정받기를 열망한다. 그러나 다른 한편에서는 그렇게 했을 때 발생할 수 있는 부정적 결과가 무엇이고 그것에 대해 어떻게 대처해야 할지를 정확히 판단하고 있지 못하다. 이는 중국이 자국의 부상에 대해 아직 확실한 자신감이 없다는 점을 보여준다. 이런 사실은, 중국이 향후 상당기간 내부적으로는 실력을 쌓는데 주력하고 외부적으로는 지금과 같이 신중한 외교정책을 추진할 것임을 예고한다.

4. 중국에서의 소프트파워 논의사례 2: 베이징 컨센서스

베이징 컨센서스라는 용어는 골드만삭스(Goldman Sachs) 고문이며 칭화대학교 겸직교수인 라모가 2004년 5월 영국 수상 산하의 외교정책센터(The Foreign Policy Centre)에서 〈베이징 컨센서스〉라는 연구보고서를 출간하면서 등장했다. 이후 해외 유수언론이 이를 보도하면서 베이징 컨센서스라는 말이 세계적으로 유행하게 되었다.

라모가 말하는 베이징 컨센서스는 그 내용을 살펴보면 매우 실망스럽다. 사실 베이징 컨센서스는 내용보다는 용어 때문에 즉, 워싱턴 컨센서스에 대한 대응개념이라는 측면에서, 또한 워싱턴 컨센서스와 연계되는 미국과 그에 대응하는 중국이라는 이미지 때문에 주목을 받았다고 할 수 있다. 워싱턴 컨센서스는 1990년 미국 국제경제연구소(Institute of International Economics)의 윌리엄슨(John Williamson)이 만든 용어이다. 그는 라틴아메리카의 경제문제를 해결하기 위해서는 세제개혁, 이자율 자유화, 경쟁적 환율제도 도입, 무역자유화, 해외직접투자 자유화, 탈규제화 등 열 가지 정책을 추진해야 한다고 주장했다. 이후 워싱턴 컨센서스는 미국과 국제통화기금(IMF), 세계은행(World Bank) 등의 입장을 대변하는 신자유주의 정책의 대명사가 되었고, 일부 정책은 1990년대 소련 및 동구 사회주의국가의 개혁정책으로, 또한 1997~98년 아시아 경제위기 이후에는 관련 국가의 개혁정책으로 실시되었다.[51] 이에 비해 베이징 컨센서스는 중국의 경제발

---

51) John Williamson, "What Should the World Bank Think about the Washington Consensus," *The World Bank Research Observer*, vol. 15, no. 2 (2000), pp. 251~264; Williamson, "Did the Washington Consensus Fail?" Outline of Speech at the Center for Strategic &

전 경험을 정리한 것으로 구체성이나 실천성 면에서 워싱턴 컨센서스에 비해 부족한 점이 많다.

라모에 의하면, 자신의 연구는 중국의 새로운 권력기초 유형을 개괄하고, 종합국력의 관점에서 보았을 때 중국이 미국의 경쟁자가 되었다는 사실을 확인하는 것이라고 한다. 또한 그는 베이징 컨센서스가 현재 워싱턴 컨센서스를 대체하고 있다고 주장한다.[52] 라모에 의하면, 베이징 컨센서스는 세 가지 정리(定理; *theorem*)로 구성된다. 첫째, 중국 발전모델은 혁신(創新; *innovation*)에 기초한다. 둘째, 중국 발전모델은 지속가능성과 평등성을 최우선으로 고려한다. 셋째, 중국은 대외정책과 관련하여 자결주의(*self-determination*)를 추구한다.[53] 또한 베이징 컨센서스는 워싱턴 컨센서스가 그렇듯이 경제뿐만 아니라 정치·사회·외교의 내용을 담고 있다. 이와 같은 베이징 컨센서스는 워싱턴 컨센서스의 붕괴, 세계무역기구(WTO) 협상의 파국, 아르헨티나 경제의 붕괴 등으로 인해 발전에 대한 새로운 패러다임이 불확실한 국제적 상황에서 세계, 특히 개발도상국에 희망을 주었다고 한다.[54] 마지막으로, 이에 기초하여 라모는 강대국의 바람직한 대(對)중국정책이란 중국의 지위를 인정하고 중국과 함께 공유할 수 있는 토대 위에서 작성된 것이어야 한다고 주장한다.[55]

International Studies (CSIS), Washington, DC (November 6, 2002); Williamson, "A Short History of the Washington Consensus." Paper Commissioned by Fundaci CIDOB for a Conference from the Washington Consensus toward a New Global Governance, Barcelona (September 24, 2004).

52) Joshua Cooper Ramo, "The Beijing Consensus," The Foreign Policy Centre (2004), pp. 3～4.

53) Ramo, "The Beijing Consensus," pp. 11～12.

54) Ramo, "The Beijing Consensus," p. 60.

라모가 말하는 베이징 컨센서스의 첫 번째 정리 즉, 중국 발전모델은 혁신에 기초한다는 주장은 중국이 소련이나 동구 사회주의국가처럼 워싱턴 컨센서스가 제시한 방법이 아니라 독자적인 방식으로 개혁·개방정책을 추진한 것에 대한 지적이라면 타당하지만, 이런 지적은 이제 상식에 속한다. 우리가 알고 있는 것처럼, 소련과 동구 사회주의국가들은 충격요법(*shock therapy*)이라 불리는 급진적 경제개혁정책 즉, 사적 소유제도, 가격 자유화, 국가통제의 전면적 해체를 실시했다. 이와 달리 중국은 국가 주도하에 점진적이고 단계적인 경제개혁정책 즉, '계획으로부터의 성장'(*growing out of the plan*) 정책을 실시했다. 그런데 라모의 첫 번째 정리는 이것보다는 후진타오 시대에 들어 중국이 혁신을 강조하고 있는 사실을 그대로 인용하고 있다고 생각된다.[56]

두 번째 정리 즉, 중국 발전모델은 지속가능성과 평등성을 최우선으로 고려한다는 주장도 후진타오 시대에 들어 중국이 강조하고 있는 경제방침을 그대로 옮겨 놓은 것이다. 후진타오 시대의 중국은 장쩌민 시대의 경제성장 최우선 정책을 폐기하고, 과학적 발전관에 입각하여 도시와 농촌, 연해지역과 내륙지역, 경제와 사회, 인간과 자연, 국내와 대외개방을 균형 있게 발전시킨다는 균형발전전략을 제시했다. 이는 경제성장과 함께 균형, 환경보존, 에너지절약을 동시에 추구하는 전략이다.[57] 라모가 말하는 지속가능한 발전과 평등한 발전은 이것을 반복한 것이다. 세 번째 정리, 즉 자결주의도 1982년 중국이

---

55) Ramo, "The Beijing Consensus," pp. 57, 58~59.

56) 조영남, "중국 제10기 전국인민대표대회 제4차 회의 분석," 미래전략연구원(2006), http://www.kifs.org.

57) 조영남, 《후진타오 시대의 중국정치》, pp. 185~210; "중국 제10기 전국인민대표대회 제4차 회의 분석."

공식선언한 독립자주 외교노선을 반복한 것에 불과하다. 이처럼 라모의 베이징 컨센서스는 새로운 내용이 없을 뿐만 아니라 중국의 입장을 그대로 대변한 것이다.

라모의 〈베이징 컨센서스〉가 발행되자, 중국언론은 이를 대대적으로 보도했고, 이에 대한 많은 학자들의 분석과 평가가 이어졌다. 베이징 컨센서스에 대한 중국내 주류의 견해는 그것을 매우 환영한다는 것이다. 즉, 베이징 컨센서스의 제기와 확산은 중국식 발전모델이 일국차원을 넘어 제3세계 국가에도 적용될 수 있는 보편적 발전모델로 국제적인 공인을 받은 것으로 평가되었다. 동시에 중국학자들은 이를 중국의 소프트파워가 강화된 하나의 징표로 간주했다.[58] 이 같은 분위기는 존슨(Chalmers Johnson)이 일본의 경제발전 경험을 정리하여 발전국가(*developmental state*) 모델을 제시했을 때 일본, 특히 통산성(通產省; MITI)이 그것을 매우 높이 평가한 것과 유사하다.[59]

그러나 중국 일부에서는 베이징 컨센서스의 확산이 불러올 수 있는 부정적인 결과에 대해 우려하는 목소리도 제기되었다. 한 마디로 말

---

58) 兪可平・黃平・謝曙光・高健 主編, 《中國模式與"北京共識": 超越"華盛頓共識"》(北京: 社會科學文獻出版社, 2006); 黃平・崔之元 主編, 《中國與全球化: 華盛頓共識還是北京共識》(北京: 社會科學文獻出版社, 2005), pp. 198~212; 張幼文・黃仁偉, 《2005中國國際地位報告》, p. 287; 張劍莉, 《中國崛起》, p. 164; 張劍莉, "北京共識與中國軟實力的提升," 〈當代世界與社會主義〉, 제5기(2004), pp. 10~14; 王雨辰, "略論北京共識對提升中國軟實力的啓迪"; 田春生, "華盛頓共識與北京共識比較初探," 〈經濟社會體制比較硏究〉, 제2기(2005), pp. 77~80; 周建軍・何恒遠, "中國轉型的世界意義: 從華盛頓共識到北京共識," 〈世界經濟與政治論壇〉, 제1기(2005), pp. 72~75.

59) Chalmers Johnson, "The Developmental State: Odyssey of a Concept," in Meredith Woo-Cumings, ed., *The Developmental State* (Ithaca: Cornell University Press, 1999), pp. 32~60.

해, 베이징 컨센서스의 확산은 중국위협론에 대한 새로운 소재를 제공할 수 있다는 것이다. 지금까지 미국에게 위협이 된 것은 경제력과 군사력 등 하드파워의 강화였는데, 여기에 더해 중국식 발전모델이 보편적 의미를 갖는 발전모델로 등장함으로써 미국이 추구하는 가치에 도전하는 위협요소가 추가되었다는 것이다. 또한 베이징 컨센서스의 확산에 따라 중국이 미국의 신자유주의를 반대하는 반(反)세계화 운동의 중추세력이 되는 것을 경계하는 목소리도 있다. 일부 반세계화 세력은 베이징 컨센서스를 통해 미국주도의 세계화와 신자유주의를 비판하려고 하는데, 이렇게 되면 중국은 자기의 의사와는 상관없이 반(反)서방, 반세계화, 반세계질서의 중심세력으로 오인받을 수 있다는 것이다.[60]

베이징 컨센서스의 제기와 확산은 중국 정부나 학자가 아니라 외국학자에 의해 제기되고 외국 언론이 보도하면서 전 세계로 확산되었다는 점에서 중국에게는 매우 고무적인 일이다. 우선, 라모의 베이징 컨센서스는 최근 중국학자들이 주장하는 중국 발전모델의 독자성을 지지한다는 점에서 중국에게는 큰 의미가 있다. 중국은 1978년 개혁・개방정책을 시작할 때 세계 각국의 발전모델을 검토했다. 이 중에서 가장 유력하게 검토했던 것이 헝가리의 시장사회주의(*market socialism*) 모델과 일본・한국・대만을 중심으로 한 동아시아 발전국가 모델이었다. 이 중에서 중국은 최종적으로 후자를 선택했다. 1980년 선전(深圳)을 비롯한 네 곳의 경제특구(經濟特區) 설치, 수출주도형 산업전략 추진, 산업정책을 입안하고 추진하는 선도기구(*pilot agency*) 운영 등은 이를 보여주는 근거이다. 그래서 일부 연구자들은 중국을 동아시아 발전국가의 한 변종으로 간주한다.[61]

60) 張劍荊, 《中國崛起》, p. 164.

그런데 중국학자들은 최근 들어 자국의 발전모델이 동아시아 발전국가 모델과는 다른 독자적인 것임을 강조하기 시작했다. 예를 들어, 일본·한국·대만과는 달리 중국은 적극적인 해외직접투자 유치정책을 추진했고, 이에 따라 경제발전 과정에서 외국자본 또는 외자기업이 큰 역할을 했다는 것이다. 또한 자본동원방식에서 한국과 대만이 주로 해외차관과 은행대출에 의존한 반면, 중국은 해외직접투자 이외에 주식시장을 통한 자본동원에 주력했다는 것이다. 그밖에도 일본·한국·대만이 보호무역정책을 통해 경제발전을 도모한 것에 비해, 중국은 개혁초기부터 시장개방을 통한 중국기업의 경쟁력강화에 주력했고, 이는 2001년 12월 세계무역기구(WTO) 가입을 통해 완성되었다고 주장한다.[62]

최근 들어 중국학자들이 자국의 발전모델이 독자적임을 강조하는 이유로는 몇 가지를 들 수 있다. 예를 들어, 한국과 대만이 보여주듯

---

61) Seoun-Wook Baek, "Does China Follow 'the East Asian Developmental Model'?" *Journal of Contemporary Asia*, vol. 35, no. 4(2005), pp. 485~498; Ming Xia, *The Dual Developmental State: Developmental Strategy and Institutional Arrangements for China's Transition* (Brookfield: Ashgate, 2000), pp. 40~99; Jonathan Unger and Anita Chan, "Corporatism in China: Developmental State in an East Asian Context," in Barrett L. McCormick and Jonathan Unger, eds., *China after Socialism: In the Footsteps of Eastern Europe or East Asia* (Armonk: M.E. Sharpe, 1996), pp. 95~129; Gordon White, "State and Market in China's Socialist Industrialization," in Gordon White, ed., *Developmental State in East Asia* (New York: St. Martin's Press, 1988), pp. 153~192.

62) 兪可平·黃平·謝曙光·高健,《中國模式與"北京共識"》, pp. 21~33; 黃平·崔之元,《中國與全球化》, pp. 146~178; 淸華大學國情硏究中心,《國情與發展》(北京: 淸華大學出版社, 2005); 門洪華,《中國: 大國崛起》, pp. 1~17, 41~60.

이, 경제발전 과정에서 권위주의 정치체제를 유지했던 동아시아 발전국가는 경제성장 이후 민주화의 길을 밟았다(싱가포르와 말레이시아는 예외). 이에 따르면 중국도 경제성장 이후에 민주화 과정을 경험할 가능성이 있는데, 일부 중국학자들은 중국 발전모델의 독자성을 강조함으로써 이 같은 주장이나 기대를 차단하려고 한다. 또한 1997~98년 아시아 경제위기 이후 발전국가 모델의 파산을 주장하는 세계적 추세에 대응하여, 발전모델의 독자성을 강조함으로써 중국 경제발전의 지속성과 안정성을 주장할 수 있다. 라모의 베이징 컨센서스는 이 같은 중국학자들의 주장을 지지하는 데에 일차적인 의의가 있다.

또한, 중국에게 더욱 의미 있는 것은, 베이징 컨센서스가 경제뿐만 아니라 정치와 사회까지도 포함하는 중국식 발전모델 전체를 포괄하고 있다는 사실이다. 이는 베이징 컨센서스가 확산됨으로 인해 경제발전뿐만 아니라 정치체제와 사회구조 등 '중국식 사회주의'가 국제적인 공인을 받을 수 있기 때문이다. 이렇게 되면 중국은 그 동안 미국을 중심으로 한 서방세계로부터 받았던 비민주국가, 인권탄압국가라는 오명을 벗고 제3세계 국가에게 새로운 발전모델을 제시한 지도국가로 행세할 수 있다.

그러나 다른 한편으로 중국의 입장에서는 베이징 컨센서스를 적극적으로 대외에 선전할 수 없는 고민도 있다. 우선, 앞에서 말했듯이 라모의 베이징 컨센서스는 중국의 공식주장과 크게 다를 것이 없다. 즉 중국이 이것을 홍보하는 것은 '중국 대변인'을 자처하는 외국학자의 입을 빌어 중국의 주장을 선전하는 꼴이 될 수 있다. 이 때문에 중국학자들은 최근 들어 베이징 컨센서스라는 용어보다는 '중국특색의 발전모델'(中國特色的發展模式) 또는 줄여서 '중국모델'(中國模式; *Chinese model*)이라는 용어를 선호하는 경향이 있다. 후자가 전자에 비해 정직하고 직접적이기 때문이다. 또한 베이징 컨센서스를 적극 선전함으로써 미국이나 다른 강대국들로부터 불필요한 오해를 살 수 있다는 우려도 하고 있다. 정비잰이 2006년 4월 후진타오의 미국 방문을 앞두고 중국은 가전제품이나 섬유제품 같은 생산물은 몰라도 중국식 발전모델을 타국에 수출할 의도가 전혀 없다는 사실을 강조한 것도 이 때문이다.[63]

베이징 컨센서스가 실제로 국제사회에서 얼마만한 영향력을 발휘할 수 있을 지는 현재로서는 단정적으로 말할 수 없다. 다만 우리는 여러 정황과 단편적인 사실을 종합하여 베이징 컨센서스의 매력을 평가할 수 있을 뿐이다. 우선, 한국이나 대만과 같이 발전국가모델을 경험한 국가에게 베이징 컨센서스는 큰 매력이 없다. 베이징 컨센서스는 이들 국가가 극복해야 할 과거의 경험을 정리한 것이지 미래의 발전모델을 제시한 것이 아니기 때문이다. 그런데 일부 아시아, 라틴아메리카, 아프리카의 저발전국가에게 중국의 발전경험은 의미 있는 학습대상이 될 수 있다. 특히 권위주의 정치체제를 유지하면서 고도의 경제성장을 이룩할 수 있다는 사실은 일부 비민주 국가의 통치엘리트에게 큰 매력이 아닐 수 없다. 이런 면에서 베이징 컨센서스는 중국의 소프트파워를 증대시키는 요소가 될 수 있고, 지금처럼 중국이 제 3세계 국가에 대한 경제지원과 협력을 강화한다면 베이징 컨센서스는 라모가 주장한 것처럼 이런 국가에게는 워싱턴 컨센서스를 대체하는 모델이 될 가능성이 있다.

---

63) 方德豪, "鄭必堅豫告胡錦濤訪美主旋律: 中國不輸出發展模式," 〈多維新聞〉, 2006년 4월 12일, http://www7.chinesenewsnet.com/gb/MainNews/SinoNews/Mainland(검색일: 2006년 4월 12일).

5. 중국에서의 소프트파워 논의사례 3: 중화문명과 유가사상

중국은 1990년대 중반 무렵부터 지역강대국, 더 나아가서는 잠재적 세계강대국으로 부상하면서 전과는 다르게 대외전략차원에서 우호적인 국가이미지(國家形象; *national image*) 제고에 많은 노력을 기울이기 시작했다.[64] 이는 두 가지 목적을 갖고 있었다. 하나는 중국위협론을 불식시키고 아시아 국가들이 중국의 부상을 자연스럽게 수용하도록 만드는 것이다. 다른 하나는 미국을 비롯한 기존 강대국의 우려를 해소하여 국제사회의 중요한 일원으로 당당히 등장하고, 동시에 국제질서형성을 위한 규칙제정과 의제설정에서 강대국으로서 일정한 발언권을 확보하는 것이다. 이런 노력은 후진타오 시대에 들어 더욱 강화되었다.

중국의 노력은 구체적으로 두 가지 영역에서 진행되었다. 첫째는 사회주의이념에서 탈피하여 중화문명의 전통, 특히 유가사상에 기초하여 국가 통치이념과 외교이념을 새롭게 정립하려는 시도이다. 이를 통해 중국은 낡고 과격한 "사회주의국가"의 이미지를 벗고 역동적인 "개발도상국"이면서 동시에 찬란한 문화유산을 보유한 "문화대국"으로 거듭나기를 소망한다.[65] 둘째는 중국의 전통문화와 언어(중국어)를

64) 李正國,《國家形象構建》(北京: 中國傳媒大學出版社, 2005), pp. 8~12, 226~228; 劉繼南·何輝 外,《國家形象: 中國國家形相的國際傳播現況和對策》(北京: 中國傳媒大學出版社, 2006), pp. 12~16, 278~295.

65) 潘忠岐·黃仁偉, "中國的地緣文化戰略,"〈現代國際關係〉, 제1기(2008), pp. 47.

전 세계적으로 확산하기 위해 체계적인 계획과 대규모 지원하에 공공외교 또는 문화외교를 적극 전개하는 것이다.[66]

먼저 중국이 중화문명의 전통(특히 유가사상)을 기초로 새로운 통치이념과 외교이념을 수립하기 위해 전개하는 노력을 살펴보자. 인도와 함께 고대 아시아문명의 종주국으로 중화문명은 중국이 가진 최대의 소프트파워 자산이다. 그래서 중국의 소프트파워 제고나 문화외교 강화를 주장하는 대부분의 중국연구자들은 전통문화의 적극적인 발굴과 활용을 주장한다.[67] 화평굴기론과 함께 중화문명 부흥론을 제기한 정비잰의 2006년 글은 이런 생각을 대외적으로 천명한 것이다.[68] 이 중에서 유가사상은 서구와는 다른 중국적 가치와 비전을 제시할 수

---

66) 李智, 《文化外交: 一種傳播學的讀解》(北京: 北京大學出版社, 2005), pp. 156~186; 潘忠岐·黃仁偉, "中國的地緣文化戰略," pp. 44~49; 羅建波, "構建中國崛起的對外文化戰略,"〈現代國際關係〉, 제3기(2006), pp. 33~37; 張淸敏, "全球化環境下的中國文化外交,"〈外交評論〉, 제87기(2006년 2월), pp. 36~43; 趙磊, "理解中國軟實力的三個維度: 文化外交, 多邊外交, 對外援助政策,"〈社會科學論壇〉, 제5기(2007년), pp. 150~157. 참고로 공공외교와 문화외교는 주체(정부)·대상(타국 국민)·목적(자국에 우호적인 세력 형성) 면에서 큰 차이가 없고, 다만 문화외교가 주로 문화수단을 사용한다는 점에서만 차이가 있다. 최근 들어서는 공공외교가 대개 문화외교 형태로 전개되면서 양자를 같은 의미로 사용하는 경우가 많아졌다.

67) 李智, 《文化外交》, pp. 143~144; 趙磊, "理解中國軟實力的三個維度," pp. 21~22; 張淸敏, "全球化環境下的中國文化外交," p. 38; 羅建波, "構建中國崛起的對外文化戰略," p. 36; 門洪華, "中國軟實力評估報告(上下),"〈國際觀察〉, 제2, 3기(2007), p. 21; pp. 43~44; 張立文, "挖掘傳統文化中的軟實力之源,"〈人民網〉, 2007년 11월 2일, http://politics.people.com.cn/GB(검색일: 2007년 11월 6일).

68) 鄭必堅, "中國和平崛起進程中面臨着三大挑戰,"〈人民日報〉, 2006년 4월 10일, http://world.people.com.cn/GB(검색일: 2006년 4월 10일).

있는 중화문명의 핵심적 요소이다.

구체적으로 장쩌민 시기부터 중국은 사회주의이념을 대신하여 민족주의와 함께 유가사상을 통치이념으로 발전시키기 위해 다양한 노력을 기울였다. 법치(法治)와 함께 덕치(德治)를 강조한 것이나, 2001년에 유교덕목과 사회주의적 집단주의를 결합한 〈국민도덕실시요강(國民道德實施綱要)〉을 제정한 것은 대표적인 예이다. 후진타오 시대에 들어 이런 노력은 더욱 강화되었다. 이인위본(以人爲本)과 친민(親民) 등 민본주의(民本主義)를 국정이념으로 제시하고, 새로운 국가목표로서 '조화사회'(和諧社會), 새로운 국가윤리로서 '사회주의 영욕관'(榮辱觀)을 제시한 것은 대표적 사례이다. 이런 과정을 거처 후진타오 시대에 들어 유가사상은 국가 통치이념의 중요한 구성요소가 되었다.

여기서 더 나아가 1990년대 이후 중국은 유가사상에 기초하여 외교이념을 새롭게 구성하려는 노력을 기울이고 있다. 예를 들어, 중국은 아시아 국가를 대상으로 "이웃과 화목하게 지내고, 이웃을 부유하게 하며, 이웃을 안전하게 한다(睦隣, 富隣, 安隣)"는 외교방침하에, "이웃과 잘 지내고, 이웃을 동반자로 삼는다(與隣爲善, 與隣爲伴)"는 선린우호정책을 적극 추진한다고 주장한다. 그런데 여기서 말하는 주요 개념이나 용어는 유가사상에서 따온 것이다. 후진타오가 2005년 9월 국제연합(UN) 총회 연설을 통해 본격적으로 제기하고, 2007년 10월 공산당 제17차 당대회의 〈당헌(黨章)〉 수정을 통해 중국의 공식 외교방침으로 확정한 '조화세계'(和諧世界)와 '화평발전'(和平發展)이 모두 유가사상에 기초하고 있음은 이미 잘 알려진 사실이다.[69] 이 같

69) 李肇星, "我眼中的'和'是中華文明的基本精神," 〈新華網〉, 2007년 11월 5일, http://news.xinhuanet.com/politics(검색일: 2007년 11월 5일); 林利民, "和諧世界的理論超越," 〈新華網〉, 2007년 10월 17일, http://news.xinhuanet.com/world(검색일: 2007년 10월 17일).

은 유가사상에 기초한 외교이념은 서구에서 제기된 현실주의(*realism*)나 자유주의(*liberalism*) 뿐만 아니라 중국이 사회주의혁명 성공 이후 국가 이데올로기로 삼고 있는 마르크스-레닌주의나 마오쩌둥 사상과 완전히 다른 것이다.

중국이 유가사상을 기초로 외교이념을 새롭게 구성하는 과정에서 특별히 강조하는 것은 평화외교(和平外交) 사상이다.[70] 중국은 지난 역사와 현재 모두에서 항상 평화유지를 핵심 외교목표로, 평화적인 수단을 통한 문제해결을 주요 외교수단으로 간주했고 향후에도 그럴 것이라고 주장한다. 동시에 중국이 이렇게 평화외교를 중시하는 것은 유가사상의 영향 때문이라고 강조한다. 후진타오 시대의 외교이념이 된 화평발전론과 조화세계론은 대표적인 사례라는 것이다. 이를 보여주기 위해 중국연구자들은 유가사상에 자주 나오는 "화합"(和合), "중용"(中庸), "협력과 화합"(協和) 등의 개념을 제기한다.[71] 특히 한 중국연구자에 따르면, 중국이 조화세계론을 제기한 것은 외교이념상 "투쟁철학"(鬪爭哲學)이 희석되고 대신 "조화철학"(和諧哲學)이 주창됨을 보여주는 중요한 변화라고 한다.[72]

이것과 관련하여 일부 중국연구자들이 아시아 문화전략의 일환으로 유가사상의 영향을 받은 국가나 지역 즉, 한국·일본·베트남·싱가포르·대만 등을 대상으로 "대중화 유가문화권"(大中華儒家文化圈) 형성을 주장하는 것은 매우 흥미롭다. 이들이 말하는 대중화 유가문화권은 과거 중국을 정점으로 하고 주변 국가들이 이에 정치적·문화적으로 복속하는 조공체제(朝貢體制)로 돌아가자고 주장하는 것은 아

---

70) 李智, 《文化外交》, p. 144.

71) 羅建波, "構建中國崛起的對外文化戰略," p. 36; 李杰. "軟實力建設與中國的和平發展." 〈國際問題硏究〉, 제1기(2007), pp. 21~22.

72) 袁鵬, "和諧世界與中國新外交," 〈現代國際關係〉, 제4기(2007), p. 3.

니다. 그러나 이들은 새롭게 형성된 대중화 유가문화권에서 중국이 핵심적 지위를 차지하는 것은 분명한 사실이라고 주장한다.[73] 이런 구상이 실제로 어떻게 추진될지는 앞으로 두고 보아야 하겠지만, 이는 한류(韓流)의 영향권 즉, 일본·대만·홍콩·베트남 등 동아시아 지역을 중심으로 한국의 아시아지역전략을 구사해야 한다는 일부 한국연구자의 주장과 유사한 것이다. 동시에 만약 중국이 이런 구상을 구체적으로 실천하려고 시도한다면 중화주의(中華主義)의 부상을 경계하는 한국이나 베트남 등 주변국가의 우려를 불러일으킬 수도 있을 것이다.

한편 중화문명의 외교적 활용은 중국이 공공외교 또는 문화외교의 일환으로 2004년부터 강력하게 추진하고 있는 공자학원(孔子學院; Confucius Institute) 설립에도 잘 나타나 있다. 공자학원은 전 세계적으로 불고 있는 중국어학습 열기에 부응하고 세계 각국에 중국문화에 대한 관심을 더욱 확산시키기 위해 중국어 교육과 중국문화 전파를 주요 임무로 설립된 일종의 중국문화 센터이다. 2004년 중국은 국무원 산하에 '대외 중국어 교학 영도소조'(國家對外漢語教學領導小組)를 설치했고, 이 조직의 주도하에 향후 5년 동안 전 세계에 100개의 공자학원을 수립한다는 계획을 수립했다. 그런데 2004년 11월 서울에 최초의 공자학원이 수립된 이후 2007년 3월까지 전 세계에 모두 140개의 공자학원이 설립됨으로써 원래의 목표를 초과 달성했다. 그래서 중국 정부는 2007년 말까지 모두 200개, 2010년까지는 모두 500개의 공자학원을 전 세계에 설립한다는 목표를 재설정했다.[74] 실제 집행결

---

73) 潘忠岐·黃仁偉, "中國的地緣文化戰略," pp. 46~47.

74) Howard French, "Another Chinese Export Is All the Rage: China's Language," *New York Times*, January 11, 2006, http://www.nytimes.com/2006/01/11/international/asia(검색일: 2006년 1월 12일); 郭扶康,

과를 보면, 2007년 12월까지 공자학원은 전 세계 64개 국가 및 지역에 모두 210개가 설립되었고, 61개 국가의 200여 기관이 중국에 공자학원 설립을 요청한 상태이다. 이처럼 공자학원은 2004년 11월 처음 설립된 이후 전 세계적인 요구와 폭발적인 호응에 힘입어 최초의 목표를 훨씬 뛰어넘는 큰 성공을 거두었다.[75] 이밖에도 중국은 전통문화를 타국에 홍보하는 문화외교도 적극 전개하고 있다. 예를 들어, 2004년에는 프랑스에서, 2005년에는 미국·이탈리아·네덜란드에서 다양한 대규모 문화예술 행사를 개최했다.[76]

이처럼 중국이 유가사상에 기초하여 새로운 통치이념 및 외교이념을 수립하고 이를 전 세계적으로 적극 선전하는 것은 1990년대 초 싱가포르와 말레이시아의 정치지도자들이 서구이념과는 다른 자신들의 독자적인 이념 즉, '아시아적 가치'(*Asian values*)를 주창한 것과 매우 유사하다. 이미 잘 알려진 것처럼 싱가포르의 리콴유(李光耀)와 고촉통(吳作棟) 전 총리(현 고문장관), 그리고 말레이시아의 마하티르(Mahathir bin Mohamad) 총리는 지난 시기 자국이 이룩한 사회·경

"孔子學院: 中國軟實力的標志,"〈東北之窓〉, 제10기(2007), pp. 56~57; 斯維, "中國需促進眞正的民間軟權力建設,"〈多維新聞〉, 2006년 3월 22일, http://www7.chinesenewsnet.com/gb(검색일: 2006년 3월 22일); 董洪亮, "漢語加速'走出去' 孔子學院今年將達200所,"〈人民日報〉, 2007년 3월 20일, http://culture.people.com.cn/GB(검색일: 2007년 4월 10일).

75) "孔子學院正在成爲和諧世界的推動力,"〈新華網〉, 2007년 12월 11일, http://news.xinhuanet.com/newscenter(검색일: 2008년 1월 29).

76) 劉華新, "一次成功的文化外交,"〈人民網〉, 2005년 10월 12일, http://world.people.com.cn/GB(검색일: 2005년 10월 12일); 劉永明·王小光, "2005年終報道: 文化外交彰顯魅力—文化部長,"〈人民網〉, 2005년 12월 19일, http://world.people.com.cn/GB(검색일: 2006년 3월 10일); 張幼文·黃仁偉, 《2005中國國際地位報告》, pp. 282~285.

제적 성과를 기초로 유교이념에 토대를 둔 아시아적 가치 — 예를 들어, 개인보다 가족과 사회 등 집단 중시, 민주나 개인적 인권보다 사회적 안정과 질서 강조, 개인적 자유보다 권위에 대한 순종 강조 등 —를 적극 제기했다.[77] 더 나아가 이들은 서구식 자유민주주의와는 다른 아시아적 가치에 기초한 '아시아 민주주의'(*Asian-style democracy*)가 존재함을 주장하면서 각국의 권위주의 정치체제를 정당화했다.[78] 그러나 이 같은 주장은 이론적 반론과 현실적 부정 즉,

---

77) '아시아 가치' 논쟁에 대한 개괄적인 정리는 Mark R. Thompson, "Whatever Happened to 'Asian Values'?" *Journal of Democracy*, vol. 12, no. 4 (October 2001), pp. 154~165 참고. 찬성 및 반대 입장의 구체적인 내용은 다음을 참조. Fareed Zakaria, "Culture Is Destiny: A Conversation with Lee Kwan Yew," *Foreign Affairs*, vol. 73, no. 2 (March/April 1994), pp. 109~126; Goh Chok Tong, "Social Values, Singapore Style," *Current History*, vol. 93, no. 587 (December 1994), pp. 417~422; Kim Dae Jung, "Is Culture Destiny? The Myth of Asia's Anti-Democratic Values," *Foreign Affairs*, vol. 73, no. 6 (November/December 1994), pp. 189~194; Margaret Ng, "Why Asia Needs Democracy: A View from Hong Kong," in Larry Diamond and Marc F. Plattner, eds., *Democracy in East Asia* (Baltimore: Johns Hopkins University Press, 1998), pp. 3~16; Bilahari Kausikan, "The 'Asian Values' Debate: A View from Singapore," in Diamond and Marc F. Plattner, eds., *Democracy in East Asia*, pp. 17~27; Joseph Chan, "Asian Values and Human Rights: An Alternative View," in Diamond and Marc F. Plattner, eds., *Democracy in East Asia*, pp. 28 ~41.

78) 이에 대해서는 다음을 참조. Clark D. Neher, "Asian Style Democracy," *Asian Survey*, vol. 34, no. 11 (November 1994), pp. 949~961; Denny Roy, "Singapore, China, and the 'Soft Authoritarianism' Challenge," *Asian Survey*, vol. 34, no. 3 (March 1994), pp. 231~242; Yung-Myung Kim, "'Asian-Style Democracy': A Critique from East Asia," *Asian Survey*, vol. 37, no. 12 (December 1997), pp. 1119~

1997~98년 아시아 경제위기와 동아시아 경제발전모델의 붕괴, 한국과 대만의 민주화 등에 의해 그 타당성이 심각하게 비판받았고, 그 결과 2000년도에 들어 그 영향력은 급속히 약화되었다.

현재 중국이 시도하고 있는 유가사상에 기초한 중국적 가치의 구성과 선전도 아시아적 가치처럼 그렇게 될 가능성이 있다. 그러나 다른 한편으로 중국적 가치의 추구는 아시아적 가치보다 더 큰 영향력과 지구력을 갖게 될 가능성도 있다. 싱가포르나 말레이시아와 달리 중국은 유구한 역사와 화려한 전통문화(중화문명)를 갖고 있고, 여기에 더해 경제적·군사적 강대국이라는 국제적 지위(위상)가 중국적 가치를 뒷받침하기 때문이다.

또한 중화문명의 외교적 활용은 앞에서 살펴본 베이징 컨센서스나 중국모델의 선전보다 더욱 큰 힘을 발휘할 가능성이 있다. 베이징 컨센서스나 중국모델이 제 3세계 국가를 대상으로 중국의 경제발전 경험과 성과에서 나오는 매력을 호소하는 것이라면, 중화문명은 제 3세계 국가뿐만 아니라 서방 선진국을 대상으로 중국의 화려한 역사와 문화가 갖고 있는 매력을 호소하는 것이다. 비단·도자기·차(茶) 등 중국을 상징하는 문화상품들이 서구 상류사회에 적극 수용되었던 역사적 경험이 보여주듯이, 서구사회는 중화문명에 비교적 익숙하고 따라서 이를 다시 확산시키려는 중국의 노력에 대한 거부감도 그렇게 크지 않을 수 있다. 특히 중화문명은 중국모델과는 달리 탈(脫)이념적이고 탈정치적인 성격을 띠고 있고, 실제로 중국 정부가 중화문명을

1134; Steven J. Hood, "The Myth of Asian-Style Democracy," *Asian Survey*, vol. 38, no. 9 (September 1998), pp. 853~866; Chong-Min Park and Doh Chull Shin, "Do Asian Values Deter Popular Support for Democracy in South Korea?" *Asian Survey*, vol. 46, no. 3 (May/June 2006), pp. 341~361.

외교적으로 활용할 때에는 이런 점을 강조하기 때문에, 대상 국가들로부터 거부감을 덜 받을 가능성이 높다. 이런 요소들을 종합할 때 중화문명의 외교적 활용은 아시아적 가치나 중국모델보다 더 큰 효과를 거둘 수 있고, 향후 발전가능성도 매우 크다고 할 수 있다.

그렇다고 중화문명의 외교적 활용에 문제가 없는 것이 아니다. 우선, 중국이 강조하는 조화(和諧)·평화(和平)·협력(合作) 등 유가사상의 이념과 실제 현실정치 간의 괴리 문제가 있다. 현재 중국에는 티베트(西藏)와 신장(新疆) 위구르 자치주를 비롯한 여러 지역에 55개의 소수민족이 살고 있고, 중앙정부—소수민족에게 이는 한족(漢族) 정부로 인식되는 경향이 있다—의 중앙집권적 통치와 소수민족의 확대된 자치권 요구 간에 일정한 갈등이 존재한다. 2008년 3월 14일 티베트 수도(省會) 라싸에서 발생한 티베트 독립을 주장하는 티베트인의 시위와 그것의 주변지역으로의 확산, 그리고 이에 대한 중국 정부의 물리적 진압은 이런 갈등을 잘 보여준다. 여기에 더해 중국은 대만과의 평화공존 및 통일문제, 인권보장과 민주주의 실천 등 여러 가지 정치적 문제를 안고 있다. 따라서 중국이 이러한 현실 정치적 문제를 제대로 해결하지 못한다면, 새로운 외교이념으로 강조되는 유가사상의 조화·평화·협력의 가치는 퇴색할 수밖에 없고, 동시에 국제사회에서 이를 주장하는 중국 정부의 설득력과 영향력도 감소할 것이다.

여기에 더해, 아시아 지역주의(*regionalism*) 형성과 관련하여 만약 중국이 유가사상을 중심으로 하는 대중화 유교문화권 구상을 실천에 옮긴다면, 민주·인권·법치·시장경제를 중시하고 실천하는 국가간의 연합, 즉 "가치동맹"(*value coalition*)을 주장하는 한국이나 일본과 충돌할 가능성이 있다. 이렇게 될 경우, 이 문제는 중국적 가치와 인류보편적 가치 간의 대립과 충돌이라는 단순한 추상적·학술적 차원의 논쟁에 머물지 않을 것이다. 다시 말해 이 문제는 이념적 차원에서 중국과 일본 등 지역강대국이 아시아 지역주의 형성을 둘러싸고 지역패권을 잡기 위해 벌이는 주도권 경쟁이라는 성격을 띨 것이다. 따라서 중국이 제기하는 유가사상의 가치는 그 자체의 타당성을 떠나 이 같은 지역정치의 현실에 의해 설득력이 현격히 약화될 것이다. 특히 앞에서 말한 국내 정치문제를 처리하지 못하는 상황에서 중국이 중국적 가치를 선전할 경우, 아시아 국가들은 중국의 진의에 대해 심각한 이의를 제기할 것이다.

6. 결론

지난 30년 동안의 경제성장과 군사력 증강을 통해 지역강대국으로 발전한 중국은 세계 강대국으로 발전하기 위해 새로운 국가전략을 모색하고 있다. 중국이 구상하는 국가전략에는 경제력과 군사력 등 하드파워를 강화하는 기존의 전략과 함께 문화·이념·정책 등 소프트파워를 강화하는 새로운 전략이 포함된다. 일부 중국학자들은 이 과정에서 어떻게 서구와는 다른 중국적 가치와 비전 즉, '중국적 이념'(中國的理念)을 수립하고 그것을 아시아와 전 세계에 널리 확산시킬 것인가를 진지하게 고민하고 있다.[79] 위에서 살펴본 화평굴기론과 중국식 발전모델(베이징 컨센서스)은 중국적 가치와 비전의 중요한 구성요소가 될 것이고, 중화문명론 또한 마찬가지이다.

화평굴기론은 직접적으로는 중국위협론에 대한 대응으로 제기되었다. 그러나 보다 근본적으로 그것은 세계강대국으로 발전하고 있는 중국이 자국의 국력신장과 국제적 부상을 선언하고 아시아 국가로부터 공인받으려는 시도로 제기된 것이다. 즉, 화평굴기론을 통해 중국은 국제사회의 책임지는 강대국으로 주어진 역할과 의무를 다할 것이고 동시에 그에 합당한 권리를 주장할 것임을 천명한 것이다. 이런 면에서 화평굴기론은 중국이 새로운 국제정치 관점으로 제시한 신안보관(新安全觀)과 지금까지 적극적으로 추진해 온 아시아 지역정책과 밀접히 관련되어 있다. 다만 화평'굴기'에서 화평'발전'으로 용어가 변경된 것이 보여주듯이, 중국은 아직까지 자국의 부상을 공식선언했을

79) 袁鵬, "中國崛起之後將如何在世界上給自己定位," 〈人民網〉, 2006년 4월 4일, http://world.people.com.cn/GB(검색일: 2006년 4월 4일).

때 발생할 수 있는 제반문제와, 부상의 선언과 함께 중국이 담당해야 하는 국제사회에서의 역할과 책임에 대해 분명하고 구체적인 방침을 수립하지 못한 것으로 보인다.

베이징 컨센서스는 중국의 급속한 경제성장과 국제적 지위상승이라는 지난 성과에 근거하여 기존의 신지유주의모델(워싱턴 컨센서스)이나 동아시아 발전국가모델과는 다른 중국식 발전모델이 존재함을 주장한 것이다. 베이징 컨센서스의 실제내용에 대한 평가와는 별개로, 그것의 제기와 확산은 중국에게 매우 고무적인 일이다. 베이징 컨센서스는 중국식 경제뿐만 아니라 중국식 정치와 이념을 모두 포괄하는 것으로, 이것의 제기와 확산은 중국식 사회주의가 세계적으로 공인받는다는 것을 의미하기 때문이다. 이를 통해 중국은 최소한 아시아, 아프리카, 라틴아메리카의 저발전국가에게는 미국과 함께 새로운 발전모델을 제시한 지도국가로 자임할 수 있게 되었다.

중국이 중화문명과 유가사상을 소프트파워 강화를 위해 적극 활용하기 시작한 것은 비교적 최근의 일이다. 유구한 역사와 문명, 유가와 도가(道家) 등 다양한 전통사상은 중국이 가지고 있는 매우 중요한 소프트파워 자원이다. 그러나 이런 자원은 마오쩌둥 시기에는 사회주의혁명과 공산주의이념에 의해, 개혁기에는 경제성장 지상주의와 현실주의적 안보관에 의해 크게 주목받지 못했다. 이제 부국강병의 목표를 어느 정도 달성한 중국이 소프트파워 강화에 주목하면서 중화문명과 유가사상은 다시 그 가치를 인정받게 되었다. 중국은 이를 적극 활용하여 경제대국 및 군사대국이라는 기존 이미지에 더해 문화대국의 이미지를 수립하려고 시도하고 있다. 여기서 더 나아가 중국은 중화문명과 유가사상의 외교적 활용을 통해 서구적 가치와는 다른 중국적 가치를 제시하면서 아시아지역의 지도국가, 궁극적으로는 세계적 지도국가의 하나로 부상하려고 노력하고 있다.

이상에서 살펴본 중국적 가치와 비전을 수립하기 위한 중국의 노력은 이제 시작단계에 불과하다. 또한 아시아 각국이 이것을 어떻게 수용할 지도 아직 단정적으로 말할 수 없다. 전체적으로 보아 중국의 소프트파워가 강화되었다고는 하지만 미국이나 유럽의 소프트파워에 비해 아직 매우 부족한 것이 사실이다. 특히 중국이 안고 있는 많은 문제, 즉 공산당 일당제와 권위주의 정치체제, 사회주의 이데올로기와 민족주의, 정치적 부패, 언론통제, 인권탄압, 환경파괴 등 여러 가지 문제로 인해 제3세계 국가에게조차 중국의 소프트파워는 그렇게 매력적이지 않을 수 있다.

그러나 향후 중국은 경제력이나 군사력뿐만 아니라 소프트파워 면에서도 서양에 대비되는 아시아의 지도국가가 되기 위해 중화문명과 같은 소프트파워 자원을 최대한 활용하여 정교한 중국적 이념을 개발하고, 동시에 이를 물질적으로 뒷받침하기 위해 많은 노력을 기울일 것이다. 신안보관의 제기와 함께 중국이 아세안(ASEAN) 외교를 강화하고 상하이협력기구(上海合作組織; SCO)를 설립한 것이나, 중국기회론과 중국공헌론을 뒷받침하기 위해 아세안에 대해 자유무역협정(FTA)을 제안하고 적극 추진한 것은 이를 잘 보여준다.

지금까지의 논의는 우리에게 중요한 시사점을 제공한다. 우선, 급속한 경제성장과 군사력강화에 초점을 맞추어 중국의 부상과 대외전략을 분석했던 기존의 시각에서 탈피하여 새로운 관점에서 중국의 부상과 전략을 이해하려는 노력이 필요하다. 중국은 기본적으로 경제성장과 군사력강화를 통해 지역강대국으로 부상했다. 그러나 아시아지역의 명실상부한 지도국가, 궁극적으로는 세계강대국으로 발돋움하려는 중국은 여기에 머물지 않는다. 즉 중국은 하드파워에 더해 소프트파워를 강화하려는 전략을 적극 추진하고 있다는 것이다. 장쩌민 시기의 책임대국론, 신안보관, 신국제정치경제질서론 등 다양한 외교이념의 제기와 실천, 후진타오 시기의 화평굴기와 화평발전, 조화세계의 제기 등 중국은 아시아 국가들이 자국의 부상을 수용하도록 설득하고 동시에 국제사회에서 자국의 권리를 확보하기 위해 더욱 정교한 대외전략을 수립하고 실천하고 있다. 뿐만 아니라 중국은 중화문명과 유가사상을 적극 활용하여 서구의 가치와 대비되는 중국적 가치와 비전을 개발하고 이를 전 세계에 확산시키는 데도 많은 노력을 기울이고 있다. 지난 10년의 경험과 중국의 현재 위상을 놓고 볼 때, 중국의 이런 시도는 중국의 강대국화 과정에서 매우 중요한 역할을 할 것이다. 이에 대한 우리의 좀 더 많은 주의가 필요하다.

다른 한편, 이렇게 해서 부상한 중국은 지금까지 우리가 만나왔던 중국과는 다른 상대일 것이다. 단적으로 중국은 경제적으로는 세계강대국이지만 외교적으로는 지역강대국의 역할도 제대로 수행하지 못하는 일본과는 다를 것이다. 무엇보다 중국은 다른 아시아 국가처럼 일본 및 서구의 침략과 점령으로 고통 받은 역사적 경험을 갖고 있다. 중국은 이를 바탕으로 '아시아 의식'을 강조하고 국제연합(UN)이나 다른 국제기구에서 제 3세계 국가의 권리와 이익을 대변하는 '제 3세계 대표'임을 자임한다. 더욱이 중국이 아시아 각국에게 경제적 실익을 가져다주는 경제협력을 강화하고 주변국가의 군사적 의구심을 완화하기 위한 군사적 투명성 제고와 지역안보체제 수립에 적극 나서는 등 정교한 아시아 지역정책을 계속 추진한다면 아시아 국가들은 명시적으로나 묵시적으로 중국의 지도력을 인정할 것이다. 또한 민주주의와 인권을 앞세워 중국과 권위주의국가를 압박하는 미국과 서방선진국에 대해 중국은 유가사상에 기초한 중국적 가치를 제시함으로써 최소한 당분간은 일부 아시아 국가의 지지를 이끌어 낼 수도 있을 것이다. 한마디로 중국은 일본과는 달리 향후 명실상부한 아시아의 지도국가가 될 가능성이 있다는 것이다. 만약 한국이 지역공동체 건설 등

아시아지역에서 의미 있는 역할을 수행하려고 한다면 경제대국 일본과 함께 경제대국·군사대국·외교대국이 된 중국을 상대해야 할 것이다. 이는 한국에게 결코 쉬운 과제가 아니다.

참고문헌

김애경. "중국의 '화평굴기'론 연구: 논쟁과 함의를 중심으로." 〈국제정치논총〉. 제45집, 제4호(2005), pp. 11~52.

김재철. "중국의 동아시아 정책." 〈국가전략〉. 제9권, 4호(2003), pp. 7~32.

임반석. "동아시아 경제통합과 중국, 일본." 〈국제지역연구〉. 제9권, 제1호(2005), pp. 257~288.

조영남. 《후진타오 시대의 중국정치》. 서울: 나남, 2006.

______. "중국 제10기 전국인민대표대회 제4차 회의 분석." 미래전략연구원(2006). http://www.kifs.org/new/index.

江西元·夏立平. 《中國和平崛起》. 北京: 中國社會科學出版社, 2004.

郭扶康. "孔子學院: 中國軟實力的標志." 〈東北之窓〉. 제10기(2007), pp. 56~57.

國務院新聞辦公室. "中國的和平發展道路," 2005.

鞠殿明. "全球漢語熱彰顯中國軟力量." 〈思想政治課教學〉. 제10기(2005), pp. 50~52.

唐小松. "論中國公共外交的兩條戰線." 〈現代國際關係〉. 제8기(2007), pp. 42~46.

______. "中國公共外交的發展及體系構建." 〈現代國際關係〉. 제2기(2006), pp. 42~46.

董立人·寇曉宇·陳榮德. "關于中國的軟實力及其提升的思考." 〈求索〉. 제1기(2005), pp. 143~146.

董洪亮. "漢語加速'走出去' 孔子學院今年將達200所." 〈人民日報〉. 2007년 3월 20일. http://culture.people.com.cn/GB(검색일: 2007년 4월 10일).

鄧顯超. "悄然崛起的關于中國軟實力." 〈攀登〉. 제6기(2005), pp. 89~93.

羅建波. "構建中國崛起的對外文化戰略." 〈現代國際關係〉. 제3기(2006), pp. 33~37.

門洪華 主編. 《中國: 大國崛起》. 杭州: 浙江人民出版社, 2004.

______. 《構建中國大戰略的框架: 國家實力·戰略觀念與國際制度》. 北京: 北京大學出版社, 2005.

______. "中國軟實力評估報告(上下)." 〈國際觀察〉. 제2, 3기(2007), pp. 15~26, 37~46.

潘忠岐·黃仁偉. "中國的地緣文化戰略." 〈現代國際關係〉. 제1기(2008), pp. 44~49.

方德豪. "鄭必堅豫告胡錦濤訪美主旋律: 中國不輸出發展模式." 〈多維新聞〉. 2006년 4월 12일. http://www7.chinesenewsnet.com/gb/MainNews/SinoNews/Mainland(검색일: 2006년 4월 12일).

龐中英. "國際關係中的軟力量及其他." 〈戰略與管理〉. 제2기(1997), pp. 49~51.

______. "中國軟力量的內涵." 〈瞭望新聞週刊〉. 제45기(2005년 11월), p. 62.

______. "發展中國軟力量." 〈瞭望新聞週刊〉. 제1기(2006. 1), p. 63.

斯維. "中國需促進眞正的民間軟權力建設." 〈多維新聞〉. 2006년 3월 22일. http://www7.chinesenewsnet.com/gb/MainNews/SinoNews/Mainland(검색일: 2006년 3월 22일).

沈驥如. "不能忽視增强我國的軟實力." 〈瞭望新聞週刊〉. 제41기(1999년 10월), pp. 12~13.

沈望舒. "軟實力叩響中國之門." 〈瞭望新聞週刊〉. 제7-8기(2005년 2월), pp. 21~23.

楊桃源. "提升中國軟實力." 〈瞭望新聞週刊〉. 제23기(2004년 6월), pp. 14~15.

閻學通·孫學峰 外. 《中國崛起及其戰略》. 北京: 北京大學出版社, 2005.

葉自成. 《中國大戰略: 中國成爲世界大國的主要問題及戰略選擇》. 北京:

中國社會科學出版社, 2003.
永强. “軟國力在美國對外政策中的地位和影向研究會在京擧行.”〈國際問題研究〉. 제6기(2002년 1월), p. 59.
吳建民. “拋棄韜光養晦會把中國引向災難.”〈瞭望東方週刊〉. 〈人民網〉. 2005년 9월 20일. http://world.people.com.cn/GB(검색일: 2005년 9월 20일).
吳邦國. “開創亞洲和平合作和諧新局面.”〈人民網〉. 2007년 4월 22일. http://politics.people.com.cn/GB(검색일: 2007년 4월 23일).
阮宗澤. “實現中國外交話語權.”〈瞭望新聞週刊〉. 제32기(2005년 8월), pp. 26~28.
王雨辰. “略論北京共識對提升中國軟實力的啓迪.”〈中南財政政法大學學報〉. 제1기(2005), pp. 3~8.
袁鵬. “中國崛起之後將如何在世界上給自己定位.”〈人民網〉. 2006년 4월 4일. http://world.people.com.cn/GB(검색일: 2006년 4월 4일).
______. “和諧世界與中國新外交.”〈現代國際關係〉. 제4기(2007), pp. 1~8.
兪可平·黃平·謝曙光·高健 主編. 《中國模式與“北京共識”: 超越“華盛頓共識”》. 北京: 社會科學文獻出版社, 2006.
劉繼南·何輝 外. 《國家形象: 中國國家形相的國際傳播現況和對策》. 北京: 中國傳媒大學出版社, 2006.
劉德斌. “軟實力說的由來與發展.”〈吉林大學社會科學學報〉. 제4기(2004), pp. 55~62.
劉永明·王小光. “2005年終報道: 文化外交彰顯魅力—文化部長.”〈人民網〉. 2005년 12월 19일. http://world.people.com.cn/GB(검색일: 2006년 3월 10일).
劉華新. “一次成功的文化外交.”〈人民網〉. 2005년 10월 12일. http://world.people.com.cn/GB(검색일: 2005년 10월 12일).
李杰. “軟實力建設與中國的和平發展.”〈國際問題研究〉. 제1기(2007), pp. 19~24.
李智. 《文化外交: 一種傳播學的讀解》. 北京: 北京大學出版社, 2005.
李正國. 《國家形象構建》. 北京: 中國傳媒大學出版社, 2005.

張劍荊. "北京共識與中國軟實力的提升."〈當代世界與社會主義〉 제5기 (2004), pp. 10～14.
______. 《中國崛起: 通向大國之路的中國策》. 北京: 新華出版社, 2005.
章彬. "霸權主義的國軟力量和硬力量."〈理論探索〉. 제1기(2000), pp. 4～6.
張幼文·黃仁偉 外. 《2005中國國際地位報告》. 北京: 人民出版社, 2005.
張戰·李海君. "國際政治中的中國軟實力三要素."〈中國特色社會主義研究〉. 제4기(2003), pp. 45～49.
張淸敏. "全球化環境下的中國文化外交."〈外交評論〉. 제87기(2006년 2월), pp. 36～43.
張馳. "中國威脅論新版本: 美過分誇大中國軟實力."〈人民網〉. 2006년 1월 26일. http://world.people.com.cn/GB(검색일: 2006년 1월 26일).
田春生. "華盛頓共識與北京共識比較初探."〈經濟社會體制比較研究〉. 제2기(2005), pp. 77～80.
鄭必堅. "中國和平崛起進程中面臨着三大挑戰."〈人民日報〉. 2006년 4월 10일. http://world.people.com.cn/GB(검색일: 2006년 4월 10일).
______. 《論中國和平崛起發展新道路》. 北京:中共中央黨校出版社, 2005.
趙磊. "理解中國軟實力的三個維度: 文化外交, 多邊外交, 對外援助政策."〈社會科學論壇〉. 제5기(2007년), pp. 150～157.
趙長茂. "中國需要軟實力."〈瞭望新聞週刊〉. 제23기(2004년 6월), p. 1.
周建軍·何恒遠. "中國轉型的世界意義: 從華盛頓共識到北京共識."〈世界經濟與政治論壇〉. 제1기(2005), pp. 72～75.
朱炳元 主編. 《全球化與中國國家利益》. 北京: 人民出版社, 2004.
朱鋒. "價値外交與亞洲政治新變局."〈現代國際關係〉. 제7기(2007), pp. 7～14.
詹得雄. "軟實力的含意以及對我國的啓示."〈中國政黨幹部論壇〉. 제7기 (2004), pp. 37～39.
淸華大學國情研究中心. 《國情與發展》. 北京: 淸華大學出版社, 2005.
彭澎 主編. 《和平崛起論: 中國重塑大國之路》. 廣州: 廣東人民出版社, 2005.
胡鞍鋼. 《中國發展前景》. 杭州: 浙江人民出版社, 1999.

______. 《中國大戰略》. 杭州: 浙江人民出版社, 2003.

______. 《中國: 新發展觀》. 杭州: 浙江人民出版社, 2004.

胡鞍鋼・門洪華 主編. 《中國: 東亞一體化新戰略》. 杭州: 浙江人民出版社, 2005.

胡鞍鋼・楊帆 外. 《大國戰略: 中國利益與使命》. 瀋陽: 遼寧人民出版社, 2000.

黃仁偉. "論中國崛起的國內外環境制約(下)." 〈社會科學〉. 제2기(2003), pp. 5~12.

黃平・崔之元 主編. 《中國與全球化: 華盛頓共識還是北京共識》. 北京: 社會科學文獻出版社, 2005.

Baek, Seoun-Wook. "Does China Follow 'the East Asian Developmental Model'?" *Journal of Contemporary Asia*, vol. 35, no. 4. 2005, pp. 485~498

Chan, Joseph. "Asian Values and Human Rights: An Alternative View." In Larry Diamond and Marc F. Plattner, eds., *Democracy in East Asia*. Baltimore: Johns Hopkins University Press, 1998, pp. 28~41.

French, Howard. "Another Chinese Export Is All the Rage: China's Language." *New York Times*, January 11, 2006. http://www.nytimes.com/international/asia/11china(검색일: 2006년 1월 12일).

Garrison, Jean A. "China's Prudent Cultivation of "Soft" Power and Implications for U.S. Policy in East Asia." *Asian Affairs: An American Review*, vol. 32, no. 1. 2005, pp. 25~30.

Hood, Steven J. "The Myth of Asian-Style Democracy." *Asian Survey*, vol. 38, no. 9. September 1998, pp. 853~866.

Johnson, Chalmers. "The Developmental State: Odyssey of a Concept." In Meredith Woo-Cumings, eds., *The Developmental State*. Ithaca: Cornell University Press, 1999, pp. 32~60.

Kausikan, Bilahari. "The 'Asian Values' Debate: A View from Singapore." In Larry Diamond and Marc F. Plattner, eds., *Democracy in East Asia*. Baltimore: Johns Hopkins University Press, 1998, pp. 17~27.

Kim, Dae Jung. "Is Culture Destiny? The Myth of Asia's Anti-Democratic Values." *Foreign Affairs*, vol. 73, no. 6. November/December 1994, pp. 189~194.

Kim, Yung-Myung. "'Asian-Style Democracy': A Critique from East Asia." *Asian Survey*, vol. 37, no. 12. Dec. 1997, pp. 1119~1134.

Kurlantzick, Joshua. *Charm Offensive: How China's Soft Power Is Transforming the World*. New Heaven: Yale University Press, 2007.

______. "The Decline of American Soft Power." *Current History*, December 2005, pp. 419~424.

Lampton, David M. "China's Rise in Asia Not Be at America's Expense." In David Shambaugh, ed., *Power Shift: China and Asia's New Dynamics*. Berkeley: Univ. of California Press, 2005, pp. 306~326.

Li, Mingjiang. "China's Soft Power: Stuck in Transition." *RSIS Commentaries*, May 5, 2008.

Lum, Thomas, Wayne M. Morrison, and Bruce Vaughn. *China's 'Soft Power' in Southeast Asia*, CRS Report for Congress. January 4, 2008.

Neher, Clark D. "Asian Style Democracy." *Asian Survey*, vol. 34, no. 11. November 1994, pp. 949~961.

Ng, Margaret. "Why Asia Needs Democracy: A View from Hong Kong." In Larry Diamond and Marc F. Plattner, eds., *Democracy in East Asia*. Baltimore: Johns Hopkins University Press, 1998, pp. 3~16.

Nye, Joseph S. *Bound to Lead: The Changing Nature of American Power*. New York: Basic Books, 1990.

______. *The Paradox of American Power: Why the World's Only Superpower Can't Go It Alone*. Oxford: Oxford University Press, 2002.

______. *Soft Power: The Means to Success in World Politics.* New York: Public Affairs, 2004.

______. "The Rise of China's Soft Power." *Wall Street Journal Asia,* December 29, 2005.

Pan, Ester. "China's Soft Power Initiative." *Backgrounder,* May 18, 2006, http://www.cfr.org/publications/10715.

Park, Chong-Min and Doh Chull Shin. "Do Asian Values Deter Popular Support for Democracy in South Korea." *Asian Survey,* vol. 46, no. 3. May/June 2006, pp. 341~361.

Pew Research Center. "American Character Gets Mixed Reviews: U.S. Image up Slightly, but Still Negative." 16-Nation Pew Global Attitudes Survey, 2005.

Ramo, Joshua Cooper. "The Beijing Consensus." The Foreign Policy Centre, 2004.

Roy, Denny. "Singapore, China, and the 'Soft Authoritarianism' Challenge." *Asian Survey,* vol. 34, no. 3. March 1994, pp. 231~242.

Shambaugh, David. "Return to the Middle Kingdom? China and Asia in the Early Twenty-First Century." In David Shambaugh, ed., *Power Shift: China and Asia's New Dynamics.* Berkeley: University of California Press, 2005, pp. 23~47.

Sutter, Robert G. *China's Rise in Asia: Promises and Perils.* Lanham: Rowman & Littlefield, 2005.

Thompson, Drew. "China's Soft Power in Africa: From the 'Beijing Consensus' to Health Diplomacy." *China Brief,* vol. 5, no. 21. 2005, pp. 1~4.

Thompson, Mark R. "Whatever Happened to 'Asian Values'?" *Journal of Democracy,* vol. 12, no. 4. October 2001, pp. 154~165.

Tong, Goh Chok. "Social Values, Singapore Style." *Current History,* vol. 93, no. 587. December 1994, pp. 417~422.

Unger, Jonathan and Anita Chan. "Corporatism in China: Developmental

State in an East Asian Context." In Barrett L. McCormick and Jonathan Unger, eds., *China after Socialism: In the Footsteps of Eastern Europe or East Asia*. Armonk: M.E. Sharpe, 1996, pp. 95~129.

Wang, Jianwei. "China's Multilateral Diplomacy in the New Millennium." In Yong Deng and Fei-Ling Wang, eds., *China Rising: Power and Motivation in Chinese Foreign Policy*. Lanham: Rowman & Littlefield, 2005, pp. 159~200.

White, Gordon. "State and Market in China's Socialist Industrialization." In Gordon White, ed., *Developmental State in East Asia*. New York: St. Martin's Press, 1988, pp. 153~192.

Williamson, John. "What Should the World Bank Think about the Washington Consensus." *The World Bank Research Observer*, vol. 15. 2000, pp. 251~264.

______. "Did the Washington Consensus Fail." Outline of Speech at the Center for Strategic & International Studies, Washington, DC. November 6, 2002.

______. "A Short History of the Washington Consensus." Paper Commissioned by Fundaci CIDOB for a Conference from the Washington Consensus toward a New Global Governance, Barcelona. September 24, 2004.

Xia, Ming. *The Dual Developmental State: Developmental Strategy and Institutional Arrangements for China's Transition*. Brookfield: Ashgate, 2000.

Zakaria, Fareed. "Culture Is Destiny: A Conversation with Lee Kwan Yew." *Foreign Affairs*, vol. 73, no. 2. March/April 1994, pp. 109~126.

Zhang, Yunling and Tang Shiping. "China's Regional Strategy." In David Shambaugh, ed., *Power Shift: China and Asia's New Dynamics*. Berkeley: University of California Press, 2005, pp. 48~68.

제3부

중국의 경제외교와 에너지 · 환경 안보

제 5 장

중국의 경제통상외교

변화와 지속

정 환 우

1. 서론

최근 중국의 대외관계에서 눈길을 끄는 변화 중 하나는 중국 정부의 경제 혹은 통상외교(이하 '경제통상외교')의 적극추진이다.[1] 언젠가부터 매년 3월 '양회(兩會)'가 끝난 후 중국 최고지도자들은 대상을 나누어 해외순방에 나서기를 정례화하고 있다. 또 어느 땐가부터 중국 최고지도자들이 해외방문이나 외국지도자 영접 시 원유를 비롯한 원자재 확보, 시장경제지위 인정, FTA 등의 안건을 내세우는 게 익숙한 광경이 되었다. 1990년대만 해도 이런 광경은 흔치 않은 일이었다.

---

1) 우리나라에서는 통상(정책 혹은 외교)이라는 말과 경제외교라는 말을 혼용하는데 후자가 좀 더 넓은 의미로 사용된다. 중국에서는 '경제외교'라는 말을 쓰는데 그 내용은 우리가 쓰는 통상이라는 말과 경제외교를 합쳐 놓은 것이다. 이를 감안해 이글에서는 경제통상외교라는 말을 쓴다. 관련 논의는 김재철(2007), pp. 42~43; 신종호(2007), pp. 399~400 참조.

실제로 2004년 중국지도부가 경제외교의 중요성을 제시한 뒤 후속 논의와 정책들이 계속 제기·추진되고 있다. 2005년 이 용어가 처음으로 정부문건에 삽입되었으며, 이는 후진타오를 중심으로 한 제4세대 지도부의 대외정책을 특징짓는 핵심요소 중 하나로 되었다. 그 목적과 내용도 기업 '해외진출(走出去)' 지원, '평화적 부상(화평굴기)'과 '소프트파워' 확산의 지원 등 다양하게 제시되고 있다.[2)]

그런데 여기서 우리는 몇 가지 의문을 떠올리게 된다. 요즘 중국이 내세우고 있는 경제통상외교라는 것이 보통 말하는 통상전략(정책)과 어떤 차이(혹은 공통점)가 있는가? 중국의 경제통상외교는 과거에 없었던 일인가, 이를 테면 중국의 대외정책에서 최근에만 볼 수 있는 현상인가? 마지막으로, 중국이 추진하는 경제통상외교는 다른 나라에서는 볼 수 없는 현상인가? 즉 중국에만 독특한 현상인가? 요컨대, 요즘 중국이 적극 추진하고 있는 경제통상외교를 개념, 시간적 및 공간적 범주에 따라 분해, 조립함으로써 그 의미를 분명히 해 볼 필요가 있는 것이다.

이 글에서는 중국의 경제통상외교와 관련된 두 개의 주제를 분석하고자 한다. 하나는 중국의 경제통상외교가 역사적으로 어떻게 변화해 왔는지를 목적, 대상, 수단, 방법 네 가지 측면으로 나누어 소개·분석함으로써 중국 경제통상외교의 개념과 시간적·공간적 특성을 보여주고자 한다. 또 하나는 현재 진행중인 두 가지 경제통상외교 의제

---

2) 신종호, "후진타오체제 중국 경제외교와 대외전략적 함의," 〈중국연구〉(한국외국어대학교 외국학종합연구센터 중국연구소), 제37권, (2007), pp. 397~303; 周永生, "經濟外交面臨的機遇和挑戰: 經濟外交概念研究," http://www.dss.gov.cn(검색일: 2008. 1. 15); 楊培棟, "中國充分利用外交資源大力推動"經濟外交," 〈中財網〉(2006. 4. 10) (http://www.cfi.net.cn/newspage. (검색일: 2008. 1. 15)

에 대해 사례분석을 시도함으로써 경제통상외교의 내용과 특성을 좀 더 구체적으로 보여줄 것이다. 일단 여기서 이 글의 논지를 밝히자면 다음과 같다. 중국의 경제통상외교는 과거의 폐쇄주의와 외교·안보적 목적에의 이용 경향에서 벗어나 경제적 이익을 우선하는 방향으로 나아가고 있다는 것이다.

이 글은 여섯 개의 절로 이루어진다. 서론에 이어 2절에서는 경제통상외교를 어떻게 접목시켜 이해할 것인지에 대한 논의가 이루어진다. 3절에서는 중국에서 경제통상외교가 시간의 흐름에 따라 어떻게 운용되어 왔는지를 살펴봄으로써 중국이 보여주고 있는 경제통상외교 행태가 얼마나 새로운지, 과거로부터의 지속성은 없는지를 검토한다. 4절과 5절에서는 FTA정책과 기업 '해외진출'을 살펴봄으로써 중국이 추진하고 있는 경제통상외교의 '중국적' 특성과 '현재적' 특성을 좀 더 분명하게 제시한다. 마지막 6절에서 논의를 요약하고 시사점을 제시한다.

2. 경제통상외교의 유형, 목적, 수단과 중국

1) 경제통상외교

역사적 연원에서 보면 경제통상외교에는 고대 부족국가가 다른 부족을 약탈하는 것까지도 포함된다. 엄연히 '국가'가 경제적 이익을 확보하려고 시도하는 것이기 때문이다. 이점에서 통상외교는 사실상 인류의 대외관계사 만큼이나 오래되었다고 해도 과언이 아니다. 또한, 전통외교로 불리는 외교·안보에 비해 더 오래되었다고 볼 수도 있다. 세계 역사에서 보면 무역과 외교·안보는 사실상 분리되지 않는 기간이 대부분이었다. 즉 대부분 기간에 무역과 침략을 구별하기는 쉽지 않았으며 여러 형태의 조공무역도 본질에서는 마찬가지로 볼 수 있다.[3] 이는 비교적 최근에도 마찬가지였다. 예를 들어, 1900년 미국 국무부의 한 관리는 "영토의 팽창은 단지 상업의 확장에 따른 부산물이다"고 지적했다고 한다. 또 루스벨트 대통령 역시 "진지한 표정으로 라틴아메리카에서의 미국의 제국주의를 선언했으며, 영국과 독일은 경제적 위세를 그들의 식민지 규모와 비례하는 것으로 생각했다."[4]

---

3) 카메룬은 지중해 고대문명시기 메소포타미아의 도시국가와 제국의 원정대간 교역을 두고 "무역과 침략을 구별하기는 항상 쉽지 않았으며 … 인접국들도 위장된 물물교환인 의례적인 조공무역을 행했다"고 지적하고 있으나, 사실 이런 현상은 거의 모든 전통시대 모든 지역(특히 중국)에서 볼 수 있다. Rondo Cameron·Larry Neal, *A Concise Economic History of the World: From Paleolithic Times to the Present*, 이헌대 역, 《간결한 세계경제사》(E*Public, 2003), p. 37.

4) Robert B. Riech, *The Work of Nations*, 남경우 외 역, 《국가의 일》(서울: 까치, 1994), p. 31.

무역이 침략(현대 용어로 '외교와 안보')과 비교적 명확하게 구분되게 된 것은 GATT체제가 형성된 1948년 이후, 그나마도 자본주의 진영에서나 가능했다고 봐야 할 것 같다. 왜냐하면 GATT체제하에서 각국은 최초로 — 물론 많은 한계가 있었지만 — 다자주의에 기초한 고정된 규칙에 근거한, 즉 무력을 사용하지 않는 가운데 대외교역에 종사할 수 있게 되었기 때문이다.[5] 그러나 이러한 '외교 · 안보 없는' 통상외교 시대조차 매우 짧고 불안정했다. 애초에 GATT는 진정한 의미의 국제기구라기보다는 협상을 위한 포럼에 가까웠으며, 규칙을 제정하는 권한은 아예 없었다. 더구나 1970년대의 신보호주의의 대두에 따른 쿼터와 정부보조금제 등 여러 비관세장벽의 난립, 1980년대 이후 세계경제의 통합성 증대에 따른 과점적 경쟁, 그리고 EU 통합운동으로 대표되는 '신지역주의'에 따라 GATT는 더욱 강력한 구속력과 규칙제정권을 가진 WTO(1996년)로 대체되게 되었다.[6]

그러나 좀 더 강력한 국제무역기구가 될 것으로 기대되었던 WTO 하에서 각국의 통상외교는 오히려 더 중요해지고 있다. 즉 WTO가 출범한 1995년 직후에 지역무역협정 체결이 급증했는데, 이 시기는 WTO가 국제경제질서의 새로운 중심축이 될 것이라는 기대감과 WTO로 인해 개별국의 경제적 이익이 침해될지도 모른다는 우려가 늘어나던 시기였다.[7] 다자주의적 무역체제의 확대가 지역주의 내지 개별국가의 통상외교영역을 왜 줄이지 못하는가에 대해 많은 논의가

---

5) GATT체제에서 일방주의, 쌍무주의, 무역블록 등은 특별한 경우를 제외하고 금지되었다. Robert Gilpin, *Global Political Economy*, 고현욱 · 강문구 · 김용복 역, 《세계정치경제론》(서울: 인간사랑, 2004), pp. 328~329.

6) 길핀(2004), 위의 책, pp. 328~335.

7) 정인교, 〈FTA시대에 어떻게 대처할 것인가?〉, 대외경제정책연구원 FTA 연구시리즈 1(2001년 11월), p. 25.

있지만, 이에 대한 상론은 이 글의 범위를 벗어나므로 여기서는 WTO체제하에서 각국의 통상외교가 더욱 활성화되고 있다는 점만을 지적하기로 한다. 이외에 최근 들어 각국의 통상외교가 활발하게 된 또 하나의 이유는 석유 등 국제원자재 조달환경의 악화이다. 경제성장에 따른 원자재수요 증대, 특히 중국과 같은 거대한 신규참여자의 등장은 기존 원자재 수급체계에 충격을 가할 수밖에 없으며 이는 원자재조달을 위한 개별국가의 노력, 즉 통상외교의 필요성을 확대시켰다.

그렇다면 외교·안보와 통상(정책)은 어떤 관계일까? 앞에 지적한 대로 유래를 보면 통상이 외교·안보 보다 오래되면 오래되었지 덜 되지는 않았다. 이 점에 주목한다면 외교·안보의 주요 목적은 통상 관련 위험요인(*risk*)의 관리, 이를 테면 주요 시장의 불안정성 관리 및 최소화라든지 해외시장의 창출, 그리고 소프트파워의 투사 등이라고 볼 수 있겠다.[8] 그러나 바로 그 이유 때문에, 통상은 외교·안보적 긴장과 충돌의 원인이 되기도 한다. 즉 통상정책 및 그 이해관계가 외교·안보정책에 영향을 미치기도 하는 것이다. 이 점에서 둘 중 어떤 것이 궁극적인 원인인지에 대해서는 논란의 여지가 있다. 다만 외교·안보적 이해관계는 변할 수 있는 반면 통상분야의 이해관계는 불변이라는 점을 주목한다면 후자 즉 통상이익이 더 궁극적인 원인이라고 보아도 되지 않을까 한다. 이와 관련, "원인적 요인(즉, 국가간 갈등을 야기하는 제반원인 — 인용자)들이 먼저 변화되지 않는 한 국가들의 진지한 여망, 즉 세력균형(즉, 대표적인 국가간 이해관계의 현실주의적〔외교·안보적〕 처리방식 — 인용자)은 철폐될 수 없는 것이다"라는

8) 이근, 〈한국의 중장기 통상전략의 정치경제와 소프트파워 통상전략〉, (KIEP 중장기통상전략연구 07-01-01) (2007. 12), pp. 16~21.

어느 고전적 신현실주의 국제정치학자의 말은 국가간 관계의 궁극적인 결정요인이 통상문제일 수 있음을 말해준다.[9] 다만, 이 모든 논의중에서도 중요한 것은 "국제경제관계가 순전히 경제적이라고는 할 수 없으며, 그 관계들은 항상 경제적 자율성과 일국의 정치적 독립성(즉, 외교·안보)에 심대한 함의를 가지고 있다"는 사실을 상기하고 그 동태적 상호작용을 포착하는 것이다.[10]

2) 중국과 경제통상외교: 유형, 목적 및 방법

(1) 유 형

그렇다면 경제통상 외교 내지 전략은 어떻게 결정되는가? 어떤 국가의 통상외교 방향은 주관적 의지에 의해서만 결정되는 것이 아니다. 실제로 대부분 국가의 산업통상정책은 대체로 해당 국가가 국제경제 발전단계에서 차지하는 위치와 규모에 의해 결정되는 경향이 있다. 이와 관련하여 레이크는 "국가의 무역이익과 그에 따른 정치적 선택의 결과라 할 수 있는 국가무역전략은 기본적으로 그 국가의 국제경제구조상의 위상 — 그리고 위상의 변화 — 에 따라 제약되기도 하고, 새롭게 정의되거나 형성된다"고 지적한 적이 있다.[11]

중국의 경제통상외교 역시 중국의 대외관계사 만큼이나 오래되었다. 중국 역시 전통적으로 통상외교는 외교·안보와 분리되지 않았

---

9) Kenneth Waltz, *Man, the State and War: A Theoretical Analysis*, 김광린 역, 《인간·국가·전쟁: 국제정치이론의 분석》(서울: 소나무, 1988), p. 281.

10) 길핀(2004), 앞의 책, p. 134.

11) Lake(1988), 최병선(1999), p. 269

〈표 5-1〉 산업통상전략의 유형

분류	전략유형	정책방향	예
① 패권형 (자유주의+ 질서창출유지)	고발전+대국	▪ 자유무역 ▪ 헤게모니 지향	19세기 영국, 20세기 중반 이후 미국
② 무임승차형 자유주의	고발전+소국	▪ 자유무역 ▪ 기존 헤게모니에 무임승차	20세기 중반 이후 유럽, 일본
③ 보호주의적 추격 (추격 · 보호 · 패권견제)	저발전+대국	▪ 보호무역 ▪ 산업추격전략 ▪ 패권견제 or 대안적 패권추구 * 단, 국제무역질서의 변화에 따라 변형가능 (예: 개방적 추격)	인도, 러시아, 중국
④ 수동(의존)	저발전+소국	▪ 기존 국제경제질서에 순응	대부분의 중남미, 아프리카 발전도상국

출처: Lake(1988), 정환우(2008)의 유형화를 참고하여 작성.

기 때문이다. 전통시대 중국 대외관계 및 무역체제의 기본적인 형태라 할 수 있는 조공무역체제는 국가간 외교 · 안보체제임과 동시에 통상체제였다.[12] 중국의 경우에도 정치안보외교와 통상외교가 분리되기 시작한 것은 통상외교와 안보외교의 결합에 의해 침탈받던 시기가 사실상 끝나고 더 나아가 정치안보적 고려에 따라 대외정책이 추진되었던 마오(毛)시기도 끝난 뒤인 개혁 · 개방기라고 봐야 한다.[13]

---

12) 조공은 중국 왕조의 군주인 천자가 주변국 왕조의 군주에게 군주로서의 지위를 부여하고 이를 보장하는 행위인 책봉에 대한 의무로 부여되는 것이며, 책봉이라는 행위에는 반드시 조공품과 회사품이라는 물적 교환, 즉 조공무역이 수반된다. 홍성구, "조공무역체제론의 재검토: 해관무역체제론을 위한 시론," 홍성구 · 송규진 · 강경락 · 박정현, 《근대 중국 대외무역을 통해 본 동아시아》(서울: 동북아역사재단, 2008), p. 23.

〈표 5-2〉 중국의 산업통상전략 개념도

		개방 정도	
		적극개방	폐쇄(소극개방)
추격 여부	보호 · 추격	① 개방적 보호(추격)주의	② 폐쇄적 추격전략
	자유주의 (정부 불간섭)	③ 개방적 자유주의	④ 폐쇄적 자유주의(?)

주: 보호(추격)주의 對 자유주의, 적극개방 對 소극개방(폐쇄).

한편, 중국 통상외교의 유형 역시 위에 언급한 대로 중국이 처한 발전단계상의 위치와 규모, 그리고 정책적 의지 등의 복합적인 작용에 따라 결정된다고 봐야 한다. 이점을 감안한다면, 중국의 경제통상 정책이 개혁기 들어 계속 변화 · 모색 중에 있기 때문에 한마디로 규정하기는 어려우나 다음과 같은 주 · 객관적인 여건의 작용에 따라 형성되어 갈 것으로 볼 수 있다.

〈표 5-2〉는 개방 정도(여부)와 산업화 전략의 유무(종류)에 따라 중국이 선택할 수 있는 전략적 선택지를 나눠본 것이다. 3절에서 자세히 보듯이, 중국은 대체로 시간의 흐름에 따라 ④→③→②→①의 순서로 전략(정책)의 변화를 겪어 왔다고 볼 수 있다.

(2) 목적

통상외교의 가장 기본적인 목적은 역시 경제적 이익의 확대이다.

13) 전통에서 현대로 넘어오는 시기의 경제통상관계의 변화에 대해서는 강진아, "중국의 체제개혁과 대외개방: 근대화의 역사성," 정재호 편(2002), pp. 45~47 참조. 특히 이 글에서는, 다소 논의의 여지는 있지만, 1930년대 남경정부의 국가건설 경험이 모택동 노선과 개혁 · 개방 노선 모두에 일정 정도 모델을 제공했다고 지적한다.

우선, 5절에서도 보겠지만, 해외시장 개척 및 생산기지 구축 및 운용은 경제통상외교의 가장 기본적인 목적 중 하나이다. 다음으로 최혜국대우(MFN)라든가 시장경제지위(*market economy status*) 확보노력도 여기에 포함된다.[14] 2001년 중국이 WTO에 가입할 당시 중국에 대한 시장경제지위 부여를 15년간 즉 2016년까지 유예하기로 결정한 바 있는데 이는 주요 무역상대국의 중국산 제품에 대한 견제수단으로 이용되어 왔다.[15] 이에 따라, 2006년 11월 원자바오 총리의 방한 시 우리 정부가 중국에 대한 선물로서 시장경제지위를 부여한 데서 보는 것처럼, 시장경제지위의 부여 문제는 중국과의 대외협상이나 지도부의 외국방문 시 가장 핵심적인 의제중 하나가 되었다. 마지막으로 통상분쟁 해결 역시 경제적 이익 확대를 달성하는 직접적인 목적 중의 하나이다. 주지하듯이, 중국은 세계에서 가장 빈번하게 반덤핑 제소, 세이프가드 발동, 상계관세부과 조치를 당하는 국가로서 이에 대한 대처는 경제통상외교의 가장 직접적이고 중요한 목적이 된다.[16]

에너지를 비롯한 원자재 확보 역시 통상외교에서 빼놓을 수 없는 목표이다. 1993년을 기점으로 원유수입국으로 전락한 후 중국은 안정적인 에너지수급을 위해 적극 노력해 오고 있다. 국가적 차원에서 에너지확보를 위한 중국의 전략은 2005년 발족된 '국가에너지영도소조

---

14) 최혜국 대우 확보는 중국의 WTO가입 이전에 해당되고, 시장경제지위 확보는 가입 이후에 해당된다.

15) 시장경제지위(MES) 미부여국의 제품에 대한 덤핑 여부 판정시 제소국은 피제소국이 제출한 자료가 아닌 피제소국과 유사한 경제발전 수준에 있는 다른 국가의 시장가격을 기준으로 이용한다. 즉 제소국은 시장경제지위를 인정받지 못한 피제소국에 대해 덤핑 여부를 판정할 때 독자적인 판단에 따른다.

16) KOTRA, 〈중국과 주요선진국의 통상마찰 현황과 시사점〉, 코트라 연구보고서(2007), p. 13.

(國家能源領導小組)'를 통해 더욱 구체화되고 있다. 또 '11차 5개년계획'(2006~2010) 기간 해외에너지 공급능력의 확대를 위해 석유회사의 해외진출 촉진과 공급다변화, 주요국과 에너지소비국(특히 미국, EU)과의 전략적 대화와 협력, 강화 등의 정책을 실시하고 있다.[17] 중국은 또 원유도입선 다변화를 위해 중동, 중앙아시아, 아프리카, 남미와의 관계강화에 노력하고 있다.[18]

〈표 5-3〉 대중국 시장경제지위 부여국 현황 (상위 20개국)

교역 순위	국가/지역명	지역	부여 년도	교역 비중	교역 순위	국가/지역명	지역	부여 년도	교역 비중
1	홍콩	아시아	2005	9.44	11	카자흐스탄	아중동	2004	0.47
2	한국	아시아	2006	7.63	12	스위스	유럽	2007	0.38
3	대만	아시아	2004	6.13	13	아르헨티나	남미	2004	0.32
4	싱가포르	아시아	2004	2.32	14	우크라이나	아중동	2005	0.24
5	말레이시아	아시아	2004	2.11	15	이스라엘	중동	2005	0.22
6	호주	아태	2005	1.86	16	수단	아프리카	2006	0.19
7	필리핀	아시아	2004	1.33	17	이집트	아프리카	2006	0.18
8	인도네시아	아시아	2004	1.08	18	나이지리아	아프리카	2006	0.18
9	베트남	아시아	2004	0.57	19	뉴질랜드	아태	2004	0.17
10	남아공	아프리카	2004	0.56	20	콩고	아프리카	2004	0.17

주: 교역비중은 2006년 기준 및 %임.
출처: 각종 보도자료 취합. 비중은 kita.net(중국해관통계)로 계산함.

17) 신종호(2007), 앞의 논문, pp. 405~406.

18) 강준영 · 정환우, "중국의 FTA전략 연구: 전략목표별 사례분석을 중심으로," 〈국제지역연구〉(한국외국어대학교 외국학종합연구센터), 제11권 3호 (2007 가을), p. 17.

(3) 수 단

경제통상외교의 수단으로는 무역정책과, 투자정책, 제재나 원조 등을 들 수 있다. 우선, 무역과 투자는 경제통상정책의 가장 기본적인 목적임과 동시에 수단이기도 하다. 무역을 확대 — 약탈을 포함하여 — 혹은 중계하기 위한 국가의 정책이 바로 경제통상정책의 유래라는 점에서 이는 가장 기본적인 목적이라 할 수 있다. 또 무역자체가 외교·안보 등 다른 국가목표를 추진하기 위한 수단이기도 했다. 앞에 본 조공무역이 대표적인 사례이다. 무역에 비해 훨씬 뒤늦게 나타났지만 투자 역시 경제통상외교의 수단이다. 외국인직접투자 유치(*Foreign Direct Investments*; FDI)와 해외직접투자 진출(*Outward Direct Investments*; ODI)을 모두 포함하는 투자는 그 자체로 경제적 이익에 직결될 뿐만 아니라 경제외적 이해관계에도 많은 영향을 미친다. 뒤에 보는 것처럼 중국은 개혁초기에는 FDI, 그리고 1990년대 말 이후부터는 ODI에까지 영역을 확장하면서 경제적 효과와 '경제외적 효과'를 거두기 위해 노력했다.

경제통상외교의 또 다른 수단으로 다자 및 양자 간 정부차원의 협력체제 구축이 있다. 정부간 협력은 수단의 역할로 보아 경제적 효과를 증진 혹은 이용하기 위한 환경 및 제도의 이용이라 할 수 있다. 2001년 가입이 결정된 WTO, 2000년대 들어 적극 추진되고 있는 FTA 외에 수많은 다자간·양자간 협력체가 여기에 포함된다.

또한, '소프트파워' 전략도 경제통상외교 추진을 위한 방법 가운데 하나이다.[19] 1970년대 말 중국이 대외개방과 동시에 추진해 온 독립

19) 간단히 정의하면 상대방이 자발적으로 나와 같은 선호(*preference*)를 갖게 하는 힘을 말하는데, 어떤 국가에 매력이나 호감을 느낄 경우 그 국가의 투자, 상품, 브랜드에 대해 좋은 평가를 내리는 경향이 있으며, 그 국가의

자주외교 노선의 천명이나 선린우호외교, 그리고 최근에 중국의 급속한 성장에 대한 경계감을 무마시키기 위해 내세우고 있는 '평화로운 부상(和平崛起)'이나 '베이징 컨센서스'의 제기, 중화문명과 유가사상의 확산노력 등은 대외 경제관계상의 안정적 환경을 도모하려는 시도라는 점에서 경제통상외교의 중요한 방법이라 할 수 있다.[20]

경제통상외교의 수단에는 제재 및 원조도 빼놓을 수 없다. 제재가 경제적 손실을 가하거나 가하겠다고 위협하는 것이라면, 보상은 긍정적 인센티브 제공을 통해 상대방 정책의 변화를 이끌어 내려는 시도라 볼 수 있다. 예를 들어 중국은 1997년 덴마크가 유엔인권위원회에서 중국의 인권탄압을 비판하는 결의안을 발의한 데 대해 모든 경제계약을 취소하는 조치를 취함으로써 정책변화를 유도한 적이 있다.[21] 다만, 뒤에 보듯이 중국이 경제적 제재를 경제통상외교의 수단으로 이용하는 경우는 아직 매우 적은 상황이다. 경제통상외교의 또 다른 수단으로 원조가 있다. 중국은 시기에 따라 원조의 규모와 방식을 달리하는 가운데 나름대로의 특성을 갖는 원조를 추진함으로써 소기의 목적으로 달성하고자 노력해 왔다.[22] 〈표 5-4〉는 이상 논의한 경제통상외교의 목적과 수단을 정리한 것이다.

문화상품 소비도 늘어나는 효과를 갖게 된다. 자세한 내용은 이근(2007), pp. 20~21.

20) '소프트파워' 전략은 사실 목적이면서 동시에 수단이라고 볼 수 있다. 즉 경제적 조치를 통해 중국이 시혜적이고 협력적이라는 이미지를 구축하고 이를 통해 자국의 국제적 위상을 높일 수도 있기 때문이다. 신종호(2007) pp. 403~404; 김재철(2007) pp. 48~51.

21) 김재철, "중국의 경제외교: 경제적 고려를 넘어서," 〈국가전략〉, 제13권 4호(2007), p. 51.

22) 김재철(2007), 위의 논문, p. 55.

〈표 5-4〉 중국 경제통상외교의 목적과 수단

	목 적	수 단
구 분	– 경제적 이익 확대 ▪ 생산 · 판매기지 구축 ▪ 에너지 · 원자재 확보 ▪ 시장경제지위 획득 ▪ 통상분쟁 해결 ▪ 소프트파워 구축 – 외교 · 안보적 이익 확대 ▪ 국제적 위상 제고 ▪ 경쟁국 견제 ▪ 안보	– 교역 및 투자 – 제재 – 원조 – 소프트파워 구축 추진 – 다자 및 양자 협력

3. 중국 통상외교의 전개 : 변화와 지속

중국의 경제통상외교는 대략 네 개의 서로 구분되는 시기로 나누어 볼 수 있다. 전통시기, 개혁전, 개혁개방기, 세계화시기 등이다.[23] 이 네 개의 시기는 다시 목표, 수단, 대상, 내용으로 나누어 살펴봄으로써 경제통상정책의 변화와 지속성을 알아볼 수 있다. 이를 표로 정리해 보면 〈표 5-5〉와 같다.

〈표 5-5〉 중국 경제통상정책의 변화

구분	전통시기	개혁전
목표	자족적 중심국가 유지	자력갱생형 사회주의 건설
수단	제한, 조공무역	폐쇄, 선별적 원조
대상	주변국(세력)	'제2세계', '제3세계'
내용	강력한 보호주의 경제<안보	강력한 보호(폐쇄)주의 경제<안보
구분	1980~90년대 (선별적 개방 및 확대기)	2000년대 (WTO가입)
목표	개방 통한 개혁과 성장 도모	독자적 경제통상전략 모색
수단	원조, 무역, FDI	원조, 무역, ODI, 제재(부분적), FTA, '走出去'
대상	제3세계, 주변국, 다자·양자기구	전세계, 다자·양자기구(확대)
내용	선별 개방 → 개방 확대 경제<안보(중요도 감소)	'개방적 추격전략' 경제+안보

23) 이외에 청말 군벌 및 국민당 통치시기(1840~1949년)도 나름의 특징을 지니고 있으나 여기서는 생략한다.

1) 전통시기

전통시기 중국 경제통상정책의 특징은 자족적 중심부국가의 유지를 위한 강력한 보호주의와 산업화 억제로 요약할 수 있다. 우선 당시 정부와 지배계층은 산업화를 추진하지 않았다. 사대부, 국가관료, 지주 등으로 이루어진(신사〔紳士〕; *gentry*) 라는 이름으로 사실상 하나의 지배계급의 지배하에서 상업과 산업으로 발전해 갈 수 있는 가능성이 원천적으로 봉쇄돼 있었다고 보아야 할 것이며 이런 점에서 산업화전략의 부재라고 부를 수 있을 것이다.[24]

보호주의는 이러한 산업화 가능성 부재의 당연한 결과였다. 1405년부터 1433년까지 이루어진 '정허(鄭和)의 원정'이 지니는 의미는 요즘 중국이 선전하는 것처럼 전통시기 중국의 대외적 개방성과 진취성을 증명해 주는 사건이라는 점 보다는 중국의 대외정책이 내부지향적으로 선회하는 분수령이었다는 점에서 찾아야 할 것이다. 더욱이, 명 조정은 선박건조를 소형선박으로 제한했고 이에 따른 명조 해군력의 쇠퇴에 따라 남부연안에서 해적이 들끓게 되자, 반격하기보다는 해적을 굶겨 죽인다는 구실아래 주민을 해안으로부터 내지로 이주시키기도 했다.[25]

결국 당시 중국 경제통상외교의 주요 수단은 조공무역으로 제한되었다. 즉, 명 조정은 대외무역을 제한하기 위해 모든 무역을 조공무역의 형태를 취하도록 했다. 이 점을 가리켜 페어뱅크는 명조 치하에서 조공체제는 위세가 아니라 연약함을 암시해 주는 방어적인 형태의 정

---

24) Marc Blecher, *China Against the Tides: Restructuring Through Revolution, Radicalism and Reform*, 전병곤·정환우 공역, 《반조류의 중국: 현대중국, 그 저항과 모색의 역사》(서울: 돌베개, 2001), pp. 31~35.

25) 페어뱅크, 《신중국사》(서울: 까치, 1991), p. 181.

점에 이르게 되었다고 지적한다. 심지어 1700년 중반 공행(公行)과 하백(河佰; Hoppo)의 감독 아래 광저우(廣州)에서 이루어진 유럽인의 무역은 명목상으로는 마치 조공국에 인정된 특권처럼 이루어지고 있었다고 지적된다.[26]

한편, 자국이 천하의 중심이라는 관점에서 경제통상정책의 대상이 파악되고 취급되었다. 이에 따라 1차적인 대상은 주변국의 '오랑캐'들이었으며, 18세기 이후 관계가 본격화된 서양국가들 역시 아편전쟁 전까지는 변방의 오랑캐들로서 위에서 말한 대로 '조공무역'의 대상으로 여겨졌다.

2) 마오(毛)시기

개혁이전 30여 년간, 즉 마오시기에 중국은 자력갱생형 발전을 위한 폐쇄적 대외경제정책을 펼쳤다. 1950년대와 60년대 전반기 소련과 관계가 악화되기 전까지를 제외하고 대외교류는 거의 금지되다시피 했으며, 자신의 노력과 의지에 의한 독자적인 발전전략이 강조되었다. 특히 대외관계에서는 경제교류의 확대보다는 외교·안보관계가 일방적으로 강조되었다. 특히 1960년대 중반 중·소 갈등이 표면화된 뒤부터 중국은 '3개세계론'의 기치 아래 제3세계가 힘을 모아 제1세계(즉 미국과 소련)를 타도해야 한다고 주창했고, 이러한 외교·안보적 목적을 이루기 위해 힘에 부치는 즉 경제적 능력을 초과하는 대외원조가 남미, 아프리카 등 제3세계에 집중되었다.[27]

이처럼 당시는 경제적 이익을 위한다기보다는 경제적 수단을 이용

26) 페어뱅크(1991), 위의 책, p. 181.

27) 謝益顯, 《中國外交史》, 한인희 역, 《중국외교사 4》(서울: 지영사, 2000), p. 12.

한 대외정책이 부각되던 시기였다. 즉 문화대혁명 시기 중국의 경제통상외교는 경제적 수단을 이용한 외교·안보적 목표의 추진이었다. 예를 들어 중국은 1965~75년 기간에 미국과 전쟁중이던 베트남에 많은 물자와 생산설비, 수송설비를 제공했으며, 1970년 10월 중국은 북한과 경제기술협력협정을 체결하고 북한에 대해 대대적인 차관을 제공했으며 수많은 대형 인프라건설 프로젝트를 지원했다. 또 1968년 바르샤바조약기구에서 탈퇴한 알바니아에 대해 수많은 공장설비를 제공한 바 있으며, 1970년 루마니아가 심각한 수해를 입었을 때 원조를 제공했다. 아시아와 아프리카에 대해서는 더욱 적극적인 원조가 제공되었는데, 특히 1964~75년 기간에 아시아에 대해서는 더욱 많은 원조가 이루어졌다.[28] 이러한 원조는 당시 중국의 경제력에 상당한 부담으로 작용할 정도였는데 1971~75년 기간에 대외경제원조에 사용된 예산은 국가 재정지출의 5.88%, 특히 1973년에는 6.92%에 이른 결과, 지속되지 못하고 축소·조정될 수밖에 없었다.[29]

3) 대외개방기(1980~90년대)

이 시기 중국 경제통상정책의 기본방향은 개방을 통한 개혁과 성장의 도모로 요약된다. 개혁 지도부는 1978년 11기 3중전회에서 경제건설을 중심으로 삼는다는 방침을 세운 후 개혁·개방, 대외교류 확대를 시작했다. 즉 "자력갱생에 기초해 세계 각국과의 평등호혜적 경제협력을 적극 발전시키고 세계 선진기술과 선진설비의 도입에 노력한

28) 이 기간 중 아시아 아프리카에 대해 65개의 프로젝트가 제공된 것으로 알려지고 있다. 清華大 國際問題硏究所 編, 《中國經濟外交2006》(北京: 中國人民大學出版社, 2006), pp. 23~24.

29) 清華大 國際問題硏究所(2007), 위의 책, pp. 24~25.

다"는 것이다.[30] 이제 제 3세계의 세력을 규합하여 제 1세계(즉 미국과 소련)를 공격한다는 외교·안보적 목적에서 벗어나 경제적 고려에 따라 경제통상외교가 추진될 수 있게 된 것이다.

경제통상외교의 주요 수단은 이제 투자 — 특히 1980~90년대 당시에는 외국인 투자유치(FDI) — 와 무역이 되었다. 1980년대의 선별적 대외개방에 이어 1990년대에는 다양한 개방확대 조치들이 잇따랐다. 1980년 4개의 경제특구가 선포되었고, 1984년에는 14개 연해항구도시가 개방되었고, 1990년 푸동개발 개시에 이어, 1992년에는 장강연안 5개 도시와 4개 변경 및 연해지역 성청소재지(省都) 및 11개 내륙지역 성청소재지(省都)도 개방지역에 포함되었다. 아래 표에서 보는 것처럼 FDI 도입을 위한 대외개방 확대조치가 확대되어 왔다.[31] 이러한 대외개방지역 확대와 동시에 대외무역체제도 지속적으로 확대되어 왔다(〈표 5-6〉 참조).

〈표 5-6〉 중국 대외무역의 확대, 1979~2001년

단계 및 시기	내 용
탐색단계 (1979~87)	집중적 경영체제와 지령성계획관리체제 개혁, 외부경영권 하방, 지령성계획+시장조절 결합 실시
전반적 추진단계 (1988~90)	모든 업종에서 승포경영책임제 실시 국가는 경제적 수단(가격, 환율, 이자율, 세율 등)을 통해 대외무역 거시통제체제를 초보적으로 실시
급속 확대단계 (1991~93)	수출입에 대한 재정보조 철폐하여 대외무역에 대한 통일정책, 평등한 경쟁, 자주경영, 자체 손익 처리, 공업-무역 결합, 대리제 추진 등을 점차적으로 실시
지속 심화단계 (1994~2001)	중공 14차대회에서 확정한 통일정책, 경영개방, 평등경쟁, 자체 손익처리, 공업-무역 결합, 대리제 추진의 지속심화추진

30) 清華大 國際問題研究所(2007), 위의 책, p. 23.

31) 清華大 國際問題研究所(2007), 위의 책, pp. 24~25.

정책변화에 따라 대외무역도 증가했다. 1978년의 수출액은 206억 달러에 불과했으나 1997년에는 3,251억 달러에 이르러 14.8배 증가, 연평균 증가속도로는 15.6%를 기록하게 되었다. 이에 따라 1978년 중국의 대외무역액은 세계 27위(수출 28위, 수입 27위)로 세계에 대한 비중은 각각 0.75%와 0.81%였으나, 1997년 중국 수출입액 순위 10위(수출 10위, 수입 12위)에 이르게 되었다.

마오시기 남미와 아프리카 등 대(對) 제3세계 경제통상외교의 주요 수단이었던 대외원조의 경우 여전히 중요한 수단으로 남아 있었지만 그 중요성과 내용에서는 의미 있는 변화가 나타났다. 즉 대외원조를 과거처럼 외교·안보적 고려하에 일방적 '제공'에 주로 의미를 부여하던 데서 벗어나 이제는 원조의 실질적 효과와 원조 제공자측(즉 중국)의 경제적 이해를 함께 고려하게 되었다는 것이다. 1979~94년 중국 정부는 대외원조의 조정을 모색하게 되는데 그 주요 내용은 ① 일괄적 안배를 통해 원조를 확대하여 원조대상국이 현지에서 필요하고 자원을 갖춘 중소형 항목에 원조한다는 것이고, ② UN과의 다자적 원조, 원조상대국의 자체 자금조달, 국제금융기관 및 제3국 원조단과의 결합을 통한 원조의 확대, ③ 상이한 항목에 대한 다양한 원조방식(예, 기술협력, 관리협력, 합자경영) 채택, ④ 일괄적 투자에서 책임할당제로 전환시도 및 1995년 이후 두 가지 분야의 대외원조 방식 변화, 즉 원조상대국에 대해 저리융자 제공, 그리고 합자 및 합작 방식의 대외원조를 추진하여 원조의 혜택이 중국기업에 돌아갈 수 있도록 배려하는 조치가 시도되었다.[32)]

이와 동시에 국가차원의 다자적·양자적 협력강화 노력도 시작되었다. 1986년 WTO(당시는 GATT) 복귀신청이 있었으며,[33)] APEC

---

32) 清華大 國際問題研究所(2007), 위의 책, p. 30.

등 기타 다자간 협력체제 가입과 활동도 활발해지기 시작했다. 1980년 IMF와 세계은행의 회원자격이 회복되었으며, 1986년의 경우 중국 정부와 UNESCO간 공동협력프로젝트가 280개를 넘어서게 되었다. 또 이때를 전후하여 아프리카개발은행, 아시아개발은행의 회원자격이 회복되었다.[34]

경제통상외교의 대상도 과거의 제3세계 위주에서, 적대상태를 이루어 왔던 미국, 소련 등으로 확대되어 이들과의 관계가 호전되었다. 물론 과거의 제3세계 중시 방침의 중요성이 다소 약화되긴 했지만 여전히 지속되었다. 특히 개혁·개방 이후 경제개혁과 대외경제교류 확대에 평화로운 주변환경 조성이 매우 중요하다는 인식에 따라 중국 정부는 대주변국 관계개선에 적극 나서 왔다. 중국은 소련, 인도와의 관계를 완화하는 한편 한국, 아세안, 카자흐스탄 등 CIS 국가와의 관계를 강화·격상시켜 왔다.

4) 세계화시기(2000년대)

WTO 가입이 이루어진 2001년은 그 자체의 의미와 그 뒤에 이어지는 일련의 변화로 보아 중국 경제통상외교가 세계화시기로 넘어가게 되는 분수령으로 보아도 무방할 것이다. 그 전 시기가 새로운 경제통상외교를 향한 조심스런 모색기였다면, 이제 2000년대 들어 중국은 독자적인 경제통상전략을 모색하게 된 것이다.

일단 이 시기에도 그 전 시기부터 눈에 띄기 시작하던 일련의 변화가 지속되었다. 우선 정책의 목적 및 수단으로는 무역과 투자의 확대

---

33) 물론 많이 알려진 대로 복귀가 아닌 신규가입 형태로 2001년에야 이루어졌다.

34) 謝益顯(2000), 앞의 책, p. 287.

가 중심적인 지위를 차지하고 있다. WTO 가입 당시의 약속대로 무역권이 개방(즉 무역업등록제 실시)되었고, 관세인하 일정이 2006년부로 완료되었으며, 비관세조치 역시 상당부분 철폐되었으며, 무역

〈표 5-7〉 중국의 WTO 가입 전후의 무역체제 비교

구 분	WTO 가입 이전	
	1979년 → 1992년 → 2001년	
무역체제의 특성	국가독점무역	準국가독점 무역
계획과 시장관계	계획위주, 시장보조	시장위주, 계획보조
가격체제	국정가격제	다중가격제
정책의 투명성	불투명(내부문건)	불투명성 약화
무역행위의 주체	국영기업	국유·비국유기업(허가제)
무역기업경영체제	1기업 1업종 경영	청부경영책임제
외자기업 무역권	불허	조건부 허가
서비스부문 개방	미개방	외국인 제한적 업무허용
구 분	WTO 가입 이후	
	2002년 → 2005년 → 2015년 →	
무역체제의 특성	준보호주의적 무역체제	準자유 및 공정무역체제
계획과 시장관계	準시장경제	시장경제
가격체제	준시장가격	시장가격
정책의 투명성	투명성 증가	비교적 투명
무역행위의 주체	국유·비국유기업(신고제)	경쟁에 의해 결정
무역기업경영체제	업종중심 경영	서구식 경영체제
외자기업 무역권	생산범위내 허가	허용
서비스부문 개방	부분적 개방	대부분 개방

출처: 오용석(2004), p. 298의 표를 요약·정리.

관련 투자조치(TRIMs)도 일부를 제외하고 이행되었다. FDI와 관련해서도 유통업, 금융, 운송 및 물류, 통신분야에 대한 개방약속이 거의 이행되었거나 되고 있다.[35] 특히, 2000년대 들어 외국기업의 중국유치 뿐 아니라 중국기업의 해외진출('走出去')도 적극 추진되기 시작했다. 이는 중국의 경제통상전략이 이제까지의 수동적 입장에서 벗어나 능동적으로 변화하고 있음을 보여준다는 점에서 의미가 크다.

원조도 꾸준히 지속되고는 있으나 그 상대적 비중이나 방식(즉 목적)에서는 과거로부터 의미 있는 변화가 발생하였다. 중국의 대외원조는 1995년 6,824억 위안에서 2004년 말에는 33,930억 위안 수준으로 5배 가까이 급증했으나, 재정지출에서 차지하는 비중은 1995년의 0.42%에서 2005년에는 0.22%로 오히려 감소하고 있다. 특히 최근에는 자원이 풍부한 아시아 및 아프리카 국가를 중심으로 원조가 늘어나고 있다. 또 다음 그림에서 보는 것처럼 2005의 경우 2000년에 비해 원조 대상국가 숫자와 액수 모두에서 아프리카의 자원부국으로 집중되고 있다.

특히 세계화 시기, 중국의 대외원조는 철저하게 경제적 고려에 따라 이루어지고 있음을 볼 수 있다. 우선 중국은 원조수혜국의 지지를 획득하기 위한 수단으로 활용한다는 점이다. 특히 이와 관련하여 중국은 내정불간섭의 원칙을 고수한다. 즉 인권침해나 통치체제에 문제가 있는 국가도 공여국이 될 수 있다는 점에서 조건부 지원을 실시하는 기타 국가들과 다르다. 다른 원조국가들이 흔히 내세우는 '빈곤퇴출'에 대한 입장표명도 거의 없다.[36] 둘째, 중국은 원조를 수출과

35) 양평섭·구은아, 〈중국의 WTO 가입 5주년 결산: 중국의 대외정책과 한중관계 변화를 중심으로〉, 대외경제정책연구원 연구자료 07-04(2007), pp. 17~57.

36) 수출입은행, "중국의 대외원조 정책과 전략," 한국수출입은행 해외경제·

〈그림 5-1〉 중국의 원조규모(재정지출대비, 1995~2005년)

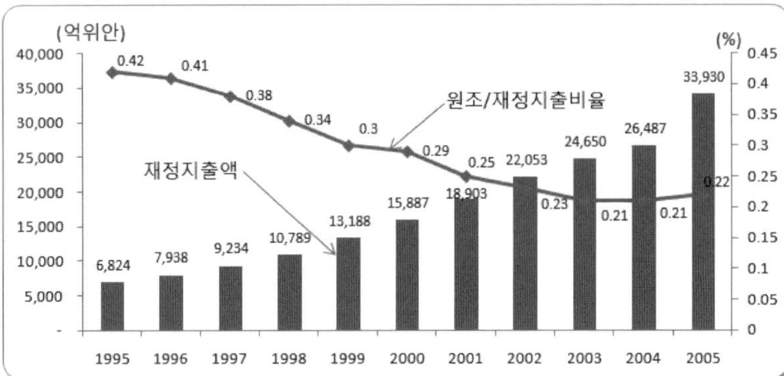

출처: 중국재정연감 각년도, 수출입은행(2008), p. 6에서 재인용.

투자의 교량으로 활용한다는 점이다. 즉 원조가 정치적 목적으로 활용되던 시대에는 원조의 효율성을 높이기보다는 관대한 조건으로 원조를 공여하여 정치적 목적을 달성하는 전략이었으나, 개혁·개방 이후 원조가 경제적 이익을 추구하기 위한 목적으로 전환되고 있다. 최근 아프리카 자원부국들에 시행되는 원조의 경우 중국 국유기업이 중국의 노동자, 플랜트, 기술, 자본, 물자 등을 현지에 보내어 원조 수혜국의 자원을 개발하는 구조이다. 즉 노동자, 플랜트, 기술, 자본, 물자 등의 수출에 대한 대가나 보상은 중국기업이나 중국인 노동자에게 지불되어 최종적으로 중국에 귀속되고 개발된 천연자원은 중국기업에 의해 수입되는 식이다. 마지막 세 번째로 중국은 원조를 중국기업의 해외진출에 적극 이용한다는 점이다. 즉 원조사업을 중국의 국유기업이 수행토록 미리 결정하는(*tied*) 조건으로 공여하며 아프리카 자원부국에 대해서는 자원과 원조를 교환(*barter*)토록 함으로써 자국의 경제발전과 수혜국의 개발을 동시에 추구하는 것이다.[37]

투자정보(2008. 3. 3), pp. 11~12.

〈표 5-8〉 대외원조의 대상국별 실적 (공여액 기준)

순위	2000년				
	국 가	지원액 (백만 달러)	주변국	1인당 GDP	자 원
1	파키스탄	329.4	○	1,880	석탄, 동
2	방글라데시	231.2	○	1,543	석탄, 천연가스
3	미얀마	186.7	○	불명	석탄, 천연가스
4	수 단	118.8		1,506	석탄, 천연가스
5	말 리	105.1		785	금
6	예 멘	97.9		822	석유, 천연가스
7	라오스	93.7	○	1,505	칼륨
8	짐바브웨	87.6		2,498	
9	베트남	87.5	○	2,016	보크사이트, 석탄
10	스리랑카	63.6		3,442	
순위	2005년				
	국 가	금액 (백만 달러)	주변국	1인당 GDP	자 원
1	수 단	1,342.8		2,083	석유, 천연가스
2	나이지리아	799.9		3,674	석유, 천연가스
3	파키스탄	751.4	○	2,370	석탄, 동
4	방글라데시	614.0	○	2,053	석탄, 천연가스
5	인도네시아	534.6		3,843	석유, 천연가스
6	인 도	412.9	○	3,452	석탄, 철광석
7	앙골라	305.7		2,335	석유, 다이아몬드
8	베트남	299.2		3,071	보크사이트, 석탄
9	미얀마	289.8	○	불명	석유, 천연가스
10	이집트	276.5		4,337	석유, 천연가스

주: 1인당 GDP가 중국보다 높은 국가로의 원조 실적은 제외. 음영 부분은 아프리카 국가임.

출처: 《중국통계연감》, 수출입은행, "중국의 대외원조 정책과 전략," 해외경제 ·

37) 수출입은행(2008), 위의 보고서, pp. 11~12.

투자정보(2008. 3. 3), p. 9에서 재인용.

경제통상외교의 대상 역시 계속 확대되었다. 미국, EU, 일본 등 선진국 주요시장을 겨냥한 여러 정책이 계속 경주되는 가운데 걸프 국가들(GCC)과 상하이협력기구(SCO) 국가 등 자원부국과의 협력강화 시도가 계속되었고, 남미와 특히 아프리카를 상대로 한 관계강화 공세도 지속되었다. 특히 다자 및 양자 간 협력체제 강화노력이 더욱 강화되고 있는데, 다음 절에서 보듯이 FTA정책이 그 중심에 있다고 볼 수 있다.

이상이 과거 마오시기와 개혁·개방 초중기에 시도되던 전통적인 경제통상외교의 수단이었다면 새로운 수단 내지 영역도 생겨나고 있다. 그 하나는 국가간 협력에서 FTA가 중심적 지위를 차지하게 되었다는 것이며, 다른 하나는 투자에서 FDI 뿐만 아니라 ODI도 본격화되고 있다는 것이다. 아래에서는 이에 대해 자세히 살펴볼 것이다.

4. 경제통상외교 사례 1 : FTA정책[38)]

1) 전략 목표별 FTA 추진사례

이제 중국의 FTA 사례를 검토함으로써 중국은 경제통상외교를 매우 단편적으로 인식하면서 경제외적 목적을 이루기 위해 FTA를 이용하고 있음을 보게 될 것이다. 특히 목적과 수단 모두 경제외적 고려하에서 인식·이용하고 있음을 보게 될 것이다.

중국이 처한 상황과 정부의 실제 입장표명을 보면 중국이 체결·추진하는 FTA에는 대략 세 가지, 즉 경제적 효과, 자원확보, 그리고 외교·안보적 고려가 동시에 고려되고 있음을 알 수 있다. 우선 중국의 대외전략을 외교·안보적 측면에서 요약한다면 주변국과 — 즉 아시아지역 수준에서 — 의 관계를 강화함으로써 자국의 위상을 강화하는 동시에 (초)강대국(즉, 미국과 일본)을 견제하는 것이라 할 수 있다.[39)] FTA는 중국 통상전략의 일부이다. 따라서 중국은 FTA정책을 수립·추진함에 있어 FTA의 일반적 경제효과 즉 교역확대를 통한 규모경제(*economy of scale*) 확대효과와 경쟁촉진에 따른 경쟁력제고 효과 이외에 자국의 통상전략에 적합한 FTA전략을 도모하지 않을 수 없다. 특히 중국은 대국이자 신규 국제경제참여자로서 직면하는 문제를 해결하는 데 많은 노력을 기울이고 있다. 바로 원자재 및 에너지자원 확보문제이다. 중국은 세계최고수준의 성장률을 지속하는 가운데 세계최대의 에너지 및 원자재 소비국으로 부상하고 있고 이에

---

38) 이 절은 대부분 필자의 최근 논문 정환우(2007a)와 정환우(2007b)를 참조한 것이다. 따라서 별도 설명이 없는 한 이 소절에 이용된 각주도 대부분 위의 두 논문 각주와 중복됨을 밝힌다.

39) 김재철(2007), 앞의 논문, p. 119.

따라 주요 광물자원 수입도 급증하고 있다. 이런 상황에서 이 자원들의 장기적·안정적 공급원을 확보하는 일은 중국의 최우선적 과제가 되고 있다.[40)]

특정 국가/지역과의 FTA 체결이 한 가지 목적만을 이루기 위해 추

〈표 5-9〉 중국이 체결했거나 협상·논의중인 FTA

대상국/지역	추진상황
아세안	2005.7, 정식 발효
칠레	2006.10, 정식 발효
홍콩·마카오	2004.1, 중-홍콩, 중-마카오간 CEPA 구축
파키스탄	2006.11, 타결 발표
GCC	2005.4, 1차 협상
호주·뉴질랜드	– 2005. 5, 중-호주 1차협상 – 2004. 12, 중-뉴질랜드 1차 협상, 2008.4 타결
SACU	2004.6, 협상 개시 합의
아이슬란드	2007.6, 2차 협상
페루	2007 협상 개시
한국	2008.5 제5차 산 관학 공동연구(최종)

40) 중국의 국토자원부는 중국의 자원매장량, 생산능력, 자원수요를 분석할 때 2020년에 중국은 경제성장과 국가안보에 중대한 영향을 미치는 45종의 전략적 광물자원 중 19종에 대해 부족 혹은 엄중한 부족사태에 직면할 것으로 예측한 바 있다. 예를 들어, 2020년에 석유, 크롬, 코발트, 백금, 스트론튬(Sr)에 대한 중국의 수입의존도는 각각 60%내외, 90% 이상, 60% 이상, 90% 이상, 90% 이상에 달할 것으로 예측되었다. 구체적 내용은 憑飛(2005); Andrew Philip(2005) 등을 참조.

진되는 경우는 많지 않고 경제적 효과, 자원 확보, 외교·안보적 고려 등 두세 가지 목적을 동시에 겨냥한 것이라는 점을 고려할 때 중국이 체결했거나 협상중인 FTA를 세 가지 유형으로 나눌 수 있다. 즉, ① 자원 확보와 경제적 효과를 동시에 노린 경우, ② 외교·안보적 이해관계와 경제적 효과를 노린 경우, 마지막으로 ③ 자원 확보와 외교·안보적 이해관계 그리고 경제적 효과에 대한 고려가 동시에 작용한 경우 등이다.

중국이 체결·추진 중인 FTA가 위에 제시한 세 가지 목적에 어떻게 포함되는지를 벤다이어그램으로 나타내 보면 다음과 같다.

〈그림 5-2〉 중국이 체결·추진 중인 FTA 유형

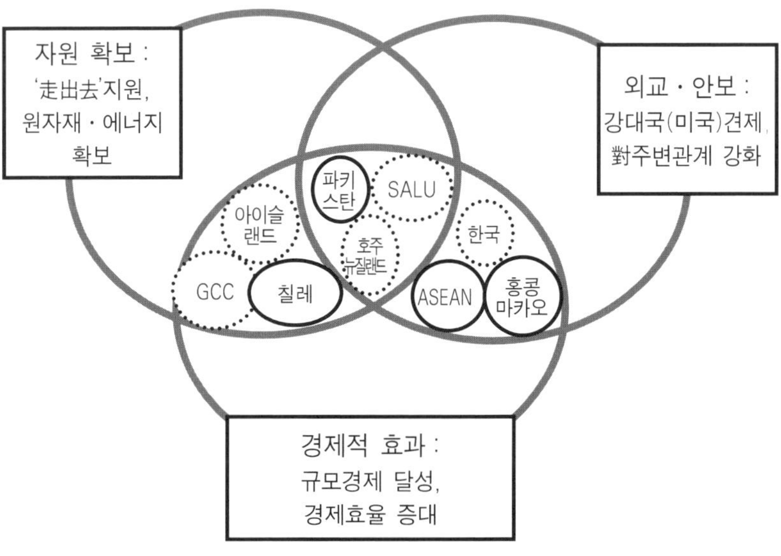

주: 실선으로 된 원은 2007년 7월 현재 타결된 협상대상, 점선으로 된 원은 협상 혹은 검토단계의 협상대상임

(1) 자원 확보 + 경제적 효과

중국이 체결했거나 추진중인 FTA 가운데 자원 확보와 경제적 효과가 동시에 작용한 사례로 칠레, GCC, 그리고 아이슬란드와의 FTA를 들 수 있다. 우선, 중-칠레 FTA는 2006년 8월 타결되어 중국의 첫 비(非)아시아권 국가와의 FTA가 되었다. 중국이 칠레와 FTA를 맺게 된 가장 큰 이유는 개방된 국가이면서도 실질적인 충격이 크지 않은 칠레와 FTA를 맺음으로서 FTA 협상경험을 쌓는 동시에 자원을 확보하고, 남미시장 진출의 교두보를 마련하기 위해서라 할 수 있다.[41] 이러한 유형의 FTA로 2005년 4월 협상이 개시된 중-GCC(페르시아만협력회의; Gulf Cooperation Council: 사우디아라비아, 쿠웨이트, UAE, 카타르, 오만, 바레인 등 6개국)와의 FTA 협상을 들 수 있다. 중국이 GCC와 FTA를 체결하는 목적은 역시 아랍지역의 석유자원을 원활하게 도입하기 위해서이다. 그러나 FTA와 관련하여 GCC 국가들이 지니는 의미는 에너지에 국한되지 않으며 경제적 효과, 그중에서도 시장개척이 중요한 의미를 지닌다. 경제적 효과 증대와 동시에 자원확보를 겨냥한 FTA의 마지막 사례로 아이슬란드와의 FTA를 들 수 있다. 2007년 4월 제1차 협상이 시작된 중-아이슬란드 FTA의 가장 중요한 목적은 역시 대유럽 경제교류를 강화하는데 아이슬란드가 교두보 역할을 해줄 수 있기 때문이다. 특히 아이슬란드는 유럽국가 중 중국에 시장경제지위를 부여한 유일한 국가라는 상징성도 가지고 있다.

---

41) 이와 동시에 칠레는 중국의 주요한 광물자원 조달국이기도 하다. 2006년 현재 칠레는 중국의 제43위 수입국에 지나지 않지만 중국은 구리의 31.2%를 칠레에서 들여오고 있으며, 칠레로부터 들여오는 수입품의 77.1%가 동 및 동제련품이다.

(2) 외교 · 안보 + 경제적 효과

외교 · 안보적 이해관계와 경제적 효과가 동시에 고려되는 FTA 사례로는 홍콩 · 마카오와의 CEPA, 아세안 및 한국과의 FTA를 들 수 있다. 우선, 중국이 FTA와 유사하지만 그 범위는 더 넓은 CEPA(경제관계긴밀화협정; Closer Economic Partnership Arrangement)를 홍콩 · 마카오와 체결했다. 중국이 홍콩과 CEPA를 체결한 일차적인 이유는 경제적 효과 때문이다. 즉 중국은 WTO가입 이후 시장개방을 확대해야만 하는 처지에서, 시장개방에 따른 부작용을 최소화하기 위한 일환으로 시장개방 적응기를 설정하고 CEPA를 통해 홍콩을 파트너로 삼은 것이다. 이와 더불어 CEPA는 중국이 '일국양제'에 대한 의구심을 해소하는 차원에서 홍콩경제의 장기침체 돌파구를 중국이 제공하려는 의도가 기저에 깔려 있다.[42] 아세안과의 FTA 역시 외교 · 안보적 이해관계와 경제적 효과가 동시에 고려된 경우라고 할 수 있다.[43] 우선 경제적인 면에서 중국과 아세안 간에는 상호보완적인

---

42) 오동윤, "중국 · 홍콩 '경제파트너십(CEPA) 강화협정' 내용과 시사점," 〈월간 KIEP세계경제〉(2003. 8), pp. 41~44.

43) 이 협정에 따라 2005년에 일부 품목의 관세를 인하했으며 2010년까지 관세를 완전히 철폐할 예정이다. 중국과 아세안은 제1단계로서 2004년 중 농산물 관세를 낮추고 2006년에는 완전 폐지하였으며 조기자유화조치(EHP; *Early Harvest Program*)에 따라 농산품 573개 품목 중 63개는 무관세, 69개는 5~10%, 435개는 11~36%, 6개 품목은 특별관세를 적용하고 있다. 이 협정의 규정에 따르면 현재 8.1%인 중국과 아세안의 평균 관세율을 2007년에 6.6%, 2009년에는 2.4%로 인하하고 2010년 1월 1일부로 90%의 상품에 대하여 무관세를 적용할 예정이다. 이밖에도 양측은 정보통신, 인적자원 개발, 상호투자 및 메콩강 개발, 교통, 에너지, 문화, 여행 및 공공위생 등 서비스 무역과 투자 부문에 대해서도 협상을 진행하고 있다. 2010년 중국과 아세안 자유무역지대는 세계인구의 1/3에 해

교역구조를 보이고 있다.[44] 무엇보다도 아세안지역은 화교가 경제권을 장악한 지역으로서 개혁·개방 이후 중국의 성장과 개방확대에 따라 이 지역은 사실상 거대한 화교경제권을 형성해 가고 있음에 주목할 필요가 있다. 그러나 중·아세안 FTA체결에는 일본 견제라는 아세안을 둘러싼 중국의 외교·안보적 고려도 중요하게 작용하고 있다.

(3) 자원확보 + 외교·안보 + 경제적 효과

세 가지 목적이 모두 고려된 FTA로 파키스탄, 호주·뉴질랜드, 남아프리카관세동맹(South Africa Customs Union; SACU)을 들 수 있다. 중-파키스탄 FTA의 한 가지 목적은 경제적 상호보완성이다.[45] 중국이 파키스탄과 FTA를 체결한 또 하나 중요한 목적은 석유자원을 쉽게 들여오기 위해서이다. 파키스탄이 원유생산국은 아니다. 그러나 파키스탄은 중국의 티베트와 인도양과 페르시아만이 교차되는 아

당하는 약 19억 명의 인구와 2조 달러의 GDP, 그리고 역내교역량 2조 3천억 달러의 아시아 최대 규모이자, 개도국들간 최대의 자유무역지대로 등장할 전망이다. 최지영, 앞의 논문, p. 8; 이장규 외, 〈중국의 FTA추진전략과 정책적 시사점〉, 대외경제정책연구원 연구보고서 06-11(2006), pp. 34~35.

44) 상호보완과 분업이 동시에 일어나고 있음을 알 수 있다. 아세안국가 중 최대 수출상대국인 싱가포르의 경우 주요 수입품은 디지털, 통신장비 및 그 부품, 컴퓨터부품, 경유 등이며 제2위인 대말레이시아 수출품은 사무기기 부품, LCD, 전자집적회로, 컴퓨터, 통신장비 등이다. 또한 아세안국가 중 최대 수입상대국인 말레이시아로부터의 주요 수입품은 전자집적회로, 팜유, 다이오드, 컴퓨터, 천연고무 등이다. kita.net(중국해관통계) 참조.

45) 중국과 파키스탄 간 교역량은 많지 않다. 그러나 양국간 무역은 상호보완적이다. 중국은 합성섬유, 통신장비, 전화설비, 철도장비 등 공산품을 수출하고 면직물, 동등 1차 원료 및 광물자원을 수입하고 있다.

라비아해와 중국을 육로로 연결할 수 있어 효율적이고 안전한 원유수송로를 제공할 수 있다. 또한, 외교·안보상의 고려가 작용하였다. 최근 다양한 유화 제스처에도 불구하고 중국과 인도는 전통적으로 경쟁관계를 이뤄왔으며 예나 지금이나 파키스탄은 중국의 유효한 대(對)인도 견제카드이다.[46] 다음으로 호주 및 뉴질랜드와의 FTA도 자원확보와 경제적 효과, 그리고 부분적으로는 외교·안보적 이해관계에 대한 동시적 고려하에서 추진되는 사례라 할 수 있다.[47] 호주는 광물자원이 대단히 풍부한 국가로서 중국은 주로 자원확보 차원에서 호주와의 FTA를 추진하고 있다.[48] 특히 호주에게 무역상대국으로서 중국의 위상은 막대하다. 2006년 호주의 전체수출에서 중국이 차지하는 비중은 12.9%로 미국에 이어 두 번째로 크며, 중국은 호주의 최대 수입상대국 — 호주 전체수입의 14.8% — 이다. 특히 양국간 무역은 매우 상호보완적 구조로 되어 있다. 뉴질랜드와 중국 간 관계도 대체로 호주와 비슷하다.[49] 실제로 호주와 뉴질랜드는 선진

46) 현재도 중국에게 파키스탄은 효과적인 대인도 견제수단이다. 여지나(2006), p. 7.

47) 호주, 뉴질랜드와의 FTA 협상은 별도로 진행되지만 성격이 비슷하므로 동시에 다루기로 한다.

48) 중국은 철광석 수입의 40% 가량을 호주에서 들여오고 있으며, 중국에게 호주는 아연, 니켈, 알루미늄의 주요 수입원이다. 이장규 외(2007), 위의 보고서, p. 40.

49) 뉴질랜드와 호주는 아·태국가 가운데 미국과 FTA협정을 맺은 유일한 나라로 1951년 ANZUS협정(미국-호주-뉴질랜드 안전보장조약; Australia, New Zealand, and the U.S. Treaty)을 맺은 뒤 전략적 이해관계와 이데올로기 면에서 가장 긴밀한 우방국이다. 이런 상황에서 중국-호주 및 중국-뉴질랜드 간 경제관계 강화는 있을지도 모를 대외관계의 긴장(예를 들면 대만문제를 둘러싼 중·미간 갈등) 상황에서 호주가 일방적으로 미국을 지지하지 못하게 하는 요인으로 작용할 가능성을 배제할 수 없다. 미-

국 중 중국에 시장경제지위를 부여한 첫 번째와 두 번째 국가로서 중국과의 관계 강화에 큰 힘을 쏟고 있다.

자원확보, 경제적 효과, 외교·안보적 고려가 동시에 작용한 또 다른 FTA 사례로 SACU와의 FTA를 들 수 있다. SACU(Southern African Customs Union)는 세계에서 가장 오래된 관세동맹[50]으로 보츠와나, 레소토, 나미비아, 남아프리카공화국, 스와질란드 등 남아프리카 5개국으로 구성되었다. 우선 경제적 효과면에서, SACU는 비록 경제규모는 크지 않으나 EFTA와 FTA를 타결하여 2006년 발효되었고, 미국(2004년), MERCOSUR(2003년) 등과 FTA협상을 진행하고 있는, 아프리카의 FTA허브(*hub*)라고 부를 수 있을 정도로 개방된 지역으로서 무역과 투자에 있어 중요한 교두보로서의 가치를 지니고 있는 곳이다.[51] 중국이 SACU와 FTA를 체결하려는 또 다른 이유는 역시 자원확보이다.[52] 그러나 이것이 모든 원인은 아니다. 중국은 대(對) 제3세계 외교의 일환으로 아프리카와 관계강화를 위해 노력해 왔다.[53]

호주-중국간 관계와 관련된 자세한 논의는 Mohan Malik(2005), pp. 1~3 참조.

50) FTA의 경우 제3국과의 교역은 독자적으로 이루어지나 관세동맹(*customs union*)의 경우 동맹국들은 제3국과 공동의 관세를 적용한다. 이점에서 관세동맹이 더욱 수준 높은 경제통합체이다.

51) SACU 홈페이지(http://www.sacu.int) 참조.

52) SACU 소속국가 중 중국의 최대 교역국인 남아프리카공화국의 경우 중국의 수출에서 차지하는 비중은 0.6%로 27위, 수입에서 차지하는 비중은 0.5%로 28위에 불과하다. 그러나 주요 대중 수출품이 철광, 다이아몬드, 플래티넘, 원유, 크롬광, 마그네슘광, 구리광 등이다. 또 나미비아의 주요 대중 수출품이 아연, 천연우라늄, 납광, 아연광등인데서 이로부터 이 지역이 중국의 광산자원 조달에서 매우 중요함을 알 수 있다. kita.net 참조.

2) 중국 FTA정책의 특징 : 대상, 목적, 수단

이상 중국이 추진한 혹은 추진하고 있는 FTA 사례를 볼 때 다음과 같은 몇 가지 암묵적 원칙이 드러나고 있음을 알 수 있다. 우선, 경제통상외교의 대상면에서 다음의 네 가지 특징이 나타나고 있다.

첫째, 중국은 주변국가와의 FTA 체결을 우선한다는 것이다. 최초의 대규모 FTA인 중-아세안 FTA, 중-파키스탄 FTA, 한-중 FTA, 더 나아가 중-호주 및 중-뉴질랜드 FTA가 이에 해당한다. 두 번째로 주변국 혹은 역내국이 아닐 경우 대륙/권역별로 거점에 해당하는 국가/지역과 FTA를 추진하되 이 경우에도 충격이 크지 않은 중간이하 국가/지역을 대상으로 한다. 그 예로 칠레(중남미), SACU(아프리카), 아이슬란드(유럽), 파키스탄(중앙아시아) 등과의 FTA를 들 수 있다. 세 번째로 중국은 에너지 및 자원 보유국과의 FTA 체결을 우선하고 있다. 중국이 FTA를 적극 추진하고 있는 GCC와 SACU, 그리고 파키스탄, 호주, 아이슬란드 등은 자원국가라는 공통점을 지니고 있다. 마지막 네 번째로 중국은 외교・안보적 고려하에 FTA를 추진・체결한다. 사실 외교・안보적 고려 없이 FTA를 추진하는 경우는 없으므로 중국만의 특징은 아니다. 다만, 중국의 경우에 협상과정에서 파격적인 양보를 하거나 경제적으로 덜 중요한 국가와 FTA를 체결하는 등 외견상 다소 외교・안보적 고려를 우선시하는 것으로 보이는 행태를 보이는 것이 사실이다.[54] 다만, 그 원인이 과연 중국이

---

53) Drew Thompson, "Economic Growth and Soft Power: China's Africa Strategy," *China Brief*, vol. 4, Issue 24 (December. 7, 2004), (http://www.jamestown.org/china_brief); Mauro De Lorenzo, "China and Africa: A New Scramble?," *China Brief*, vol. 7, Issue 7 (April 5, 2007).

외교・안보적 고려를 우선하기 때문인지 아니면 중국이 추구하는 외교・안보적 목적 때문에 그렇게 된 것인지에 대해서는 좀 더 논의가 필요할 것 같다.

다음으로 목표와 관련하여, 중국이 추진하고 있는 FTA전략을 한마디로 요약하면 '독자적 강대국화'를 위한 FTA전략이라고 볼 수 있다.[55] 예를 들면, 정치적으로는 독자적 강대국을 추구하고 경제적으로는 제한된 범위에서나마 자국을 중심으로 한 독자적 국제경제질서를 구축한다는 것이다. 다만 중국이 FTA를 추진함에 있어 외교・안보적 이해관계를 고려하더라도 이것이 어떤 적대국가나 진영에 대항하기 보다는 중국의 표현대로 '선린우호관계'와 '평화적 부상'을 위한 것이라는 점이다. 이점에서 FTA에 관한 한, 중국의 경제통상외교는 경제적 고려가 우선되거나 최소한 그런 방향으로 가고 있다고 볼 수도 있겠다.

그러나 수단의 측면에서는 중국이 외교・안보적 맥락을 중시하고

---

54) 전자의 경우 아세안과의 FTA를 들 수 있고, 후자의 경우 파키스탄을 들 수 있다.

55) 중국이 FTA를 통해 지역내에서 독자적인 강대국화를 추진하고 있다는 시각은 Agata Antkiewicz・John Whalley(2004) 참조. 이러한 중국의 FTA 전략은 미국으로 대표되는 '세계화 주도형 FTA전략'(높은 수준의 FTA를 선호하고, 전 세계 국가를 대상으로 FTA를 검토・추진한다는 점에서), 일본으로 대표되는 '소극적 FTA전략'(일관된 FTA전략이 없다는 자체 비판도 있지만, 대체로 자국기업의 해외진출 확대를 도모함에도 불구하고 자국의 취약부분〔특히 농업〕을 보호하기 위해 FTA에 소극적인 경우가 많고, 일-미 FTA가 아닌 일-멕시코 FTA를 체결했으며, ASEAN 전체가 아닌 ASEAN 개별국가와의 FTA 체결을 선호하고, 그리고 다양하고 특수한 형태의 RTA 선호한다는 점에서), 아세안 및 한국에서 보이는 '허브추구형 FTA전략'(거대국가〔경제권〕과 동시〔교차〕 체결을 추진한다는 점에서)과 구분될 수 있을 것이다.

있다고 볼 수 있는 정황도 포착된다. 즉 수단과 관련하여, 중국은 대체로 낮은 단계의 FTA를 선호하고 있다. 즉 중국은 상품관세율 인하, 그것도 부분적인(즉 예외가 많은) 관세율 인하를 주요 수단으로 한 FTA를 선호하며, 투자보장이나 서비스분야 제도개선 등을 포함하는 높은 단계의 FTA는 아직 꺼리고 있다.

5. 경제통상외교 사례 2 : '기업해외진출(走出去)'

중국 경제통상외교의 현황을 잘 보여주는 또 다른 사례는 중국기업의 '해외진출' 전략이다. 주지하듯이 2000년대 들어, 특히 2003년 이후 중국기업의 해외진출은 본격화 · 체계화되어 왔다. 이를 요약하면, '해외진출' 정책의 경우에도 목적면에서는 경제적 효과를 주로 고려하고, 수단면에서는 정부의 주도적 역할이 두드러지며, 대상면에서는 제3세계 개발도상국이 중심이기는 하나 외교 · 안보적 고려는

〈표 5-10〉 중국기업의 해외진출 확대과정 (1979~2007년)

기 간	단계	각 단계별 주요 내용
1979~1984년	시작 단계	▪ 일부 국유 무역기업과 자원개발업체가 해외 사무소 설립하여 국내기업의 수출입 대행, 자원개발 ▪ 투자액 적고 업무기능 비교적 간단
1985~1991년	실험 단계	▪ 국유 무역기업과 금융기관들이 해외에 판매법인과 지점을 설립하여 판매망을 확보하고, 초보적인 판매 네트워크 형성
1992~2000년	확대 단계	▪ 하이얼 등 우량대기업이 해외에 생산기지와 수리센터를 건립하고, 일부 대형 집체기업이 해외직접투자에 나섬 ▪ 일정 규모의 생산기지 투자 네트워크 형성 시작
2001~2005년	가속화 단계	▪ 대형 우량 IT업체가 선진기술 확보를 위해 미국과 일본 등지에 R&D센터와 연구소 설립 ▪ 국유상업은행과 투자신탁회사가 해외주식시장 상장을 시도하고 점포망 확장 시작 ▪ 정부도 기업의 글로벌 전략을 적극 지원·장려하기 시작
2006~현재	조직화 단계	▪ "해외경제협력단지" 설립 · 확대

출처: 김익수, 〈사들이는 중국, 팔리는 한국: 중국기업의 글로벌화와 한국기업의 대응〉, 삼성경제연구소 연구에세이 019, 2005년, p. 27의 표 보완.

〈그림 5-3〉 중국기업의 해외투자액 증가추이

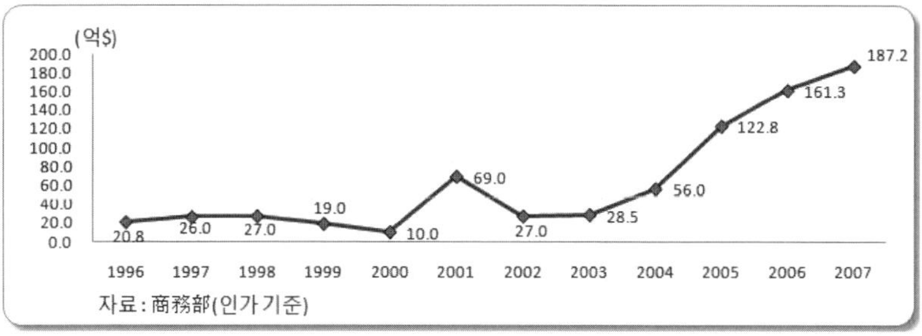

그다지 크지 않다는 것이다. 요컨대 기업의 '해외진출'에 관한 한 중국의 경제통상외교는 정부주도하의 경제적 이익추구로 특징지어진다고 볼 수 있다.

중국이 이 같은 정책을 추진하게 된 원인은 통상마찰 완화, 생산 및 소비구조 변화, 지역주의의 대두 등을 들 수 있다. 이에 따라 그 목적은 중국의 지속성장과 수출증가에 따른 주요국과의 통상마찰 회피와 신시장 개척 필요성이라 할 수 있다.[56] 두 번째로 1인당 GDP 수준 향상, 산업구조와 소비구조의 고도화, 가전·섬유·의류산업의 설비과잉 등도 중국기업이 밖으로 눈을 돌리게 된 원인으로서 해외진출에 적극 나서는 기업 중 상당수가 가전, 섬유·의류분야 업체이다. 북경대 중국경제연구센터 린이푸(林毅夫) 교수는 "한 나라의 1인당 GDP가 연평균 2,000달러에 달하면 산업구조가 고도화되면서 과잉생

---

56) 중국은 2006년 현재 세계 2위의 무역흑자국, 세계 1위의 외환보유국, 2005년 현재 세계 3위 FDI 유치국으로 부상했다. 이는 구미 선진국과의 통상 마찰 및 위안화 평가절상 문제 등에 직면하게 되었다. 또 중국은 최대의 반덤핑 피소국이 되었다. 또한 내수시장의 공급 과잉과 경쟁 심화에 따른 중국 우량기업 및 기업가들의 해외시장 진출 노력도 강화 되었다. 김익수(2005), pp. 19~20.

산 능력을 해외로 이전하려는 유인이 발생하게 된다"고 지적한 적이 있다.[57] 세 번째로 지역주의의 확대 역시 무역장벽 우회를 위한 해외진출모색의 계기로 작용했다. EU, NAFTA, AFTA 등 지역경제통합체가 늘어남에 따라 기업들은 원산지 혜택을 누릴 수 있는 지역통합체 내의 시장으로 생산기지를 이전함으로써 무역장벽을 우회·극복하려는 것이다.

반면 중국의 '해외진출' 정책은 주체 및 방법 면에서 강력한 정부주도적 성격을 띠고 있다고 볼 수 있다. 중국 정부는 기업의 '해외진출(走出去)' 정책의 제정과 추진에서 강력한 이니셔티브를 쥐고 있다. 중국 정부는 '10·5계획'(2001~2005년)에 '해외진출'을 주요 목표 중 하나로 설정하고 본격적으로 추진할 것이라고 밝혔다. 정부가 내세우는 구체적인 조치는 해외공사 수주와 노무협력 증진, 실력을 갖춘 기업의 해외가공무역 장려, 중국내 부족자원의 해외합작개발 지원, 기업의 해외 지식자원 이용과 해외 개발·설계센터 설립 장려, 실력을 갖춘 기업의 다국적 경영을 통한 국제화 촉진, 금융, 보험, 외환, 세수, 인력, 법률, 정보서비스, 출입국관리 등 분야의 '해외진출'에 유리한 조건 제공, 해외투자 관리감독 규범화 등이다.[58] 단적으로 최근 두드러지고 있는 중국기업의 아프리카 진출은 사실상 중국 정부의 외교정책의 일환으로 추진되고 있다고 보는 시각이 지배적이며, 사실 중국 정부 및 기업의 아프리카 내 행태에 대한 부정적 여론도 확산되고 있다.[59]

---

57) 김익수, 《사들이는 중국, 팔리는 한국》(서울: 삼성경제연구소, 2005), p. 20.

58) 전경련 중국산업연구센터(2006), 앞의 보고서, pp. 3~4.

59) Harry G. Broadman, "China and India Go to Africa: New Deals in the Developing World," *Foreign Affairs*, vol. 87, no. 2 (March/April

이는 중국기업 '해외진출'의 최근 노력이라 할 수 있는 '해외경제협력단지(境外經濟貿易合作區)' 건설추진 사례에서도 마찬가지이다. 동 정책의 주체는 형식상 기업으로 되어 있음에도 불구하고 정부가 강력

〈표 5-11〉 중국 정부의 기업 해외진출 장려정책

조 치	시 기	내 용
해외직접투자 통계집계 시작(상무부)	2002~	-
동부 6개 성/시 ODI 외환관리 개혁시범지역 지정	2002.10	- ODI 관련 외환관리를 기업친화적으로 개편 - 저장, 장쑤, 상하이, 산둥, 광둥, 푸젠
해외진출 합작기업경영자격 심의에 관한 긴급통지(상무부)	2003	- 중국기업의 해외건설 수주 장려 - 노무합작관리 강화
해외투자기업 프로젝트 심사에 관한 통지	2004.10	- 해외직접투자 인허가절차 대폭 간소화 ▪ ODI 제한업종을 10개에서 5개로 축소 ▪ 허가대상 국가·지역 숫자 30개 → 9개로 축소
국가개발은행과 중국수출신용보험공사(中國出口信用保險公司), 전면적 협력협정 체결	2006. 2	- 양대 대외투자정책 금융기관이 체결한 최초 협의 - 양 기관이 자원공유와 업무채널 확대 - 중장기 수출신용보험, 해외투자보험 등 업무영역의 협력강화계획(〈中國企業報〉 2006.2.13)
'해외경제협력단지(境外經貿協力區)' 설치시작	2006	- 해외경제협력단지 설치 허가, 장려

2008), pp. 95~109; Mauro De Lorenzo, "African Perspectives on China," *China Brief*, vol. 7, Issue 18 (October 3, 2007); John C. K. Daly, "Feeding the Dragon: China's Quest for African Minerals," *China Brief*, vol. 8, Issue 3 (January 31, 2008); Greg Mills and Chris Thompson, "Partners or Predators? China in Africa," *China Brief*, vol. 8, Issue 2 (January 17, 2008).

한 이니셔티브와 권한을 가지고 추진되었다. 위에서 밝힌 '저우추취'('走出去') 정책의 연장선상에서 중국 상무부는 2006년 6월 대외경제협력단지 50개 건설 방침을 발표하였다. 또 같은 해 11월 아프리카를 순방중이던 후진타오(胡錦濤) 총서기는 그 일환으로 3년 내에 아프리카에 해외경제협력단지 3~5개 건설하기로 천명하였다. 정책의 시작 자체가 정부에 의해 주도된 것이다. 실제로 '해외경제협력단지'는 중국 정부(상무부)가 허가·지원하고 기업이 설립·운영하는 방식으로 운영된다. 정부는 또 동 사업에 자금지원을 실시하는데, 해외경제협력단지로 지정되면 중앙정부는 재정지원 2~3억 위안, 진출기업에 중장기적으로 20억 위안까지 대출지원을 제공하게 된다. 이를 위해 상무부는 2006년 하반기 200억 위안 가량의 해외경제협력단지 건립기금을 모집한 것으로 알려졌다.

대상지역은 동남아(캄보디아, 태국), 아프리카(모리셔스, 잠비아, 나이지리아), 파키스탄, 카자흐스탄, 러시아, 한국 등 다양하게 분포되어 있지만 대체로 주변국, 아프리카, 자원보유국 등이라는 공통점을 지닌다. 이점에서 '해외경제협력단지'는 대체로 외교·안보적 목적을 이루기 위해서라기보다는 경제적 효과(즉 무역마찰 회피, 신시장 개척, 자원확보)를 얻기 위해 추진된다고 볼 수 있다.

〈표 5-12〉 중국이 추진중인 해외경제협력단지 (2008.1 현재)

합작단지명/국가	투자지방/회사	투 자 내 용
하이얼-파키스탄 경제협력단지 (파키스탄)	하이얼 (海爾) 전기공사 (산동 청도)	- 하이얼 전용(가전) 생산단지
호페갈스크듀엣 (杜埃特) 경제협력단지 (러시아)	하이펑 (海峰) 전기공사 (흑룡강 만주리시)	- 전자, 가공공업, 자동차, 가전조립 · 포장, 신발모자 · 의류 후가공, 목재 등 가공기지 목표
우수리스크경제협력단지 (러시아)	캉나이 (康奈) 집단 (절강 온주)	- 피혁, 의류, 목재, 건자재, 자동차부품, 가전, 연초류, 피혁 등 가공기지 목표
뤄용 (羅勇) 중국공업원 (태국)	화리 (華立) 집단 (절강 항주)	- 자동차부품, 기계, 건자재, 가전, 전자 등 가공기지 목표(내수 및 수출)
나이지리아라이지 (萊基) 자유무역구 (나이지리아)	신광 (新廣) 국제집단 (광동)	- 가구, 건자재, 오금, 목재가공 등 가공기지 목표
시아누크항경제특구 (캄보디아)	홍토우 (紅豆) 집단 (강소 무석)	- 경방직 의류, 기계전자, 고신기술산업 기지 목표
석유공업심가공 경제협력단지 (카자흐스탄)	반진중룬 (盤錦中潤) 기업집단 (요녕 판금)	- 카자흐스탄 양대 유전의 주식 50% 매입, 석유 합작개발
양식 · 종식업 · 심가공 경제협력단지 (러시아)	반진선란 (盤錦深藍) 고신기술공사 (요녕 반진)	- 농업생산기지 목표
캄보디아 (馨島) 경방직공업 가공무역협력단지 (캄보디아)	펑인 (豊銀) 국제투자공사 (요녕, 본계)	- 경방공업가공구 건립, 생산지 다원화 및 대동남아 수출확대 목표
잠비아-중국 경제무역합작구 (잠비아)	중국유색광업 집단공사	- 유색금속(銅) 제련 및 가공, 관련산업 단지 목표
모리셔스텐리 (天利) 산업단지 (모리셔스)	텐리집단 (산서)	- 방직품, 의류, 가전, 전자, 의약보건품 분야 투자
아르헨티나-중국 汪氏 경제무역구 (아르헨티나 부에노스아이레스)	왕씨양봉 (汪氏蜂業) 집단 (강서)	- 식품, 의류, 의료, 고기술, 창고, 재생자원처리단지 등 건설
무안 한중국제산업단지 (한국)	광하그룹, 지산그룹 (중경)	- 중국기업의 한국내 연구개발, 내수 및 제3국 수출을 위한 가공기지 목표

출처: 중국 내 각종 보도자료 정리.

6. 결 론: 중국 경제통상외교의 변화와 지속

이 글은 최근 중국이 적극 추진하고 있는 경제통상외교가 어떤 새로운 의미를 가지고 있는가를 알아보기 위해 시작되었으나 검토 결과 경제통상외교는 중국에서 새로운 현상도 아니고, 또 중국에서만 보이는 현상도 아님을 알 수 있었다. 중국의 역사를 볼 때 경제적 수단의 외교·안보적 이용과 외교·안보적 수단의 경제적 이용은 항상 있어온 현상이었다. 현재 중국이 추진하는 경제통상외교가 과거와 차이가 있다면, 중국이 외교·안보적 목적을 위해 경제적 수단을 이용한다는 일부 평가와 달리 경제적 이해관계를 중점적으로 고려하고 있다는 것이다. 또 경제통상외교는 중국에서만 나타나는 현상이 아니었다. 경제통상외교는 이미 대부분 국가들도 이미 모색·추진해 오고 있는 주제이다. 중국만의 특성이 있다면 그것은 중국이 이제야 경제통상외교의 의미와 중요성을 절감하고 있다는 점이다.

오히려 새로운 사실은 과거 경제통상외교를 자체의 논리에 따라 운용하지 못하던 데서 벗어나고 있다는 것, 이를 테면 경제통상외교에 관한 한 '정상국가'(경제적 이해관계의 논리에 맞게 경제통상외교를 운용한다는 점에서)로 자리잡아가고 있다는 것이었다. 개방 전 중국은 자신도 원조를 받아야만 할 처지임에도 불구하고 순수한 외교·안보 목적에서 국가예산의 7%에 가까운 자금을 아프리카 등 제3세계에 쏟아 부었다. 개방기에 접어든 뒤 시간이 지남에 따라 중국의 이와 같은 비경제적 행태는 거의 줄어들게 되었다. 최근에는 오히려 중국의 심한 경제중심적 행태가 논란을 불러일으키고 있는 것으로 보인다. '평화공존'과 '내정불간섭'이 지난 50여 년간 중국이 내세워 온 외교원칙이라는 것은 충분히 주지되는 바이지만, 이 원칙을 일방적으로 내세우면서 경제적 이해만을 추구할 경우, 아프리카 등 '전통적 우방'에서조차 반중감정이 터져 나오는 데서 보는 것처럼 중국 경제통상외교의 또 다른 축인 '소프트파워'를 손상시킨다는 점에서 장기적인 경제적 이익의 기반을 갉아먹을 수 있는 것이다.

중국 경제통상외교의 전망과 관련하여, 중국이 이미 자본주의체제로의 전환이 사실상 완료되었고 국제경제에 깊숙하게 편입된 현재 경제적 이해관계에 따른 외교행태는 더 강해지면 강해졌지 약해지지는 않을 것이다. 이러한 경제적 이해에 대한 고려에 기반한 경제통상외교 경향의 강화는 중국 대외행태의 예측가능성을 높여준다는 점에서 일단은 긍정적인 변화라 볼 수 있다. 예측 불가능한 '죄수의 딜레마' 게임으로 특징되는 외교·안보 중심의 국가간 관계보다는 실측(實測)하기 유리한 통상(通商)이해관계에 근거한 국가간 관계가 훨씬 더 전망하기에 수월하기 때문이다. 단, 경제적 이해관계 중심의 경제통상외교가 공영과 평화를 책임져 주는 것은 결코 아니라는 점을 강조할 필요가 있다. WTO체제의 등장으로 상징되는 세계화의 진전이 국가단위의 경제적 이해관계를 약화시키기는커녕 오히려 강화시킨 면이 있음을 볼 때, 더 나아가 인류가 경험한 대부분의 전쟁이 경제적 이해관계 때문에 일어났음을 고려할 때, 한 국가의 경제적 이해관계에 대한 우선적 고려는 오히려 더욱 파괴력 있고 무자비한 양날의 칼로 작용할 수 있기 때문이다.

마지막으로 한 가지 덧붙이고 싶은 점은 한 국가의 대외행태나 대외관계를 분석함에 있어 정치와 경제 혹은 경제와 외교·안보적 논리(혹은 이해관계)로 나누어 접근하는 것은 그다지 도움이 되지 못하는 경우가 많다는 것이다. 통상 및 경제와 외교·안보는 한 국가의 이해관계를 구성하는 상이한 단면일 뿐 상이한 실체가 아니기 때문이다. 실제로 현실에서 더 중요한 것은 주어진 환경(국제경제구조, 행위자〔국가)의 발전단계상의 위치·크기 등)과 주체(국가) 간에 오가는 동태적인 상호작용이며, 이 상호작용은 경제통상과 외교·안보적 측면에 동시에 존재하고 있음을 놓치지 않고 파악하는 것이다.

연구의 한계와 관련하여, 이 글에서는 가장 분명하게 눈에 띄는 분야 즉 FTA와 '해외진출' 만을 사례로 살펴보았을 뿐 중국 경제통상외교에서 일상적·기술적이라서 다루기에 덜 매력적이지만 더욱 중요한 영역들, 예를 들면 무역관련 정책(관세, 비관세, 통관, 분쟁처리), FDI, 산업(과학기술) 정책, 소프트파워 정책 등을 제대로 다루지 못했다. 중국의 경제통상외교에 대한 좀 더 전면적이고 종합적인 소개와 평가가 이루어지기 위해서는 위의 영역들에 대한 좀 더 면밀한 검토가 선행돼야 할 것이다.

참고문헌

강준영·정환우. "중국의 FTA 추진전략 분석: 전략 목표별 사례분석을 중심으로." 〈국제지역연구〉(한국외국어대학교 국제지역연구센터), 제11권 제3호. 2007년 가을호.

김세원·박명호·김홍종. 《동아시아 자유무역지역의 성공조건: 제도적 접근》. 대외경제정책연구원 지역연구시리즈 06-01, 2006.

김익수. 《사들이는 중국, 팔리는 한국》. 서울: 삼성경제연구소, 2005.

김재철. 《중국의 외교전략과 국제질서》. 서울: 폴리테이아, 2007.

______. "중국의 경제외교: 경제적 고려를 넘어서." 〈국가전략〉. 제13권 4호, 2007.

수출입은행. "중국의 대외원조 정책과 전략." 한국수출입은행 해외경제·투자정보, 2008. 3. 3.

신종호. "후진타오체제 중국 경제외교와 대외전략적 함의." 〈중국연구〉. 한국외국어대학교 외국학종합연구센터 중국연구소. 제37권, 2007.
오용석. 《현대 중국의 대외경제정책: 정책원리의 흐름과 운용메커니즘》. 서울: 나남출판, 2004.
______. "중국의 동북아정책." 안충영·이창재 엮음. 《동북아 경제협력: 통합의 첫걸음》. 서울: 박영사, 2003, pp. 335~365.
이 근. "중국의 경제기적과 한국의 선택." 김원배·장경섭·김형국 편. 《중국의 오늘과 내일》. 서울: 나남출판, 2003.
______. "안보의 시각에서 본 동북아 경제통합의 가능성." 안충영·이창재 엮음. 《동북아 경제협력: 통합의 첫걸음》. 서울: 박영사, 2003, pp. 366 ~399.
______. 〈한국의 중장기 통상전략의 정치경제와 소프트파워 통상전략〉. KIEP 중장기통상전략연구 07-01-01, 2007. 12.
조영남. "중국외교의 새로운 시도: '소프트파워' 전략." 미발표 원고, 2008.
전경련 중국산업연구센터. 〈중국기업의 해외투자 전략분석〉. 연구보고서 06-01, pp. 3~4.
정인교. 《FTA시대에 어떻게 대처할 것인가?》. 대외경제정책연구원 FTA연구시리즈 1, 2001년 11월.
정재호 편. 《중국 개혁·개방의 정치경제 1980-2000》. 서울: 까치, 2002.
정환우. "중국의 에너지 확보전략과 한국의 대응방안." 한국무역협회 국제무역연구원 이슈페이퍼 06-01, 2006. 2.
______. "중국기업의 대한국 투자 감소 원인과 시사점." 한국무역협회 국제무역연구원 이슈페이퍼 2007-11, 2007. 5.
______. "중국기업의 해외진출 전략 변화: '해외경제협력단지' 확대." 한국무역협회 국제무역연구원 이슈페이퍼 2008-3, 2008. 2.
______. "과욕과 현실적 제약의 딜레마: 중국의 FTA 경험." 〈현대중국연구〉. 제9집 2호. 2008년 2월.
홍성구·송규진·강경락·박정현. 《근대 중국 대외무역을 통해 본 동아시아》 서울: 동북아역사재단, 2008.

楊培棟. "中國充分利用外交資源大力推動"經濟外交." 〈中財網〉. 2006. 4. 10.
周永生. "經濟外交面臨的機遇和挑戰: 經濟外交概念研究." http://www.

dss. gov. cn (검색일: 2008. 1. 15)

憑飛. "我國實施資源全球化戰略的機遇與挑戰." 〈經濟要參〉. 第1期, 2005.

清華大學國際問題硏究所 編. 《中國經濟外交 2006》. 北京: 中國人民大學出版社, 2006.

Antkiewicz, Agata and John Whalley. "China's New Regional Trade Agreement." NBER Working Paper. December 2004.

Broadman, Harry G. "China and India Go to Africa: New Deals in the Developing World." *Foreign Affairs*. vol. 87, no. 2, March/April 2008, pp. 95~109.

Cameron, Rondo and Larry Neal. *A Concise Economic History of the World: From Paleolithic Times to the Present*. 이헌대 역. 《간결한 세계경제사》. E*Public, 2003.

Daly, John C. K. "Feeding the Dragon: China's Quest for African Minerals." *China Brief*. vol. 8, Issue 3, January 31, 2008.

De Lorenzo, Mauro. "African Perspectives on China." *China Brief*. vol. 7, Issue 18, October 3, 2007.

______. "China and Africa: A New Scramble?" *China Brief*. vol. 7, Issue 7, April 5, 2007. (http://www. jamestown. org/china_brief)

Malik, Mohan. "The China Factor in Australia-U. S. Relations." *China Brief*. vol. 5, Issue 8, April 12, 2005.

Mills, Greg and Chris Thompson. "Partners or Predators? China in Africa." *China Brief*. vol. 8, Issue 2, January 17, 2008.

Naughton, Barry. *The Chinese Economy: Transitions and Growth*. Cambridge: The MIT Press, 2007.

Philip, Andrew. "China's Energy Woes: Running on Empty." *Far Eastern Economic Review*. June 2005.

Sun Liang and Zhang Xiangchen. "Redefining Development, Reimagining Globalization: The WTO and China's New Economic Vision." *Journal of World Trade*, vol. 41, no. 6, 2007.

Thompson, Drew. "Economic Growth and Soft Power: China's Africa

Strategy." *China Brief*. vol. 4, Issue 24, December 2004.
Waltz, Kenneth. *Man, the State and War: A Theoretical Analysis*. 김광린 역. 《인간 · 국가 · 전쟁: 국제정치이론의 분석》. 서울:소나무, 1988.

제 6 장

중국의 에너지 외교

배경, 전략, 내용을 중심으로

박 병 광

1. 들어가는 말

에너지 외교가 중국외교의 핵심사안으로 등장하고 있다.[1] 일반적으로 에너지 외교는 "에너지를 수단으로 하는 외교"와 "에너지를 목적으로 하는 외교"로 분류할 수 있다. 전자는 에너지를 무기로 삼아 금수조치를 통해 정치적 목적을 달성하려는 경우로 아랍 국가들과 러시아의 경우가 해당된다고 보겠다.[2] 후자는 에너지안보 및 에너지확

1) 일반적으로 에너지는 석유, 석탄, 원자력, 천연가스는 물론이고 최근에 새롭게 주목받는 대체에너지자원 등 다양한 종류를 포함한다. 그러나 이 글에서는 주로 석유자원을 중심으로 중국의 에너지 외교에 대해 논하고자 한다.

2) 대표적인 예로 러시아는 지난 2006년 초 우크라이나에 대한 천연가스 공급을 중단함으로써 우크라이나를 통해 가스를 공급받던 서유럽 전체가 가스부족사태를 겪은 바 있다. 당시 가스분쟁의 표면적 이유는 '가격'이었으나 실제로는 에너지를 무기로 구 소련권 국가들과 중앙아시아에서 패권적 지위를 확고히 하겠다는 러시아의 의도가 작용한 것이었다. "Russia's

보 경쟁에서의 주도권을 차지하기 위해 각종 외교활동을 전개하는 경우로서 주요 에너지 소비국인 미국, 중국, 일본 등이 속한다고 할 수 있다.

오늘날 국제사회에서 치열한 에너지 외교가 펼쳐지는 것은 에너지가 국제정치의 흐름을 바꾸고 있기 때문이다. 전통적 안보요인이 지배했던 20세기와 달리 오늘날의 국제질서는 경제력이라는 비전통적 안보요인에 의해 좌우되고 있으며 그 중심에는 에너지자원이 자리잡고 있다. 21세기에는 에너지가 국가생존은 물론이고 나아가 국가간의 외교관계를 좌우할 수 있는 핵심변수로 등장하고 있는 것이다. 이처럼 에너지에 대한 중요성이 증대되면서 각국 외교전략의 무게중심은 갈수록 안정적인 에너지확보로 옮겨지고 있다. 특히 중국은 최근 들어 에너지소비가 급증하면서 에너지 수급불균형 현상이 갈수록 심화되고 있으며 안정적인 에너지확보에 외교역량을 집중하고 있다.

중국 정부가 에너지 외교에 초점을 집중시킨다는 사실은 중국이 그동안 추진해온 외교행태에서 단적으로 확인된다. 무엇보다도 후진타오(胡錦濤) 주석을 비롯한 중국 최고지도부의 해외순방지역이 주로 에너지부국을 대상으로 하는 등 에너지문제의 해결을 위해 국가지도부가 직접 나서고 있다. 중국의 일부 전문가들 역시 '에너지 외교'가 최근 들어 중국 외교에서 '강대국 외교'와 '주변국 외교' 그리고 '다자외교' 등과 더불어 국가전략 수립 시 최우선 고려사항이 되었음을 주장한다.[3] 즉 에너지 외교가 중국외교에서 하나의 핵심적 외교사안으로 자리잡게 되었다는 것이다.

오늘날 중국의 에너지 외교는 전 지구적(*global*) 차원으로 전개되면

Strong Arm Tactics May Do Ukraine A Favour," *The Financial Times*, January 3, 2006.

3) 林華, "透視中國能源外交," 〈經濟導報〉, 2004年 10月 4日.

서 지역적 차원을 뛰어넘어 세계정치에 영향을 미치고 있다. 그러나 중국의 적극적인 에너지 외교는 국제사회의 에너지수급에 대한 불안을 가중시키는 한편 에너지 확보를 놓고 미국, 일본, 유럽 등 거대 에너지 소비국들과의 경쟁을 심화시키는 측면이 있다.[4] 나아가 중국은 에너지 자원 개발을 위한 미개척지를 선점하기 위해 주변국들과의 마찰도 불사하고 있다. 일례로 중국 정부는 최근 들어 동중국해와 남중국해의 석유와 가스전 개발 등 해양에너지 자원개발을 위해 주변국가들과의 갈등도 피하지 않고 있다.[5] 특히 중국과 일본 사이에 전개되고 있는 센카쿠/조어도(尖閣列島/釣魚島) 분쟁 그리고 동남아시아 국가들과의 사이에 진행되고 있는 남사군도(南沙群島) 분쟁은 모두 해양자원을 둘러싼 영토분쟁의 대표적 사례이다.[6]

중국의 에너지 부족과 이를 타개하기 위한 공격적 에너지 외교는 향후 단기간 내에 수그러들 수 있는 사안은 아니다. 왜냐하면 해가 갈수록 치솟는 에너지 가격이 대변하듯 석유를 비롯한 에너지 자원의 안정적 수급은 국제적 위기에 직면하고 있기 때문이다. 반면 신흥강대국으로 부상하면서 에너지 수요가 폭발적으로 증대하는 중국에게 에너지 문제는 물러설 수 없는 '사활적 이익(*vital interest*)'의 일부분이 되었다고 할 수 있다. 한편 중국의 에너지 외교는 그것이 적극화될수록 향후 국제정치경제질서를 좌우할 중요한 변수가 된다고 볼 수 있다. 즉 중국의 에너지 외교는 국제 에너지 시장에 대한 파급영향은

---

4) "Sheikh up," *The Economist*, September 13, 2007.

5) Peter M. Beck and Melissa Hanham, "China's Thirst for Energy: An American Perspective," in Hyung Kook Kim, ed., *Energy Security and Energy Cooperation Regime in East Asia*, The KAIS International Conference Series, no. 16(2006), pp. 120~122.

6) 이에 관한 자세한 내용은 이동률 외 8인, 《중국의 영토분쟁》(서울: 동북아역사재단, 2007)을 참조.

물론 중·미 관계를 비롯한 국제정치 전반에도 커다란 영향을 미칠 수 있는 매우 중요한 사안인 것이다. 따라서 중국의 에너지 외교는 어떤 형식으로든 자체의 대외정책 수행은 물론 국제정치경제에서도 중요한 변화를 수반할 수밖에 없을 것이다.

한편 국내에서 출간된 기존의 중국 에너지 외교관련 연구물들은 주로 동북아 에너지 협력문제 및 에너지 안보문제를 다루는 과정에서 일부분만 언급하여 왔으며 전면적으로 에너지 외교에 초점을 맞춘 연구는 드문 편이다.[7] 그런 점에서 이 글은 중국의 에너지 외교를 종합적으로 평가·분석하는 데 목적이 있다. 이를 위해 먼저 중국의 에너지 수급현황을 파악한 뒤 중국 에너지 외교의 배경을 고찰하고 다음으로 에너지 외교의 목표와 전략 그리고 특징 등을 검토한 뒤, 중국 에너지 외교의 성과와 도전요소들을 중심으로 구체적 전개내용에 대해 살펴보도록 하겠다. 그리고 이를 바탕으로 결론에서는 에너지문제에 관한 중국의 주장을 언급하면서 중국 에너지 외교를 평가하고 한국에 주는 시사점을 제시하고자 한다.

7) 중국의 에너지 외교에 초점을 맞춘 국내의 연구성과로는 원동욱, "중국 에너지 외교의 현황과 전망: 한국에 주는 의미와 시사점을 중심으로," 〈Strategy 21〉, 2006년 겨울, pp. 175~210이 거의 유일하다.

2. 중국 에너지 외교의 등장배경

1) 중국의 에너지 수급현황

표면적으로 본다면 중국은 세계적 수준의 에너지 생산대국일 뿐 아니라 에너지자급률 역시 매우 높은 나라이다. 중국은 풍부한 석탄매장량을 바탕으로 현재까지도 전체 에너지소비의 약 90%를 국내에서 자체적으로 해결하고 있다. 중국은 1990년대 초반까지만 해도 국내 에너지 수급구조가 자급자족으로 이루어져 왔다. 따라서 국제적인 1, 2차 오일쇼크를 경험하지 않았을 뿐 아니라 전략적 비축유를 보유해야 할 필요성도 느끼지 못했던 것이 사실이다.

기본적으로 중국은 에너지 총보유량에서 세계적으로 높은 순위의 나라에 속한다. 2006년도 기준으로 중국의 석탄 보유량은 1조 345억 톤으로 채굴 가능한 저장량 비중은 13%이며 이는 세계 3위에 해당하는 것이다. 이에 따라 중국의 1차 에너지 총소비량에서 차지하는 석탄의 비중은 약 75% 내외에 이르고 있다.[8] 또한 중국은 매우 풍부한 재생가능 에너지자원을 보유하고 있다. 특히 수자원 저장량을 발전량으로 환산하면 연간 6.19조 Kw/h로서 세계 수력자원량의 12%를 차지하며 세계 1위에 해당한다. 실제 전기생산 역시 발전설비용량과 발전량이 각각 6조 2,200억 Kw/h와 2조 8,700억 Kw/h에 달해 세계 2위를 차지하고 있다. 한편 중국은 다칭(大慶), 성리(勝利), 랴오허(遼河), 타리무(塔里木) 등 대형 석유생산기지를 보유하고 있는데 2006년의 원유생산량은 1억 8,500만 톤으로서 세계 5위에 달하였다.[9]

---

8) 한기주, 〈중국의 에너지산업 현황·전망 및 정책방향〉, 산업연구원 Issue Paper 06-211(2006. 12), p. 12.

9) 中華人民共和國國務院新聞辦公室, 《中國的能源狀況與政策》(2007. 12).

그러나 중국이 에너지 생산대국이라는 점에도 불구하고 에너지문제와 관련하여 더욱 중요한 것은 세계적인 에너지 소비대국이라는 점이다. 현재 중국의 에너지소비는 매년 세계 평균증가율의 3배에서 5배 수준을 기록하면서 급속히 증가하고 있다. 특히 중국의 국내 석유공급은 수요에 비해 턱없이 부족한 상황이다. 중국의 석유소비가 급격히 증가하는 원인은 크게 두 가지인데 하나는 급격한 산업화와 이에 따른 일반 국민들의 생활수준 상승을 들 수 있다. 즉 경제성장에 따른 중국 내 서비스산업의 발달과 개인승용차 보급확대 등은 석유소비를 재촉하는 요인이 되고 있다. 다른 하나는 중국경제의 급속한 성장에 따른 설비투자증가와 산업발달로 인한 에너지소비 유발 등이 그것이다. 중국은 산업화 과정에서 1차 산업의 비중이 퇴락하고 중화학공업을 비롯한 2차 산업의 비중이 급격히 증가하고 있다. 특히 중공업은 막대한 에너지를 소비하는 산업부문이며 철강산업의 경우 중국 총 에너지 사용량의 16%를 차지하는 등 대규모 에너지소비를 필요로 한다.[10)]

중국의 석유 소비와 생산 간의 격차는 2000년대 들어서 더욱 급속히 확대되기 시작했다. 이는 중국이 '국민경제 및 사회발전에 관한 10차 5개년계획' 기간(2001~2005) 중 급속한 공업화에 힘입어 연평균 9.5%의 높은 경제성장을 기록하며 에너지수요가 급증한데 기인한다. 그 결과 2005년 한 해 동안 중국은 1억 7,000만 톤의 원유를 자체 생산하였으나 1억 2,000만 톤의 부족분을 해외에서 수입했으며 그 해 세계 원유수요 증가분의 35%는 중국 때문에 발생한 것이었다.

한편 2006년에도 중국의 일일 석유소비량은 740만 배럴로 10년 전

---

http://www.gov.cn/zwgk/2007-12/26(검색일: 2008. 3. 26).

10) Noureddine Berrah, *Sustainable Energy in China: The Closing Window of Opportunity* (Washington, DC: World Bank, 2007), p. 15.

〈표 6-1〉 중국의 석유 수요량 및 수입의존도 전망 (2010년, 2020년)

기관명칭			국가계획위원회 에너지연구소		국제에너지기구 (IEA)		미국 에너지부 에너지정보처 (DOE/EIA)	
연 도		2000	2010	2020	2010	2020	2010	2020
항목	수요량 (백만 톤)	224	335-337	430-475	337	552	340	525
	순수입량 (백만 톤)	69.6	155-187	240-295	230	425	185	380
	수입 의존도(%)	31.0	46-52	59-62	61	77	54	72

출처: 원동욱, "중국 에너지 외교의 현황과 전망," p. 179에서 재인용.

인 1996년 소비치인 370만 배럴의 두 배를 기록하고 있다. 또한 2000년부터 2006년까지 중국의 석유소비 증가량은 세계 석유소비 증가량의 36%를 차지하고 있다.[11]

때문에 중국은 현재 원유소비량의 40% 이상을 해외수입에 의존하고 있으나 2010년에는 석유수입 의존도가 50%를 넘어설 것으로 예상되며 2020년에는 석유의 60%, 천연가스의 30% 이상을 해외수입에 의존할 것으로 전망되고 있다.[12] 반면 중국의 기존 주요 대형유전들은 매우 노후화된 상태이며 서부내륙의 유전개발 지연 등으로 인해 석유생산은 정체상태에 머물고 있어 석유부족은 앞으로 더욱 심화될 가능성이 크다.

한편 중국은 절대적인 에너지 보유량과 에너지 소비의 급증에도 불

11) 심기은, 〈중국의 에너지자원 확보 외교 전략과 우리의 대응방안 연구〉, 에너지경제연구원 정책연구보고서(2007. 12), p. 4.

12) 倪建民 主編, 《國家能源安全報告》(北京: 人民出版社, 2005), p. 2; International Energy Agency, *World Energy Outlook 2007* (Paris: IEA Publications, 2008), pp. 165~173.

구하고 1인당 석유·천연가스 보유량은 세계평균치의 8%와 6% 수준에 불과하며 비교적 풍부한 석탄의 경우도 55%밖에 되지 않는 등 상대적인 자원보유량은 매우 부족한 실정이다. 또한 석탄 위주의 불합리한 에너지 소비구조로 인해 대량의 온실가스가 발생하는 등 환경오염이 심화되고 있다. 중국은 세계 2위의 전력생산국이지만 석탄을 이용한 화력발전의 비중이 75%에 달하며 수력과 원자력의 비중은 각각 24%와 2% 수준에 불과하다. 뿐만 아니라 중국은 단위상품 1개의 생산에 소모되는 에너지소비량이 선진국의 6배 수준에 달하는 등 에너지효율성이 지나치게 낮은 상황이다.[13)]

이에 따라 중국 정부는 에너지 소비구조에서 석유와 석탄이 차지하는 비중을 줄이고 재생가능 에너지와 원자력 발전의 비중을 늘리는 등 에너지 소비구조의 최적화를 추구하고자 한다.[14)] 그러나 중국의 에너지부족 현상은 당분간 지속될 수밖에 없으며 결코 단기간에 해결될 수 있는 문제가 아니다. 왜냐하면 중국 경제의 고성장으로 인해 에너지수요는 급증하는 반면 중국내 에너지 생산량은 한계에 직면해 있기 때문이다. 또한 중국이 당면하고 있는 에너지 문제는 단순히 자원의 부족뿐 아니라 에너지 구조의 불합리와 에너지관련 기술장비 및 관리수준의 낙후 역시 주요원인으로 작용하고 있다. 따라서 단순한

---

13) 中華人民共和國國務院新聞辦公室, 《中國的能源狀況與政策》(2007. 12). http://www.gov.cn/zwgk/2007-12/26/content_844159.htm(검색일: 2008. 3. 26); Yiming He, "China's Energy Security Strategy," Hyung Kook Kim, ed., *Energy Security and Energy Cooperation Regime in East Asia*, The KAIS International Conference Series, no. 16 (2006), pp. 93~95.

14) 중국 정부는 매년 1~2기의 원전을 세워 2020년까지 전력생산에서 차지하는 원자력의 비중을 현재의 2%에서 6%로 끌어올린다는 계획이다. 〈中國新聞〉, 2006年 3月 6日.

에너지 공급 증가정책만으로는 심화되는 중국의 에너지문제를 해결하기 어려우며 근본적 수요관리 및 에너지 소비문화의 전환이 요구된다고 할 것이다.

2) 중국 에너지 외교의 배경

중국은 내부적으로 국가차원에서의 에너지전략을 수립하고 집행하기 위해 지난 2005년 6월 '국가에너지영도 소조(國家能源領導小組)'를 설립하였으며 원자바오(溫家寶) 총리를 조장으로 임명하였다.[15] 이는 중국에서 에너지자원의 안정적 확보가 국가의 주요 안보사안으로 간주하고, 민간차원에서만 해결할 수 있는 것이 아니라 정부차원에서 지원하고 해결해야만 한다는 중국지도부의 인식을 전제로 하고 있음을 보여준다.[16] 중국지도부가 이처럼 에너지영도소조를 결성하면서까지 에너지문제의 해결에 집중하고 이를 위한 에너지 외교에 사활을 걸게 된 것은 다음의 몇 가지 요인을 배경으로 한다고 볼 수 있다.

우선 중국이 적극적인 에너지 외교를 펼치게 된 데에는 무엇보다도 경제적인 이유를 들 수 있다. 에너지 외교가 경제적 요인을 배경으로 한다는 사실은 에너지문제가 중국 경제외교추진의 주요목표로 자리잡고 있다는 점에서도 확인된다. 2000년대 들어서면서 중국은 당면 경제과제들을 해결하기 위한 경제외교에 박차를 가하기 시작했으며 중국 경제외교에서 에너지자원의 확보는 무엇보다 중요한 핵심목표

---

15) 黃蕙, "國家能源領導小組只是第一步," 〈瞭望〉, 第23期(2005), pp. 40~41; *China Daily,* May 30, 2005.

16) 중국에서는 1993년 에너지부가 해체된 이후 에너지를 전담하는 중앙부처가 존재하지 않으며 국가발전개혁위원회가 이에 관한 업무를 대신하고 있다. Zha Daojiong, "China's Energy Security: Domestic and International Issues," *Survival*, vol. 48, no. 1 (2006), p. 186.

로 작용하게 되었다.[17] 이 과정에서 중국 정부는 국가차원에서 에너지자원 확보를 위해 국영석유회사의 에너지자원 흡수를 직·간접적으로 지원하고 있으며 이와 관련된 성과 역시 중요한 외교적 결실의 하나로 평가되고 있다. 이처럼 정부차원에서 에너지 외교에 전념하고 있는 것은 무엇보다도 고도 경제성장을 뒷받침해야만 하는 물적 자원(*resource*)의 확보 필요성이 갈수록 증대되기 때문이다.

중국은 개혁·개방 이후 고도의 경제성장을 이루었으며 이는 폭발적인 에너지소비 증가로 이어지고 있다. 일례로 2000년대 들어서 중국의 경제성장률은 매년 10%에 육박하는 수준으로 성장했고 이에 따라 국내 에너지수요는 15%씩 그리고 석유수입은 평균 30%씩 증가했다.[18] 결국 중국의 초고속 경제성장을 지속하기 위해서는 석유 등 에너지자원 확보가 국가차원에서 사활적인 요소로 작용하는 것이다. 문제는 현재뿐만 아니라 향후에도 중국의 에너지는 부족할 수밖에 없으며 석유를 비롯한 해외 에너지자원에 대한 중국의 의존도는 갈수록 증대될 것이라는 점이다. 때문에 중국지도부는 에너지자원의 확보를 위해 더욱 적극적인 외교적 노력을 기울일 수밖에 없는 실정이다.

다음으로 중국의 적극적 에너지 외교는 국내정치적 요인을 배경으로 한다. 중국이 경제발전에 필요한 자원을 확보하기 위해 에너지 외교에 심혈을 기울이는 것은 분명하지만 중국의 에너지 외교가 단순히 경제적 고려에 의해서만 추진되는 것은 아니다. 왜냐하면 중국의 에너지 외교는 경제발전에 필수적일 뿐 아니라 국내정치적 차원에서 사

---

17) 신종호, "후진타오체제 중국 경제외교와 대외전략적 함의," 〈중국연구〉, 제37권(2006), pp. 405~406; 김재철, "중국의 경제외교: 경제적 고려를 넘어서," 〈국가전략〉, 제13권 4호(2007), pp. 46~48.

18) Haider A. Khan, *China's Development Strategy and Energy Security*, Research Paper no. 56, UNU-WIDER(May 2008), p. 1.

회안정 및 중국공산당의 집권기반과도 밀접한 관련이 있기 때문이다. 다시 말해 중국지도부로서는 고도 경제성장을 통해 체제유지의 정당성과 정치적 지지기반을 확고히 할 필요가 있는 것이다. 그리고 이처럼 경제발전을 통한 정치적 안정을 유지하기 위해서는 고도성장을 뒷받침하는 안정적 에너지공급이 전제되어야 하기 때문이다.[19]

한 예로 2003년 중국은 에너지소비가 급증해 일본을 제치고 세계 제2위의 에너지소비국으로 전환되면서 심각한 전력부족 사태를 겪었다. 당시 중국의 21개 성, 시, 자치구에서 전력부족 사태로 전기소비 제한이 이뤄졌으며 일부 지역에서는 밤에 촛불을 켜놓고 생활하기도 했다. 또한 광둥성(廣東省) 등 남부지방에서는 가동을 중단하는 공장이 속출했으며 가정에서는 순번제로 소등을 하는 등 일상생활이 불가능할 정도로 에너지 부족에 따른 피해가 컸다.[20] 이와 같은 전력부족 사태는 일반 시민들의 생활에 직접적인 타격을 주고 사회적 불만 요인으로 작용하기 때문에 중국지도부로서는 민감한 문제가 아닐 수 없다. 따라서 중국의 국내정치 안정을 위해서라도 전기를 비롯한 에너지의 안정적 공급은 무엇보다 중요한 요소가 되고, 중국 정부로서는 에너지 외교를 대외정책의 핵심기조로 삼을 수밖에 없다.

끝으로, 중국의 에너지 외교는 국제사회의 에너지 수급질서를 장악하고 있는 미국의 패권적 영향력을 탈피하거나 우회하려는 국제정치적 요인을 배경으로 한다. 중국의 경제는 개혁·개방을 거치면서 세계경제에 대한 편입의존도가 갈수록 심화되었고 대외교역 및 해외투자 등 다양한 부분에서 미국에 대한 의존도 역시 상당히 높아졌다. 특히 이라크전 이후 미국이 러시아를 제외한 대부분의 세계 주요 석

19) Heinrich Kreft, "China's Energy Security Conundrum," *The Korean Journal of Defense Analysis*, vol. 18, no. 3 (Fall 2006), p. 112.

20) *China Daily*, February 1, 2004.

유자원을 정치·군사적으로 통제하고 있다는 것은 중국의 국가안보 전략이 미국에 의해 압도당할 수 있음을 의미하는 것이다. 이와 같은 상황에서 에너지 수급문제까지 미국의 통제를 받게 될 경우 중국의 국제적 지위와 영향력은 그 한계가 너무나 분명하다고 볼 수 있다. 때문에 중국은 미국이 주도하는 국제석유시장에 전적으로 의존하지 않고 독자적인 에너지 확보에 주력하고 있다. 즉 중국은 국제석유시장에 참여하기보다는 산유국과의 특별한 관계조성을 통한 협력에 기초하여 해외 자원개발에 주력하고 있다. 2001년 6월 중국이 주도하여 '상하이협력기구(SCO)'를 만들고 카스피해의 에너지 자원개발을 추진하는 것이나 2003년 10월 '동남아시아국가연합(ASEAN)'과 자원협력 강화협정을 체결한 것 등은 모두 역내 에너지자원이 미국의 통제하에 들어가는 것을 우려하였기 때문이라 할 수 있다.

나아가 중국의 공세적 에너지 외교는 세계강국(*global power*)으로 부상하고자 하는 잠재적 의지와도 연관된다고 볼 수 있다. 중국 정부는 향후 안정된 에너지 자원의 확보 없이는 국내 경제발전과 정치적 안정은 물론이고 그들이 추구하는 세계 중심국가로의 부상이라는 전략목표도 달성할 수 없다는 사실을 잘 알고 있다. 반면 중국에게 있어 해외 에너지 의존도가 높아지고 특정 국가나 지역에 대한 의존도가 높아질수록 이는 결국 국제무대에서 중국의 입장이 그만큼 취약해진다는 것을 의미한다. 때문에 중국은 에너지 외교를 통해 수입선을 다변화하고 해외 자주개발을 증대하며 산유국들과의 외교관계를 강화함으로써 에너지안보를 강화하고자 한다. 이러한 적극적 노력을 통해 중국은 미국이 주도하는 에너지 패권질서를 탈피할 뿐 아니라 안정적 에너지공급을 바탕으로 장차 미국 주도의 세계질서를 견제하고자 하는 것으로 볼 수 있다.

3. 중국 에너지 외교의 전략과 특징

1) 중국 에너지 외교의 목표와 전략

에너지문제에 대한 인식은 오늘날 중국뿐만 아니라 국제사회가 공감하는 중요한 사안이다. 그러나 신흥경제대국인 중국으로서는 경제발전에 따른 에너지소비가 급증하면서 국제적 에너지수급 불균형에 대한 위기감이 더욱 고조되고 있다. 때문에 중국 정부는 필요한 에너지 자원의 안정적 확보와 수송을 통한 에너지안보의 실현을 에너지외교의 가장 중요한 목표로 설정하고 있다.[21] 그리고 이 과정에서 중국 정부가 특히 심혈을 기울여 확보하고자 하는 에너지자원은 역시 석유라 할 수 있다. 중국 정부는 석유를 중심으로 하는 에너지자원의 안정적 공급을 에너지 외교 최대의 목표로 설정하고 있으며 이를 위해 다음과 같은 네 가지 전략을 추진하는 것으로 볼 수 있다.

첫째, 기존의 에너지 공급원을 확대하고 수입선을 다변화하는 것이다. 중국이 에너지 공급원을 확대하려는 것은 특정 지역이나 국가에 대한 의존도를 축소함으로써 석유수급의 불안정성을 최소화하려는 의도를 담고 있다. 특히 중국은 중동(中東) 지역에 대한 석유수입 의존도가 절반에 달할 정도로 매우 높으며 2005년의 경우 사우디아라비아 한 나라에서만 중국 전체 원유수입의 17%에 달하는 석유를 들여왔다.[22] 그러나 사우디아라비아는 물론이고 이란, 이라크 등 중동지

21) 중국에너지 전문가인 쉬친화(Xu Qinhua)는 중국 에너지 외교의 세 가지 목표로서 ① 해외로부터의 안정적인 에너지공급, ② 해양수송로 안전의 확보, ③ 에너지효율과 환경보호를 위한 기술진보 등을 들고 있다. Xu Qinhua, *China's Energy Diplomacy and Its Implications for Global Energy Security*, FES Briefing Paper 13 (August 2007), p. 5.

역의 정치적 상황은 매우 불안정한 실정이다. 또한 중동지역은 미국의 강력한 영향권 하에 놓여 있으며 이는 결국 미국의 의도에 따라 중국의 원유 도입선이 마를 수도 있다는 것을 의미한다. 이와 같은 현실은 중국에게 있어 에너지안보에 커다란 불안요인일 수밖에 없으며 중국은 지난 수년간 중동지역에 대한 지나친 에너지 의존도를 줄이기 위해 노력해 왔다.

중국은 우선 에너지 수입선 다변화를 위해 우즈베키스탄과 카자흐스탄 등 중앙아시아 국가들과 공동 석유개발 및 송유관건설에 착수하면서 에너지 공급원을 넓혀가고 있다. 이에 따라 중앙아시아로부터의 원유수입비중은 꾸준히 확대되어 2006년의 경우 전년대비 32.6% 증가한 1,865만 톤으로 전체 원유수입량의 12.8%를 차지하게 되었다. 또한 아프리카산 원유도입 역시 1999년 19.8% 수준에 머물렀으나 점차 증가하여 2005년 이후부터는 30%선을 유지하고 있다. 특히 앙골라로부터 도입하는 원유는 사우디아라비아 다음으로 많은 전체 원유도입량의 14%에 달하고 있다. 그 결과 최근 들어 중국의 원유수입원은 중앙아시아, 러시아, 중남미, 아프리카 등으로 확대되는 추세이다. 아울러 중국의 대(對)중동지역 원유수입 의존도 역시 2003년까지 약 50% 수준을 유지하였으나 2006년에는 41.8%로 낮아졌다.[23]

둘째, 중국 정부는 에너지 외교를 통해 에너지 수송로의 안전확보를 추구하고 있다. 중국은 해외에서 수입하는 석유의 80% 이상이 말라카해협을 통해 수송되고 있는 현실에 비추어 해양수송로의 안전문제와 이에 따른 수급차질을 우려하고 있다.[24] 특히 후진타오 주석은

---

22) Yiming He, "China's Energy Security Strategy," p. 102.

23) 심기은, 〈중국의 에너지자원 확보 외교 전략과 우리의 대응방안 연구〉, p. 17.

〈표 6-2〉 중국의 10대 에너지 공급국가

국가 및 지역	1999	2001	2004
사우디아라비아	6.8%	14.6%	14.0%
오만	13.7%	13.5%	13.3%
이란	9.6%	18.0%	10.8%
러시아	1.5%	2.9%	8.8%
앙골라	7.8%	6.3%	13.2%
수단	0.7%	8.3%	4.7%
콩고	1.0%	1.1%	3.9%
기네아	2.2%	3.6%	2.8%
베트남	4.1%	5.6%	4.4%
인도네시아	10.8%	4.4%	2.8%

출처: Janet Xuanli LIAO, "Implications of China's Energy Diplomacy," OECD Seminar, Paris, June 2006.

이와 같은 중국의 고민을 가리켜 '말라카 딜레마(馬六甲困局)'로 부르면서 중국 에너지 안보의 핵심적 고려요소로 거론한 바 있다.[25] 최근 두드러지는 중국의 해군력과 공군력 증강추세는 장기적으로는 중동으로부터 수입하는 에너지 자원과 그 수송로의 안전을 확보하기 위한 전략적 대비로도 해석할 수 있다. 또한 중국은 자체적인 해·공군력의 증강에 그치지 않고 원유수송로 요충지에 위치한 국가들과의 군사협력을 강화하고 있다.[26]

24) Erica Strecker Downs, *China's Quest for Energy Security* (Santa Monica: RAND, 2000), p. 2.

25) David Zweig and Bi Jianhai, "China's Global Hunt for Energy," *Foreign Affairs* (Sep./Oct. 2005), p. 34; 趙宏圖, "'馬六甲困局'與中國能源安全再思考," 〈現代國際關係〉, 2007年 第6期, pp. 36~42.

26) 중국은 미얀마로부터 코코 섬(Coco Island)을 장기 임차하여 군사기지를 건설 중인 것으로 알려졌으며 이는 말라카 해협의 해양수송로 안전을 확보

한편 중국은 에너지수송로의 안전확보를 위해 인접국으로부터 육로를 통한 에너지도입에도 많은 노력을 기울이고 있다. 이를 위해 2004년 9월 원자바오 총리는 러시아 방문 당시 푸틴 대통령과의 회담에서 철로를 통한 러시아산 원유도입을 확대하는 데 합의한 바 있다. 이후 중국은 러시아로부터 2004년 철로를 통해 850만 톤의 원유를 도입했으며 2005년에는 1천만 톤의 원유를 들여왔다.[27] 중국은 특히 서북부 지역에 인접한 중앙아시아로부터 육로를 통한 에너지 도입에 많은 노력을 기울이고 있다. 그 결과 2006년 5월에는 중국의 신장(新疆) 위구르 자치구에 위치한 아라산코우(阿拉山口)와 카자흐스탄의 아타수(Atasu)를 연결하는 송유관을 통해 원유를 공급받았으며 이는 중국 최초로 육로송유관을 통한 원유수입 사례이다.[28] 나아가 2006년 7월에는 중국과 카자흐스탄을 연결하는 송유관 공사가 마무리되어 전 라인이 상업적 운용을 개시함으로써 중국은 제3국을 거치지 않고 곧바로 송유관을 통해 중국시장으로 연결되는 안정적 원유수송로를 확보하게 되었다. 이처럼 에너지수송로의 다변화를 통한 육로수송의 개척은 향후 중국의 원유도입과정에서의 위험성을 줄이는 한편 인접지역인 러시아와 중앙아시아로부터의 에너지수입을 증가시키는 결과를 가져올 것으로 볼 수 있다.

셋째, 중국은 국영 에너지기업의 적극적인 해외자원개발정책('走出去')을 통해 에너지의 안정적 확보라는 목표를 달성하고자 한다.[29]

하기 위한 전략적 거점으로 활용될 수 있다. 김재두, "에너지 안보의 부상과 국제 역학관계 변화," 〈국방정책연구〉, 제67호(2005), p. 120.

27) 외교통상부, 《주요국 에너지 현황 및 에너지 외교》(서울: 외교통상부, 2005), p. 16.

28) 중국-카자흐스탄 송유관을 통해 수입되는 원유의 50%는 카자흐스탄 유전에서, 나머지 50%는 러시아 유전에서 생산된 것이며 이 송유관을 이용한 원유수송량은 2010년까지 2천만 톤을 목표로 하고 있다.

중국은 경제발전으로 인해 석유수요가 가파르게 증대하는 데 비해 국내에서의 석유생산량은 정체되어 있는 상태이다. 또한 중국의 원유 가채연수(12.1년)가 중동(평균 79.5년)이나 아프리카 산유국들(평균 32.1년)에 비해 매우 낮은 점 역시 중·장기적 관점에서 해외자원개발에 적극 나서게 만드는 요인이다.[30] 따라서 중국 정부는 자국 에너지기업의 해외진출을 장려함으로써 적극적인 해외자원개발을 추구하고 있다. 그리고 이 과정에서 중국은 국외 에너지기업의 인수합병, 해외유전개발에 대한 지분참여 등 다양한 방법을 동원하고 있으며 에너지기업들 역시 뉴욕, 홍콩, 런던 등 국제주식시장에 상장함으로써 세계적인 다국적 에너지기업으로 발돋움하기 위해 노력하고 있다. 또한 중국 정부는 해외 에너지자원 개발을 위해 산유국을 비롯한 자원부국들과의 외교관계 강화 등 자원외교에 나섬으로써 중국기업이 에너지교역과 투자를 활성화할 수 있도록 지원하고 있다.

중국의 적극적인 해외자원 개발정책은 이미 일정부분 성과를 거두고 있다. 중국 3대 국영석유회사의 하나인 중국석유천연가스그룹(CNPC)은 2007년 41억 8천만 달러를 투자하여 카자흐스탄 석유회사(Petro Kazakhstan) 인수에 성공함으로써 거대 에너지기업으로 탈바꿈하였다.[31] 또한 중국석유화공그룹(SINOPEC)은 2006년 중동의 이

29) 중국 정부는 2001년 '제 10차 경제사회개발 5개년계획'을 수립하면서 중국기업에 대해 '해외로 나가자(走出去)'는 국제화 전략을 채택했다. 중국기업의 국제화 전략과 내용에 관해서는 김익수, "중국 기업의 국제화 전략: 추진배경, 기대효과 및 한계," 〈현대중국연구〉, 제 7권 2호(2006), 1~38; 중국 에너지기업의 해외진출 전략과 성과에 관해서는 Eurasia Group, *China's Overseas Investments in Oil and Gas Production* (New York: Eurasia Group, 2006) 참조.

30) 심기은, 〈중국의 에너지자원 확보 외교전략과 우리의 대응방안 연구〉, p. 21.

〈표 6-3〉 중국 국영에너지기업의 해외투자(1995~2006년)

(단위: 백만 달러)

국영기업	총계	아프리카	중동 및 북아프리카	러시아 및 중앙아시아	아시아	아메리카
CNPC(Petro China)	15,440	2,559	795	9,159	810	2,077
Sinopec	8,356	3,101	464	4,220	21	550
CNOOC	3,281	2,289	0	0	972	122
총계	27,178	7,989	1,259	13,379	1,803	2,749

출처: 에너지경제연구원, 〈중국의 에너지자원 확보 외교전략과 우리의 대응방안 연구〉, p. 22에서 재인용.

란으로부터 향후 30년간 2억 5,000만 톤의 LNG를 공급받기로 계약을 체결하였으며 야다바란 유전 지분 50%도 획득한 상태이다.[32] 중국해양석유그룹(CNOOC) 역시 2006년 22억 7천만 달러를 투자해 2008년부터 생산을 시작하는 나이지리아 악포 유전 지분 45%를 사들였으며 케냐정부로부터도 6개의 유전 탐사 및 개발권을 확보하였다.[33] 중국의 해외자원 개발정책은 중국 정부의 적극적인 지원과 국영 에너지기업의 공격적인 진출전략 그리고 충분히 확보된 외환보유고의 활용 등이 뒷받침된 결과라 할 수 있다. 중국은 국영 에너지기업들의 몸집 불리기와 적극적인 해외시장 진출을 통해 갈수록 국제석유시장에서 중국의 발언권을 제고시키고자 한다. 그리고 이를 통해 향후 중국이 필요로 하는 에너지자원의 안정적인 수급을 국제공조체

31) 중국석유천연가스그룹(CNPC)은 카자흐스탄 석유회사(Petro Kazakhstan) 인수 후 이름을 페트로 차이나(Petro China)로 변경하였으며 2007년 11월 상하이(上海) 증시에 상장하면서 2007년도 시가총액 세계 1위 기업에 등극한 바 있다. 〈日本經濟新聞〉, 2008年 1月 13日.

32) 〈중앙일보〉, 2006년 1월 26일.

33) 〈京華時報〉, 2006年 5月 9日.

제 속에서 확보하려는 의도를 지니고 있다.

넷째, 중국은 에너지의 안정적 공급을 위한 국가안보적 차원에서 전략석유 비축을 추구하고 있다. 중국은 오랜 기간 에너지자급체계를 이루었기 때문에 여타 에너지 수입국가들에 비해 상대적으로 석유비축에 대한 준비기 부족했다고 볼 수 있다. 그러나 중국은 1990년대 말 국제유가의 급등을 경험하였고 에너지위기에 대한 심각성이 깊어지면서 미국과 일본 등 선진국의 석유비축에 관한 노하우 습득에 적극 나서게 되었다. 그럼에도 불구하고 중국의 전략석유비축에 관한 실질적 성과는 아직까지 여타 분야에 비해 초보적인 단계에 머물러 있는 것이 사실이다.

중국 정부는 2004년 3월 처음으로 국무원이 주도하여 랴오닝성(遼寧省)의 다롄(大連), 산둥성(山東省)의 황다오(黃島), 저장성(浙江省)의 전하이(鎭海)와 다이산(岱山) 등 네 곳에 전략석유 비축기지 건설을 추진하기 시작했다. 이후 중국 정부는 2005년 5월 광둥성(廣東省)의 다야완(大亞灣)에도 비상시에 대비한 석유비축기지를 건설하기로 결정함으로써 현재 중국 내 비축기지는 5개로 늘어나게 되었다. 그리고 이 가운데서도 2006년 9월 제일 먼저 완공된 전하이 비축기지는 중국의 5대 비축기지 가운데 규모가 제일 큰 500만 톤의 비축능력을 보유하고 있다.[34] 그러나 5대 석유비축기지가 모두 완공되더라도 중국의 석유저장량은 약 7,500만 배럴(*barrel*)로서 이는 10여일 정도 소비할 수 있는 분량에 지나지 않는다. 일반적으로 국제에너지기구(IEA)는 약 90일분의 석유비축을 권고하고 있으며 실제로 미국(158일), 일본(161일), 독일(127일) 등은 이보다 훨씬 많은 석유비축

---

34) "2006年中國能源十大最受關注事件," http://www.chinairn.com(검색일: 2008. 4. 16).

량을 보유하고 있다.[35] 중국은 에너지의 안정적 수급을 위한 주요전략의 하나로 석유비축을 시도하고 있으나 대략 2015년경에 이르러서야 비로소 국제에너지기구의 권장량 수준에 도달하는 석유비축을 이룰 수 있을 것으로 전망되고 있다. 그러나 이는 안정적인 국제유가의 지속을 전제로 한 것이기 때문에 중국의 계획대로 전략석유 비축이 완수될 것으로 단정하기는 어려운 실정이다.

2) 중국 에너지 외교의 특징

중국은 에너지의 안정적 확보와 공급이라는 외교적 목표와 전략을 강력하고도 공세적으로 추진하고 있으며 그 과정에서 발견되는 특징은 다음과 같이 설명될 수 있다. 첫째, 최고지도부가 에너지 외교의 중요성을 인식하고 '정상외교'를 주요수단으로 삼아 직접 에너지자원 확보에 뛰어들고 있다는 점이다. 특히 중국은 자국에서 초청하고 기다리는 정상외교가 아니라 목적지를 찾아가는 적극적 '방문외교'를 펼치고 있다. 일례로 1990년대 이후 중국의 역대 외교부장은 취임 뒤 첫 해외순방지로 매번 아프리카를 방문하고 있으며 2006년 한 해에만 후진타오 주석과 원자바오 총리 등을 비롯한 중국지도부는 아프리카 16개국을 파상적으로 방문하였는데 이는 에너지확보를 주요목적으로 하는 것이었다.

후진타오 시기 중국지도자들의 해외 순방지역은 주로 중동, 중남미, 아프리카 등 석유, 석탄, 광물자원이 몰려 있는 곳에 집중되고 있다. 또한 정상회담의 주요의제 역시 에너지문제에 관한 것이 필수적으로 포함되곤 한다. 이러한 시도를 통해 중국지도부는 에너지공급 국가들에 대한 개발지원을 약속하는 등 대상국가와의 신뢰 및 협력수준을

35) "能源蓄運," http://www.chinaenergy.gov.cn(검색일: 2008. 4. 16).

제고하고 있다. 중국은 최고지도부가 직접 나서는 정상외교를 통해 에너지부국들과 '전략적 에너지협력 동반자관계'를 수립하는 등 국가관계의 격상을 도모함으로써 서방국가의 에너지 외교에 비해 에너지 확보를 위한 적극적 이미지를 구축해 나가고 있다. 예를 들어 후진타오 주석은 국가주석 취임 이후 아프리카를 세 번이나 방문하였으며 이는 부시 미국 대통령이 8년의 재임기간 중 단 한 차례 아프리카를 방문했던 것에 비하면 매우 대조적이라 할 수 있다.

한편 정상외교를 통한 에너지 외교의 대상은 단지 에너지자원 부국에만 한정되는 것은 아니다. 중국지도부는 에너지수입국일지라도 에너지관련 기술수준이 높은 선진국을 방문할 경우에는 원자력을 비롯하여 에너지절약 등 에너지관련 첨단기술협력을 추구하고 있다. 일례로 후진타오 주석은 최근 대표적 에너지수입국인 일본 방문에서도 일본의 에너지관련 첨단기술을 도입하기 위해 양국간 에너지절약기술 분야에서의 협력을 심도 있게 논의한 바 있다.[36] 이처럼 중국 최고지도부가 직접 에너지 외교의 전면에 나서는 것은 에너지확보를 위한 효율성 측면에서 다른 어떤 외교적 수단보다 높은 외교력을 발휘한다고 볼 수 있겠다.

중국 에너지 외교의 두 번째 특징으로는 '실용적 접근'을 들 수 있다. 현재 세계의 에너지자원을 수출하고 있는 나라는 대부분 정치적 불안과 경제적 낙후에 시달리는 제 3세계 국가들이다. 미국이나 유럽 국가들은 에너지확보에 나서면서도 이들 국가들에 대해서 서구세계의 경제체제를 '강의'하려 들거나 또는 인권, 민주화 등에 관여하려 들고 있다. 심지어 미국의 경우 수단과 이란, 미얀마 등 일부 국가들

36) "中日兩國政府關于加强交流與合作的聯合新聞公報," http://www.fmprc.gov.cn/chn (검색일: 2008. 5. 9).

에 대해서는 폭정국가(*tyranny*)로 규정하고 경제제재는 물론 에너지 개발에 대한 참여를 보류하고 있는 실정이다. 또한 일본의 경우에도 미·일동맹 등을 고려하여 미국의 제재요구에 부응해 일부 제3세계 국가에 대해서 적극적인 에너지 외교를 펼치지 못하는 측면이 있다.

그러나 중국은 기본적으로 '내정 불간섭' 원칙을 강조하면서 이들 나라의 국내문제에는 거리를 유지하고 있다. 즉 중국은 에너지 확보의 극대화라는 실리적 목표에만 중점을 두고 에너지 외교를 추진하고 있는 것이다. 그 결과 중국은 미국과 유럽에 대해 적대적이거나 소원한 관계를 유지하고 있는 이란, 시리아, 수단, 미얀마, 베네수엘라 등지에서도 에너지 자원 확보에 적잖은 성과를 거두고 있다. 즉 서방 선진국들은 비록 에너지 확보가 필요할지라도 민주주의와 인권개선을 전제로 접근할 것을 주장하고 있는 데 비해 중국은 에너지 확보를 위해 수단, 미얀마, 이란과의 관계를 강화하는 데서 나타나듯이 서구세계의 가치와 이념보다는 자국의 실익을 더욱 중시하고 있다. 때문에 중국의 이러한 에너지 외교 방식은 제3세계 에너지공급국의 발전과 민주화에 역행하는 것이며 '책임 있는 강대국'을 주장하는 중국의 지향에도 맞지 않는다는 서구사회의 비판에 직면하는 것이 사실이다. 또한 미국은 중국이 원유확보를 위해서 이란, 수단 등 대미 적대국에 무기를 공급함으로써 미국의 대(對)테러전 수행을 방해하게 될지도 모른다는 점을 우려하고 있다. 결국 이러한 현상은 에너지 외교에서도 중국형 모델과 서구형 모델의 경쟁구도가 나타나고 있음을 보여준다고도 할 수 있을 것이다.

중국 에너지 외교의 세 번째 특징은 에너지확보를 목적으로 무차별적이고 대규모적인 '원조공세'가 동원되고 있다는 점이다. 물론 대부분의 에너지수입국은 에너지확보를 위한 수단으로 대외원조를 활용하고 있는 것이 사실이다. 그러나 중국의 경우는 그것이 보다 대규모

적일 뿐 아니라 직접투자와 유·무상원조 그리고 부채탕감 등 보다 효율적으로 세분화되고 체계화되어 활용되고 있다는 점을 지적할 수 있다. 예를 들어 2004년 11월 후진타오 주석은 에너지자원 확보를 목적으로 중남미 4개국을 순방하면서 원유와 천연가스 개발 및 추가프로젝트를 위한 200억 달러의 투자를 약속한 바 있다.[37] 또한 2006년 후진타오 주석의 아프리카 순방기간 중에는 아프리카 33개국에 대한 채무탕감 및 "어떤 정치적 조건도 달지 않은" 30억 달러의 우대차관을 향후 3년간 아프리카 국가들에 제공키로 약속한 바 있다.[38]

중국의 이러한 원조공세는 특히 아프리카 국가들에 대한 접근에서 두드러지는데 중국은 아프리카 최대 산유국인 나이지리아의 유전개발에 참여하기 위해 철도건설에 10억 달러의 차관을 제공해주었으며 발전소건설에도 30억 달러를 투자하였다.[39] 또한 중국은 개발원조(ODA)를 명목으로 아프리카 각국의 정부청사건물, 대통령궁, 국회의사당, 체육관, 공항, 주택, 발전소 등 인프라건설에서 대규모 의료지원 및 인력 초청교육에 이르기까지 지원분야를 가리지 않고 원조를 추진하고 있다. 그리고 중국의 이러한 대규모 투자와 원조는 아프리카 54개국 가운데서도 대부분 아프리카 산유국에 집중되고 있는 것이 실상이다. 반면 미국과 유럽은 1990년대 이후 아프리카와 남미, 아시아의 저개발국에 대한 원조를 점진적으로 중단해가고 있기 때문에 중국의 대규모 원조공세는 에너지확보를 위해 매우 유용한 수단으로 활용되고 있다고 하겠다.

---

37) 실제로 2004년도 중국이 실행한 해외투자의 40%는 중남미 국가들에 집중되었다. David Zweig and Bi Jianhai, "China's Global Hunt for Energy," p. 29.

38) 〈연합뉴스〉, 2007년 1월 31일.

39) 〈중앙일보〉, 2007년 1월 19일.

4. 중국 에너지 외교의 전개

1) 중국 에너지 외교의 성과

중국의 에너지 외교는 정부차원의 적극적인 지원과 국영에너지기업들의 공격적인 행보를 바탕으로 다양한 영역에서 지금까지 적잖은 성과를 달성하고 있다. 무엇보다도 중국의 에너지 외교는 서방세계의 석유메이저업체들이 완전히 장악하지 못한 아프리카, 중남미 등 일종의 미개척 지역에서 두드러진 성과를 나타내고 있다. 또한 현재 원유수입 의존도가 가장 높은 기존의 중동지역에서도 지속적으로 에너지 외교를 강화하고 있다.

최근 들어 중국의 에너지 외교가 가장 활발하게 전개되고 있으며 그에 따른 성과 역시 두드러진 곳은 아프리카이다.[40] 중국은 2003년 미국의 이라크침공 이후 중동정세가 불안정해지면서 석유와 천연가스가 풍부한 중앙아시아와 아프리카를 더욱 중시하게 되었다. 중국의 대(對)아프리카 에너지 외교의 선봉에는 후진타오 국가주석이 자리 잡고 있다. 후진타오는 2003년 국가주석 취임 이후 2004년 1월, 2006년 4월, 2007년 1월 등 무려 세 차례에 걸쳐 아프리카를 방문함으로써 선도적으로 "아프리카 끌어안기"에 나서고 있다. 특히 2006년 1월에는 새로운 형태의 '중국-아프리카 전략적 동반자관계' 실현을 천명하는 중국의 대아프리카 정책문건(中國對非洲政策文件)[41]을 발표

40) 중국의 아프리카 진출에 관해서는 Marcel Kitissou, *Africa in China's Global Strategy* (London: Adonis & Abbey Publishers, 2007); Dorothy Grace Guerrero and Firoze Manji, *China's New Role in Africa and the South* (Oxford: Fahamu, 2008) 참조.

41) 중국의 對아프리카정책문건(中國對非洲政策文件)은 다음 웹사이트를 참

한 뒤 후진타오 주석(4월), 원자바오 총리(6월), 우관정(吳官正) 중앙기율검사위원회 서기(8월) 등 최고지도부가 에너지자원 확보를 위해 연이어 아프리카를 순방했다. 그리고 같은 해 11월에는 아프리카 53개국 중 48개국 정상들이 참가한 '중국·아프리카 협력포럼(FOCAC)'을 베이징에서 개최함으로써 에너지외 각종 지원을 매개로 하는 중국과 아프리카의 새로운 '전략적 동반자관계' 구축을 국제사회에 공포하였다.[42]

중국이 이처럼 아프리카에 공을 들이는 이유는 정치·경제적 협력과 더불어 이 지역에 대한 영향력 확대 등 다양한 목적을 내포한다. 그러나 무엇보다도 가장 중요한 목표는 역시 아프리카의 에너지 확보를 위한 것이다. 그 결과 중국은 2006년 1월 석유수출국기구(OPEC) 회원국이자 아프리카 최대 산유국인 나이지리아에서 23억 달러를 투자해 대규모 심해유전 개발 프로젝트를 수주했다. 또한 아프리카에서 나이지리아 다음으로 많은 원유를 생산할 뿐 아니라 아프리카 산유국 가운데 중국의 최대 원유수입 대상국인 앙골라에 대해서는 인프라 건설비용 30억 달러를 제공하면서 원유로 되돌려 받기로 합의한 바 있다. 이외에도 에너지 외교에 따른 정치적 지원에 힘입어 중국석유천연가스그룹(CNPC)은 수단에서 투자액 7억 5천만 달러 규모의 유전 개발권을 획득하였으며 중국 최대 정유회사인 중국석유화공그룹(SINOPEC) 역시 2006년 기니, 알제리, 앙골라 등에서 장기적인 석

조하라. http://news.xinhuanet.com/ziliao/2006-06/14(검색일: 2008년 3월 7일).

42) 중국과 아프리카의 실무적 협력을 강화하기 위한 목적으로 2000년에 발족한 중국·아프리카 협력포럼(FOCAC; Forum on China-Africa Cooperation)은 중국의 에너지확보를 위한 對아프리카 원조와 에너지 외교를 활성화시키는 장으로 활용되고 있다.

유공급 계약을 체결하였다.[43]

한편 중국은 2004년 11월 후진타오 주석의 중남미 4개국 순방을 필두로 에너지확보를 위해 미국이 자신들의 '뒷마당(*backyard*)'으로 여기고 있는 중남미에도 적극 진출하기 시작했다. 2005년 1월에는 쩡칭홍(曾慶紅) 국가부주석이 베네수엘라를 방문하고 2006년 8월에는 우방궈(吳邦國) 전국인민대표대회 상무위원장이 중남미 3개국을 연이어 순방함으로써 중남미 자원부국들과의 우의를 더욱 공고히 했다. 그 결과 중국은 베네수엘라와 콜롬비아, 트리니다드토바고, 에콰도르 등에서 석유와 가스를 안정적으로 확보하는 데 일정한 성과를 거두게 되었다. 특히 중국은 중남미에서 반미(反美)성향이 강한 베네수엘라와의 에너지연대를 결성하여 2005년부터 원유 및 정제유 22만 톤을 매월 중국에 공급할 것과 베네수엘라 동북부지역의 석유·가스전 개발에 관한 지분참여를 타결하였다.[44] 중국의 중남미에 대한 에너지 외교는 단지 안정적 에너지공급을 위한 협력이 증대되었다는 사실 뿐만 아니라 미국에 비해 상대적으로 외교적 열세에 처해 있던 중남미지역에서 새롭게 대외영향력을 확대하는 계기로 작용하게 되었다는 점에서 역시 중요한 외교적 성과라 할 수 있다.[45]

또한 중국은 기존에 원유수입 의존도가 가장 높은 중동지역에 대해서도 활발한 에너지 외교를 펼치고 있다. 중국은 현재 석유수입의 약

---

43) 〈중앙일보〉, 2007년 12월 11일.

44) 중국의 중남미외교는 단지 석유를 비롯한 에너지뿐만 아니라 식량과 광물을 비롯한 다양한 자원 확보를 목표로 한다. 중국은 자국이 수입하는 구리의 50%를 칠레와 페루로부터 들여오고 있으며 연간 500억 달러가 넘는 원자재를 남미로부터 수입하고 있다. 고르그 캐스퍼리, "남미 원자재에 눈 돌리는 중국," 〈중앙일보〉, 2008년 1월 22일.

45) 중국의 중남미외교에 관해서는 문홍호·신종호, "중국의 對중남미정책과 중·미관계," 〈중소연구〉 제30권 3호(2006), pp. 113~144 참조.

45%를 중동지역에 의존하고 있는데 원유수입선 다변화 정책에도 불구하고 급격한 석유소비증가로 인해 향후 중동의존도의 증가는 불가피할 것으로 예상되고 있다. 중국이 중동지역에서 가장 적극적으로 에너지 외교를 펼치는 대상은 사우디아라비아와 이란이다.[46] 중국은 1999년 장쩌민(江澤民) 주석의 사우디아라비아 방문 당시 양국간 '전략적 석유파트너십' 관계를 맺은 바 있다. 이후 9·11테러사건 발생으로 미국과 사우디의 관계가 약화되면서 사우디는 새로운 국제관계 파트너가 필요하게 되었고 중국은 중동 내에서 미국의 영향력을 견제하는 한편 안정적 에너지수급이란 이해관계가 일치하면서 양국간 에너지협력도 확대되는 추세이다.[47]

그 결과 2004년 1월 중국석유화공그룹(SINOPEC)은 사우디아라비아 루브 알-칼리 가스전 3만 8천 ㎢를 할당받아 천연가스 발굴과 생산에 관한 개발권을 확보한 바 있다. 나아가 중국은 사우디아라비아와 원유의 장기공급계약을 체결함으로써 석유수급의 안정을 보장받고자 시도하고 있다. 사우디아라비아 역시 중국과의 에너지협력에 적극 나서 국영석유회사인 아람코는 중국석유화공그룹과 합작으로 푸젠(福建)성에 정유시설을 세웠으며 아람코는 이 시설의 확충을 위해 35억 달러를 추가 투자했다. 또한 산둥(山東)성 칭다오(青島)시에도 양국합작 정유공장 설립을 추진하고 있다.

중국은 이라크전쟁 이후 중동지역에서 반미정서가 확산되고 있는

46) 중국은 사우디아라비아와 1990년 수교를 맺었으며 장쩌민(江澤民) 前주석이 1999년과 2003년 두 차례 사우디아라비아를 방문하였고 후진타오 주석은 2006년 4월 사우디아라비아를 순방하였다.

47) Flynt Leverett and Jeffrey Bader, "Managing China-U.S. Energy Competition in the Middle East," *The Washington Quarterly*, vol. 29, no. 1 (Winter 2005), pp. 187~201 참조.

현 시점을 중동지역 에너지 외교의 적기로 판단하고 있다. 때문에 중국은 이란 핵문제에 있어서도 미국과 달리 외교적 해결을 주장하면서 중동국가와 보조를 맞추는 한편 이란과는 직접적 관계증진을 통해 포괄적인 에너지협력 협정을 추진하고 있다. 그 결과 중국은 2006년 이란의 최대규모 유전인 야다바란(Yadavaran) 유전 개발에 참여하는 한편 거기에서 생산되는 액화천연가스(LNG)를 연간 1,000만 톤씩 25년간 구입하기로 계약을 체결하였다.[48] 그러나 미국은 중국이 중동지역에 진출하면서 석유확보를 위해 무기 및 군사장비를 제공할 가능성에 대해 염려하는 한편 핵문제로 이란을 고립시키려던 자국의 전략적 의도가 흔들릴 수 있다는 점에 대해서 우려하고 있다.

중국은 에너지자원이 풍부하게 매장되어 있는 지역뿐 아니라 여타의 개별 국가와 지역에 대해서도 에너지확보를 목적으로 적극적 외교를 펼치고 있다. 중국은 아시아·태평양 지역에서 미국의 가장 확고한 우방이었던 호주에도 진출하여 2006년부터 향후 25년간 매년 10억 달러 가량의 액화천연가스를 수입하기로 합의하였다. 이러한 중국의 거래성사는 호주에서 중국의 힘(*power*)을 증대시키는 반면 상대적으로 미국의 입지를 약화시키는 것으로도 볼 수 있다.[49] 또한 중국의 적극적인 에너지자원 확보시도는 캐나다의 타르유전에도 미치고 있는데 2004년부터 중국과 캐나다는 에너지·자원협정을 체결하여 중국이 캐나다의 천연가스, 유전, 우라늄부문의 개발에 깊숙이 관여할 수 있도록 하였다. 실제로 중국은 2005년 1억 5,000만 달러를 투자해 캐나다 시넨코(Synenco)에너지와 오일샌드 개발을 위한 합작회사를 설립하기도 했다.[50] 이처럼 중국의 에너지 외교는 세계 전 지

---

48) *Wall Street Journal*, February 27, 2006.
49) David Zweig and Bi Jianhai, "China's Global Hunt for Energy," p. 30.
50) 〈중앙일보〉, 2006년 1월 26일.

역을 대상으로 전 방위적으로 펼쳐지고 있으며 그 성과 역시 다양한 분야에서 폭넓게 나타나고 있다고 하겠다.

2) 중국 에너지 외교의 과제

중국은 그 동안 적극적인 에너지 외교를 통해서 적잖은 성과를 거두어 왔다. 그러나 중국의 에너지 외교는 공세적으로 전개되는 과정에서 국제사회의 부정적 여론과 비판에 직면하고 있다. 또한 국제무대에서 미국, 일본과의 경쟁은 물론이고 직접적으로는 기존 석유메이저기업들의 방해 등 적잖은 장애에 부딪히고 있다.

무엇보다도 중국의 에너지 외교가 직면한 중요한 과제는 서구를 중심으로 하는 국제사회의 비판적 여론이다. 국제사회는 중국이 에너지 확보를 목적으로 짐바브웨와 콩고공화국 등의 독재자를 지원하고 다르푸르(Darfur) 사태를 야기하고 있는 수단을 비롯하여 미얀마 등 일부 국가들의 인권유린 행위를 외면하는 것에 대해 비판하고 있다.[51] 일부 서방언론은 중국이 에너지를 비롯한 천연자원에 대한 열망으로 독재정권을 비호하고 빈국(貧國)들을 착취하는 등 '신식민주의(*new colonialism*)'적 행태를 보이고 있다고 비판한다.[52] 실제로 최근 들어 아프리카의 일부 국가들에서는 중국의 무차별적인 자원외교에 대해 직접적으로 반감이 고조되고 있음을 보여주는 사례들이 나타나고 있다. 일례로 2007년 초 후진타오 주석의 아프리카 방문대상국이었던 잠비아에서는 현지에 진출한 중국 광산회사들이 근로자를 착취하고 사고에도 무방비라는 비판이 고조되면서 후(胡)주석 일행의 잠비아 구리단지 방문일정이 취소되기도 했다.[53] 또한 사하라 이남의 남부

51) *The Times*, January 31, 2007.

52) *The Economist*, March 15, 2008.

아프리카 유전개발지역에서는 현지주민과 토착세력들이 중국의 유전개발에 대한 반감으로 중국인 직원들에 대한 테러와 납치활동이 증가하고 있는 것으로 알려지고 있다.

한편 일부 전문가들은 중국의 공격적인 에너지 외교가 현재 국제사회의 에너지질서를 좌우하고 있는 미국과의 대결을 가져옴으로써 국제정치적 불안을 야기할 수도 있음을 지적한다.[54] 실제로 중국은 에너지확보를 위해 최근 중남미와 캐나다, 호주 등 전통적인 미국의 영향권에도 발을 들여놓음으로써 미국의 우려와 경계심을 자극하고 있다. 지난 2005년 8월에는 중국해양석유공사(CNOOC)가 미국의 정유회사인 유노칼을 인수하려다 국가안보에 관한 미국내 반대여론에 부딪혀 의회의 승인을 받지 못하고 무산된 사례가 있다. 또한 미국내 일각에서는 군사력증강을 통해 해양수송로의 안전을 확보하려는 중국의 시도에 대해서도 우려감을 표시하고 있다. 만일 중국의 경제성장과 에너지수요 증가추세가 군사적 영향력 확대로 이어지고 그것이 미국의 군사적 패권에 대한 도전으로 연결된다면 중·미 관계는 심각한 도전에 직면할 것이라고 보기 때문이다.[55] 기본적으로 중·미 양국은 국제에너지 시장의 거대 수입국으로서 '가격안정 및 공급충족'이라는 동일한 전략적 목표를 가지고 있음에도 불구하고 자국의 국가이익 확보라는 측면에서는 심각한 대립에 직면하고 있는 것이다.

중국의 에너지 외교는 미국뿐만 아니라 세계 3대 에너지소비국인 일본과도 자연스레 경쟁관계를 낳고 있다. 특히 일본은 중국이 에너지 확보를 위해 추진하고 있는 해외진출('走出去')전략에 대해 민감한

53) 〈연합뉴스〉, 2007년 2월 9일.

54) Amy Myers Jaff and Steven W. Lewis, "Beijing's Oil Diplomacy," *Survival* (Spring 2002), pp. 115~133.

55) David Zweig and Bi Jianhai, "China's Global Hunt for Energy," p. 33.

반응을 보이고 있다. 해외생산기지 확보를 둘러싸고 중국과 치열한 각축전을 전개해야만 하기 때문이다. 최근까지 중국과 일본이 외교력을 총동원하여 전개했던 시베리아 송유관 연결을 둘러싼 에너지 확보전은 이를 잘 보여주는 사례라 할 것이다. 중국과 일본은 동시베리아의 유전 파이프라인 지선을 자국으로 끌어들이기 위해 수년간 치열한 경쟁을 펼쳤다. 그러나 건설주체인 러시아의 트랜스네프트(Transneft)사는 2006년 7월 중국 다칭(大慶)으로 연결되는 지선 즉 중국노선을 우선한다는 방침을 표명함으로써 중국의 손을 들어준 바 있다.[56] 또한 중국과 일본은 2004년 6월부터 시작된 동중국해에서의 춘샤오(春曉)가스전 개발문제로 심각한 갈등을 빚기도 하였다.[57] 물론 최근 후진타오 주석의 일본 방문을 계기로 중국과 일본은 에너지절약과 환경관련 기술협력을 추구하면서 에너지경쟁에 따른 마찰을 회피하고 있지만 여전히 내부적으로는 심각한 대립의 불씨를 간직하고 있다고 볼 수 있다.[58]

이외에도 중국의 에너지 외교는 국영 에너지기업들의 해외시장 진출과정에서 세계 석유시장을 장악하고 있는 기존 석유메이저들의 견제와 방해라는 도전에 직면하고 있기도 하다. 현재 전 세계 양질의 석유 및 가스자원 개발권은 엑손모빌(Exxon Mobil), 구(舊)영국석유회사(BP), 쉘(Shell) 등 미국과 유럽의 대형 석유메이저들이 80% 이

56) 김성철, "일본의 에너지자원 외교," 〈세종정책연구〉, 제3권 2호(2007), p. 193. 이에 관한 보다 자세한 내용은 Lyle Goldstein and Vitaly Kozyrev, "China, Japan and the Scramble for Sibera," *Survival*, vol. 48, no. 1 (Spring 2006), pp. 163~178 참조.

57) 자세한 내용은 Cai Penghong, "Energy and Security in the East China Sea," *The Korean Journal of Defense Analysis*, vol. 19, no. 3 (Fall 2007), pp. 57~75 참조.

58) 〈讀賣新聞〉, 2007年 1月 18日.

상을 장악하고 있다. 따라서 중국이 개발권을 확보할 수 있는 지역은 중앙아시아, 아프리카, 러시아 등 신개발지역이나 오지 등 위험지역에 한정되어 있을 뿐이다. 그러나 최근 들어 에너지가격이 급등하고 에너지 개발기술이 진보하면서 서구의 거대 에너지기업들도 과거에 경시하던 지역에 대한 진출을 강화하는 추세이다. 이 과정에서 거대 석유메이저기업들은 이미 보유하고 있는 자본과 기술 그리고 자국 정부의 외교적 압력을 동원함으로써 보이지 않는 견제와 방해를 통해 중국 석유회사들의 참여를 제한하고 있는 실정이다.[59] 따라서 중국의 에너지 외교는 그 동안의 성과에도 불구하고 보다 지속적인 안정성과 발전을 유지하기 위해서는 향후 에너지확보 과정에서 직면하게 되는 내외의 다양한 도전요소들을 극복하는 것이 새로운 과제로 등장하고 있다.

59) 陳鳳英, "國際能源競爭新格局,"〈瞭望〉, 第235期(2004年 8月 30日), pp. 19~21.

5. 맺음말

1) 평가와 전망

이상에서는 중국 에너지 외교의 배경과 목표 그리고 전략 및 전개 과정에 대해 살펴보았다. 그러나 이러한 평가와 분석이 보다 객관성을 담보하기 위해서는 중국의 입장과 주장에 대한 고찰도 필수적이라 할 수 있다. 왜냐하면 우리가 손쉽게 접할 수 있는 중국 에너지 외교에 관한 대부분의 자료는 영미권을 출처로 하고 있으며 그것의 일부는 중국으로부터의 '에너지 위협론'을 과장하거나 에너지 안보와 관련된 중국의 팽창주의적 의도에 초점을 맞추고 있기 때문이다.

이러한 측면에서 볼 때 중국은 2007년 12월에 발표한 에너지백서 《中國的能源狀況與政策》을 통해 정부차원에서 에너지문제에 대한 공식적 입장을 밝히고 있다. 에너지백서에서 중국 정부는 "중국 에너지정책의 핵심은 국내 에너지자원의 활용에 우선권을 두는 것으로서 자국의 에너지소비 확대가 다른 국가의 에너지확보를 위협하지는 않을 것"이라며 국제사회의 '에너지 위협론' 주장을 일축하고 있다. 또한 중국 에너지정책의 실무 최고책임자인 국가발전개혁위원회의 마카이(馬凱) 주임 역시 자국의 에너지수요가 세계 에너지안보를 위협하지는 않을 것이라는 점을 강조하면서 그 근거의 하나로 "중국인의 석유소비량은 평균 242킬로그램으로서 이는 세계 평균인 590킬로그램에 비해 적을 뿐 아니라 미국의 3톤이나 일본의 1.9톤과 비교해도 훨씬 적은 것"이라는 점을 강조하였다.[60]

60) 新華社, 2007年 3月 7日; "China Not A Threat to World Energy," *China Daily*, December 27, 2007.

아울러 중국은 오늘날 국제유가의 급등원인은 중동지역의 긴장과 국제원유시장에 침투한 투기세력이 작용하기 때문이며 중국의 원유수입 증가는 주요원인이 아니라고 강조한다. 실제로 중국이 국제유가에 미치는 영향을 정확하게 계량하기는 어려운 것이 사실이며 전문가와 전문기관들 사이에서도 국제유가 급등에 대한 원인분석은 매우 다양하다. 예를 들어 켈릴 석유수출국기구(OPEC) 의장과 국제금융 전문가인 소로스(George Soros) 등은 국제유가 급등의 원인을 투기자본의 유입에서 찾는 반면, 유명 경제학자인 크루그만(Paul Krugman)과 맨큐(N. Gregory Mankiw) 등은 중국을 비롯한 개도국의 폭발적인 원유수요가 유가급등의 주요인으로 분석한다.

그러나 분명한 것은 중국 정부의 주장에도 불구하고 향후 중국의 에너지 외교는 더욱 적극적으로 전개될 가능성이 높다는 점이다. 중국의 경제발전으로 인한 에너지수요는 지속적으로 증대될 것이며 에너지 갈증을 해소하기 위한 정부차원의 시도와 노력은 불가피하기 때문이다. 더욱이 국제적인 에너지수급 불균형이 심화되고 있는 현실을 고려한다면 중국의 에너지수요 특히 석유수요의 급증은 필연적으로 한정된 에너지자원을 둘러싸고 국제사회의 경쟁을 자극하는 요인이 될 것이다. 그리고 이 과정에서 적잖은 전문가들이 우려하듯이 중국의 공세적 에너지 외교가 국제정치·경제의 불안정 요인으로 떠오를 가능성도 증가한다고 볼 수 있다.

물론 에너지 확보를 둘러싼 중국의 공세적 에너지 외교가 반드시 중국과 미국을 비롯한 국제사회의 제로섬(*zero sum*) 게임의 양상을 몰고 올 것으로 단정할 수는 없다. 또한 중국과 미국의 에너지경쟁이 군사적 충돌을 수반하는 석유전쟁으로 발전할 개연성도 그리 높아보이지는 않는다. 경쟁이 존재한다고 해서 반드시 전쟁으로 발전하는 것은 아니기 때문이다. 즉 중국의 에너지수요와 적극적 에너지 외교에 따른 위협을 과대평가할 필요는 없는 것이다. 오히려 중국과 미국은 기본적으로 적정수준의 원유가격과 안전한 해양수송로의 확보 그리고 궁극적으로 안정된 국제정치·경제 환경의 유지라는 점에서 공통의 이익을 지니고 있다. 이는 결국 에너지를 둘러싸고 중·미 양국의 근본적 협조를 가능케 하는 공통의 이익토대가 넓다는 것을 의미하는 것이기도 하다. 실제로 만일 에너지의 거대 수요자인 미국과 중국이 협력한다면 막강한 시장지배력을 바탕으로 세계 원유공급의 안정성과 가격예측성을 제고하는 등 양국은 물론 국제사회의 이익을 적극 보호할 수도 있을 것이다.

그러나 이러한 이상적 상황에 도달하기 위해서는 먼저 중국의 에너지 외교가 국제적 규범을 준수하는 방향으로 전환될 필요가 있다고 할 것이다. 즉 미국을 비롯한 국제사회가 '불량국가(*rogue state*)'로 규정하고 있는 국가들과의 거래에 신중을 기할 필요가 있으며 내전이나 민족간 갈등으로 인해 자유와 인권이 유린당하는 국가들에 대한 접근에 있어서도 국제사회가 용인가능한 수준으로 조율해 나갈 필요가 있는 것이다. 이를 통해 중국이 에너지확보를 위한 과정에서도 '평화로운 발전(和平發展)' 또는 '책임있는 대국(責任大國)'이라는 중국의 주장에 부합할 것이라는 점을 보여줄 필요가 있다고 하겠다. 또한 미국을 비롯한 서구사회 역시 중국의 적극적 에너지 외교를 전략적 도전으로 간주하기보다는 협력관계를 유지하면서 중국의 세계경제 편입을 적극 협조함으로써 에너지문제로 인해 발생할 수 있는 극단적 위기와 대립을 회피할 필요가 있다고 하겠다.

2) 한국에 주는 시사점

중국의 에너지 외교는 한국의 에너지 외교에도 의미 있는 시사점을 준다고 볼 수 있다. 우선 중국이 국가전략 차원에서 적극적으로 추진하고 있는 에너지 외교는 "에너지가 국제정치의 흐름을 바꾸고 있는 오늘날의 현실"을 반영한다는 점에서 에너지문제와 국제정치의 변화를 조망하는 우리의 인식을 새롭게 만든다. 과거 1, 2차 오일쇼크를 주도했던 지역이 중동(Middle East)이었다면 요즘엔 러시아, 남미, 중앙아시아까지 가세해 '자원민족주의'를 펼치고 있다. 나아가 중국과 인도를 비롯한 거대 개발도상국들은 에너지확보를 위한 총력체제를 구축하고 있다. 즉 21세기에는 에너지자원이 국가생존, 나아가 국가간의 외교관계를 좌우할 조짐이 짙어지고 있다는 점에서 세계는 바야흐로 '에너지를 위한, 에너지에 의한 전쟁의 시대'를 맞이하고 있다 해도 과언이 아닐 것이다. 공세적으로 전개되는 중국의 에너지 외교를 통해 우리는 이러한 국제정세의 변화와 흐름을 더욱 민감하게 받아들이고 대응할 필요가 제기된다고 하겠다.

다음으로 중국의 에너지 외교 추진 전략에서 나타난 바와 같이 우리나라도 중국의 중국석유천연가스그룹(CNPC)이나 중국석유화공그룹(SINOPEC)과 같은 글로벌 국영에너지 기업을 육성할 필요가 있다고 하겠다. 현재 우리나라의 에너지기업 가운데는 세계 100대 에너지기업에 오른 기업이 하나도 없는 상황이다. 반면 거대자본의 투입이 요구되는 해외 에너지자원의 투자나 확보를 위해서는 충분한 자본력과 기술력 그리고 국제사회에서의 지명도가 유지되는 에너지기업이 효과적이라 할 수 있다. 그런 점에서 중국의 CNPC나 SINOPEC과 같이 수직 통합된 거대 국영에너지기업의 육성이 필요하다. 또한 수직 통합된 국영기업의 경우에는 해외자원의 개발뿐 아니라 해당 시장의 하류부문으로의 진출도 용이하기 때문이다.

셋째로 중국의 적극적인 에너지 외교에도 불구하고 중국내 에너지 소비의 구성이 아직도 화석연료 특히 석탄과 석유 등에 과도한 의존을 보이고 있을 뿐 아니라 에너지효율 역시 낮다는 점은 우리나라의 에너지 외교와 정책에도 시사하는 바가 크다고 볼 수 있다. 즉 화석에너지를 비롯하여 기본적으로 인류가 가용한 에너지는 유한하다는 점을 고려할 때 '에너지 갈증' 해소를 목표로 하는 중국의 에너지 외교는 근본적인 해결책이 될 수 없기 때문이다. 따라서 우리나라의 경우 앞으로도 석유를 중심으로 하는 에너지수급 불균형이 유지될 수밖에 없는 현실을 감안하여 원자력 건설의 증대를 비롯한 국내 에너지 효율의 제고와 태양광 및 풍력발전 등 대체에너지 개발에 더욱 매진할 필요가 있다.

끝으로 중국의 에너지 외교가 종합국력과 자본력을 바탕으로 국내 개발은 물론 해외개발에 주력하는 것에 비해 우리나라의 경우 보다 현실적이고 효과적인 정책을 추구할 필요가 있는 것으로 보인다. 즉 우리나라와 같이 거의 전량의 원유를 수입에 의존하고 있는 싱가포르가 석유시장을 개설하여 동남아의 오일허브 역할을 하고 있는 것과 같이 우리나라도 석유제품의 생산, 공급, 저장, 중개, 거래 등이 이루어지는 핵심 거점으로서의 '동북아 오일허브'를 추구할 필요가 있다. 이를 위해서는 국내의 석유 비축기지를 획기적으로 늘리는 한편 국제 석유트레이딩 회사를 영입하여 합작법인 설립을 통해 국제석유거래소 개설을 추진할 필요가 있다고 할 것이다. 현실적으로 한반도의 서부에는 일본과 미국서부, 그리고 동부에는 중국동부지역 등 대규모 석유소비처를 안고 있다는 점에서 오일허브 구상은 중·장기적인 추진전략으로 검토할 만하다고 보겠다.

참고문헌

김익수. “중국 기업의 국제화 전략: 추진배경, 기대효과 및 한계.” 〈현대중국연구〉. 제7권 2호, 2006.
김재두. “에너지안보의 부상과 국제 역학관계 변화.” 〈국방정책연구〉. 제67호, 2005.
김재철. “중국의 경제외교: 경제적 고려를 넘어서.” 〈국가전략〉. 제13권 4호, 2007.
문흥호·신종호. “중국의 對중남미정책과 중·미관계.” 〈중소연구〉. 제30권 3호, 2006.
신종호. “후진타오체제 중국 경제외교와 대외전략적 함의.” 〈중국연구〉. 제37권, 2006.
심기은. 〈중국의 에너지자원 확보 외교 전략과 우리의 대응방안 연구〉. 에너지경제연구원 정책연구보고서. 2007. 12.
외교통상부. 《주요국 에너지현황 및 에너지 외교》. 서울: 외교통상부, 2005.
원동욱. “중국 에너지 외교의 현황과 전망: 한국에 주는 의미와 시사점을 중심으로.” 〈Strategy 21〉. 2006 겨울.
이동률 외 8인. 《중국의 영토분쟁》. 서울: 동북아역사재단, 2007.
이태환. “중국의 글로벌 에너지 자원외교.” 〈정세와 정책〉. 2008. 3.
한기주. 〈중국의 에너지산업 현황·전망 및 정책방향〉. 산업연구원 Issue Paper 06-211, 2006. 12.

倪建民 主編. 《國家能源安全報告》. 北京: 人民出版社, 2005.
“能源蓄運.” http://www.chinaenergy.gov.cn/news(검색일: 2008.4.16).
“2006年中國能源十大最受關注事件.” http://www.chinairn.com/doc(검색일: 2008.4.16).
趙宏圖. “‘馬六甲困局’與中國能源安全再思考.” 〈現代國際關係〉. 2007年第6期.
中國對非洲政策文件. http://news.xinhuanet.com/ziliao/2006-06/14 (검색일: 2008. 3. 7).

"中日兩國政府關于加强交流與合作的聯合新聞公報." http://www.fmprc.gov.cn/chn (검색일: 2008. 5. 9).

中華人民共和國國務院新聞辦公室. 〈中國的能源狀況與政策〉(2007. 12). http://www.gov.cn/zwgk/2007-12/26(검색일: 2008. 3. 26).

陳鳳英. "國際能源競爭新格局." 〈瞭望〉. 第235期. 2004年 8月 30日.

黃蕙. "國家能源領導小組只是第一步." 〈瞭望〉. 第23期. 2005.

Beck, Peter M. and Melissa Hanham. "China's Thirst for Energy: An American Perspective." In Hyung Kook Kim, ed. *Energy Security and Energy Cooperation Regime in East Asia*. The KAIS International Conference Series. no. 16. 2006.

Berrah, Noureddine. *Sustainable Energy in China: The Closing Window of Opportunity*. Washington, DC: World Bank, 2007.

Cai Penghong. "Energy and Security in the East China Sea." *The Korean Journal of Defense Analysis*. vol. 19, no. 3. Fall 2007.

Downs, Erica Strecker. *China's Quest for Energy Security*. Santa Monica: RAND, 2000.

Eurasia Group. *China's Overseas Investments in Oil and Gas Production*. New York: Eurasia Group, 2006.

Goldstein, Lyle and Vitaly Kozyrev. "China, Japan and the Scramble for Siberia." *Survival*. vol. 48, no. 1. Spring 2006.

Guerrero, Dorothy Grace and Firoze Manji. *China's New Role in Africa and the South*. Oxford: Fahamu, 2008.

He Yiming. "China's Energy Security Strategy." In Hyung Kook Kim ed. *Energy Security and Energy Cooperation Regime in East Asia*. The KAIS International Conference Series. no. 16. 2006.

International Energy Agency. *World Energy Outlook 2007*. Paris: IEA Publications, 2008.

Jaff, Amy Myers and Steven W. Lewis. "Beijing's Oil Diplomacy." *Survival*. Spring 2002.

Khan, Haider A. *China's Development Strategy and Energy Security*.

UNU-WIDER Research Paper no. 56, May 2008.

Kitissou, Marcel. *Africa in China's Global Strategy*. London: Adonis & Abbey Publishers, 2007.

Kreft, Heinrich. "China's Energy Security Conundrum." *The Korean Journal of Defense Analysis*. vol. 18, no. 3. Fall 2006.

Leverett, Flynt and Jeffrey Bader. "Managing China-U.S. Energy Competition in the Middle East." *The Washington Quarterly*. vol. 29, no. 1. Winter 2005.

Xu Qinhua. *China's Energy Diplomacy and Its Implications for Global Energy Security*. FES Briefing Paper 13. August 2007.

Zha Daojiong. "China's Energy Security: Domestic and International Issues." *Survival*. vol. 48, no. 1. 2006.

Zweig, David and Bi Jianhai. "China's Global Hunt for Energy." *Foreign Affairs*. September/October 2005.

〈매일경제〉. 2008년 5월 28일.

〈연합뉴스〉. 2007년 1월 31일; 2007년 2월 9일.

〈중앙일보〉. 2006년 1월 26일; 2007년 1월 19일; 2007년 12월 11일; 2008년 1월 22일.

China Daily. February 1, 2004; May 30, 2005; December 27. 2007.

Economist. September 13, 2007; March 15, 2008.

Financial Times. January 3, 2006.

Times. January 31, 2007.

Wall Street Journal. February 27, 2006.

〈經濟導報〉. 2004年 10月 4日.

〈京華時報〉. 2006年 5月 9日.

〈讀賣新聞〉. 2007年 1月 18日.

新華社. 2007年 3月 7日.

〈日本經濟新聞〉. 2008年 1月 13日.

〈中國新聞〉. 2006年 3月 6日.

제 7 장

국제환경문제와 중국의 부상

기후변화협약을 중심으로

윤근보

1. 서론

국제연합개발계획(UNDP)은 1994년 새로운 안보개념을 제시하였는데 군비통제나 군비축소 외에도 인권, 환경보호, 사회안정, 민주주의 등이 기본적으로 보장되어야만 진정한 세계평화가 가능하다는 관점에서 출발한 인간안보(*human security*)라는 개념이다. 전통적으로 안보의 개념은 군사적 맥락에서 정의된 국가 또는 국제사회 등 집단적인 실체를 대상으로 외부로부터의 군사적 침입에 대응하는 개념이었지만 1970년대 이후 사회·경제적 문제가 전쟁의 원인으로 대두되면서 새로운 개념이 나오게 되었다. 냉전체제의 종식으로 세계평화와 안보에서 전통적인 정치, 군사뿐만 아니라 환경문제, 초국가적 행위자, 테러리즘, 민족주의와 인종갈등 등 다양한 위협요인이 등장하면서 이른바 비전통적 안보문제가 부각되게 되었다.[1)]

---

1) *Human Development Report 1994*, http://hdr.undp.org.

이러한 비전통적 안보문제 중 환경문제는 한 국가에서 발생하더라도 그 영향이 인접국가 나아가 대륙을 넘어 다른 국가에 미치고 있다. 또한 이를 해결하기 위한 노력 역시 한 국가가 해결하기에는 역부족이며 한 대륙에 한정되지도 않는다. 기후변화협약은 이러한 환경문제를 다루는 국제적인 노력들 중에서 가장 활발한 논의와 협의가 진행되고 있는 국제규범이다. 환경문제의 발생과 해결은 각 국가들의 국내정치와 경제뿐만 아니라 국제정치경제적인 활동과 밀접한 관계를 맺고 있다. 국제환경문제는 이미 국가와 지역을 뛰어넘는 국제정치와 경제발전, 사회문화의 지속 등과 긴밀한 관계를 가지는 국제적 문제가 되었다.

1972년에 로마클럽의 〈성장의 한계〉(*The Limits to Growth*)라는 보고서가 출판되고,[2] 스웨덴 스톡홀름에서 개최된 유엔인간환경회의(The UN Conference on the Human Environment)에서 환경문제를 국제적 차원으로 쟁점화 시키는 데 큰 기여를 한 이후 1987년 세계환경개발위원회가 발표한 〈브룬트란트 보고서〉(*The Brundtland Report: Our Common Future*)에서 처음 제시된 지속가능한 발전(*sustainable development*)은 1992년 6월 브라질에서 열린 리우회의(유엔환경개발회의; UNCED)에서 다시 등장하여 행동강령으로 의제21이 채택됐으며 이행상황 점검을 위해 지속가능개발위원회(UNCSD)가 설치되었다.[3]

---

2) 1960년대 환경의 악화로 과학에 대한 환상은 반과학운동으로 번지게 되며 〈성장의 한계〉(*The Limits to Growth*)는 이러한 위기의식과 비관론을 배경으로 이탈리아의 실업가 페체이(Aurelio Peccei)가 세계문제에 관한 연구의 시급함을 절감하고 1968년 로마클럽(Club of Rome)을 만들어 출판한 보고서이다. 1972년 출판한 《성장의 한계》는 환경오염, 기근, 과잉인구, 자원부족 등을 다루고 있다.

3) 〈브룬트란트 보고서〉에 의하면 지속가능 발전이란 "미래세대가 그들의 필요를 스스로 충족시킬 수 있는 능력을 손상하지 않는 범위 내에서 현재세

21세기에 있어 지속가능한 발전을 위한 국제협력이 더욱 강화되어야 하며 무엇보다도 선진국과 개발도상국간의 협력과 책임이 요구되어지는 국제관계속에서 국제환경문제는 규범과 조정이 필요하며 이는 미래사회에 대한 책임이기도 하다.

최근 팍스 아메리카나(*Pax Americana*) 대신 팍스 시니카(*Pax Sinica*)라는 중국 주도의 세계질서가 부상한다는 전망처럼 영국 경제주간지 〈이코노미스트〉도 중국이 미국을 제치고 세계경제 성장기여도에서 가장 큰 비중을 차지하는 국가가 될 것이며 환경분야에서도 세계최대 온실가스 배출국이 될 것이라고 전망하고 있다.[4] 이러한 전망은 세계에서 가장 오염된 20개 도시 중 16개 도시가 중국에 있다는 현실이 말해 주고 있으며 중국의 경제성장과 함께 환경문제는 더욱더 국제관계에서 중국이 중요한 변수로 자리잡고 있음을 보여주고 있다.[5] 중국은 현재 책임 있는 환경대국이라는 역할과 개발도상국으로서 77그룹과 함께 주도적으로 국제환경문제에 참여하고 있다. 중국은 환경문제에 있어 이중적인 현실에 직면하고 있는데 급속한 경제성장과정에서의 환경파괴와 환경보호라는 두 가지 현실에서 기존 세계질서와 역할에 대한 국제협력과 대응의 관계가 심화될 수밖에 없을 것이다.

대가 자신의 필요를 충족시키는 개발"을 의미한다. 보다 상세한 의미와 논의는 정승진 옮김, 《지구환경정치학 담론》(서울: 에코리브르, 2005), pp. 221~42.

4) *The World in 2008*, The Economist Newspaper Limited, 2007; John G. Ikenberry and Chung-in Moon, eds., *The United States and Northeast Asia: Debates, Issues, and New Order* (Lanham, MD: Rowman & Littlefield, 2008), pp. 39~78.

5) The World Bank, http://www.worldbank.org; Elizabeth Economy, *Economic Boom, Environmental Bust, Council on Foreign Relations*, http://www.cfr.org/publication(검색일: 2008년 2월 10일).

국제환경문제에서 기후변화문제 특히 온실가스 감축을 둘러싼 각국들의 반응과 대응과정에서 중국은 경제성장과 환경문제에서 양적인 측면 그리고 질적인 측면 모두를 차지하고 있다. 이러한 온실가스로 인한 기후온난화 문제를 유엔산하 기후변화에 관한 정부간 협의체(IPCC; Intergovernmental Panel on Climate Change)는 명백한 현상으로 보며 이산화탄소를 기후변화의 주요 요인으로 보고 있다.[6] 온실가스배출 추세는 추가적인 기후변화 완화를 위한 노력이나 적절한 지속가능발전 정책이 취해지지 않는다면, 온실가스 배출량의 향후 증가추세가 계속되어 2000년 대비 2030년까지 25~90% 증가할 것으로 전망되고 있다.[7] 이러한 가운데 중국은 미국과 함께 전 세계 온실가스 배출량의 약 40%를 차지하고 있는 국가이면서도 교토의정서 감축의무 38개 국가로 이루어진 온실가스 의무감축 대상국가에는 제외되어 있다.[8]

---

6) 기후변화에 관한 정부간 협의체(IPCC)는 1988년 세계기상기구(WMO)와 국제연합 환경프로그램(UNEP)이 공동으로 기후변화에 대한 잠재적 문제점들을 인식하면서 설립되었다. IPCC의 역할은 인류에 의해 만들어진 기후변화의 위험을 파악하는 과학적 정보와 관련하여, 포괄적이고 객관적인 사회과학적 정보를 평가하는 데 그 목적이 있다. IPCC는 기후관련 데이터를 감시하거나 관련변수에 대한 연구를 수행하지는 않는다.

7) IPCC에서는 1990년 이후 5년 간격으로 기후변화 평가보고서를 발간하고 있으며 2001년 발간된 3차 평가보고서 이후 3개 실무그룹이 수행했던 연구결과를 바탕으로 지구온난화로 인한 기후변화와 그 영향에 대한 적응과 완화정책을 위한 과학적 근거들을 제시했다. 2007년 제4차 평가보고서(*Climate Change 2007*)는 130여 개국에서 약 2,500명의 과학자가 참여한 보고서로 기후변화 완화분야(WG3)는 정책결정자를 위한 요약본(SPM)을 승인하였다. *Summary for Policymakers of the Synthesis Report of the IPCC Fourth Assessment Report*, http://www.ipcc.ch/pdf/assessment-report(검색일: 2008년 2월 10일).

8) The Worldwatch Institute, *State of the World 2008: Innovations for a*

중국을 중심으로 한 국제환경문제에 대한 기존 연구는 환경협력 강조와 지역협력의 필요성, 한계점 등의 측면에서 접근하고 있으며 비정부기구와 국가-사회관계, 개별사안에 대한 연구가 주를 이루고 있다. 또한 최근 온실가스 감축의무와 관련한 통상전략과 발리회의(the Bali Conference) 등에 대한 연구와 관심을 보이고 있다.[9]

Sustainable Economy (W. W. Norton & Company Ltd., 2008), chap. 4.

9) 환경과 관련된 국제관계를 다룬 자료로는 John Vogler and Mark F. Imber eds., *The Environment and International Relations* (Routledge, 1996); Vaclav Smil, *China's Past, China's Future: Energy, Food, Environment* (RoutledgeCurzon, 2004); Vaclav Smil, *Energy at the Crossroads: Global Perspectives and Uncertainties* (The MIT Press, 2005). 특히 지정학과 관련한 시각으로 Harm De Blij, *Why Geography Matters: Three Challenges Facing America: Climate Change, The Rise of China, and Global Terrorism* (Oxford University Press, 2005). 환경과 관련한 남북관계와 교역에 대하여는 Gareth Porter, *Global Environmental Politics* (Westview Press, 2000). 중국의 아시아에 대한 평화적 접근 시각과 화평굴기에 대하여 Robert G. Sutter, *China's Rise in Asia: Promises and Perils* (Rowman & Littlefield, 2005) pp. 265~279. 국내연구로 신상범, "경제적 세계화와 환경정책: 중국의 사례," 〈한국정치학회보〉, 39집 2호 (2005), pp. 399~421; 전형권, "국제환경협상에 있어서 중국의 협력기회와 제약요인: 기후변화협상을 중심으로," 〈국제정치논총〉, 제42집 4호 (2002), pp. 393~421; 최병두, "국제 환경안보와 동북아 국가들의 한계," 〈대한지리학회지〉, 제39권 제6호(2004), pp. 933~954; 이장원, "국제안보개념의 변화에 대한 중국의 인식과 대응: 환경영역을 중심으로," 〈중국연구〉, 제31권(2003), pp. 165~183; 원동욱, "중국 환경외교: 역사, 원칙, 실제," 〈국제정치논총〉, 제44권 2호(2004), pp. 119~144; 원동욱, "황사문제와 동북아 환경협력: 권력, 이익 그리고 지식의 상호작용 연구," 〈중소연구〉, 제27권 3호(2003), pp. 63~99; 정성춘, "발리 로드맵의 주요 내용과 향후 전망," 대외경제정책연구원 편, 〈오늘의 세계경제〉, vol. 7, no. 52(2007); 대외경제정책연구원 편, 〈한국의 주요국별·지역별 중장기 통상전략: 총괄보고서〉, 2007년 12월; 한승호, 《기후변화

이 글은 온실가스 의무감축과 관련된 규제와 협상과정에서 기후변화협약 당사국 총회를 중심으로 살펴보는 한편 중국의 기후변화에 대한 시기별 입장변화를 중심으로 중국의 대응과 입장을 알아보고자 한다. 나아가 포괄적 안보(*comprehensive security*) 하에서 국제환경문제는 향후 정치·경제 및 군사력 이상의 중요한 변수로 지역질서 및 세계 국제질서에 상당한 영향력과 국제규범을 가지는 변수가 될 것으로 판단된다. 교토메커니즘에서부터 최근 발리회의의 기후변화에 대한 협상과정은 중국이 포스트 교토체제인 2012년 이후 개발도상국의 온실가스 감축논의 자체의 부정에서 긍정적 입장전환을 보여주고 있는 일련의 변화이다. 본 연구에서는 기후변화와 관련해 주도적인 유럽연합의 교토의정서체제시기 이후 중국이 어떻게 지구온난화와 관련한 국제환경문제에 있어 규제중심적 접근과 시장중심적 접근의 사이에서 향후 자국의 영향력과 입장을 보장하려는 지를 알아보고자 한다.

협약의 새로운 도전: 청정개발체제(CDM)의 이해와 활용》(서울: 한울, 2006년) 등이 있다.

2. 국제환경문제와 기후변화협약

오염과 환경보존에 대한 관심은 1960년대 선진국을 중심으로 시작되었는데 살충제의 남용이나 핵탄두실험에 의한 방사능 낙진피해 우려, 유조선의 석유유출사고 등으로 고조되어 국제환경문제에 대한 관심으로 이어졌다. 기후변화에 대한 논의는 1972년 스위스 제네바에서 개최된 세계기상기구(WMO) 회의에서 처음 논의되었으며 지구기후변화에 영향을 미치는 온실가스를 줄여야 한다는 결론에 도달하였다.[10] 1972년 6월 스톡홀름에서 제 1차 인류환경회의가 개최되었으며 중국도 대표단을 파견하여 국제환경문제에 참여하기 시작했다. 1972

---

10) 기후변화와 관련하여 인간의 활동은 대기중에 온실가스를 배출한다는 것이다. 지구복사에너지와 태양에너지와의 균형을 유지하는 온실가스가 증가하게 되면 기후변화를 초래한다는 것이다. 이는 온실가스가 적외선을 흡수해서 기후체계를 통해 자연에너지의 흐름을 조정하는 과정의 변화를 의미한다. 이산화탄소는 화석연료가 에너지원으로 사용되고 삼림이 연소될 때 생성되며 메탄과 아산화질소는 농사와 토지이용의 변화 등으로 배출되며 할로탄소나 육불화황 같은 화학물질은 산업생산과정에서 발생한다. 또한 오존은 자동차매연에 의해 간접적으로 생성된다. 이러한 결과로 지구의 온도가 2100년까지 1~3.5도 정도 상승할 것이라는 예측으로 생태계 파괴, 식량부족, 해수면상승, 기상이변, 인류건강 등 새로운 위기에 직면하게 될 것이다. 현재 추세로 볼 때, 온실가스의 증가는 2030년에는 산업화 이전 이산화탄소 농도의 배에 달할 것이며, 2100년까지는 세 배 이상이 될 것이다. 향후 산업화 이전 농도의 두 배(*Doubled CO_2 Level*)가 되는 수준으로 유지하기 위해서는 현재 배출을 약 30%까지 감소시켜야 하며 에너지효율성의 향상이 요구되어진다. 국제사회는 이러한 과제를 기후변화협약을 통하여 다루고 있는데 기후변화협약은 1992년 채택되어 현재 175개 이상의 가입국을 두고 대기중의 온실가스를 안정적인 수준에서 유지하는 것을 목표로 한다. http://unfccc.int/2860.php 참고.

년 스톡홀름선언 이후 인류환경보존을 위한 실천프로그램을 촉진·조화시킬 수 있는 새로운 제도적 장치가 필요하다는 합의에 따라 케냐 나이로비에 본부를 둔 유엔환경계획(UNEP)이 발족하였다. 1987년 브룬트란트 위원회에서는 지구환경에 이득이 되는 사업 지원을 위한 국제기금체제를 논의하는 과정에서 기후변화가 인류활동에 심각한 영향을 미칠 수 있는 문제이며 세계기상기구, 유엔환경계획, 세계학술연합회의(ICSU)의 공동책임하에 세계기후프로그램(WCP)을 창설하기로 합의, 제1차 세계기후회의를 개최하여 인간의 활동에 의한 기후변화 가능성과 조치의 필요성이 제기되었다. 유엔환경계획과 세계기상기구에 의해 1988년 기후변화에 관한 정부간 협의체(IPCC)가 설립되었으며 기후변화의 환경적, 경제적, 사회적 영향과 가능성 있는 조치에 대해 평가할 의무를 갖게 되었다.[11)]

이후 기후변화와 관련된 과학적 증거 입증과 국제적 관심 등 기후변화협약에 대한 협상의 토대를 마련한다. 1990년 제2차 세계기후회의에서는 유럽연합을 비롯한 137개 국가들의 협상과 장관급 회담이 이루어졌다. 인류 전체의 우려, 형평의 중요성, 다른 발전단계에 있는 각국 공동의 차별화된 책임, 지속가능한 개방, 예방의 원칙으로서의 기후변화 등 목표가 구체화되진 못했지만 여러 행동지침으로 기후변화에 대한 기본조약에 서명할 것을 요구하는 세계각료선언이 채택되었다.

제1차 보고서로 기후변화에 대한 과학·기술적인 연구 및 경제·사회적인 영향에 대한 보고서를 제출하였다. 또한 12월 제45차 UN총회에서 1992년 5월까지 리우에서 개최되는 유엔환경발전회의 때까

---

11) IPCC(Intergovernmental Panel on Climate Change), http://www.ipcc.ch 참고.

지 기후변화협약을 제정하기로 결의하고 기후변화협약 제정을 위한 정부간 협상위원회(INC; Intergovernmental Negotiating Committee)를 구성하였다. 1991년 2월 제 1차 협상위원회 회의가 열린 이후 1992년 5월까지 기후변화협약 제정을 위한 다섯 번의 협상이 진행되었다. 기후변화와 관련한 협약 초기에서부터 자국의 이익과 대응으로 인하여 지구환경의 보호와 지구 온난화를 막기 위한 지구적인 노력에 동의하면서도 온실가스 제한, 의무감축이나 에너지이용에 관한 방법은 각 국가들의 경제성장과 발전에 밀접한 관계를 가지고 있어 기후변화협약의 기본원칙에 대해서는 입장차이가 존재하게 된다. 지구온난화에 대한 책임이 선진국에 있다는 입장 또한 선진국과 개도국이 서로 다른 입장에서 출발하게 만든다.

협상 내용에 있어 특히 의무감축과 일정에서 개발도상국에 대한 경제적·기술적 지원조치와 부속서 I 국가(Annex I)의 감축목표를 결부시키는 것에 대해 유럽연합은 우호적 입장을 표명한 반면, 미국을 포함한 쥬스캔즈(JUSCANZ) 그룹은 유보적 입장을 보였다.[12] 중국과 개발도상국 내에서도 선발개도국에 대한 공약강화에 이견이 존재하기도 하였다. 1992년 5월 기후협상 최종회의에서 기후변화협약 최종안이 채택되어 1992년 6월 리우 환경개발회의에서 각국의 공식적인 서명이 이루어졌다. 유럽연합을 포함한 154개국 정부가 기후변화협약에 서명하였는데 당사국들의 입장대립으로 구체적인 온실가스 감축의무 이행규정을 포함하지는 못한 선언적 내용만 명시하게 되었다.

1995년 제 1차 당사국총회(COP; Conference of the Parties)가 베를린에서 117개 가입국과 53개 옵서버의 대표들이 참석한 가운데 개최

12) 부속서 I 국가는 기후변화협약에서 구속력 있는 감축의무를 부담하는 국가이며 쥬스캔즈는 일본, 미국, 캐나다, 오스트레일리아, 뉴질랜드의 영문 첫글자 표기임.

되었다. 선진국들의 의무사항이 부적절하다는 데 동의하여 새로운 추가 의무사항을 논하기 위해 베를린 위임사항(Berlin Mandate)을 채택하였으며 1995년 12월에 기후변화에 관한 정부간 협의체는 제2차 평가보고서를 채택하였다.[13] 제네바에서 1996년 7월 제2차 당사국총회가 열리고 다음 해인 1997년 12월 11일 일본 교토에서 제3차 당사국총회(COP3)가 개최되어 선진당사국들의 감축의무를 규정한 교토의정서(Kyoto Protocol)가 채택되게 되었다.[14] 교토의정서는 지구온난화의 규제 및 방지를 위한 국제협약인 기후변화협약의 수정안으로 이 의정서를 인준한 국가는 이산화탄소를 포함한 여섯 종류의 온실가스의 배출량을 감축하며, 배출량을 줄이지 않는 국가에 대해서는 비관세 장벽을 적용하게 되어 있다.[15] 온실효과를 일으키는 이산화탄소를 비롯한 모두 여섯 종류의 감축대상 가스(GHG; *greenhouse gas*)의 법정 구속력을 가진 배출감소 목표를 지정하고 있으며, 교토의정서 제3조에는 2008년부터 2012년까지의 기간 중에 선진국 전체의 온실가스 배출량을 1990년 수준보다 적어도 5.2%이하로 감축할 것을 목표로 하고 있다.[16]

---

13) 2000년 이후의 온실가스 감축을 위한 협상 특별작업반(Ad hoc Group on Berlin Mandate)을 설치하고 논의결과를 제3차 당사국총회에 보고하도록 하는 결정사항. http://unfccc.int/resource/docs.

14) 정식명칭은 기후변화에 관한 국제연합 규약의 교토의정서(Kyoto Protocol to the United Nations Framework Convention on Climate Change); Kyoto Protocol, http://unfccc.int/kyoto_protocol 참고.

15) 기후변화를 유발하는 온실가스는 이산화탄소, 메테인, 아산화질소, 과불화탄소, 수소화불화탄소, 육불화황 등 여섯 가지이며 특히 이산화탄소가 온실가스 총량의 80% 이상을 차지한다.

16) 교토의정서는 55개국의 비준서가 기탁되고, 동 비준국에 '90년도 부속서 I 국가 CO_2 배출량의 55%이상을 점유하는 부속서 I 국가들이 포함되면 90일 후 발효됨(제25조 1항). 동 의정서는 서명기간(1998년 3월 16일~

3. 기후변화협약의 주요 내용과 중국의 입장

1) 당사국총회 전개과정에서의 쟁점

기후변화협약 체결준비 이전 각국의 기본입장은 협상을 빨리 이끌어 내어 온실가스배출에 대한 규제기준과 규제일정을 구체화하는 것과 지구온난화의 책임사실과 기술, 개발, 그리고 재정지원 등을 보장받으려는 것으로 대변될 수 있다. 1991년 9월 9일에서 20일까지 케냐 나이로비에서 제3차 기후변화협약 정부간 협상회의(INC)와 문안을 정리하는 과정에서 자국의 이익을 반영시키기 위한 각국의 새로운 문안이 제안되고 조정되면서 비공식모임들이 진행되었다.[17]

미국의 공식적인 입장은 기후변화협약이 지구온난화에 대한 장기적인 목표를 설정하고 국제협력을 도출하는 것에는 동의하지만 이산화탄소에 대한 구체적인 규제기준과 일정에 대해서는 시기상조이며 일률적인 규제에 대하여 반대하는 입장이었다. 신축성 있는 협약으로 온실가스규제를 위한 비용부담에 대하여 각국의 특수성이 고려되어야 한다는 것이다. 미국은 당시 온실가스가 직접적으로 오존층을 파괴하고 지구를 온난화한다는 사실에 대해 과학적으로 불확실하다는 여론과 미국내 석탄의 중요성으로 인해 이산화탄소 배출량의 동결은 부담스러운 현실이었다. 또한 유럽에 앞선 청정기술을 이미 사용하고

'99년 3월 15일) 동안 한국, EU, 중국, 일본, 미국 등 84개국의 서명을 받았으며, 2004년 11월 18일 '90년도 배출량의 17.4%를 점유하는 러시아가 비준(*ratification*) 함으로 해서 발효조건이 충족되어 2005년 2월 16일 발효하게 되었다.

17) Resolutions adopted by the General Assembly(UN), http://www.un-documents.net; res. 47/188, 47 U.N. GAOR Supp. (no. 49) at 137, U.N. Doc. A/47/49 (1992).

있는 현실에서 유럽연합처럼 1990년을 기준으로 배출가스 감축을 하기에는 추가감축의 어려움이 있었다.

중국을 중심으로 한 개도국의 관심은 선진국의 기술을 비상업적으로 이전해 줄 것과 재정적인 지원을 받는 것으로 재정지원과 기술이전에 관한 선진국과 개도국의 의견대립을 해결하기 위해 많은 비공식회의가 개최되었다. 1992년 2월 18일에서 28일까지 뉴욕 제 5차 기후변화협약 정부간 협상회의로 선진국에 대한 규제조항 초안이 마련되었다.

기후변화협약은 1992년 5월 9일 뉴욕에서 채택되었는데 부속의정서가 있어야 법적 구속력을 가진다. 즉 기후변화협약의 가장 주된 목표는 기후변화를 안정화시킬 수 있는 수준까지 온실가스를 감축하는 것이다. 협약의 기본규정은 공평성, 공동의 차별적 책임, 개도국의 특수한 사정 고려, 예방조치, 지속가능한 발전, 개방경제체제의 증진 등이다. 그러나 이러한 협의과정에서 환경문제 자체보다는 개도국과 선진국의 대립적인 문제 즉 남북문제의 특성을 반영한 문제들과, 더 나아가 선진국간의 입장차이도 보인다는 것이다.[18)]

기후변화협약관련 제 1차 당사국총회(COP1)는 1995년 3월 28일에서 4월 7일까지 베를린에서 개최되었다. 이 회의에서는 온실가스 감

18) 기후변화협약에 있어 국제적 여론이 성숙되고 조직화되도록 조성하고 관련된 전문적인 준비작업과 국가적인 합의를 모으는 중추적 역할은 국제연합(UN)이 해왔다. 이와 함께 비정부조직(NGO)은 환경운동을 조직화하고 국제정치에서 환경문제를 글로벌 이슈화하는 역할을 담당했다고 할 수 있는데 유엔이 리우환경회의를 준비하면서 시민운동에 머물던 NGO를 공식영역으로 포함시켰다고 할 수 있다. 1992년 6월 브라질 리우데자네이루에서 각국 정부대표가 참석한 유엔환경개발회의(UNCED)와 함께 NGO의 글로벌 포럼이 개최되면서 171개국에서 온 9천여 NGO는 리우회의가 채택한 의제21에 결정적 영향력을 행사하였다.

축의무 강화, 공동이행, 기술이전 등의 문제를 주요의제로 논의하였으며 부속서 I에 속해 있는 35개국은 온실가스배출을 2000년까지 1990년 수준으로 동결한다는 감축의무조항이 있었다. 그러나 온실가스감축이 미흡하다는 평가와 함께 감축공약이 불합리함에 따라 설치된 특별작업반(AWG; Ad-hoc Group on Berlin Mandate)에서 새로 제정되는 의정서안(개정안)을 준비한다. 이러한 배경하에서 2000년 이후의 감축일정을 강화하기 위해 1997년 제 3차 당사국총회에서 의정서나 협약개정을 채택하기로 결정하였다. 개발도상국을 포함한 중국의 입장은 공동의 차별화된 원칙(*common but differentiated responsibilities*)에서 개발도상국에 대한 구체적 감축목표의 설정에 반대하고 있으며 특히 중국의 경우는 온실가스의 일인당 배출량 기준을 제안하였다.

제 2차 당사국 회의는 1996년 7월 8일에서 18일까지 스위스 제네바에서 개최되어 제네바 각료선언(Geneva Ministerial Declaration)을 채택하였다.[19] 이 선언은 EU와 군소도서국 연합의 지지와 호주, 러시아 및 중동 산유국들의 반대를 받았다. 공식적으로 기후변화에 관한 정부간협의체(IPCC; Intergovernmental Panel on Climate Change)의 제 2차 평가보고서를 기후변화 대응방안에 관한 권위 있는 과학적 평가로 인정하고 채택할 것을 제네바 각료선언에서 요구한 것이다. 제 2차 평가보고서의 주요내용은 특별한 온실가스 감축대책이 시행되지 않을 경우 2100년까지 지구의 평균기온이 2도 상승하고 해수면은 0.15 ~0.95미터 상승한다는 것이다. 기후변화로 인하여 많은 생태계

19) IPCC Second Assessment: Climate Change 1995; Climate Change 1995: The Science of Climate Change; Climate Change 1995: Impacts, Adaptations and Mitigation of Climate Change: Scientific-Technical Analyses; Climate Change 1995: Economic and Social Dimensions of Climate Change, http://www.ipcc.ch/ipccreports.

및 사회·경제부분에 심각한 영향이 예상되며 환경기술을 이용하여 온실가스배출의 감축을 할 수 있다고 예측하고 있다. 또한 향후 온실가스의 배출을 제한하는 행위와 법적 구속력을 가지는 의정서나 다른 법적 기구개발을 마련해야 한다는 의견을 제시하였다. 제네바 각료선언은 2000년 이후의 온실가스배출 감축목표 설정을 위한 협상을 가속화하고 그 결과로 법적 구속력을 가진 의정서를 채택할 것을 재확인한 것이었다. 이러한 과정에서 중국은 부속서 I 국가의 의무감축 이행문제와 개발도상국에 대한 경제 및 기술이전을 당사국총회에서 계속적으로 주장하였다.

1997년 교토 제3차 기후변화협약 당사국총회 준비를 위한 작업에서 어려운 과제는 2000년 이후 선진국의 감축목표를 정하는 것이었다. 특별작업반은 8회에 걸쳐 단일화된 합의를 이끌어내려고 하였으며 교토 당사국총회의 최종협상 근간으로서 기능을 한 에스트라다안(案)은 제8차 회의에서 에스트라다 의장의 긴급제안으로 상정된 것이다.[20] 1990년 기준으로 EU는 2010년까지 15% 감축안을 제안하였으며 도서국가연합은 2005년까지 20% 감축하라는 급진적인 안을 제시하였다. 이와는 반대로 미국과 일본은 특별작업반 협상에서 감축목표를 제시하지 않다가 마지막에 미국은 배출동결안 0%, 일본은 5% 감축안을 제시했다. 이러한 감축안의 차이는 각 국가들의 현실을 반영한 것으로 EU와 도서국가들은 지구온난화로 인한 민감한 해양환

20) 교토의정서 초안 10조에 개도국의 자발적인 참여에 대한 규정으로 자발적 참여 개도국들은 감축기준년도와 감축기간, 배출전망, 감축목표를 명시하여 이를 당사국총회에 보고하며 총회는 이를 검토하여 승인 후 90일 후에 발효한다는 것으로 되었으며 자발적 참여국은 부속서 I 에 해당하는 국가와 비슷한 수준의 국가보고서 제출의무를 가진다는 것이다. 이는 향후 개도국에게도 감축의무가 있다는 개념으로 개도국을 규제할 근거를 마련한 것이다.

경의 직접적인 영향을 받는 상황이었다. 미국은 국내산업이 환경관련 정책으로 전환될 경우 많은 부담을 가지고 있었으며 지구온난화와 온실가스에 대한 과학적인 근거에 대한 회의도 가지고 있었다.

감축목표를 정하는 것 이외에 또 다른 어려운 합의점은 감축목표를 달성하는 융통성을 얼마나 허용하는가 하는 것이다. 미국은 특정화된 시점(*single target year*)으로 감축목표를 정하지 말고 몇 년간의 기간을 정하자는 것과 감축실적을 차기로 예탁하거나 차기의 배출한도를 차입하는 제도를 허용하자는 입장이었다. 또한 융통성을 높이고자 공동이행과 배출권거래제가 수용되어야 한다는 입장이었다. 유럽연합은 지역공동체 전체에 감축목표를 주고 국가별로 나누어 전체목표를 달성하도록 허용하는 입장이었다.

또한 온실가스 감축의무를 개발도상국에도 부과하자는 논의와 함께 미국은 2005년까지 개도국이 온실가스의 감축계획을 제시해야 한다는 것으로 한국, 멕시코 등 선발개도국과 중국, 인도 등 대량배출국 등을 핵심개도국이라고 명명하고 감축계획에 참여해야 한다고 주장하였다.

유럽연합은 기본적으로 개도국이 온실가스 감축의무를 가져야 하면서도 우선적으로 한국, 멕시코 같은 선발개도국이면서 동시에 OECD 회원국들을 감축의무국으로 분류해야 한다는 입장이다. 개도국들은 감축의무에 반대하며 특히 77그룹과 중국은 베를린 위임사항에 개도국에 대한 의무부여가 없었고 논의의 대상이 아니라는 입장이었다. 자금, 기술, 그리고 정보에 있어서 불리한 만큼 개도국의 배출권거래에 있어 자발적인 참여는 어려우며 근본적인 온난화의 책임이 선진국에 있으므로 선진국의 감축부터 실현해야 한다는 것이다.

1997년 12월 1일에서 10일까지 일본 교토에서 제3차 당사국총회가 열렸으며 기후변화협약 부속의정서라는 교토의정서가 체결되어 일관된 구속력을 가질 수 있는 협약이 출범하게 되었다. 교토의정서는 온실가스 대상을 여섯 가지로 정하였으며 2008년에서 2012년 중 38개 선진국들의 온실가스의 배출 감축목표를 설정하였다. 가장 큰 특징은 배출권거래와 공동이행제도의 도입으로 온실가스 감축의무 이행의 신축성을 제고하였으며 배출온실가스의 흡수에 대한 고려로 산림원 등을 흡수원(*Sinks*)으로 인정하였다. 다만 개도국의 자발적 의무부담에 있어서는 77그룹과 중국의 반대로 합의도출에는 실패하였다. 교토의정서는 신축성체제의 운영원칙과 방법에 대한 논의, 그리고 향후 방향에 대한 것이다.

제4차 기후변화협약 당사국총회는 1998년 11월 2일 부에노스아이레스 개최되었다. 선진국은 교토의정서의 3개 메커니즘의 운영체제를 마련하기 위한 작업계획을 우선적으로 확정하려고 하였으며 중국을 중심으로 한 개발도상국은 기후변화와 기후변화 대응조치 피해국에 대한 보상문제를 3개 메커니즘과 연계하려고 하였다.

또한 지구환경기금(GEF; Global Environment Facility)을 기후변화협약의 정식 재정체계로 인정하는 문제와 개도국을 위한 기술이전메커니즘 설립 등의 문제를 기금과 상호연계하는 문제에서 대립하게 된다. 즉 기후변화협약의 임시재정체계로 역할을 담당한 지구환경기금을 정식 재정체계로 인정하고 매 4년마다 재정체계를 검토하도록 하며 개발도상국에게 요구한 국가보고서 준비 비용은 지구환경기금이 지원하도록 하였다. 또한 개도국의 기술개발 및 기술이전을 위한 제도적 장치 설립에 대해 논의도 함께 하였다. 특히 지구환경기금의 지원을 가장 많이 받고 있는 중국은 국가보고서 제출 등을 위한 지원뿐만 아니라 기술협력부분에 대한 지원의 확대를 제안하였다.[21)]

21) Global Environment Facility(GEF) Projects in China, http://web.

개도국의 자발적 의무부담 문제는 개도국의 강력한 반대로 잠정의제에서 삭제되었지만 국가간 비공식 협의를 진행하는 것으로 향후 논의의 기반은 없어지지 않았다. 또한 이 기간에 부에노스아이레스 행동계획(Buenos Aires Action Plan)이 채택되어 협약의 재정체계, 기술개발 및 이전, 개도국 보상문제와 시범사업기긴 중 공동이행, 의징서 메커니즘, 의정서 1차 당사국총회 준비 등 6개 주요사안에 대한 구체적인 일정을 마련하였다. 개도국은 기후변화에 대처하기 위한 선진국 공약의 적정성 문제와 관련하여 추가조치를 요구하기도 했으며 선진국은 새로운 의무부과에 합의하지 않았다. 아르헨티나와 카자흐스탄이 비부속국가로서 온실가스 의무부담을 발표했다. 향후 개도국의 방향을 암시하는 것으로 아르헨티나는 제 1차 공약기간(2008년에서 2012년)부터 의무를 부담하기로 했으며 카자흐스탄은 배출량 감축의무부담 국가인 부속서 I 국가에 가입할 의사를 공식적으로 발표하였다.

제 5차 당사국총회에서는 의무준수체제에 대한 논의가 시작되어 준수하지 않거나 못할 경우 어떠한 제재를 할 것이냐는 것으로 의무이행을 촉진하는 역할에 중점을 두는 제재가 있어야 한다는 원칙에만 의견이 접근되었다. 개도국의 국가보고서에 대한 논의로 의무화하게 될 경우 실질적인 온실가스 배출감축을 보고하는 것이 되고 개도국의 경제는 영향을 받을 수 있게 된다. 선진국과 개도국의 입장대립과정에서 개도국의 의무부담은 구체화되는 경향을 보이고 있다.

2000년 네덜란드 헤이그에서 개최된 제 6차 당사국총회는 교토의정서의 비준을 위한 구체적인 이행방안에 대한 결론을 준비하고자 했다. 그러나 온실가스 감축준수와 관련한 유럽연합과 엄브레러(Umbrella) 그룹의 대립과 함께 중국과 77그룹 등 개발도상국은 추가

---

worldbank.org.

적인 기금확대를 주장하며 선진국과 대립하게 된다. 또한 개도국은 기술이전과 보상 등 지구환경기금 이외의 별도의 기금을 주장한다. 속개회의에서 교토메커니즘, 흡수원 등에서 EU와 개발도상국의 양보로 캐나다, 일본이 참여하면서 협상이 타결되었다. 2001년 3월 미국은 기후변화에 대한 과학적 불확실성, 개도국 불참 및 자국경제에 미치는 파급영향 등을 이유로 교토의정서 비준을 거부하였다. 제 8차 당사국총회에서는 개도국에 대한 부정적 영향의 최소화 및 기술이전 등을 위한 선진국의 노력을 촉구하는 뉴델리 각료선언(The Delhi Ministerial Declaration)을 채택하였다. 개도국은 부속서 I 국가가 제공하는 경제적 지원이 경미하며 공동의 차별화된 원칙 강조와 증가하는 에너지수요가 사치스런 선진국의 배출량과 대비하여 생존을 위한 배출량이라는 문제를 제기하는 등 삶의 질과 연관됨을 주장하였다.[22)]

이탈리아에서의 제 9차 당사국총회는 기후변화특별기금을 개도국의 기후변화 적응지원에 우선 사용하며 기타 기술이전 및 능력배양 활동지원에 사용하기로 하였다. 부속서 I 국가 보고서의 내용검토 및 제출시기도 논의되었다. 중국은 러시아연방의 교토의정서 비준과 미국의 복귀를 요구하며 선진국들의 온실가스 감축의무를 선도해야 한다고 주장한다. 아르헨티나 부에노스아이레스에서 협약 10주년 실적평가와 기후변화 완화방안과 적응방법 등 기후변화의 영향 및 적응이 주요의제로 제 10차 당사국총회가 개최되었다. 캐나다에서 열린 2005년 제 11차 당사국총회는 2012년 이후 선진국 의무부담을 위한 특별

---

22) 최근 논의로 Yuka Kobayashi, "Navigating between 'Luxury' and 'Survival' Emissions: Tensions in China's Multilateral and Bilateral Climate Change Diplomacy," in Paul G. Harris, ed., *Global Warming and East Asia: The Domestic and International Politics of Climate Change* (London; New York: Routledge, 2003), pp. 86~108.

작업반(AWG) 구성 등 포스트 교토체제를 구체화하는 논의 위주로 진행되었으며 케냐의 제 12차 당사국총회에서는 부속서 I 국가의 온실가스 감축목표 설정을 위한 작업일정 등이 반영된 결정문이 채택되었다.[23] 이상에서의 논의를 정리하면 〈표 7-1〉과 같다.

2) 중국의 기후변화 정책과 입장

중국은 1950년대 공업화가 추진되면서 환경문제가 나타나기 시작했으며 1980년대 이후 개혁·개방과 경제성장이 본격화되면서 환경오염이 심화되기 시작했다. 중국의 초기 성장과정에서 환경문제는 국부적인 생태파괴와 환경오염을 가져왔지만 경제와 환경보호 간의 모순은 드러나지 않았다.

중국은 1974년 국무원 환경보호영도소조를 설치하여 환경보호업무를 관장하고, 일상적인 환경관리업무를 처리하도록 하였다. 1979년 환경보호법으로 국무원은 환경보호기구를 설립하고 성, 자치구, 직할시 인민정부는 환경보호국을 설립하며, 시·자치주·현 인민정부는 필요에 따라 환경보호 기구를 설립하였다. 1982년 국무원 기구개혁으로 국무원 환경보호영도소조 및 그 사무실이 폐쇄되고, 도-농건설환경보호부가 설립되어 그 안에 환경보호국이 설치되었다. 1984년 환경보호국을 국가환경보호국으로 개편하여 상대적인 독립성을 부여하였고, 뒤를 이어 국무원 환경보호위원회가 성립되었다. 1988년 국가환경보호국은 국무원 직속의 독립직능기구로 개편되어 전국의 환경보호업무를 책임지게 되었다. 1998년 국무원 기구조정 시 환경자원관리와 관련되는 정부부문에 비교적 큰 변동이 있었는데, 국토자원

---

23) IPCC, Seventeenth Session (Nairobi, April 4-6, 2001), http://www.ipcc.ch/meetings/session17/final-report.pdf.

〈표 7-1〉 기후변화협약 당사국총회와 중국의 입장

당사국총회구분	당사국총회 주요 사안	중국의 입장 (혹은 77그룹과 중국 입장)
제1차 당사국총회 1995. 3. 독일 베를린	2000년 이후의 온실가스감축을 위한 협상그룹을 설치하고 논의 결과를 제3차 당사국총회에 보고하도록 하는 베를린 위임(Berlin Mandate) 사항 결정	개도국에 대한 구체적인 감축목표 설정에 반대, 온실가스의 일인당 배출량기준 제안, 공동의 차별화된 원칙
제2차 당사국총회 1996. 7. 스위스 제네바	미국과 EU는 감축목표에 대해 법적구속력을 부여하기로 합의. 기후변화에 관한 정부간 협의체의 2차 평가보고서 중 "인간 활동이 지구의 기후에 명백한 영향을 미치고 있다"는 주장을 과학적사실로 인정	부속서 I 국가의 온실가스감축과 경제적 지원과 기술이전의 의무이행을 제안
제3차 당사국총회 1997. 12. 일본 교토	부속서 I 국가들이 온실가스 배출량 감축 및 교토메커니즘을 규정한 교토의정서(Kyoto Protocol) 채택	공동의 차별화된 책임하에서 부속서 I 국가의 감축의무이행
제4차 당사국총회 1998. 11. 아르헨티나 부에노스아이레스	아르헨티나와 카자흐스탄이 비부속서 국가로서 처음으로 온실가스 감축 의무부담 의사표명, 중미 국가들의 흡수원(*sinks*)의 중요성 강조	기후변화를 완화시키기 위해 선진국의 기술이전과 재정지원과 함께 감축의무 이행에 달림
제5차 당사국총회 1999. 11. 독일 본	아르헨티나 감축목표 발표로 개도국의 감축의무부담 문제가 부각되어 경제성장에 연동된 온실가스 배출목표를 설정	비부속서 I 국가들의 국가보고서를 위한 재정지원과 기술지원 강조
제6차 당사국총회 2000. 11. 네덜란드 헤이그	2002년 교토의정서 발효를 위하여 상세 운영규정 확정 예정이었으나 미국, 일본, 호주 등 엄브레러 그룹(Umbrella Group)*과 EU 간의 입장차이로 협상 결렬	비부속서 I 국가들의 국가보고서를 위한 재정지원과 기술지원 강조
제6차 당사국총회 속개회의 2001. 7. 독일 본	교토메커니즘, 흡수원 등에서 EU와 개발도상국의 양보와 캐나다, 일본의 참여로 협상타결 (2001. 3. 미국은 교토비준 거부)	CDM의 형평성, 환경친화성, 기금 등의 중요성 강조

당사국총회구분	당사국총회 주요 사안	중국의 입장 (혹은 77그룹과 중국 입장)
제7차 당사국총회 속개회의 2001. 11. 모로코 마라케쉬	제6차 당사국총회 속개회의에서 해결되지 않았던 교토메커니즘, 의무준수체제, 흡수원 등에 최종 합의	—
제8차 당사국총회 2002. 10. 인도 뉴델리	개도국에 대한 부정적 영향의 최소화 및 기술이전 등을 위한선진국의 노력촉구 등 뉴델리 각료 선언을 채택	공통의 차별화된 원칙을 강조, 증가하는 에너지수요로 인한 개도국의 생존을 위한 온실가스 배출 등 삶의 질 주장
제9차 당사국총회 2003. 12. 이탈리아 밀라노	기후변화특별기금은 개도국의 기후변화 적응지원에 우선 사용하고 기타 기술이전 및 능력배양 활동지원에 사용	러시아연방 비준과 미국의 복귀 요구, 기후변화 특별기금의 추가지원 주장, 선진국이 배출가스 감축을 선도해야 함
제10차 당사국총회 2004. 12. 아르헨티나	협약 10주년 실적평가, 기후변화 완화방안과 적응방법 등 기후변화의 영향 및 적응이 주요의제로 대두	—
제11차 당사국총회 2005. 11. 캐나다 몬트리올	2012년 이후 선진국 의무부담을 위해 특별작업반(AWG) 구성 등 포스트 교토체제 가시화	중국을 포함한 기술지원 방식의 기후변화를 위한 아시아태평양 파트너십 2006년 출범
제12차 당사국총회 2006. 12. 케냐 나이로비	부속서 I 국가의 온실가스 감축 목표설정을 위한 작업일정 등이 반영된 결정문 채택	—

* 주: Umbrella Group: EU를 제외한 선진국들의 모임으로 흡수원의 확대인정, 교토메커니즘의 적용확대 등을 주장.

출처: International Institute for Sustainable Development (IISD), *Earth Negotiations Bulletin*, February 6, 1995에서 April 13, 2008, http://www.iisd.ca; 에너지관리공단, http://co2.kemco.or.kr/index; 기후변화정보센터, http://www.climate.go.kr/index을 참고하여 필자가 정리.

설립과 함께 임업부를 국무원의 직속기구 국가임업국으로 조정하였으며 국가환경보호국을 국가환경보호총국(國家环境保護總局)으로 조정하였다.[24]

중국은 유엔환경계획(UNEP)에서 1990년대 이후 다자간 환경협력과 쌍무적 환경협력에 적극적으로 참여하고 있다. 오존층 보호에 관한 비엔나 협약, 오존층 파괴물질에 관한 몬트리올 의정서, 기후변화 기본협약, 생물다양성 조약 등 15개 영역에 걸쳐 50여 개의 국제환경협약을 체결하고 서명했으며, 국무원 환경보호영도소조와 미국 환경보호국과의 환경보호와 과학기술협력의정서를 비롯한 27개의 국가간 쌍무적 협정을 맺고 있다.[25] 또한 중국은 지구환경기금(GEF; Global Environment Facility)이 제공하는 기술과 자본을 가장 많이 이용하는 국가이기도 하다.[26] 그러나 국제환경문제에 있어 중국은 경제발전을

---

24) 국가환경보호총국(SEPA; State Environmental Protection Administration of China)은 국무원 주관 환경보호업무의 직속기구로서 행정조직인원은 약 200명 정도이며 국장(장관급)과 5명의 부국장, 당 간부를 포함하여 31명의 간부직원으로 구성, 10개 사(司) 아래 4개 실 33개 처로 조직되어 있다. 國家环境保護總局, http://www.zhb.gov.cn; 國家應對气候變化及節能減排工作領導小組, http://www.ccchina.gov.cn.

25) 國家环境保護總局 國際組織的合作, http://www.zhb.gov.cn; 國家环境保護總局 公告, http://www.zhb.gov.cn/info; 國家环境保護總局 文件, http://www.zhb.gov.cn/info; Lester Ross, "China: Environmental Protection, Domestic Policy Trends, Patterns of Participation in Regimes and Compliance with International Norms," in Richard L. Edmonds, ed., *Managing the Chinese Environment* (New York: Oxford University Press, 2000), pp. 85~111 참조.

26) 지구환경기금(GEF)은 1989년 IMF와 세계은행이 지구환경문제에 적절히 대응할 수 있는 자금 공급방안을 검토하여 세계은행 이사회에서 설립하였으며 GEF사무국은 세계은행 내에 있으며 지구환경 신탁기금을 관리한다. *The China-GEF Partnership to Increase Use of Renewable Energy,*

제약할 가능성이 존재하면 소극적인 입장을 취하고 있다. 그 예로 온실가스와 오존층파괴물질에 대한 입장을 살펴보면 그 입장의 상이성을 알 수 있다.

중국은 지속가능한 발전을 선언하고 자국 산업과 관련 소비재시장을 의식하여 오존층파괴에 대한 실질적인 정책을 시행한 것과 대조적으로 온실가스의 주요원인인 이산화탄소에 대한 구체적인 규제에는 미온적인 입장이다. 또한 개발도상국으로서 중국은 성장논리와 선진국 책임론 등과 함께 중국 국내외의 정책과정에서 경제집단의 이해와 선호에 영향을 받고 있어, 국제환경문제가 중국 국내에 영향을 미치기에는 아직 한계가 있다고 하겠다.[27] 무엇보다도 사회주의 시장경제에서 비롯되는 구조적 요인이 국제환경협력을 어렵게 하는 제약이 될 수 있다. 중국은 여전히 높은 화석연료의 소비 산업구조를 가지고 있는데, 개방이후 석탄을 위주로 한 에너지 소비구조는 근본적인 변화 없이 비중이 오히려 증가하는 경향마저 있다.[28]

반면 석유, 천연가스, 수력발전 등이 다소 증가하여 점차 양질화로 발전되고 있지만 석탄이 차지하는 비중이 절대적이라 할 수 있다. 또한 중국 특색의 사회주의하에서는 국가와 기업 관계에서 시장과 가격구조가 왜곡되고 있는데 석탄연소를 비롯한 오염물질의 배출통제로

---

http://www.un.org/climatechange/pdfs/china.pdf.

27) Elizabeth Economy and Michel Oksenberg, *China Joins the World: Progress and Prospects* (Council on Foreign Relations Press, 1999); Elizabeth Economy, *The River Runs Black: The Environmental Challenge to China's Future* (Cornell University Press, 2004); idem., "China's Environmental Challenge," *Current History*, vol. 104, Issue 683 (September 2005), pp. 278~283.

28) 國家統計局, 《中國統計年鑑》(北京: 中國國家統計出版社, 2007); *Statistical Review of World Energy 2008*, http://www.bp.com.

부터 비교적 자유롭다고 할 수 있다. 무엇보다도 경제적 분권화로 인한 지역간의 왜곡과 중복의 결과로 비효율적이며 과도한 에너지의 소비를 가져오게 된다. 최근 중국은 고속 공업화로 인한 환경문제를 해결하기 위해 중국 국가환경총국, 공정원 등 유관기관이 "환경거시전략 연구"를 가동하기 시작했다고 한다.[29] 이 연구는 총론, 환경요소 보호전략, 환경영역 보호전략, 전략보장 등으로 나누어 단계별로 실시될 예정인데 이러한 환경문제에 대한 중앙정부의 정책에도 불구하고 지방정부가 경제발전 등을 우선시하기 때문에 향후 지방정부와의 협조가 중국 환경문제를 해결하는 관건이 될 것이라고 보는 견해도 있다.

중국 정부는 국가발전개혁위원회를 중심으로 환경보호총국, 외교부 등이 기후변화협약 당사국으로서 기후변화 국가대책 수립의무에 따라 국가 기후변화 종합대책을 수립하여 2007년 6월 공표하였다. 현재 중국은 급속한 경제성장과 에너지 수요증가로 온실가스 배출량 또한 연평균 약 4% 수준에서 증가하고 있다. 중국은 지속가능한 발전을 기반으로 기후변화에 대처함을 기본원칙으로 기후변화에 대한 기술발전과 혁신을 기반으로 적극적인 참여와 협력을 추진하고자 한다. 2010년까지 단위 GDP당 에너지 소비량을 2005년 기준 20% 절감한다는 목표로 재생에너지 확대, 원자력발전 확충 등을 통해 에너지 소비구조를 최적화하고자 한다. 수력발전, 풍력, 태양광을 포함하여 재생에너지의 사용이 중국에서 에너지 수급균형을 유지하는 중요한 전략적 역할을 하고 있는데 2003년 전체 에너지소비 중 15%를 차지하고 있으며 이러한 비율은 세계 1위이다.

또한 기후변화에 관한 기초연구 강화와 전문업종 및 인재육성 등을

29) "中國环境宏觀戰略研究起跑," 〈瞭望〉, 2007年 5月 21日.

통해 연구수준을 선진국 수준으로 제고하며 자연보호구역 면적을 국토의 16% 수준으로 높이는 목표를 가지고 있다. 이를 위한 온실가스 배출감축을 위한 대책으로 에너지법을 제정하고 에너지절약법 등 기존 법규를 수정하고 에너지공급 분야별 관련조치를 강화하려고 한다.

현재 기후변화에 대한 논의는 적극적인 온실가스 감축을 주장하는 유럽연합과 교토의정서를 탈퇴한 미국과 호주 그리고 온실가스 감축 의무 부담이 없는 중국을 중심으로 한 77그룹의 개발도상국들로 크게 세 그룹으로 나뉘어져 있다. 중국의 기후변화에 대한 기본적인 입장은 기후변화는 산업혁명 이후 선진국에서 온실가스를 다량 배출하여 발생한 것이 주원인으로 선진국들의 책임과 의무가 중요하다는 시각이다.[30] 선진국들은 온실가스배출 감축을 적극 추진해야 하며 개발도상국의 지원을 위한 재정과 기술지원을 고려해야 한다는 것이다. 특히 개발도상국의 경우는 역사적으로 온실가스배출 기여도가 적으며 지속적인 발전을 실현하는 것이 중요하며 기후변화 해결에 과학기술이 중요한 역할을 하기 때문에 기술이전과 협력을 적극 확대해야 한다는 입장이다. 중국은 장기적 에너지절감 목표를 가지고 있지만 덩샤오핑(鄧小平) 시기 에너지가 최우선 과제라고 강조했듯이 경제성장과 발전과정에서 온실가스총량 감축을 수용하기 어려운 현실에 처해 있다.[31]

30) 산업혁명이후 1950년대까지 화석연료 연소로 배출한 온실가스 중 95%는 선진국이 배출한 것이며 1950년 이후 2000년까지의 선진국의 배출비율은 77%를 차지한다.

31) Nathaniel T. Aden and Jonathan E. Sinton, "Environmental Implications of Energy Policy in China," in Neil T. Carter and Arthur P. J. Mol, eds., *Environmental Governance in China* (London: Routledge, 2007).

4. 온실가스 감축의무에 대한 중국의 협력과 대응

1) 교토메커니즘에 따른 중국의 입장변화

중국의 온실가스 배출량은 이미 1차 에너지 소비기준 규모에서는 미국을 앞섰다는 자료도 있다. 국제에너지기구(IEA)는 중국의 경제성장과 에너지소비 증가추세를 고려할 때 2009년에는 최대 온실가스 배출국이 될 것이라고 전망한다.[32] 중국은 기후변화협약 당사국으로서 기후변화 국가대책 수립의무에 따라 국가 기후변화 종합대책을 수립하였으며 향후 에너지수요는 과거 20년 동안의 연평균 증가율 2.3%를 크게 넘는 약 3.3%의 증가율을 보일 것으로 전망되고 있다. 2002~10년 기간 중에는 연평균 4.7% 증가할 것으로 예상되며, 2010년 이후에는 증가세가 2% 후반대로 낮아질 것으로 예상하고 있다.

중국의 기후변화에 대한 종합대책은 5개 부분으로 구성되는데 지속가능한 발전을 기반으로 기후변화에 대처하며, 공동의 차별화된 원칙(선진국과 개도국)을 주장하며, 기후변화에 대한 완화 및 적응 대책을 병행한다는 것이다. 또한 기술발전과 혁신을 기반으로 한 적극적인 참여와 협력을 추진한다는 내용도 포함되어 있다.[33] 기후변화에 대한 중국의 입장전개를 시기적으로 나누어 정리하면 일관된 입장과 함께 유동성과 협조적인 태도변화를 살펴볼 수 있다. 특히 교토메커니즘에 근거한 청정개발체제에 대한 지지로 경제적 그리고 기술적 측면에서 선진국의 지원과 책임의무 강조에서 벗어나 기술이전과 상호기술적 협조를 추구하는 입장을 취하고 있다.

---

32) International Energy Agency(IEA), http://www.iea.org.

33) 국가발전개혁위원회(NDRC)를 중심으로 외교부, 과학기술부, 환경보호총국 등 13개 부처가 참여하였다.

기후변화협약과 관련한 최근 동향을 보면, 중국이 국제환경문제에서 어떠한 의도를 가지고 국제환경질서에 영향을 미치는지를 알 수 있다. 현재 국제환경문제는 유럽연합과 일본이 주도하는 구속적(*top-down*) 방식과 미국이 주도하는 비구속적(*bottom-up*) 방식으로 대변된다.[34] 인류의 활동에 의해 배출되는 온실가스 농도를 안정화시키기 위한 목적으로 1992년 채택된 기후변화협약은 2005년 발효되었지만 미국은 국가별 배출총량 규제와 같은 교토의정서 방식을 지지하지 않고 있으며 비준도 하지 않고 있다. 세계 1위의 온실가스 배출국으로 전 세계 배출량의 약 1/4을 차지하는 미국은 온실가스배출과 지구온난화의 관계가 과학적으로 규명되지 않음을 주장하며 중국, 인도 등 온실가스를 많이 배출하는 혹은 배출할 것으로 예상되는 주요 개도국들이 감축대상에서 제외되어 있어 실질적인 효과에 회의적인 입장과 감축이행은 미국경제의 부담을 줄 수 있다는 논리로 참여를 거부해오고 있다. 미국이 주도하는 협상은 전 세계 80%를 대상으로 국제적 기술협력을 중심으로 기후변화, 경제성장, 에너지안보를 통합적으로 고려하자는 입장이다. 특히 교토의정서에서는 각국의 온실가스배출 감축의무 이행에 유연성을 확보하고 온실가스 저감비용을 최소화시키기 위해 공동이행제도(JI; Joint Implementation), 청정개발체제(CDM; Clean Development Mechanism), 배출권 거래제도(ET; Emission Trading) 등과 같은 체제를 도입했는데 이를 교토메커니즘이라고 한다.[35]

---

34) 유럽연합이 주도하는 구속적 방식은 배출권 거래를 중심으로 하며 세계 총배출 약 30% 국가의 지지를 받고 있다.

35) 교토메커니즘의 세부사항으로 공동이행(JI)은 선진국에서 더 이상 경제성으로 볼 때 이산화탄소 배출의무량을 달성할 수 없을 때 사용하는 방식으로 선진국의 이산화탄소 배출저감 기술과 투자지원을 통해 이산화탄소 배

출량을 줄이면 그 일부를 기술지원국의 의무감축량 달성으로 전환, 인정하는 규정이다. 온실가스 감축의무 강화와 함께 공동이행은 가장 쟁점사항인데 미국은 공동이행제도를 선진국과 개도국 간에 시행할 것을 주장하였는데 미국 등 기업간에 행해지고 있는 배출권거래제도를 국가사이에 도입하여 감축기술의 한계에 있는 선진국이 효율이 낮은 연료와 환경기술에 의존하는 개도국의 배출가스를 줄이는 것이 경제적이고 온실가스의 실질적인 감축에 더 효과적이라는 입장이다. 그러나 개도국은 이산화탄소 배출량이 정해지지 않은 상황에서 감축의무 부여와 배출량에 대한 측정과 감시를 위한 자본과 기술의 문제를 갖게 된다. 또한 공동이행은 선진국이 개도국을 통하여 선진국의 이산화탄소 배출량을 유지 혹은 증가시킬 수 있다는 인식의 문제를 낳는다. 즉 선진국들은 공동이행을 자국의 온실가스 감축의무 이행을 위한 유용한 수단으로 받아들이지만 개도국은 온실가스에 대한 감축의무와 배출의무량도 없는 상황에서 개도국을 개입시키려는 의도로 파악하였다. 선진국이 적극 지지하는 공동이행은 결국 선진국의 에너지 소비패턴의 유지수단이며 개도국의 주권을 침해한다는 것으로 공동이행을 반대하며 선진국들간에 이행할 것을 주장하였다. 청정개발체제(CDM)는 선진국이 개도국의 사업에 투자하여 발생된 온실가스배출 감축분을 선진국의 감축실적에 반영하며 일정 비율의 금액을 기금화하여 개도국의 기후변화방지를 위한 자금으로 활용하는 제도로 교토의정서에서 유일한 선진국과 개도국 간의 협력 제안이다. 비용적인 측면에서 선진국들은 온실가스를 감축하는 데 개도국보다 많은 비용을 지불해야 하는데 선진국의 효율적인 에너지기술을 이용하여 개도국 내에 시설을 설치하거나 조림사업을 하는 등 경제적인 방법을 선택하도록 하는 것이다. 특히 청정개발체제는 개도국의 지속가능한 발전을 보장해 준다고 할 수 있다. 다만 선진국은 청정개발체제로 자금을 지원하고 기술을 개도국에 이전하면서 자국의 온실가스를 배출할 수 있다 보니 전 지구적인 온실가스배출이 늘어나는 결과를 초래할 수 있으며 궁극적으로 환경을 안정화시키는 데 바람직하지 않은 측면이 있다. 배출권거래제도(ET)는 지구 전체의 총 오염물질 배출량을 설정한 후에 일정량의 배출한도를 부여하고 이 한도를 초과하는 경우에 배출권을 구매하는 제도이다. 배출한도에 미달하는 경우에는 잉여분을 판매할 수 있다. 배출권 거래제도 하에서는 국가의 오염배출은 배출목표나 감축목표의 제한을 받게 된다. 기후변화협약으로 부속서 I 국가에 감

또한, 전통적인 국제환경의 변화에 따라 정치 · 군사 및 경제적 범위에서 벗어나 비전통적인 개념의 안보의제들이 확대되고 있다.[36] 특히, 국제환경문제는 인류의 생존과 발전에 중요한 영향을 미치는 문제로 결국 기존 자연생태와 경제발전의 상호관계를 어떻게 해결하는 문제로 귀착된다. 중국은 세계화와 상호의존적인 국제질서 속에서 다른 국가들처럼 군사력 위주에서 벗어나 이른바 소프트파워의 영향력을 포괄하는 차원으로 환경문제를 인식하고 있기도 하다. 이러한 비전통적인 안보문제가 국가이익과 관련된 중요한 영역으로 인식되고

축목표가 부과되어 있다. 선진국의 입장에서 배출권거래제도를 통하여 온실가스 감축의 효율성과 함께 의무이행을 효과적으로 기대할 수 있다. 또한 배출권을 거래함으로써 거래에 참여한 당사국은 최소의 비용으로 지역에서 배출권을 구매해서 온실가스 비용을 절감하는 데 가장 경제적인 방법을 택할 수 있다. 배출권거래제도는 온실가스를 절감하는 다른 정책에 비해 저항이 적은데 전 지구적인 온실가스배출에 대하여 국제적 합의를 통한 거래라는 점에서 다른 이행수단보다 실현이 가장 효율적이다. 특히 총 배출수준을 일정하게 유지하는 원칙하에 배출수요에 대하여 신축적으로 적용할 수 있게 시장원리에 의해 운영하게 되어 있다. 배출권거래제도에 있어서 문제점으로는 배출감축목표가 현실적으로 기후변화에 안정화되도록 정해지지 않는다면 무의미하게 되는데 배출감축목표의 설정 자체가 민감한 현실이다. 특히 교토의정서에 합의된 선진국의 온실가스 배출감축목표는 현실적으로 실제의 온실가스를 효과적으로 감축하는 데 부족하다는 것이 지배적인 의견이다. 배출권거래제도는 선진국의 입장을 반영한 것으로 특히 미국의 입장이 크게 반영된 것이다. 미국은 세계 이산화탄소 배출량의 약 25%를 차지하고 있다.

36) 중국의 유엔환경계획 대표인 장쉬강은 중국은 개발도상국의 상황에 적합한 일련의 환경보호시스템을 마련했으며 아프리카는 선진국보다 중국의 시스템을 참고로 하는 것이 유리하다고 주장하고 또한 중국 기술과 설비의 가격이 합리적이라고 말했다. 國家环境保護總局, http://www.zhb.gov.cn 참고. 아프리카는 세계 기후변화가스 배출의 3%만을 차지하고 있지만 기후변화에 가장 큰 피해를 볼 수 있는 곳이다.

있다고 하겠다. 중국은 군사력과 경제력과 같은 하드 파워(*hard power*)를 통해 국가이익을 극대화할 뿐만 아니라, 공통된 문화, 가치 그리고 정책과 같은 이른바 '소프트파워'(*soft power*)를 통해 자국의 이미지를 제고시킴으로써 타국이 자발적으로 중국의 기대에 부응하도록 유인(*attraction*)하고 있다는 것이다.[37]

국제환경문제는 중국이 정치 및 경제적 비용의 부담에도 불구하고 자금과 기술의 유입을 통한 국내 환경문제의 실질적인 해결과 대외적 이미지 및 대외영향력의 제고가 기대되는 영역이며 국가이익을 극대화할 수 있는 문제이다. 또한 중국학계에서 국제환경과 국가이미지 내지는 문화적 가치로서 관심과 국제환경에 대한 관심을 중국의 이익과 연결시키는 시각도 볼 수 있다.[38]

중국의 기후변화에 대한 입장변화는 중국의 국가이익에 따른 변화로 볼 수 있는데, 중국의 기본입장은 모든 국가들이 기본적으로 기후변화에 대한 공동의 책임과 함께 차별화된 책임을 가져야 한다는 것이다. 중국은 1인당 평균배출량을 기준으로 온실가스감축을 마련하고자 하며 또한 기술과 자금지원을 중요한 요건으로 들고 있다. 다만

---

37) Joseph Nye, Jr., *Soft Power: The Means to Success in World Politics* (New York: Public Affairs, 2004), p. 8; 조영남, "중국의 소프트파워와 외교적 함의," 손열 편, 《매력으로 엮는 동아시아: 지역성의 창조와 서울 컨센서스》(서울: 지식마당, 2007), pp. 97~146. 참조.

38) Nick Knight, "Reflecting on the Paradox of Globalisation: China's Search for Cultural Identity and Coherence," *China: An International Journal*, vol. 4, no. 1 (March 2006), pp. 1~31; Wang Hongying, "National Image Building and Chinese Foreign Policy," *China: An International Journal*, vol. 1, no. 1 (March 2003), pp. 46~72. 그 밖에 중국의 환경에 대한 시각과 태도에 대한 자료로 Harris G. Paul, "Environmental Perspectives and Behavior in China: Synopsis and Bibliography," *Environment and Behavior*, vol. 38, no. 1(2006) 참조.

〈표 7-2〉 중국의 기후변화문제에 대한 기본입장과 변화

시기별	중국 기본 입장과 변화
1991년	1. 각국은 기후변화에 대한 공동의 차별화된 책임(*common but differentiated responsibilities*)을 가진다. 2. 주권이 손상되지 않는 평등의 원칙하에 포괄적이고 실질적인 국제적 협조를 진행한다. 3. 경제발전수준에 따른 기후변화에 대한 감축논의에 앞서 1인당 평균 배출량을 고려한다. 4. 선진국은 개도국에게 필요한자금과 기술 이전을 우선적으로 지원한다.
1999년	1. 중국이 중견 발전국가로 성장할 때까지 온실가스 감축의무를 이행하지 않는다. 다만 온실가스배출 감소를 위해 노력할 것이며 적극적으로 국제적 협력에 동참할 것이다. 2. 중국의 기후변화대책을 위한 선진국의 기술이전과 재정적인 지원을 요구한다. 3. 유엔기후변화협약(UNFCCC)의 당사국회의에 따라서 선진국은 협약 4조 2항에 있는 배출감축의무를 이행하고 기술이전과 재정적 지원의 의무를 이행하여야 한다. 또한 교토의정서 25조에 따라 의정서의 빠른 비준을 요구하며 의정서에 따른 교토메커니즘(선진국은 2008년에서 2012년까지 1990년을 기준으로 5.2%의 배출가스 감축의무를 부과함과 3가지 유연성 메커니즘(배출권거래, 공동이행, 청정개발체제)을 마련한다.
2001년	1. 효과적인 자금지원과 기술이전이 기후변화에 대처하는 개도국의 능력을 향상시키는 중요한 조건이다. 2. 교토의정서의 세 가지 유연성 메커니즘은 선진국들의 저비용 배출가스 감축에 기여하며 청정개발체제(CDM)는 개도국의 지속가능한 발전을 가능하게 한다. 중국은 청정개발체제 집행기구와 발족을 지지한다.
2005년	1. 유엔기후변화협약의 기본원칙 특히 공동의 차별화된 책임원칙은 기후변화와 관련된 모든 조치에 기본이 된다. 2. 가능한 행위들은 지속가능한 발전 원칙하에서 진행된다. 3. 기후변화에 대처하기 위하여 과학기술을 중시하며 기술이전과 기술협력을 주장한다. 4. 정부뿐만 아니라 개인영역에서도 기후변화에 대처하기 위해 특히 청정개발체제의 국제적 협력이 필요하다.
2007년	1. 자원 및 환경오염에 대한 수출입 제한규정 강화 등 환경정책이 정책 1순위로 부상

출처: Haibin Zhang, "China's Position in International Climate Change Negotiations: Continuities and Changes," *Journal of International Peace*, vol. 3, no. 2(December 2006), pp. 276~314.

2001년 이후 온실가스감축에는 부정적인 기본적인 입장을 유지하고 있지만 청정개발사업과 배출권거래제에 대한 입장은 긍정적으로 바뀌었다.[39]

2) 온실가스 감축의무와 포스트 교토의정서 체제

2007년 12월 3일부터 약 2주간의 일정으로 제13차 기후변화협약 당사국총회(COP13)가 인도네시아 발리에서 개최되었으며 포스트 교토의정서체제에 대한 협상의 로드맵을 논의하는 것이 주요 논의내용이었다. 1997년 12월 채택된 교토의정서는 1992년 체결된 기후변화협약의 목표를 달성하기 위한 법적 구속력을 가지는 문서로서 제1차 의무이행기간(2008~2012년)에 부속서 I 국가들을 대상으로 온실가스 감축을 의무화하고 있는 기후변화문제에 대한 최초의 국제적 대응이라는 의미를 가진다.[40] 그러나 교토의정서는 의무이행기간이 한정되어 있으며 세계 온실가스배출의 절반 정도를 차지하는 미국, 중국 등 대량 배출국은 의무감축 이행에서 제외되어 있다. 이러한 교토의정서의 문제점을 극복하기 위한 국제사회의 대응은 2005년부터 기후변화협약 관련회의와 국제적 협의체를 통한 두 방향에서 논의가 본격화되기 시작하였다.

39) 張海濱, “中國在國際气候變化談判中的立場:連續性与變化及其原因探析,” 〈世界經濟與政治〉, 2006(10); “中國与國際气候變化談判,” 〈國際政治研究〉, 2007(01).

40) 체결 후 7년이 소요되어 2005년 2월 발효됨.

(1) 발리 로드맵(Bali Roadmap)과 포스트 교토체제

포스트 교토체제에 대한 논의가 2005년 제 11차 기후변화협약 당사국총회(COP11)와 교토의정서 당사국총회(COP/MOP1)에서 처음으로 시작되었다. 주로 개발도상국의 기후변화에 대한 적응지원 및 기술이전과 논의와 선진국의 온실가스 감축과 목표 등에 대한 논의가 이루어진다. 초기 일부 국가군들이 참여하는 과정을 거쳐 발리회의는 선진국과 개발도상국 모두가 실질적 의무이행에 참여하는 포스트 교토체제에 대한 새로운 협상 로드맵을 마련하기 위한 것이었다.

제 13차 기후변화협약 당사국총회의 핵심적인 초안내용은 세계 전체의 온실가스 배출량을 2050년까지 2000년 기준 50% 감축하는 것으로 장기적인 온실가스 감축에 대한 수치목표를 제시한 것이다. 또한 선진국 전체는 2013년 이후 포스트 교토체제에서 2020년까지 1990년 기준 25~40% 감축해야 한다는 것이다. 이는 기후변화에 관한 정부간 협의체 제 4차 보고서의 제안을 수용한 것으로 세계전체 온실가스 배출량의 반감을 위한 선진국의 대폭적인 감축을 의미한다. 이러한 수치목표에 대한 문제는 선진국 내에서도 유럽연합과 미국, 일본 간의 의견 대립으로 이어졌으며 개도국의 수치목표를 다루고 있지 않고 선진국의 수치목표만을 제시함으로서 향후 포스트 교토체제를 성립시키기 위해 해결해야 할 과제로 남게 되었다. 유럽연합은 수치목표 설정과 감축 의무를 찬성하고 있으며 미국은 반대하지만 수치목표를 설정하는 과정에서도 배출총량지표 이외의 다양한 지표를 각국의 형편에 맞게 적용할 필요가 있다는 입장이다. 즉 생산량당 배출량, GDP당 배출량 등 에너지 효율을 나타내는 지표를 활용하여 수치목표를 설정해야 한다는 입장으로 일본은 기본적으로 미국의 입장에 동조하고 있다. 중국과 개발도상국은 선진국의 감축의무를 주장함과

동시에 자신들의 감축의무에 대해서는 거부한다는 입장이다.[41]

또한 발리회의의 가장 중요한 목적은 기후변화협약 당사국 전체의 새로운 협상의 장을 마련하는 것으로 모든 회원국이 언제까지 협상을 완료할 것인지에 대한 기본적인 합의도출과 협상 참가범위에 대한 것이었다. 협상시한에 대하여는 2009년 말까지로 대체적인 의견의 일치를 보이고 있으나 선진국과 개발도상국 간 협상 참가범위에 대해서는 이견을 보였다. 선진국은 새로운 기후변화체제 협상에 있어 개발도상국의 참여가 필수적이지만 중국 등 개발도상국은 포스트 교토체제에 대한 구체적인 합의 이후에 참여하겠다는 입장을 보였다. 그리고 개발도상국에 대한 지원문제인 기술이전과 자금 메커니즘을 중심으로 입장차이를 보이고 있다.

기술이전과 관련하여 개발도상국은 선진국의 기술이전 특히 에너지 관련 기술의 이전을 위한 새로운 틀을 구축할 것을 요구하고 있고, 중국과 인도를 중심으로 기술이전을 위한 기금의 설립을 주장하고 있다. 그러나 미국과 일본은 기술유출에 대한 우려로 소극적인 태도를 보이고 있다.

특히 교토메커니즘에 대한 영역문제로 청정개발체제(CDM)에서 배출권 부여대상이 되지 않은 사업에 대하여 포스트 교토체제에서 배출권을 인정해 줄 것을 요구하는 사업영역 문제를 둘러싼 국가간의 이견이 존재한다. 사업영역의 인정여부는 기술과 각국의 입지를 반영한 대립으로 이산화탄소 회수와 저장기술 영역, 원자력 발전소 건설, 벌채를 줄이는 투자 등이다. 이산화탄소를 회수하여 해저에 저장하는 방식에 대하여 청정개발체제로 인정하여 배출권을 부여할 것인지에

41) 발리 로드맵(Revised draft decision -/CP. 13, Ad Hoc Working Group on Long-term Cooperative Action under the Convention), http://unfccc.int/files/meetings.

대하여 선진국과 개도국 사이에 대립이 발생하였으며 개도국 내에서도 인도처럼 온실가스 삭감효과에 의문을 제기하여 반대한 경우가 있고, 중국의 경우는 세계 배출권공급의 절반 정도를 차지하는 입장에서 회수 및 저장기술은 자국에 불리하여 반대하는 입장이었다가 발리회의에서 조건부로 찬성하고 있다.[42]

선진국이 개발도상국에 원자력발전소를 건설하여 감축에 기여할 경우 배출권 부여여부로 중국과 인도는 온실가스 감축효과를 인정하였으며 일본 또한 배출권을 부여해야 한다는 입장이다. 또한 목재를 연료로 사용하는 개발도상국이 많은 현실에서 선진국이 개발도상국의 벌채를 줄일 수 있도록 에너지원을 대체하는 투자를 하는 선진국의 사업에 배출권을 부여하도록 하는 것이다.

발리회의를 통하여 수치목표 설정에 대한 선진국간의 의견대립은 결국 2020년까지 1990년 기준 25～40%를 감축한다는 구체적인 문구는 삭제되었지만 IPCC 제 4차 보고서가 제시하는 목표로 한다는 간접적인 표현으로 타협·절충되었다. 유럽연합은 기후변화에 적극적으로 대처하는 것이 배출권거래 제도를 도입한 상태에서 정치 및 경제적으로 유리하다는 입장이다. 미국은 국내여건으로 인하여 반대입장이며 일본은 수치목표 설정에 반대하면서도 기술적 우세를 앞세워 개발도상국의 참가를 요구하고 있다. 온실가스 감축이행을 위한 개발도상국에 대한 보고 및 검증 가능한 배출감축을 요구하는 문구를 둘러싼 문제는 개발도상국의 지속적 발전을 인정하는 동시에 선진국의 기술이전, 재정, 능력개발 등 고려하면서 보고 및 검증 가능한 방

42) Lu Xuedu, Li Junfeng, Song Yanqin and Liu Yingchun, "CDM and Renewable Energy in China," in Kenny Tang, ed., *The Finance of Climate Change: A Guide for Governments, Corporations and Investors* (London: Risk Books, 2005), chap. 26.

〈표 7-3〉 발리회의에서의 주요 쟁점과 각국의 입장

주요 쟁점	찬 성	반 대
장기적인 배출삭감 목표 수치화	중국(개도국)과 유럽연합	미국, 일본
협상시한에 대한 입장	미국, 일본, 유럽연합	중국(개도국)
개발도상국 기술이전	중국(개도국)	미국, 일본
섹터별 접근법	미국과 일본 주장	—
교토 메커니즘 영역확대	대부분 국가	중국(초기 반대)

자료: 필자 정리.

법으로 온실가스 감축이행을 실시하는 방향으로 합의되었다.

협상 참가범위에 있어서도 개도국을 포함한 모든 당사국이 참여하는 방식으로 작업반을 설치하며, 2008년부터 수치목표, 국가별 감축이행의무, 개발도상국 지원방법 등 구체적 논의를 통해 2009년 말 제15차 기후변화협약 당사국총회에서 완결할 것을 목표로 설정하고 있다. 또한 선진국이 에너지기술 등을 개발도상국에 이전하는 기술이전과 선진국 중심의 자금메커니즘이 촉구되었으며 새롭게 삼림보호제도로 삼림보호기금의 설치와 벌채방지활동에 대한 배출권 부여가 합의되었다. 섹터별 접근법은 미국과 일본의 주장대로 합의문에 포함되었다.43)

43) 섹터별 접근법은 산업별로 온실가스 감축목표를 부과하는 것으로 주로 에너지 다소비 산업인 철강, 시멘트, 알루미늄 등을 대상으로 자발적인 감축목표를 설정하고 국가간 기술협력을 통하여 에너지 효율을 향상시켜 배출감축을 달성하는 것이다. 생산량당 CO_2 배출량과 GDP당 배출량 등 에너지 효율을 나타내는 지표를 활용하여 수치목표를 설정하는 입장으로 각국의 상황에 맞게 적용하자는 미국과 일본을 입장이다.

발리회의의 결과는 미국과 중국, 인도의 참여를 이끌어냈으며 국제협상의 기본 틀을 구축하였고 향후 과학적 예측을 기초로 온실가스감축 논의기반을 형성했다는 긍정적인 측면과 선진국에 대한 수치목표설정의 실패로 갈등소지와 개발도상국 지원에 대한 구체적인 논의가 미루어졌다는 부정적인 측면이 있다. 즉 긍정적인 측면에서는 첫째, 교토의정서에 참여하지 않았던 대량배출국인 미국과 온실가스 감축이행 의무를 갖지 않는 중국과 인도의 참여를 이끌어내며 기후변화협약의 기본정신인 '공동의 차별화된 책임' 원칙을 구현한 합의라는 점이다. 둘째, 포스트 교토체제에 대한 논의는 기후변화 당사국총회나 교토의정서 당사국총회 등에서 이루어지다가 2005년 제 11차 당사국총회와 2006년 12차 당사국총회에서 부속서 I 국가의 감축논의, 기후변화에 대한 기술이전 등 개발도상국 지원책 등이 본격적으로 논의되기 시작하였다. 셋째, 구체적인 선진국의 수치목표가 발리로드맵 합의문에서는 삭제되었지만 IPCC 제 4차 보고서에 제시된 수치를 목표로 향후 감축논의를 추진할 수 있는 기반을 형성하였다.

부정적인 측면으로는 첫째, 선진국에 대한 수치목표 설정에 실패함으로서 향후 선진국 간 그리고 선진국과 개도국 간의 감축이해 목표를 둘러싼 갈등의 소지를 남겨 두었다는 점이다. 둘째, 개발도상국의 참여를 촉진하기 위한 자금지원과 기술이전을 촉구하는 선에서 머물러 구체적인 논의가 이루어지지 못했다.

(2) G8 정상회담에서의 포스트 교토체제

국제적 협의체를 통한 논의로서 2005년 G8 정상회의에 이어 2007년 6월 독일에서 G8 정상회의에서는 기후변화협약과 관련된 포스트 교토체제 목표들이 논의되었다. 선진국 정상회담 자체가 초기 국제적 역학구도를 반영한 결과이지만 급성장한 중국 등으로 인하여 기존 국제질서의 변화가 불가피하게 되었다. 특히 중국은 기후변화협약을 논의하는 과정에서 온실가스 감축의무의 입장에 따라 포스트 교토체제의 구조를 변화시킬 수 있는 위치를 차지하고 있다. G8 정상회의에서 크게 네 가지의 의제가 토의되었는데 그 중에는 2050년 온실가스 배출량을 1990년 대비 50% 수준으로 감축하자는 것에 유럽과 캐나다, 그리고 일본이 합의한 가운데 미국과 러시아는 배출량 목표에는 합의하지 않고 향후 진행될 협상과정에 참여하기로 동의만 한 상태로 미국은 G8 외에 인도, 중국 등을 포함한 15개 대량 배출국이 참여하는 회의를 개최하여 2008년 말까지 장기목표 설정을 제안하고 있다.[44)]

"세계경제의 성장과 책임(Growth and Responsibility in the World Economy)"이라는 제목의 정상선언(Summit Declaration)을 발표하였는데 이 선언문에서는 주요의제로 "기후변화, 에너지효율 그리고 에너지안보: 세계경제성장에 대한 도전과 기회"가 다루어졌다. 온실가스방출 감축과 에너지안보 제고를 위한 확고하고 조화로운 국제적인 조치가 시급히 필요하다는 데 합의하고, 기후변화 대응은 책임의 공동부담과 경제적인 혼란을 피하면서 모든 국가의 경제성장을 지원하는 방식으로 해야 됨을 합의하였다. 이와 함께 2006년 G8 회의에서 채택한 에너지안보 결정을 다시 강조하고 에너지헌장 원칙의 지지와 국제적인 에너지협력 노력에 대한 지지를 강조하고 세계 에너지안보 원칙(Global Energy Security Principles)의 채택을 합의하였다.[45)]

---

44) 미국은 협상에 참여하지 않을 것으로 전망되는 대량배출 개발도상국인 중국과 인도의 참여가 필수적임을 강조하고 있는데 향후 구체적 협상과정에서 어려움이 예상된다. 에너지관리공단 http://co2.kemco.or.kr 참조.

45) *Joint Declaration by the G8 -Presidency and Brazil, China, India, Mexico and South Africa*, http://www.g-8.de/Content/EN/Artikel; Growth and

기후변화에 대응에 있어 유엔기후변화보고서의 기후변화에 대한 과학적 근거와 인류활동의 개입, 기후변화 대응조치들에 유의하고 온실가스방출 감축과 온실가스 방출량의 증가를 방지해야 함을 강조하고 있는데, 주요 온실가스 배출국들의 참여와 함께 합의한 온실가스 방출 감축에 대한 세계 목표치를 설정하는 데 있어 EU, 일본, 캐나다가 2050년까지 온실가스 방출을 50% 감축하는 결정을 진지하게 고려할 것임을 표명하고 특히 향후 조치들이 유엔기후변화협약 원칙에 따르지만 차별화된 책임(*differentiated responsibilities*)과 각각의 능력(*respective capability*)에 따라 추진되어야 함을 강조하였다.

기후변화의 시급성을 강조하기 위하여, 2009년까지 유엔기후변화협약아래에서의 새로운 국제체제(*New Global Framework*)를 위한 구체적인 방안으로 에너지소비와 온실가스방출에서 대부분을 차지하고 있는 국가들의 동의가 필수적임을 명시하고 있다. 향후 에너지 수요 증가의 대부분이 새로운 경제부상 국가에서 발생할 것으로 전망되므로 에너지협력이 중요하며, 이와 함께 산업분야의 에너지수요증가가 예상되므로 에너지효율의 개선을 강조하고 있다.

기후변화대응에 대한 원칙적인 합의 수준에서 타협한 것이지만 여전히 미국과 러시아의 반대 등 시각차가 많이 나타나고 있다. EU는 3월 정상회의에서 2020년까지 20% 감축 합의와, 나아가 다른 선진국과 보조를 통하여 30% 감축목표 제시 등 기후변화에서 주도적인 노력을 보여 왔다. 또한 2008년 말까지 장기적인 방출목표 설정과 국가별 목표설정을 위한 미국의 독자적인 온실가스방출 감축과 15개국 국제회의추진 발표 그리고 일본과 캐나다, 중국의 온실가스방출 감축계

Responsibility in the World Economomy, http://www.g-8.de/Content/EN/Artikel/__g8-summit/anlagen/2007-06-07.

획정책추진 발표 등 기후변화 대응 추진과정에서의 주도권 확보노력을 보여주고 있다. 이를 통해 볼 때 2012년 이후 포스트 교토의정서 국제협약 협상과 관련하여 2009년까지의 새로운 국제협정을 마련을 위한 협상이 전망되며 포스트 교토의정서에 대한 참여국 등의 결정 및 이에 대한 조치들은 발리에서 개최된 제13차 당사국총회에서 발리로드맵이라는 교토의정서 체제를 뛰어넘는 내용을 담고 있다. 이는 온실가스 감축의무에 모든 선진국과 개도국이 참여하며 기후변화 적응기술이전과 재정지원 개발을 규정하고 있다.

G8 정상선언과 함께 발표된 G8 + E5 공동선언문에서는 기후변화분야에서는 융통성 있고 공정하며 효율적인 국제체제와 조화 있는 국제행동이 필요하며, 대규모의 기후친화적인 기술의 투자를 위하여 탄소시장에서의 경제적인 인센티브 역할을 강조하고 있다.[46] 또한 기후변화 대응에서는 원자력의 역할에 대한 인식이 강화되었으며 향후 유엔기후변화 협상에서의 원자력의 역할을 강조하는 경향을 보이고 있다. 특히 2008년 7월의 일본 홋카이도에서 개최되는 지속가능개발 장관회의를 시작으로 G8 개방장관회의, G8 환경장관회의, G8 에너지장관회의 등은 포스트 교토체제 협상을 위한 논의의 성과로 제14차 기후변화협약 당사국총회와 제15차 당사국총회(포스트 교토체제 협상완료)에 반영될 예정이다.

---

46) *G8 Summit 2007 Heiligendamm*, http://www.g-8.de/Webs/G8/EN/Homepage. 새로운 경제부상국(E5; 5 Emerging Economies)은 중국, 인도, 브라질, 멕시코, 남아공이다.

5. 결 론

환경문제는 생존과 위협의 문제이며 특히 지구온난화 문제는 국제정치와 국제경제를 바탕으로 한 현안으로서 국제규범의 문제이기도 하다. 인도네시아 발리에서 개최된 제 13차 기후변화협약 당사국총회는 전 세계 189개국 대표가 참가하는 최대 규모의 회의로 유엔, 유럽, 미국 그리고 중국 등 환경문제에 대한 새로운 질서를 모색・재편할 수 있는 국가들의 회의이기도 했다. 이러한 배경에는 온실가스 감축의 문제가 생존과 위협의 문제인 동시에 개발도상국에 대한 선진국의 경제지원, 기술이전 그리고 에너지소비 과정에서의 에너지효율이라는 복잡한 문제들을 포괄하는 성격에서 비롯된다. 또한 이러한 과정에서 사안별로 각국 정부와 민간차원의 대응이 다르다.[47]

중국은 미국과 함께 최대 온실가스 배출국이며 온실가스 감축의무에서 제외되어 있는 국가이다. 기후변화협약 당사국총회 과정에서 중국은 줄곧 부속서 I 국가들의 감축의무이행을 주장하고 있으며 중국을 포함한 개발도상국에 대한 구체적인 감축목표 설정을 반대하고 있다. 또한 공동의 차별화된 원칙에 따른 선진국과 개도국간의 재정지원과 기술이전을 주장하고 있으며 중국의 경우는 온실가스의 일인당 배출량 기준을 제안하고 있다.

이러한 과정에서 유럽연합이 주도하는 규제중심적 접근은 교토메

---

47) Phillip Stalley and Dongning Yang, "An Emerging Environmental Movement in China?" *The China Quarterly*, vol. 186 (June 2006), pp. 333~56; Guobin Yang, "Environmental NGOs and Institutional Dynamics in China," *The China Quarterly*, vol. 181 (March 2005), pp. 46~66.

커니즘 운영체제로 인하여 중국의 기후변화협약에 대한 기존 입장에 변화를 야기하였다. 특히 청정개발체제(CDM)에 대한 초기의 회의적인 입장에서 2001년 이후 청정개발체제의 집행기구 발족을 지지하며 국제적 협력을 지지하고 있다. 선진국이 개도국의 사업에 투자하여 발생된 온실가스배출 감축분을 선진국의 감축실적에 반영하며 일정 비율의 금액을 기금화하여 개도국의 기후변화방지를 위한 자금으로 활용하는 이 제도는 배출권거래제와 함께 중국의 적극적인 지지를 받고 있다. 최대 온실가스 배출국이면서 기후변화협약의 최대 수혜국인 중국은 정부뿐만 아니라 민간자본도 탄소시장에 적극적으로 참여하고 있다.

현재 기후변화와 관련한 국제환경문제에서 쟁점이 되는 것은 화석연료 사용에서 저탄소 중심의 경제체제로의 이행을 위한 과정과 대응이다. 이러한 과정에서 기후변화협약으로 만들어진 카본시장(*Carbon Market*)은 단일협약으로 만들어진 가장 큰 선진 금융과 기술의 시장으로 감축의무 이행과 제도 변화는 향후 배출권을 창출하는 청정개발체제(*Clean Development Mechanism*), 공동이행(*Joint Implementation*)사업, 배출권거래시장으로 구성돼 이를 운영하기 위한 컨설팅, 에너지, 보험, 금융 등의 파생시장을 포함한 2~3조 달러 규모의 최대의 시장으로 평가되고 있다.[48)]

미국은 자국 산업보호를 위해 2001년 기후변화협약에서 탈퇴하였지만 온실가스감축을 위한 장기목표에는 합의함으로써 복귀를 준비하고 있다. 이러한 상황에서 중국은 곧 온실가스 최대 배출국이 될 것이며 또한 기후변화협약의 최대 수혜국으로서 환경문제와 온난화

48) 삼성지구환경연구소, http://www.greensamsung.com; Global Carbon Trading Market Triples to £15bn, http://www.guardian.co.uk/environment/2007/may/03/business.climatechange.

시장에 적극적이고도 주도적인 입장을 보여주고 있다. 중국은 국제사회가 요구하는 온실가스 감축압력을 받는 한편 배출권수익을 정부에 편입시키는 정책으로 2006년 한해 12조원의 수익을 얻었다.

특히 중국은 경제성장으로 인한 에너지 소비과정에서 증가하는 온실가스배출에 대하여 생존을 위한 배출이라는 논리로 맞서며 재정지원과 기술지원을 강조하고 있다. 미국의 탈퇴 이후 교토의정서의 실효성에 의문을 제기하기도 하지만 기후변화의 주된 원인인 화석연료의 사용 즉 이산화탄소를 배출하는 산업에서 비롯된 배경에서 에너지원의 변화 또한 논의되고 있다.

이러한 과정에서 미국은 교토의정서 이후 유럽연합의 규제중심적 접근이 아니라 시장중심적 접근으로 공동이행제도나 청정개발체제 등을 도입하여 기후변화 문제를 해결하려고 하고 있다. 미국은 기후변화문제와 관련하여 아시아·태평양 파트너십(Asia-Pacific Partnership on Clean Development and Climate)이라는 협력체제를 만들었다.[49] 이는 미국과 호주가 주도권을 가지며 실질적인 목표는 중국과 인도 두 나라에 두고 기술중심으로 시장에 사업기회를 창출함으로써 기후변화 해결에 도움을 주려는 기구이다. 향후 이산화탄소 문제는 에너지산업 구조조정의 문제로 이어질 것이며 새롭고 거대한 시장으로 부상한 중국은 기술이전과 경제실리, 나아가 환경문제에 대한 명분 또한 추구하고 있는 상황이다.

특히 최근 발리회의에서 채택한 로드맵은 세계 전체의 온실가스 배출량을 2050년까지 2000년 기준 50%를 감축하는 것으로 장기적인

---

49) 참가국은 미국, 호주, 중국, 한국, 일본, 인도 6개국이며 이산화탄소 배출량을 합치면 전 세계의 약 50%가 된다. Asia-Pacific Partnership on Clean Development and Climate, http://www.asiapacificpartnership.org 참고.

온실가스 감축에 대한 수치목표를 제시하고 있다. 선진국 전체에 대해서는 2013년 이후 포스트 교토체제에서 2020년까지 1990년 기준 25~40%로 대폭적인 감축을 추진하려고 한다. 다만 수치목표에 대한 문제는 선진국 내에서도 유럽연합과 미국, 일본 간의 의견대립으로 이어졌으며 중국을 중심으로 한 개도국의 수치목표를 다루지 않고 선진국의 수치목표만을 제시하고 있는 상황이다. 최근 태국 방콕에서 열린 유엔 기후변화담판에 참석한 우경태 중국 외교부 기후변화담판 특별대표는 4개 요소인 경감과 적응, 기술, 자금은 동등하게 중요시되고 균형적으로 처리되어야 하며 과거 담판에서 경감을 중요시하고 적응을 소홀히 하는 경향이 있었고 개도국에 대한 선진국들의 기술양도와 자금지원 진전이 줄곧 완만했다고 밝혔다. 또한, 공업화 발전과정에서의 선진국들의 오염물배출이 지난 200여 년 동안 기후변화를 초래한 주요원인이라고 재차 강조하며 중국 등 여러 개도국이 선진국들과 동등하게 온실가스 배출의무를 짊어지는 것은 공평하지 않다고 하였다. 이와 같은 사정으로 최근 일련의 기후변화 주요국회의에서 중장기 온실가스에 대한 감축목표의 설정은 실패로 이어지고 있다.

미국은 세계 최대 에너지 생산 및 소비국으로서 기후변화 관련한 정책에 있어 유럽연합 및 개발도상국과 대립하고 있다. 지속적인 경제성장과 국제경쟁력을 정책 우선순위에 두고 있으며 에너지자원 보유 및 소비패턴을 기후변화 정책의 핵심 결정요소로 보고 있다. 특히 온실가스 감축에 의한 경제적 고비용과 중국을 포함한 개발도상국가에게 온실가스 배출의무가 부과되지 않는 기후변화협약에 불만을 가지고 있다. 그러나, 미국은 기후변화의 해결에 있어 기술 및 장기적 대응을 중시하며 기술개발을 통한 온실가스감축 입장을 보이고 있는데 무엇보다도 중국과의 협력 강조와 시장중심적, 비구속적 접근이 향후 포스트 교토체제를 준비하는 과정에서 변수로 이어질 수 있다.[50] 77그룹이라는 개발도상국의 입장을 대변하는 중국이 향후 시장 중심적인 접근과정으로 이행한다면 개도국 내에서 기존의 온실가스 감축의무에 대한 다른 목소리를 낼 수도 있을 것이다. 선진국들은 선진 환경기술을 이용하여 온실가스배출을 줄이기 위한 정책보다는 비용측면에서 개도국에게서 배출권을 구매하려는 접근방식을 취하고 있다. 국제질서의 특징상 온실가스 감축의무에 대한 국제적 규범이나 배출권거래에 대한 당사국들의 이해관계를 조정하고 감시하는 기구의 부재, 나아가 지구적 차원의 시장관리와 불이행시 제재할 기구가 없다는 현실에서 중국은 포스트 교토체제의 가장 중요한 변수로 자리잡고 있다고 하겠다.

참고문헌

기후변화정보센터. http://www.climate.go.kr.

김찬우. 《21세기 환경외교》. 서울: 상상커뮤니케이션, 2006년.

대외경제정책연구원 편. 〈한국의 주요국별·지역별 중장기 통상전략: 총괄 보고서〉. 2007년.

대외경제정책연구원·외교통상부 편. 〈한국의 주요국별·지역별 중장기 통상 전략의 새로운 방향과 전략의 모색〉. KIEP·외교부 공동 세미나. 2008. 2.

삼성지구환경연구소. http://www.greensamsung.com.

생태사회연구소 옮김. 《2008 지구환경보고서; 탄소경제의 혁명》. 서울: 환경재단 도요새, 2008년 2월.

신상범. "경제적 세계화와 환경정책: 중국의 사례." 〈한국정치학회보〉. 39집

50) William Chandler, *Breaking the Suicide Pact: U.S.-China Cooperation on Climate Change*, Director of the Carnegie Energy and Climate Program, http://www.carnegieendowment.org.

2호(2005), pp. 399~421.

______. “후발성의 이점과 중국의 환경정치.” 〈아세아연구〉. 제50권 4호 (2007), pp. 138~162.

에너지관리공단. http://co2.kemco.or.kr.

외교통상부. 〈한·중·일 3국협력 개황〉. 2008년 4월.

원동욱. “황사문제와 동북아 환경협력; 권력, 이익 그리고 지식의 상호작용 연구.” 〈중소연구〉. 제27권 3호(2003), pp. 63~99.

______. “중국 환경외교: 역사, 원칙, 실제.” 〈국제정치논총〉. 제44권 2호 (2004), pp. 119~144.

이장원. “국제안보개념의 변화에 대한 중국의 인식과 대응; 환경영역을 중심으로.” 〈중국연구〉. 제31권(2003), pp. 165~183.

전형권. “국제환경협상에 있어서 중국의 협력기회와 제약요인: 기후변화협상을 중심으로.” 〈국제정치논총〉. 제42집 4호(2002), pp. 393~421.

______. “중국의 환경운동, 민간단체와 환경당국의 파트너십; ‘노강 보위전’과 ‘환보 폭풍’ 사례를 중심으로.” 〈정치정보연구〉. 9권 1호(2006), pp. 261~283.

______. “환경문제의 세계화와 정치적 성격.” 〈한국동북아논총〉. 제13권 (1999), pp. 73~93.

정성춘. “발리 로드맵의 주요 내용과 향후 전망.” 대외경제정책연구원 편, 〈오늘의 세계경제〉. vol. 7, no. 52 (2007).

정승진 옮김. 《지구환경정치학 담론》. 서울: 에코리브르, 2005.

조영남. “중국의 소프트파워와 외교적 함의.” 손열 편. 《매력으로 엮는 동아시아: 지역성의 창조와 서울 컨센서스》. 서울: 지식마당, 2007.

최병두. “국제 환경안보와 동북아 국가들의 한계.” 〈대한지리학회지〉. 제39권 제6호(2004), pp. 933~954.

한승호. 《기후변화협약의 새로운 도전: 청정개발체제(CDM)의 이해와 활용》. 서울: 한울, 2006.

“中國环境宏觀戰略研究起跑.” 〈瞭望〉. 2007. 5. 21.

國家环境保護總局 公告. http://www.zhb.gov.cn/info.

國家环境保護總局 國際組織的合作. http://www.zhb.gov.cn/inte/dbhz.

國家环境保護總局 文件. http://www.zhb.gov.cn/info/gw/huangfa.

國家應對气候變化及節能減排工作領導小組. http://www.ccchina.gov. cn..

國家統計局.《中國統計年鑑》北京: 中國國家統計出版社, 2007.

庄貴陽. "气候變化挑戰与中國經濟低碳發展,"〈國際經濟評論〉. 7-8(2007年), pp. 50~52.

庄貴陽. "后京都時代國際气候進程展望," 李愼明, 王逸舟主編.《2007年: 全球政治与安全報告》. 北京: 社會科學文獻出版社, 2007, pp. 214~35.

張海濱, "中國在國際气候變化談判中的立場:連續性与變化及其原因探析,"〈世界經濟與政治〉, 第10期(2006年).

張海濱. "中國与國際气候變化談判,"〈國際政治硏究〉, 第1期(2007年).

陳迎. "國際气候制度的演進及對中國談判立場的分析,"〈世界經濟與政治〉, 第2期(2007年), pp. 52~59.

陳迎. "從安全視角看环境与气候變化問題,"〈世界經濟與政治〉, 第4期(2008年), pp. 45~51.

Aden, Nathaniel T. and Jonathan E. Sinton. "Environmental Implications of Energy Policy in China." In Neil T. Carter and Arthur P.J. Mol., eds. *Environmental Governance in China*. London: Routledge, 2007.

Asia-Pacific Partnership on Clean Development and Climate. http://www.asiapacificpartnership.org.

Economy, Elizabeth and Michel Oksenberg, eds. *China Joins the World: Progress and Prospects*. New York: Council on Foreign Relations, 1999.

Economy, Elizabeth. *The River Runs Black: The Environmental Challenge to China's Future*. New York: Cornell University Press, 2004.

______. "China Confronts the Challenge of Globalization: Implications for Domestic Cohesion and International Cooperation." http://www.rbf.org/usr_doc/China_Confronts_the_Challenge_of_Globalization.pdf.

G8 Summit 2007 Heiligendamm. http://www.g-8.de/Webs/G8.

Global Carbon Trading Market Triples to £15bn. http://www.guardian.co.uk/environment/2007/may/03/business.climatechange

Global Environment Facility Projects in China. http://web.worldbank.org/wbsite/external/countries/eastasiapacificext/chinaextn

Growth and Responsibility in the World Economy. http://www.g-8.de/Content/EN/Artikel/__g8-summit/anlagen/2007-06-07.

Han, Seung-soo and Louis Lebel. "Raising the Heat: Asia Confronts Climate Change." *Global Asia*. vol. 2, no. 3 (Winter 2007), pp. 8~31.

Human Development Report 1994. http://hdr.undp.org.

Ikenberry, G. John and Chung-in Moon, eds. *The United States and Northeast Asia: Debates, Issues, and New Order*. Lanham, MD: Rowman & Littlefield, 2008. pp. 39~78.

International Energy Agency (IEA), http://www.iea.org.

International Institute for Sustainable Development (IISD), Earth Negotiations Bulletin, February 6, 1995 to April 13, 2008. http://www.iisd.ca.

IPCC First Assessment Report. http://www.ipcc.ch.

IPCC, Seventeenth Session. http://www.ipcc.ch/meetings/session17/final-report.pdf.

Joint Declaration by the G8 Presidency and Brazil, China, India, Mexico and South Africa. http://www.g-8.de/Content/EN/Artikel/__g8-summit.

Knight, Nick. "Reflecting on the Paradox of Globalisation: China's Search for Cultural Identity and Coherence." *China: An International Journal*. vol. 4, no. 1, March 2006.

Kobayashi, Yuka. "Navigating between 'Luxury' and 'Survival' Emissions: Tensions in China's Multilateral and Bilateral Climate Change Diplomacy." In Paul G. Harris. eds. *Global Warming and East Asia: The Domestic and International Politics of Climate Change*.

London: Routledge, 2003.

Kyoto Protocol. http://unfccc.int/kyoto_protocol.

Ma, Xiaoying and Leonard Ortolano. *Environmental Regulation in China: Institutions, Enforcement, and Compliance*. Lanham: Rowman & Littlefield, 2000.

Morton, Katherine. *International Aid and China's Environment: Taming the Yellow Dragon*. London; New York: Routledge, 2005.

Nation Bureau of Economic Research, NBER. http://www.nber.org.

Nye, Jr. Joseph. *Soft Power: The Means to Success in World Politics*. New York: Public Affairs, 2004.

Paul, Harris G. "Environmental Perspectives and Behavior in China: Synopsis and Bibliography." *Environment and Behavior*. vol. 38, no. 1, 2006.

Porter, Gareth. *Global Environmental Politics*. Westview Press, 2000.

Resolutions Adopted by the General Assembly(UN). http://www.un-documents.net.

Revised Draft Decision/CP.13(Ad Hoc Working Group on Long-term Cooperative Actionunder the Convention). http://unfccc.int/files/meetings/cop_13/application.

Ross, Lester. "China: Environmental Protection, Domestic Policy Trends, Patterns of Participation in Regimes and Compliance with International Norms." In Richard L. Edmonds. ed. *Managing the Chinese Environment*. New York: Oxford University Press, 2000, 85~111.

Smil, Vaclav. *China's Past, China's Future: Energy, Food, Environment*. New York: Routledge, 2004, pp. 141~206.

______. *Energy at the Crossroads: Global Perspectives and Uncertainties*. The MIT Press, 2005.

Stalley, Phillip and Dongning Yang. "An Emerging Environmental Movement in China?" *The China Quarterly*. vol, 186, June 2006, pp. 33~56.

Statistical Review of World Energy 2008. http://www.bp.com.
Policymakers of Climate Change 2007: Climate Change Impacts, Adaptation and Vulnerability. http://www.ipcc.ch.

Summary for Policymakers of Climate Change 2007: the Physical Science Basis. http://ipcc-wg1.ucar.edu/wg1.

Summary for Policymakers of the Synthesis Report of the IPCC Fourth Assessment Report. http://www.ipcc.ch/pdf/assessment-report.

Sutter, Robert G. *China's Rise in Asia: Promises and Perils*. Rowman & Littlefield, 2005.

The China-GEF Partnership to Increase Use of Renewable Energy. http://www.un.org/climatechange/pdfs/china.pdf.

The World Bank. http://www.worldbank.org.

The World in 2008. The Economist Newspaper Limited. 2007.

The Worldwatch Institute. *State of the World 2008: Innovations for a Sustainable Economy*. W.W. Norton & Company, 2008, chap. 4.

UN Document, "Draft Report of the Subsidiary Body for Scientific and Technological Advice on the First Part of Its Thirteenth Session." FCCC/SBSTA/2000/L.5. http://unfccc.int/resource.

UN Document, "Report of the Conference of the Parties on Its Eighth Session, Held at New Delhi From October 23 to November 1, 2002." FCCC/CP/2002/7. http://sd.erl.itri.org.tw/fccc/ch.

United Nations Framework Convention on Climate Change. http://unfccc.int.

Vogler, John and Mark F. Imber eds. *The Environment and International Relations*. Routledge, 1996.

Wang, Hongying. "National Image Building and Chinese Foreign Policy." *China: An International Journal*. vol. 1, no. 1, March 2003.

William Chandler, Breaking the Suicide Pact: U.S.-China Cooperation on Climate Change, Director of the Carnegie Energy and Climate Program. http://www.carnegieendowment.org/files.

World Meteorological Organization. http://www.wmo.int/.

Xuedu, Lu, Li Junfeng, Song Yanqin and Liu Yingchun. "CDM and Renewable Energy in China." In Kenny Tang, ed. *The Finance of Climate Change: A Guide for Governments, Corporations and Investors*. London: Risk Books, 2005. chap. 26.

Yang, Guobin. "Environmental NGOs and Institutional Dynamics in China." *The China Quarterly*, vol. 181, March 2005, pp. 46~66.

Zhang, Haibin. "China's Position in International Climate Change Negotiations: Continuities and Changes." *Journal of International Peace*, vol. 3, no. 2, December 2006.

찾아보기

(용 어)

ㄴ·ㄷ

ㄹ·ㅁ·ㅂ

ㅈ

ㅊ · ㅌ · ㅍ

ㅎ

기 타

찾아보기

(인 명)

저 · 자 · 약 · 력

(가나다 순)

· 김 태 호 (金泰虎)

미국 오하이오 주립대학교 정치학 박사. 현재 한림국제대학원대학교 국제학과 교수 겸 현대중국연구소 소장. 주요 연구로 *China's Arms Acquisitions from Abroad*, *The Dynamics of Sino-Russian Military Relations*, "Leading Small Groups(領導小組)", 《중국군의 미래전 준비 및 전망》 등.

· 박 병 광 (朴炳光)

중국 상해 復旦大學 정치학 박사. 현재 국가안보전략연구소(INSS) 연구위원. 주요 연구로 《중국 현대국제관계》(공저), 《중국의 영토분쟁》(공저), "Emergence of China and ROK-China Relations", "중국의 강대국화와 인도의 대응", "중국 우주개발의 의미와 영향", "부시 2기 행정부 등장과 중-미관계 전망", "북한 핵문제에 대한 중국의 입장과 정책" 등.

· 박 홍 서 (朴鴻緖)

한국외국어대학교 국제관계학과 정치학 박사. 현재 현대중국학회 연구교수. 주요 연구로 "신현실주의 이론을 통한 중국의 대한반도 군사개입 연구", "북핵위기시 중국의 대북동맹딜레마 관리 연구", "중국의 부상과 탈냉전기 중미 양국의 대한반도 동맹전략" 등.

· 윤 근 로 (尹瑾老)

중국 상해 復旦大學 정치학과 박사. 현재 현대중국학회 연구교수. 주요 연구로 "도시안정과 상해사구(社區) 건설", "중국의 동북아정책과 중미관계", "동북아 정치-경제 네트워크와 중국", "북한-중국 관계변화와 시사점", "合肥市社區党建工作的調査" 등.

· 이 동 률 (李東律)

중국 북경대학교 국제관계학원 정치학 박사. 현재 동덕여자대학교 중국어과 교수. 주요 연구로 《중국현대국제관계》(공저), 《중국의 영토분쟁》(공저), "중국의 대북한 영향력에 대한 실증연구", "중국정부의 티베트에 대한 중국화 전략", "소수민족의 분리주의에 대한 중국의 인식과 대응", "수교이후 한중정치 관계의 회고와 전망", "중국민족주의가 대외 관계에 미치는 영향" 등.

· 정 환 우 (鄭煥禹)

한국외국어대학교 국제관계학과 박사(중국정치). 현재 한국무역협회 국제무역연구원 연구위원. 주요 연구로 "개혁기 중국 지방정부의 경제적 역할"(박사학위 논문), "과욕과 현실적 제약의 딜레마", "중국의 소유제 개혁과 정부-기업 관계의 변화", "중국 자동차산업 발전의 정치경제" 등.

· 조 영 남 (趙英男)

서울대학교 정치학 박사. 현재 서울대학교 국제대학원 교수. 주요 연구로 《중국 의회정치의 발전》, 《후진타오 시대의 중국정치》, 《중국 정치개혁과 전국인대》, *Local People's Congresses in China: Development and Transition* 등.

나남커뮤니케이션스 ⑦

주) 나남 나남의 책은 쉽게 팔리지 않고 오래 팔립니다 2008

1055 **사회과학 데이터 분석법 ③: 인자분석·Q방법론·MDS·생존분석·LISREL**
오택섭·최현철(고려대) 공저

1056 **시각영상 커뮤니케이션**
신항식(홍익대 겸임교수) 저

1058 **범죄학 이론**
로널드 L. 에이커스·크리스틴 S. 셀러스/민수홍(경기대) 외 공역

1059 **공영방송론: 한국의 사회변동과 공영방송**
강형철(숙명여대) 저

1060 **한국의 내일을 묻는다**
정범모(한림대 석좌교수) 저

1063 **뛰는 스포츠, 나는 마케팅**
에비즈카 오사무/휘닉스커뮤니케이션즈마케팅플래닝본부 역

1064 **9·11의 충격과 미국의 거대전략**
존 L. 개디스/강규형(명지대) 역

1065 **에로스와 문명**
허버트 마르쿠제/김인환(고려대) 역

1066 **대한민국 어디로 가야 하나**
김진현(세계평화포럼이사장) 외 공편

1068 **변화하는 세계 바로보기**
하영선(서울대) 외 공저

1069 **21세기 동북아 국제관계와 한국**
이승철(한양대) 외 공저

1071 **한국 원민족 형성과 역사적 전통**
신용하(한양대 석좌교수) 저

1073 **김일성시대의 중소와 남북한**
오진용(포스코경영연구소 연구자문위원) 저

1074 **한국전쟁과 미국 외교정책**
윌리엄 스툭/서은경(AFX NEWS) 역

1075 **한국 경제의 인프라와 산업별 경쟁력**
이근(서울대) 외 공저

1076 **열린 통상대국**
안세영(서강대) 외 공저

1077 **인적 자원의 확충과 보호**
안종범(서울대) 외 공저

1078 **한국사회의 세대문제**
박재흥(경상대) 저

1079 **사람이 나라의 미래**
중앙인사위원회 편

1080 **가족복지론**
김연옥(서울시립대) 외 공저

1081 **시각영상기호학**
신항식(홍익대 겸임교수) 저

1082 **천도반대운동의 사회학**
김형국·최상철(서울대) 공편

1083 **디지털시대의 방송미디어**
김규(서강대 명예교수)·전환성(청주대)·김영용(서강대) 공저

1084 **도시와 인간**
여홍구(한양대) 외 공저

1085 **김대중 정권의 흥망**
〈비화 국민의 정부〉 동아일보 특별취재팀 저

1086 **정책·행정 서비스의 업그레이드**
송하중(경희대) 외 공저

1088 **사회복지조사방법론**
최성재(서울대) 저

1090 **프로젝트 청계천: 갈등관리 전략**
황기연·변미리(서울시정개발연구원)·나태준(연세대) 공저

1091 **한국영화 정책사**
김동호(동서대 객원교수) 외 공저

1094 **시각영상 세미나 ③, ④**
신항식(홍익대 겸임교수) 저

1097 **떠날 것인가 남을 것인가**
앨버트 O. 허쉬만/강명구(아주대) 역

1099 **영화마케팅 PR론**
이수범(인천대) 저

1101 **재벌의 사업구조와 경제력 집중**
송원근(진주산업대)·이상호(참여사회연구소) 공저

1102 **재벌의 재무구조와 자금조달**
이윤호(순천대) 저

1103 **재벌의 소유구조**
김진방(인하대) 저

1104 **재벌의 경영지배구조와 인맥 혼맥**
김동운(동의대) 외 공저

1105 **재벌의 노사관계와 사회적 쟁점**
강신준(동아대) 외 공저

1106 **동아시아 안보공동체**
한용섭(국방대) 외 공저

1107 **법·정치와 현실**
안경환(서울대) 외 공저

1108 **비교빈곤정책론**
김상균·조흥식(서울대) 외 공저

1109 **사회복지자료분석론**
최성재(서울대) 저

1110 **설득 커뮤니케이션**
김영석(연세대) 저

1111 **지역사회복지론**
감정기(경남대) 외 공저

1113 **새로운 한국경제발전사**
이대근(성균관대) 외 공저

1114 **현대중국의 이해**
김익수(고려대) 외 공저

1116 **새로운 제국-중국**
로스 테릴/이춘근(자유기업원 부원장) 역

1118 **한국현대사: 진실과 해석**
전상인(서울대) 외 공저

1123 **학문의 조건**
정범모(한림대 석좌교수) 저

1124 **한국 보수세력 연구**
남시욱(세종대 석좌교수) 저

1125 **미국의 대전략: 외교정책과 군사전략**
로버트 J. 아트/김동신(前 국방부장관)·이석중(국방대) 공역

1126 **위기의 교육과 교육시장**
앤드류 코울슨/서은경(AFX NEWS) 역

1128 **지역사회복지실천론**
강철희(연세대), 정무성(숭실대) 공저

1129 **사회복지정책론**
이태복(사) 인간의 대지 이사장), 심복자(사) 인간의 대지 상임이사) 공저

1130 **공정거래정책혁신론**
신광식(연세대 겸임교수) 저

1131 **의사소통행위이론 1, 2권**
위르겐 하버마스/장춘익(한림대) 역

1135 **일본의 국가전략과 안보전략**
배정호(통일연구원 선임연구위원) 저

나남커뮤니케이션스 ⑧

주) 나남 나남의 책은 쉽게 팔리지 않고 오래 팔립니다 2008

1138 **땅은 사유재산이다**
김정호(자유기업원 원장) 저
1139 **디지털시대의 방송편성론**
한진만(강원대), 심미선(순천향대) 외 공저
1140 **직업으로서의 학문**
막스 베버/전성우(한양대) 역
1141 **사회문제와 사회복지**
표갑수(청주대) 저
1142 **파워브랜드를 만드는 광고전략**
김원규(Communications 'of Cours') 저
1143 **미국법 오해와 이해**
이수형(동아일보) 저
1145 **후진타오 시대의 중국정치**
조영남(서울대) 저
1146 **한국언론인물사상사**
조맹기(서강대) 저
1148 **한국의 법문화**
김정오(연세대) 저
1151 **정보화시대의 신성장국가론**
홍성걸(국민대), 윤석만(포스코) 외 공저
1152 **마케팅커뮤니케이션의 통합과 온광고론**
김일철(동의대), 돈 E. 슐츠(미국 노스웨스턴대) 공저
1153 **복지국가의 태동**
송호근(서울대), 홍경준(성균관대) 공저
1155 **황우석사태와 한국사회**
김세균·최갑수(서울대), 홍성태(상지대) 외 공저
1156 **민족일보연구**
김민환(고려대) 저
1157 **노예의 길**
프리드리히 A. 하이에크/김이석(국회예산정책처) 역
1158 **종교사회학의 이해**
이원규(감리교신학대) 저
1159 **방송대본 이렇게 써라**
한소진(드라마 작가) 저
1160 **여성과 자유**
웬디 맥엘로이 편/서은경(AFX NEWS) 역
1167 **한국 세기 뛰어넘기**
권태준(前 서울대) 저
1168 **정신보건과 사회복지**
양옥경(이화여대) 저
1171 **도선국사 풍수비법**
리귀홍(전통풍수지리학회장) 저
1174 **인간·경제·국가 ①, ②**
머레이 N. 라스바드/전용덕(대구대), 김이석(국회예산정책처) 공역
1176 **공공의료제도의 치명적 위험**
리처드 A. 엡스타인/안진환(인트랜스번역원) 역
1179 **다시 광장에서**
송호근(서울대) 저
1181 **민주주의와 법원의 위헌심사**
존 하트 일리/전원열(대법원 재판연구관) 역
1188 **현실주의 국제정치학**
이춘근(자유기업원 부원장) 저
1189 **복지재정과 시민참여**
김태일(고려대), 박정수(이화여대), 이재원(부경대) 외 공저
1190 **직업으로서의 정치**
막스 베버/전성우(한양대) 역
1191 **북미핵협상**
남찬순(순천향대 초빙교수) 저
1193 **유학자의 성찰**
윤사순(고려대 명예교수) 저
1196 **디지털 크로스로드**
조나단 넥터라인, 필립 와이저 공저/정영진(법무법인 율촌 변호사) 역
1198 **상상력에 엔진을 달아라**
임헌우(계명대) 저
1199 **역사에 대한 예의**
전진우(동아일보) 저
1201 **광고카피창작론**
김병희(서원대) 저
1203 **자원봉사론**
남기철(동덕여대) 저
1204 **부와 빈곤의 역사**
존 P. 파월슨/권기대(돌 미디어 대표) 역
1205 **IPTV**
김국진(미디어미래연구소 소장), 최성진(서울산업대) 공저
1206 **경제사회학이론**
박길성(고려대), 이택면(한국여성개발원) 공저
1216 **친구와의 서신 교환선**
니콜라이 고골/석영중(고려대) 역
1217 **민주시민의 도덕**
로버트 프리먼 버츠/김해성(강원대) 역
1218 **다른 것이 아닌 것**
니콜라우스 쿠사누스/조규홍(한국중세철학회) 역
1219 **세계시민주의와 민족국가**
프리드리히 마이네케/이상신·최호근(고려대) 공역
1220 **폭력에 대한 성찰**
조르주 소렐/이용재(전북대) 역
1224 **기사쓰기 워크북**
하준우(동아일보) 저
1225 **서구자유주의의 융성과 쇠퇴**
앤서니 아블라스터/조기제(진주교대) 역
1228 **글로벌 브랜드 커뮤니케이션**
마리케 드 무이/김유경(외대)·전성률(서강대) 역
1233 **휴머니즘론**
박호성(서강대) 저
1235 **이념의 힘**
복거일(소설가) 저

경기도 파주시 교하읍 출판도시 518-4 TEL : 031)955-4600 FAX : 031)955-4555 www.nanam.net